曾胡官商启示录

ZENGHUGUANSHANGQISHILU

曾国藩胡雪岩成败得失详解

代冬聆 / 编著

中央编译出版社
Central Compilation & Translation Press

图书在版编目（CIP）数据

曾胡官商启示录/代冬聆编著. —北京：中央编译出版社，2009.8
ISBN 978 – 7 – 80211 – 875 – 1

Ⅰ.曾… Ⅱ.代… Ⅲ.①曾国藩（1811~1872）– 谋略 ②胡雪岩（1823~1885）– 商业经营 – 谋略 Ⅳ.K827＝52 F715

中国版本图书馆 CIP 数据核字（2009）第 115443 号

曾胡官商启示录

出版发行：中央编译出版社
地　　址：北京市西单西斜街 36 号（100032）
电　　话：(010) 66509360　　66509246（编辑部）
　　　　　66509364（发行部）　66509618（读者服务部）
h t t p：//www.cctpbook.com
E – mail：edit@cctpbook.com
经　　销：新华书店
印　　刷：北京明月印务有限责任公司
开　　本：850×1168 毫米　1/16
字　　数：353 千字
印　　张：25.5
版　　次：2009 年 8 月第 1 版第 1 次印刷
定　　价：49.90 元

目 录

前 言 /1

第一章 血诚 VS 诚信

曾国藩：竭尽血诚者，必有所成就 /3
胡雪岩：诚信莫欺，长久生意 /9

第二章 时势 VS 商势

曾国藩：追逐天下大势，方可成就伟业 /17
胡雪岩：睁大眼睛紧盯商势变化 /29

第三章 谋略 VS 远见

曾国藩：成就大事，以谋略为主，以勇力为辅 /35
胡雪岩：谋定而后动 /42

第四章 全局 VS 长久

曾国藩：不谋全局者，不足以谋一时 /49
胡雪岩：创建金字招牌，才能长久不败 /56

第五章　基业 VS 基础

曾国藩：要想成就大事，一定要有基业　　/ 61
胡雪岩：做大生意要有基础　　/ 66

第六章　儒缓 VS 迅速

曾国藩：儒而疏缓，则积滞难返　　/ 77
胡雪岩：做生意要反应迅速　　/ 83

第七章　大志 VS 气魄

曾国藩：立志不难，难在立大志　　/ 89
胡雪岩：做大生意需要有大气魄　　/ 96

第八章　高明 VS 吃亏

曾国藩：与其精明，不如高明　　/ 103
胡雪岩：益从损中来，有舍才有得　　/ 110

第九章　坚忍 VS 不舍

曾国藩：坚忍不拔，事业才可大可久　　/ 117
胡雪岩：锲而不舍是商人必备的品质　　/ 123

第十章　胆气 VS 风险

曾国藩：无胆气者，无成就，亦无功名　　/ 131

胡雪岩：敢冒风险才能获大利　　/ 137

第十一章　团结 VS 合作

　　曾国藩：孤军奋战无法成就大事　　/ 143
　　胡雪岩：一人做不尽天下事　　/ 150

第十二章　小物 VS 勤俭

　　曾国藩：天下大事，必做于细　　/ 157
　　胡雪岩：勤以立业，俭以持家　　/ 163

第十三章　中庸 VS 规矩

　　曾国藩：偏执狂可成就一时，惟中庸可成就一世　　/ 169
　　胡雪岩：经商要按规矩来　　/ 178

第十四章　人才 VS 人才

　　曾国藩：成就大事，以得人才为第一要义　　/ 183
　　胡雪岩：人才永远是商业发展的资本　　/ 189

第十五章　收敛 VS 低调

　　曾国藩：韬光养晦，锋芒不可太露　　/ 195
　　胡雪岩：做生意要低调，不事张扬　　/ 198

第十六章　忍让 VS 和气

曾国藩：凡事以忍让为怀　　／ 203
胡雪岩：和为上策，和气生财　　／ 207

第十七章　自省 VS 自律

曾国藩：做事谨慎，不越雷池一步　　／ 215
胡雪岩：坚决不赚烫手钱　　／ 217

第十八章　自强 VS 乐观

曾国藩：刚直可用，自强不息　　／ 223
胡雪岩：临危不乱，永葆乐观　　／ 227

第十九章　学养 VS 领悟

曾国藩：学养，为人不可不读书　　／ 233
胡雪岩：领悟，实践出真知　　／ 236

第二十章　宽容 VS 人情

曾国藩：心胸广大，方能容得天下　　／ 243
胡雪岩：放贷人情，一本万利　　／ 246

第二十一章　择友 VS 施恩

曾国藩：选择朋友就是选择命运　　／ 251

胡雪岩：援助别人就是拉自己一把　　/ 254

第二十二章　借梯 VS 攀高

曾国藩：学会借梯登高　　/ 261
胡雪岩：商人要善于攀高枝　　/ 264

第二十三章　资源 VS 人脉

曾国藩：广泛储备人才资源　　/ 271
胡雪岩：人脉网广，财路不断　　/ 273

第二十四章　选才 VS 用才

曾国藩：选才应注意标准　　/ 281
胡雪岩：大材大用，小材小用　　/ 284

第二十五章　扬长 VS 避短

曾国藩：用人应扬长避短　　/ 289
胡雪岩：用人所长，容人所短　　/ 294

第二十六章　果敢 VS 机遇

曾国藩：关键时刻敢于出手　　/ 301
胡雪岩：要善于把握机遇　　/ 308

第二十七章　挺住 VS 照应

　　曾国藩：危急时刻要挺得住　　/ 313
　　胡雪岩：越是本事大的人，越要人照应　　/ 314

第二十八章　稳健 VS 沉气

　　曾国藩：稳，是制胜的法宝　　/ 321
　　胡雪岩：遇事需要沉住气　　/ 323

第二十九章　退隐 VS 后路

　　曾国藩：功成身退天之道　　/ 329
　　胡雪岩：别因跑得太快而不顾后路　　/ 333

附录一　曾国藩小传　/ 338

附录二　胡雪岩小传　/ 358

前　言

"为官要学《曾国藩》，赚钱当看《胡雪岩》"，是当今中国社会流行的一句话，这表明了曾国藩和胡雪岩在中国的官场和商场的重要地位。

曾国藩（1811～1872）是中国历史上最有影响的人物之一，他从湖南双峰一个偏僻的小山村以一介书生入京赴考，中进士留京师后十年七迁，连升十级，37岁任礼部侍郎，官至二品。紧接着因母丧返乡，恰逢太平天国巨澜横扫湘湖大地，他因势在家乡拉起了一支特别的民团湘军，镇压太平天国起义。

起义军被镇压下去之后，曾国藩因为作战有功，被封为毅勇侯。这对曾国藩来说，真可谓功成名就。但是，曾国藩此时并未春风得意飘飘然。相反，他却感到十分惶恐，更加谨慎。

他写信给其弟曾国荃，嘱劝其将来遇有机缘，尽快抽身引退，方可"善始善终，免蹈大戾"。他又上折给清廷，奏请将自己一手编练的湘军遣散。太平天国被镇压下去之后，清廷就准备解决曾国藩的问题。因为他拥有一支朝廷不能调动的强大的军队，对清廷是一个潜在威胁。

正在朝廷捉摸如何解决这个问题时，曾国藩的主动请求，正中统治者们的下怀，于是下令遣散了大部分湘军。由于这个问题是曾国藩主动提出来的，因此委任他为两江总督之职。这其实也正是曾国藩自己要达到的目的。

曾国藩所处的时代，是清王朝由乾嘉盛世转而没落、衰败，内忧外患接踵而来的动荡年代，由于曾国藩等人的力挽狂澜，一度出现"同治中兴"的局面。曾国藩正是这一过渡时期的中心人物，在政治、军事、文化、经济等各个方面产生了令人注目的影响。这种影响不仅仅作用于当时，而且一直延至今日。从而使之成为近代中国最显赫和最有争议的历史人物。

胡光墉（1823～1885），安徽绩溪人，幼名顺官，字雪岩，著名徽商。胡雪岩本是一个商铺的小伙计，白手起家，几经奋斗，竟至富甲天下，赏红顶马褂，为有清一代极其少见的杰出商人。

胡雪岩做小伙计时，偶遇落第秀才。秀才感激胡雪岩的义气，用范蠡佐勾践复仇、弃官泛舟西湖、由官入商、富为陶朱公的典故，激励胡雪岩做一个有作为的商人。后来落第秀才在胡雪岩的资助下，官至杭州巡抚。胡雪岩以秀才为托，以官商起家，在清兵灭太平天国和捻军的战争中发迹，以资助左宗棠收复新疆达到事业顶峰，清政府赏红顶马褂。史称胡雪岩"出身市侩，最善交结官场，一身兼官商之名"，本事确实不凡。

胡雪岩的失败，近似今天所谓的崩盘，一夜之间就垮了。既与"商人荣枯，系于国运"有关，也跟他的商业帝国的结构不够稳固有关，更与"官商"本身性质相关。在洋人、同行与内部亏空的夹击中，红顶商人消失了。

胡雪岩留给后人的是经商与做人的经验智慧，是事业失败的惨痛教训，我们应以理智的眼光去解读和分析。

我们编著此书的目的，就是希望通过分析曾国藩和胡雪岩两人在为官与经商中做人处事的策略和智慧，给广大读者朋友一些启示，在两人的对比中，发现一些成功的秘诀。

第一章　血诚 VS 诚信

曾胡官商启示录

曾国藩 ZENG GUO FAN

曾国藩：

竭尽血诚者，必有所成就

竭尽血诚者，必有所成就。肯为国家竭尽血诚者，必将为人景仰。

曾国藩是个书生，来自农村，全无背景，却能官居极品，统兵三十万，号令天下人才，成功镇压太平天国，靠的就是他的一片血诚。

他是在为谁尽那一片血诚？说高一些，是他的人生理想。儒家培养的就是竭尽血诚之人，把修身、齐家、治国、平天下当做人生理想。湖南农村至今保持着耕读传家的传统，仍然供奉着天地君亲师的牌位，所不同的是，君字已经改为国字。穷则独善其身，达则兼济天下，这是儒家的一种人生态度，曾国藩早年就发达了，所以他要兼济天下，而非独善其身。

曾国藩出生在偏僻的农村，如果不是大清朝廷的科举考试，无论他多么聪明，无论他怎么奋斗，都不可能在十年间爬上二品高官。27岁考中进士，37岁做大官，这样顺遂的官场道路，一般书生想都莫想。正是清政府给了他机会，所以他拥护清政府，感谢清政府，主动站在清政府一边，自觉报答它。他自己也说："我一个穷人出身，却摄居高位，如果还不知足，连鬼神都不会答应了。""从此以后，我定要竭尽血诚，精忠报国，决不顾个人私利。"同样的利益立场决定了，他所要竭尽血诚的对象，必然是大清朝廷。这是他的阶级性所决定的。

但他对大清朝廷又不满意。满清经过康熙、雍正、乾隆、嘉庆几朝，社会矛盾被盛世掩盖了，鸦片战争则像掀锅盖一样，把清朝的腐朽揭露开来。曾国藩来自社会底层，知道老百姓的苦，做官以后，又看到官场的糜烂贪暴，所以他跟一般官僚不同。他痛恨官场的黑暗腐败，正是官吏的贪暴和压榨，逼迫百姓造反。所以他用"不爱财、不怕死"来要求自己，想整顿吏治，革除弊政，维护和更新大清朝廷的统治，希望出现像唐朝、宋朝那样的中兴局面。但是，除了成功镇压太平天国，让大清朝廷多延续了五十年之外，中兴局面始终没有出现，因为那是一种幻想，他不可能实现。

尽管他对大清有不同的看法，又无野心推翻它自己做皇帝，所以他别无选择，只能把自己的血诚奉献给大清，希望整顿朝纲，兴利除弊，维系大清王朝的统治。

他能看到大清的腐败和危机，是由他的家庭背景和他所交往的一群书生决定的。他来自农村，了解农民的疾苦，也多少感觉到他们的反抗情绪。而湖南地方的一些先知先觉的知识分子，他们一直生活在农村，早已察觉到某种斗争风暴，并在谋划准备。

他体气本弱，为了做一个圣贤，学成文武艺，卖给帝王家，天天搞理学家那一套静坐修身工夫，结果吐起血来，最后不得不放弃，从此觉也睡不好了。那时他身在官场，知道学问有成，才能做大官、获大福、享大名。他的理想还在三者之外，想做一个圣贤。什么是圣贤？为国为民，不计个人得失，这就是真圣贤。圣贤未必能够富贵双全，孔子不曾富贵，他的几个著名学生，也不曾富贵，朱熹也没有当什么大官，但儒家理想已经流淌在曾国藩的血液里。

曾国藩一直跟家乡的朋友有书信往来，讨论学术问题，也交流对时局的看法。他们深受儒家影响，家庭环境和政治理想也相近，惟独曾国藩官运亨通，但他们"位卑未敢忘忧国"，渴望把农村的意见传递给曾国藩，上达天听，曾国藩也渴望从他们那里了解情况，筹思对策。往来最为频繁的是刘蓉、郭嵩焘、江忠源、欧阳兆熊、罗泽南等人。

正是在这些充满书生血诚的好朋友的鼓动下，当咸丰皇帝下令征言时，曾国藩连上十四封奏章，希望整顿吏治、革除时弊、培养人才、训练军队，为国家做万一之想。最后一封奏章，更是直接批评咸丰帝的三大缺点，惹得龙颜大怒，差点获罪。

曾国藩惹恼皇帝，既是他个人的书生血诚，也是他身后那一群人的书生血诚。他知道自己是在冒险，又不能不做："官至二品，不为不尊，若于此时再不尽忠直言，更待何时乃可建言！"刘蓉鼓励他说，你说了却不见效，不能以此来推卸责任，你是国家大臣，"不爱钱，不怕死"可表明你的志向，却不能尽大臣报国的忠心。罗泽南则说，有所畏惧，就不敢说，这是大臣贪恋权位的私心。在他们的鼓动下，曾国藩将"得失祸福置之度外"，大胆呈上了批评信。事后他自己也感到恐惧，过了一个月，跟咸丰皇帝表明心迹说，我"无朱云之廉正，徒学其狂；乏汲黯之忠诚，但师其憨"。

这些支持者，多数成为湘军集团的骨干分子。书生血诚是这个集团的一个重要特征，也发挥了重要作用。官逼民反，他痛恨这个东西，所以想整顿吏治，想为国为民，咸丰帝却不听，他们的一片血诚算是白费了。

就在这个时候，洪秀全造反了，他获得了新的机会。在湖南办团练，他不顾舆论，大肆杀人，就是为了治国平天下的血诚。在长沙练兵，不顾旁人指责，不管职权侵越，结果遭到士兵追杀。咸丰帝要他赶快出兵，去救援安徽，他三次都拒绝了，搞得皇帝大为不满。凡此种种，就是因为他的一片血诚，要报效国家，要感激朝廷，不怕负恶名，不怕担骂名，也不计个人利害得失。他还把这种血诚灌输给那些朴实的农民，开创了为私人武装做政治思想教育的先例。

咸丰八年（1858），他从老家复出，仿佛变了一个人，做人、做事、做官都有了很大改变，处处忍让，委曲求全，完全不似先前的激进、暴躁。但他对清政府的看法，以及要竭尽自己一片血诚，都没有改变，因此能在六年之后，攻陷南京，使轰轰烈烈的太平天国运动宣告失败。

太平天国失败之后一个月，即同治三年（1864）七月二十九日，他给皇上写了一个奏章，《遵旨查办道员禀评知县讯明定议折》，全文八千三百字，是曾国藩传世的所有文章中最长的一篇。

他遵旨查办的，是一起以权谋私、公报私仇、官员内部相互倾轧的严重案件，涉案官吏多达数十人。一年前由沈葆桢报告朝廷，朝廷命令曾国藩复审，要他亲自提调人证卷宗，秉公办理。他用了一年的时间，才了结该案。

由于案情复杂，涉案人员较多，都是官差，他不得不谨慎。正是为了把案件的来龙去脉梳理清楚，把对涉案人员的处分及处分理由奏报明白，所以才花了一年时间，用八千三百字，对每一个涉案人员，如何处分，为何那么处分，都写得详实明白，有条有理。这么长的奏章，谁读着都会发晕，也可知他所付出的心血。

那是攻打南京城的最后一年，本来已经倾注了他的全部精力，却肯拨出时间来处理这个案子，正表明了他的入局精神，在其位，谋其政，竭尽一片血诚。

太平天国和捻军都失败了，曾国藩又想为清朝中兴竭尽血诚，但他无法成功。吏治已经腐败，大清朝廷也奄奄一息，走在了没落的最后一层楼上。幕僚赵烈文说，不过五十年，清朝将要灭亡，他不信；当他去北京当直隶总督，了解各方面情况，尤其亲眼目睹了把持朝政的各等人物的才具之后，听了慈禧太后不痛不痒的政治见解之后，终于相信了赵烈文的预言，彻底放弃了中兴幻想。

天津教案是他的末日。天津教案事涉洋人命案，以他的圣明，不会不知道其中的麻烦，可他还是要去淌那道浑水。事情原委是这样的：

同治九年（1870）五月，法国天主教堂收养的婴孩突然死亡三四十人，死因非常可疑。天津周边又连续丢失多个婴孩，根据被抓获的人贩子口供，多与教堂牵连。这引起了天津人民的极大关注。

有一天，人们当场抓获了一个人贩子，据他供认，是教民王三给了他迷药，迷拐一个婴孩，可得五块银洋。

王三是中国人，因为入了天主教，有教民的身份，就跑进教堂躲了起来。

由于群情激愤，天津衙门不敢轻视此案，就带人去跟教堂交涉，要他们交出人犯王三，教堂拒不交人。衙门的人先走了，围观的群众一时没散，就与教堂的人发生了口角，结果双方大打出手。

天津的通商大臣叫崇厚，法国领事丰大业两次要他派兵镇压，崇厚只派了两个士兵过去。丰大业要士兵抓人，士兵不听，丰大业抓起他们的辫子，一路倒拖，怒气冲冲找崇厚算账来了。到了衙门，丰大业两次朝崇厚开枪，都没有打中。如此横行霸道，洋人在中国真是作威作福惯了。

枪声传出来，在衙门外围观的群众以为里面打起来了，一传十，十传百，就传成中法开战了。民众敲锣打鼓，纷纷聚集拢来，要来帮打。

崇厚见情况不妙，怕闹出乱子，劝丰大业不要出去，等群众散了再走。丰大业像一头鲁莽而愚蠢的洋猪，高声咆哮着，气势汹汹跑出来。民众见洋人出来了，主动后撤，让出一条道路。丰大业上了浮桥，正好迎面走来天津知县刘杰。丰大业二话不说，提起枪来就朝刘杰射击，打伤了他的随从。围观的群众怒不可遏，忍无可忍，一起冲上来，把丰大业一顿暴打，当场就打死了。

天津人民愤怒了，压抑多年的怒火潮水一般涌出来，集体冲向法国天主教堂，还有其他洋人机构，搜出罪犯王三，救出中国儿童，也打死了二十几个洋人。

这就是著名的天津教案。法、英、美、俄等七国串通起来，一面出动军舰，一面向清朝施加压力，形势一度紧张起来。

曾国藩本来在南京做两江总督，跟天津隔着三千里。偏偏朝廷要削夺他的兵权，同治七年（1868）七月，捻军失败一个月后，曾国藩被调到北京当直隶总督。活该曾国藩倒霉，他是直隶总督，自然该他来处理天津教案。那时，他任直隶总督还不满两年。

他接到命令，就痛苦不堪起来。痛苦的缘由，一是因为该案涉及洋人性命，不好处理，二是因为他病情严重，不堪负荷。同治九年（1870）三月，他的右眼已经完全失明，左眼依稀能见到一点光，肝病越来越重。四月二十一日，请假养病一月。五月二十二日，续假养病。五月二十三日，天津教案就发生了。

曾国藩预见到去天津的艰苦，只好准备遗嘱。他给儿子曾纪泽写信说："我即日就要去天津办案。洋人性情凶悍，津民习气浮嚣，大概很难调和。将来构怨兴兵，恐怕会激成大变。我反复思虑，找不到任何办法。先跟你交代一些事，以备不测。"

接着他说，从咸丰三年（1853）招募湘勇以来，就发誓效命疆场，现在人老了，病也多，危难之际，更应该不怕死，而辜负当年的血诚。如果我死了，灵柩要运回湖南老家。我的奏折、文章抄好之后，只宜保存在家，不宜刊刻印行。

最后反复告诫儿子，要克勤克俭，孝友持家。其中还提到，带兵之初，曾立志不取军饷肥家，基本上做到了，很高兴。

他知道去天津不是好差事，为什么不因病推却？他病情严重，谁都知道，因病推辞，名正言顺，谁都不好责怪，为什么还要去呢？我不下地狱，谁下地狱？不避险难，不求苟免，才是真血诚。

至于他在处理教案中所表现出来的民族投降主义，被骂为卖国贼，跟一片血诚没有关系，而是他一直以来的软弱外交和投降主义的结果。所以一方面他做了投降主义的错误判决，另一方面又为自己的判决感到歉疚。不过，他只同情官吏，觉得他们没有大错，却遭流放，而对老百姓只字不问，可知他心中的某种倾向。

他自己也说，"庇护天主教本乖正理"。为了表示歉疚，特意筹集了一万四千两银子，当做盘缠，送给被发配黑龙江的两位天津官员。他也后悔，同治五年剿捻无功，就该辞职还乡，不该继续做官，结果摊上这桩烂事，把一世英名全部付之流水，亏了晚节。

他给儿子写信说："吾此举内负疚于神明，外得罪于清议，远近皆将唾骂，而大局仍未必能曲全。"他已经是头眼昏眩，心胆俱裂了。他知道自己"名裂而无救于身之败"，仍然抱着"临难不敢苟免"的血诚，苦苦支撑，亦是他坚忍精神的表现。

慈禧太后一句话就把他打发了，"文武全才，惜不能办教案"，让他重回南京做两江总督。一年零八个月后，他就死了，可知他病情确实不轻，精神又大受打击，所以支撑不住了，终于倒下，彻底尽了血诚。

即使如此，他在南京两江总督任上，仍然抱持一片血诚，恪尽职守。临死前的五天，身体本来很不好了，仍然坚持会客，除最后一天无法起床外，另四天分别见客七次、七次、八次、六次，都是公事。江苏巡抚都被感动了，奏报朝廷说，他是被工作累死的。

他61岁就死了，一个直接的原因就是心血积亏太过，为他的人生理想、为大清朝廷竭尽了最后的血诚。

血诚不等于他就对大清朝廷忠心耿耿，决不撒谎。攻陷南京，他跟朝廷报告说，南京城里太平军有十几万，其实他在撒谎，军民总共不过三万。他的目的是给湘军邀功，说明战斗有多么艰难，所以围困了两年四个月才打下来，省得言官在旁边说湘军的坏话。如果以此来指责他不诚恳，装出一片血诚，那是迂夫子的所为，不值得论。

血诚是他对大清朝廷的一种态度，为了事情达到理想的效果，他可以把大清朝廷放在次要位置上，所以英法联军侵入北京时，他不想派兵勤王，与岳飞的愚忠颇有区别。正是因为他不像岳飞那么愚忠，也不像江忠源那么听话，才有机会成就大事。否则可能也会像江忠源那样早早死掉。

血诚也使他团结了同样的血诚书生在他身边，江忠源是，罗泽南是，还有好多人都类似，血诚是他们这个集团的精神标志。这个集团中有很多人死在战场，江忠源、罗泽南、吴文镕；有的是兄弟几个都死了，比如李续宾、李续宜。曾国藩也死了两个弟弟，六弟曾国华死在三河之役，最小的弟弟曾国葆死在安庆军营。

曾国藩给皇帝上书，固然有邀名誉之嫌，但其中为伟大理想而奋斗的血诚，也是事实。带兵以后，已成骑虎之势，也就只有一条道跑到黑，要么战死，要么彻底胜利，想中途抽身，当逃兵，既为形势不允许，也非他的做人性格。长沙被追杀时，靖港吃了败仗时，坐困江西时，遇险祁门时，因天津教案而被全国唾骂时，靠的就是一片血诚，硬生生挺了过来，支撑他走到生命的最后。

为了这一片血诚，他奉献了他的全部，不爱财，不怕死，一生也基本节俭度日，不讲排场。他无法限制兄弟的贪婪，却对儿子、老婆有绝对的权威。所以他能自豪地说，他这一生没有被妻子儿女拖累，也是一大幸福。国家、朝廷要的就是这种人才，肯为国家利益竭尽一片血诚。古往今来那么多世袭的富贵之家，有几个人肯为国家竭尽一片血诚？

能够坚定不移地固守这份血诚，就已经不容易了，何况还要实现它？曾国藩却做到了，是在受到皇帝限制、大臣排挤、无权无饷的情况下实现的，是在种种辱骂、批评、责难中做到的。是他的血诚,他的坚忍,支撑他从艰难中走过来,而成就大事,所以更加难得。

"撑起两根穷骨头,养活一段春意思",就是他血诚精神的最好写照。尽管可以骂他伪道学、杀人狂、卖国贼,而在以血诚为旗帜的道德、文章、武功上,他确实有过人之处。

这里有一个问题,他的血诚是从哪里来的?教育和环境影响的结果。他考中进士后,祖父告诫他说,我们本是耕读传家,断不靠你做官发财。他自己也立志做官以贪财、怕死为耻。在翰林院读书养望时,又得到唐鉴、倭仁一干人等的指点和引导,加上他个人独特的禀性,所以他没有成为贪财享乐的官。

曾国荃跟他一个爹妈生的,却很贪婪,绰号老饕。他在家起了好几幢大宅子,现在仅存富厚堂,其规模宏大,靠他做官的薪水,即使收得若干礼金,也起不了那么宏大的宅子。何况他起房时,很多木材都是高价买来的。某家有大树,不肯卖,他就出十倍、二十倍的价格,强行收买。可以推断,那些钱财多半是他在战争中搜刮来的。

如同惩治贪污腐败一样,只有教育不够,只有法制也不够,还要看他是一个什么样的人,他处在什么环境当中,如果连父母都不肯尊敬,如何会是清官、好官?血诚也是如此,只靠教育不行,只靠制度也不行,还要看他的天性,要把天赋、教育、制度等因素综合起来考察。

曾国藩所在的那个环境,贪官多,庸官多,立志高绝的少,才大堪用的少。他的好朋友郭嵩焘跟他相似,但做了几年广东巡抚,归乡时,也攒下足足四万金,各种财物家当,要二十一条船才够装。所以曾国藩是独特的,是难得的。儒家教育给他的影响最大最深,所以他能立志自拔于流俗,竭尽一片血诚。

胡雪岩:

诚信莫欺,长久生意

商人就要讲商业道德,诚信乃商业道德中的大问题。"诚信"是一个商人必备的素质，是商人安身立命之本。其中"诚"指真诚、诚实。诚，就意味着交易时要据实以告，"好歹莫瞒"；如果建立在谎言的基础上，"昧之不言"，希望侥幸达成交易，以此获利，那么到头来恐怕聪明反被聪明误，会失去更多的利益。只有基于诚实与利益公平的原则上的商业交往，关系才能长久稳固。

也许有人认为，诚实会令生意受损，如果将货物的缺点完全据实以告，对方会因此而拒绝交易。所以，一些"精明"的商人在做生意时，往往隐瞒己方货物的不足以次充好，甚至会采取一些欺诈的手段以假充真，从而使他人受损而自己获利。

这些看似"精明"的商人其实很愚蠢，他们对于经商之道理解得很肤浅，他们虽得到一时之利，却失去了长久之利，因为他们忽略了一个非常重要的资产——商誉。

商誉是一个商人在长期经营活动中积累起来的良好声誉，是一种无形资产，虽不能令人直接获利，但其对经商行为和经营利润的影响却是巨大的。真正聪明有远见的商人，都会竭力维护自己的商誉，他们所追求的是稳定的顾客和长久的利益。

"诚信"是维持良好商誉的关键因素。人们常说"买卖不成情义在"，情义的建立与维持，一个"诚"字尤为重要。对交易对方要开诚布公，坦诚相待，才能赢得对方的信任与长期的支持，即使一时不能达成交易，眼前一些既得利益受到损失，可在长期经营中一定会得到更大的回报。

在现代复杂的社会中，对诚实行为的界定较为模糊，而法律条文及道德规范，都是最基本的行为标准。商人创业守业，首先要做到遵纪守法，遵守社会道德规范，也可以为自己制定行为准绳，以"诚实"为基点，严格要求自己。

当你力行诚实之道，你就启动了一种强大的力量，它将不断地为你带来丰厚的回馈。

胡雪岩创办的杭州胡庆余堂之所以声名卓著，与北京同仁堂并驾齐驱，也在于他遵循了"诚信为本"的商业宗旨。

胡雪岩生活的时代，中国社会正处于封建社会向半殖民地半封建社会过渡的时期，中国传统的自然经济开始向以大机器生产为基础的商品经济转变。商品经济的萌芽和发展使当时中国社会的伦理观、价值观发生了深刻变化。一方面，竞争意识日渐加强，有利于冲破传统封建思想的禁锢，改变人们心中"轻商"的思想；但另一方面，商品经济建立的人性基础就是一个"私"字，在此基础上形成了逐利拜金的思想，在一定程度上也冲击了中国的道德传统，出现一股影响近代商品经济发展的逆流，一些惟利是图的商人偷工减料，以假乱真，以次充好。

然而，胡雪岩在经营中却始终本着一个信条："凡贸易均不得欺"。就是说交易不能以欺诈为手段。相传他的胡庆余堂就是在一怒之下创建的。

有一次胡雪岩的老母亲胡老太太生病，请来杭州名医，望、闻、问、切一番折腾后，开了一张药方，胡雪岩立即命家仆去当时杭州最大的药店买药，不料药抓回来后，却发现其中几味已经发霉了。仆人返回药店同店主理论说："你们卖的药怎么发霉了啊？这可是给我们老太太买的，给换些好药吧。"谁知对方非但不给退换，反而讽刺他说："谁家没有老太太？本店只有这种药，要好的，你们自己办药店去！"仆人回来对胡雪岩这么一说，胡雪岩可真是火冒三丈，同时决定："我就开一家药店给你看看！"于是，胡雪岩一怒之下创办了胡庆余堂。

当然，这可能只是一个传说，但胡雪岩在经营药店时，一直非常重视药品的质量，他深知"药业关系性命，尤为不可欺"，这在那个年代是难能可贵的。

那个时期，不仅商品掺假，连做的广告也真伪难辨。当时店铺在报章上做的广告多以他人赞美的信函为主，那些信函配以发函人的姓名、地址，几乎可以以假乱真。这通常是甲地店铺自拟信函连同邮票寄往乙地，托一人书写后再寄回来。还有的药店挂上一些歌功颂德的牌匾，什么"济世为怀"之类的，题者大都是达官贵人。其实这些人根本就未曾用过药店的药，只不过是药店老板自己或托人用钱换来的，不明究竟的人还真以为是药店好呢。

胡雪岩开办的胡庆余堂经营的是极为特殊的商品——药材，它的质量直接关系人命。药品的加工制作有着极为严格的要求，很多刚采回来的生药材含有对人体有害的毒素，必须经过必要的程序才能既保持药性又避免对人体产生毒副作用。在达到药用要求后，还要对药材作取舍搭配，这又涉及药的种类、数量和质量等，半点都马虎不得。以假乱真，以次充好，或减少贵重药品的配量，轻则会影响疗效，重则会危及生命。

胡雪岩的胡庆余堂在经营时为求药品质量，在店中专设金锅、银铲等炼药器具，客人来买药时，如果对药材的真假有怀疑，店员就会将药品的炼制过程给他演示一遍，以消除客人的疑虑。当时中药大多沿袭单方秘制，外人看到的只是成品，药品的优良外行人是看不出来的，因而一些不法药商以假乱真、以次充好或减少贵重药品的配量，牟取暴利。

另外，胡雪岩还在药堂的营业厅内挂上两块巨匾，一块朝着顾客，上书"真不二价"四字，另有一块面对柜台，上刻胡雪岩亲笔手书"戒欺"二字，旁边有一段小字："凡是贸易均着不得欺字，药业关系性命，尤为万不可欺。余存心济世，誓不以劣品巧取厚利。惟愿诸君心余之心，采办务真，修制务精，不致欺余以欺世人，是则造福冥冥，谓诸君之善为余谋也可，谓诸君之善自为谋亦可。"

胡雪岩立下这两块匾额，目的就是对店员谆谆告诫，让他们做事时要凭良心，不要被眼前的利益蒙蔽了眼睛。同时，也给顾客留下了诚实可信的印象。

正是抱定这一原则，经过多年发展，胡庆余堂的"余"字招牌成为货真价实、童叟无欺的代号，深受人们的信赖。

胡庆余堂还常行善举，平时对贫民施药施衣，一旦遇到水灾旱荒、时病流行，就会捐出大量成药。正是由于这种不计私利的善心使得胡庆余堂的生意越来越红火。

同时胡雪岩在挑选店员时也秉承这一原则，第一要诚实，因为不诚实的人卖药，尤其是卖成药，分量不足，服用了会害人。其次要心慈，医家要有割股之心，卖药也是如此，时时刻刻为病人着想，才不会忽视药的品质。最后才是有能力。

胡雪岩的"戒欺"主张代表了当时一部分顺应时代发展需要的商人对整肃假冒伪劣现象、确立商品经济伦理规范的呼声，具有扶正祛邪的现实作用。从这一点看，胡雪岩为胡庆余堂设立的经营宗旨是有目光、有远见的，在当时有标向的作用。

胡雪岩深知，靠投机欺诈只能获取眼前的蝇头小利，但却会毁掉辛苦得来的信誉；抓好质量，诚实经营才能创出牌子，钱财才会滚滚而来。

胡雪岩作为一个有眼光、有谋略的经营者深谙此道。胡庆余堂"戒欺"这一店规世代相传，成为"传世秘方"。一百多年来，胡庆余堂真正做到了童叟无欺、货真价实，这些为胡庆余堂带来了至上的信誉，也带来了滚滚的财富。

"曾胡"官商启示录：

其实，无论是曾国藩在治军从政上所提倡的"血诚"，还是胡雪岩经商交易中所体现出的"诚信"，都离不开一个"诚"字。一个"诚"字，使得曾国藩为朝廷奉献了他的全部，不爱财，不怕死，明知险阻也毫不退缩，直至贡献出自己的最后一份心力；一个"诚"字，使得胡雪岩在当时商界一片浊流中严抓产品质量，宁损自己不损他人，宁可少挣不可欺客，为自己赢得了良好的口碑，在百姓心中立下了一块金字招牌。

"诚"是立人之本，"诚"是安民之策，"诚"是治政之道，"诚"是经商之法，"诚"是破欺之方。无论是治国、经商，还是做人、处事，都离不了一个"诚"字。能够真正认识到"诚"的重要性，为人处事守"诚"之人，距离成功仅咫尺之遥。

但并不是人人都能知道"诚"的可贵之处，许许多多恶意失信的行为屡有发生：制假贩假，损人利己；缺斤短两，追逐小利；逃废债务，有失公信。在他们以牺牲"诚"来换取"利"的同时，却丧失了最最重要的做人的根本。

古语云："诚之所感，角处皆通。"意思是说，以诚心待人，就会使人感动，所以触及到任何地方都会把事情办成。这句话，你我共勉。

第二章 时势VS商势

曾胡官商启示录

曾国藩 ZENG GUO FAN

曾国藩：

追逐天下大势，方可成就伟业

乘时就是追随时代大环境。我们无法选择时代，却可以顺应时代。我们无法主宰潮流，却可以跟随潮流。凡有大作为的人，无不是乘时而动。逆时而动，逆流而行，或错过良机，都难以成就大事。即使追求一般的成功，也应该抓住机会。

同治六年，那时太平天国运动已经镇压下去，曾国藩跟他的幕僚赵烈文说："成就大事，往往运气占六分，人事占四分。"赵烈文应和说："老师说得对。《易经大传》也讲，先天而天弗违，后天而奉天时。""奉天时"就是"乘时"。六分运气（天时），四分人力，可知曾国藩把"乘时"看得比主观努力还重要。这是针对成就大事来说的，而在别的方面，他就主张在人不在器，人比武器重要。

今日社会成功的途径很多。一是在政府任职，政治领域一直保持着它的权力优势，总统大选总会成为头条新闻。二是追求经济/财富上的成功。三是娱乐、影视、体育界的超级明星，他们被少男少女追上了天。四是在文化、艺术、科研领域做出重大贡献的人，常常被尊称为专家、学者。

不论在哪个领域有所成就，超越了昨天的自己，都可以说成功，只要肯努力，谁都做得到。成就大事却没那么简单，几乎只集中在政治和经济两个领域，必须与很多人协同工作。事者，势也。势就是权力（也当包括地位、声望等等，金钱也是一种权力）。没有权力，你不能成事。

黑马，冷门，这种成功确实给人惊喜，但机会又有多少？大家懂得概率论。相反，新生事物因为新，空白多，好出成果，因此成功的机会最多。张艺谋与余秋雨相比，哪个名气更大（妇孺皆知）？当然是张艺谋，因为电影电视是今天的艺术主流，文学与学术已经退居其次。赚钱也是如此，赶上热潮，才能又快又多。中国要继续大力发展经济，学历史的与学经济的相比，哪种人才更受欢迎？所以说，最热门的地方机会最多。惟有思想者才冷眼旁观。

如果你想成就一番事业，又快又好的办法就是乘时，惟有立在时代潮流的浪尖上，最易夺取功名。当然也更容易被打倒，这个世界是辩证的。个人就像一滴水，只有赶在时代潮流的最前端，才能最快地流入大海。

曾国藩那个时代，成功的标准几乎只有一个，就是做大官、做清官、做好官。成功的途径也只有一个，就是参加科举考试。曾国藩很幸运，27岁就考中进士，有了做官的资格。不过，要做大官、做清官、做好官，还必须：1. 要有学问，以提高声望；2. 博得权贵赏识，以便被提携。上头都不知道你，怎么提拔你？上头都不喜欢你，怎么重用你？考中进士，已经走好人生第一步。要做大官、成大名、享大福，还得加倍努力。与曾国藩同时代的那些汉族文臣，几乎都是学问高深的人，官越大，学问越高。

曾国藩生于1811年，比辛亥革命早100年。出人头地、光宗耀祖的惟一法门，就是参加科举考试。通过秀才、举人、进士的三级选拔，成为国家的预备官员，也就成了社会上的大爷，至少普通百姓得让着你、宠着你、尊敬你。

曾国藩从7岁开始，在父亲的私塾里读书，为科举考试而努力。这是他在社会和家长的安排下，被动地追逐人生目标，可谓被动乘时。

19岁那年，他和弟弟离开老家，去衡阳读私学。

据一份不十分靠得住的资料说，有一次，老师让他背书，却不流畅，老师骂道："你将来要有出息，我给你打伞！"这话伤害了一个年轻人的心。

考中进士、衣锦还乡之后，要去答谢师门，他特意带了一把伞，告辞出来，跟老师说："糟糕，老师，我把伞落在你家了。"

等老师取过伞来，曾国藩说："谢谢老师给我拿伞。"

看曾国藩走得远了，老师回到屋里，猛然想起数年前的话，满脸愕然。

老师的刺激，大概是曾国藩发奋读书的开端，还说不上是有志于学。因为受到刺激而发奋，这种事经常有，但结果如何，还要看你怎么努力。有愚而不能知者，有知而不能行者，有行而终见弃者。有决心，无毅力，行百里而九十者，都无法成就大事。

这也表现了曾国藩的某些性格特征，一饭之德必偿，睚眦之怨必报，这与他后来主张多杀人也有一点联系。

曾国藩22岁考中秀才，之后去长沙，到著名的岳麓书院深造。岳麓书院就像今天的湖南大学，是湖南省的最高学府，岳麓书院也正被湖南大学所环抱（毛泽东也在那里读过书）。去那里的第二年，曾国藩考中举人。同年深秋，动身去北京参加由朝廷主持的会试，但他没有考中，也不在意，因为他没有想一举成名。乡巴佬进京，一待两年，收获很大，开阔了眼界，也结识了不少人，可谓读万卷书不如行万里路。钱花得差不多了，就准备回家。路上借了一笔债，还典当了衣物，才凑够钱，买了一套二十三史。

回来以后，发奋苦读，一年没出门。两年后再去北京，竟然考中进士，是年27岁。曾国藩自己承认，正是第一次北京之行，他才开始立志学问，那年24岁（孔子说自己是十五有志于学）。在当时来说，这已经是一个了不起的成功。不过，到了京城之后，还必须继续努力，才能做大官、成大名、享大福。

曾国藩的情况就是这样，老师的伤害不过是一种刺激，24岁开始进入自觉状态，主动、积极地参加科举考试。

这时他对乘时的认识还是模糊、盲目、初级的，要等到30岁上，才对乘时形成完整、全面、深刻、理性的认识。难怪民间说，30岁以前是爹妈给的，30岁以后是自己给的。

称其为乘时，并不是牵强附会。那个年代，他不参加科举考试，还能做什么？洪秀全考了十四年，没有成功，迫不得已才造反。左宗棠三次未中，一怒之下，不考了，要不是洪秀全造反，他大概要教一辈子私学。

考中进士之后，曾国藩入翰林院深造。翰林院是读书养望的地方，为国家储备人才，为朝廷培养高级干部，除了读书编书之外，一般没有具体任务。虽说可以做官，但是官大官小，名高名低，还要看各自的造化，曾国藩再次面临新的挑战。混得好，自然能往上爬；混得不好，至少也是个从七品官，类似今日的副处长、副县长、副团长、副教授、副研究员、副主任医师，或者别的一个副……像杜甫那么伟大的诗人，也只得到一个从七品的官。

曾国藩混得如何？27岁进去，29岁定为从七品，一直到32岁初，还是从七品。不过，32～37岁五年之间，却节节高升，连越十级，官至正二品。即使今日，我们越来越追求速度，也少有人爬得那么快。究其原因，一是他自己有本事，很努力；二是争取名士指点，得到权贵提携。

曾国藩参加科举考试就是为了功名，还写过一句诗：古来名利客，谁不到长安。既然已经做官，当然希望官越大越好，名越响越好；办法嘛，只有一个，就是继续读书。

功名心其实是件好事，它支撑了中国文人两千年来的奋斗意志：修身，齐家，治国，平天下。经由清朝一位著名皇帝的倡导，又被表述为：为天地立心，为生民立命，为往圣继绝学，为万世开太平。这个理想是崇高的，也是极严格的，甚至要求禁欲，在某些特定的时候，你不能做爱，更不能娶妻纳妾。曾国藩本人曾惹来一片骂声，说他是一个穿着长衫子的虚伪男人（伪君子，伪道学），因为他在咸丰皇帝的丧期娶了一个小老婆。

他继续钻研的几本书，其实小时候就背熟了，现在必须做到另有体会，才能得大官享大名。这个时候，他已经在主动乘时，治学是追求功名的惟一选择。不过，他没有名师指点，也没有朋友切磋，完全依个人兴趣而读，大半年下来，没什么长进。本来对做文章还有一点信心，不免沾沾自喜，结果却发现，别人早已走到前头去了，追都追不上，那使他很伤怀。看来想靠文章出名是做不到了，必须另找出路。

问题是，读什么书，又该怎么读，曾国藩并无头绪，就找名人著作来读。30岁那年夏天，他去琉璃厂买来《朱子全书》。三天之后，又去向当时名气很大的学者唐鉴请教。唐鉴是他的老乡，湖南长沙人，官至太常侍卿（三品），后来加恩赏二品卿衔。唐鉴一席话，如醍醐灌顶，震醒了曾国藩，让他明白了很多事，原来治学的方向也就是仕途的方向，要做大官，还必须有大学问。那正是他的人生理想，既能读书，又能有所成就。从那一刻起，他算是真正自觉地乘时了。

唐鉴的话，今天可以看到痕迹的，大概是"为学只有三门，曰义理，曰考核，曰文章"。按照唐鉴的说法，义理（理学）是治学的根本，考核（考据学）求粗而遗精，文章本是小技，一点不难，经济之学（经世致用之学，当时被视为做官术）本来就在义理之中，无非多看史书（历代典章制度）。

唐鉴的话，今天看不到痕迹的，大概是清朝的学术演变与政治之间的关系，朱东安先生有系统论述，大略如下：

清朝以少数民族入主中原，以马上得天下，不能以马上治之。经过认真比较，发现程朱理学所信奉的伦理道德，尤其是三纲五常、君为臣纲一条，很对他们的胃口，就把程朱理学定为治国基本理论。以康熙推崇得最勤奋、最成功，他自己就是一个理学家，其深度连一些儒学耆老都不能测。

下层人民以天地会为代表，武装反抗满清统治，金庸先生有一本武侠小说，名字叫《鹿鼎记》，里面的主要人物陈近南、韦小宝，都是天地会的重要头目。以明朝遗老为代表的汉族士人，也不肯与满清合作，他们以笔为武器，表达自己对前明的怀念、对满清的仇恨。武装反抗遭到武装镇压，文字反抗遭到文字狱迫害。韦小宝那个可爱的双儿，她先前的女主人，就是遭文字狱迫害的死难者的家眷。

另一部分汉族士人总结经验教训，采取了更隐蔽、更高明、更曲折，且合法的斗争方式。他们通过有理有据的考证，证明程朱理学的经典著作是伪造的。那些经典著作历来被认为成书于2200年前。有一位汉学家用三十年时间写成一书，列举一百二十八条确凿证据，证明《古文尚书》是伪作。连那个弄虚作假者的时代和姓名，也被另一位汉学家考证出来。朱熹的《周易本义》一书，采用了宋初某个著名道士的河图洛书说，结果也被证明是编造的。他们以釜底抽薪式的一击，证明了满清统治者精心扶植的思想武器是靠不住的假货，还有谁信呢？考据学由此兴旺起来，创造了一个光辉灿烂的学术时代，理学反而少有人问津。

但是，当声势浩大的白莲教起义爆发之后，这种不合作态度就开始改变了。白莲教起义发生在嘉庆初年，是康乾盛世的转折点。经过那场大动荡，汉族士人认识到，只有镇压各种反抗，维护满清王朝的统治，才能保住自己的饭碗，他们与清王朝是拴在同一根绳子上的两只蚂蚱。加上清王朝的拉拢、分化政策，以及随着时间的推移而使反清复明的民族仇恨也逐渐淡化等等原因，汉族士人的注意力就转移到如何解决社会的现实问题上来。

盛极一时的考据学经过乾隆、嘉庆两朝的发展，终于在道光年间被经世致用之学所取代。道光后期，鸦片战争爆发，经世致用更被推向高潮。

这些东西曾国藩闻所未闻、见所未见，突然有人说起，听得他心都亮了。曾国藩在日记里，在给兄弟的家书、朋友的信札中，反复述说这种耳目一新的感受，说他看到一种茅塞顿开、豁然通达的新气象。也正是经过唐鉴点拨，曾国藩才真正踏入治学门径。从此之后，曾国藩彻底明白科举考试、做学问与荣华富贵、功名利禄之间的关系，辨明了自己的人生方向。

这就是曾国藩想有一番作为的自觉乘时，那时他30岁。

他就从文章转到理学上来，开始"治经宜专一经"的读书道路，也就是先把他买回来的《朱子全书》读完、读懂、读透。第二年冬天，在一位显贵学者的指导下，曾国藩又开始修习检身之要。那是一种静坐工夫，把读书和修身结合起来。具体做法就是静坐思考与写日记，把每天的行为、欲望，一点一滴都记下来，在静坐的时候，一日三省吾身。也就是儒家的修身、齐家、治国、平天下的理论。

以孔子为首的圣人们天真地以为，通过这样的修炼，就能把学术、心术、治术贯通一气，学问提高了，道德也就提高了，治理国家的本领也提高了。孔子是不幸的，生活在一个兵荒马乱、道德沦丧的时代，像他那么著名的人，还常常吃不饱饭，到处流浪。他整天想的就是要挽救混乱中的国家，解救被水火浸泡的小民，而对做大官、得大名、享大福之流的副产品不屑一顾。他的思想被逐渐演变成一种带有浓厚理想主义色彩的教育/治国方法，连续不断地施行了两千年，到后来竟成了宗教。这是他"像狗一样落魄"时所不敢想的吧，这也该是他所自豪的。

曾国藩开始用理学家的修行办法来要求自己。每天静坐一个小时，记下各种不正确的欲念行为，传给朋友、同事看，请他们提出意见。也经常去拜访那位显贵学者，像弟子一样虔诚，让人感觉他是一位勤奋而有天分的青年。学者也乐意帮他，写了很多批语。这位显贵学者名叫倭仁，满族人，官至大学士，正一品，再没有比他更大的官了。

修身工夫却做得不怎么好，常常静坐一会儿就睡着了，等到醒过来，就在日记里痛骂自己，过了十几天才渐渐适应。他身体本来就虚弱，这一修身静坐，凡事检讨，搞得他很紧张，不过两个来月，就患上了失眠症。再坚持二十几天，突然吐起血来。

曾国藩很沮丧，知道自己做不了理学家了，跟两个弟弟写信说："我身体本来就弱，现在耳鸣不止，稍稍用心，就觉得困顿。我也常常这么想，既然老天让我无法苦思，那是老天不让我成就学问啊。所以这些天我心灰意懒。只要得到一个差事，去地方上做官，还了旧债，就辞官回家，不再惦记什么功名利禄了。"

那只是他一时的冲动。很快，他就根据个人的身体状况，大胆地放弃理学家的修身方法，而把精力放在自己感兴趣的文章上面。静坐修身不搞了，写日记这门工夫却坚持下来，一直写到他过世的前一天。读书的范围也大大扩展，什么理学、考据、经济、辞章，凡是好书，他都看，只是仍然最偏爱诗文。他的学问之路其实在朝自己的方向发展，不管门派之别（儒家五派常常相互攻讦），是一条全面发展的道路，所谓采众家之长也，"务为通儒之学"，通儒就是什么都精通的大学问家。

做文章就是为了出名，出名了自然好做官。他自信地说："这样坚持下去，即使不放外做官，也会在道德文章上有所成就。"他是汉人，要做大官，必须名声好学问好才行。

他所交往的那些学问朋友，都在京师有一些名气，也都是做官的。倭仁官至大学士，正一品，还是同治皇帝的老师。唐鉴官至太常侍卿，后来授正二品衔。吴廷栋官至刑部侍郎，正二品。最小的是国子监学正，正八品……

与他们交往，不仅增长了曾国藩的见识，更让他在士林与官场获得一种良好的名声，这给他的官运铺出一条道路来。后来，他在长江一带跟天平军打仗时，给弟弟写信说："过去我在北京的时候，还是有一些清望的。"他的学生更说他是"名称重于京师"。他的好名之心有多强呢？他的日记中有这样的话："今早，名心大动，忽思构一巨篇，以震炫举世之耳目……"

他在学林士人中建立了一种好名声，仕途上也出奇顺利，37岁就官至正二品，因为他得到权臣穆彰阿的青睐。穆彰阿愿意帮他、看得起他，首先是因为他自己有本事。清朝一贯限制汉人，曾国藩也没有政治背景，很难靠一味巴结来升迁，因此他在学问上所获得的名声，以及在钻研学问时发展起来的远见卓识（才需学，学需识），就成为他仕途的基础。

曾国藩无意中把治学的方向从文章转到理学上来，再主动向唐鉴请教，向倭仁请教，积极与各类士人交往，更结识了权臣穆彰阿，为做大官铺出道路来，终于完成生平第一次乘时。

这一次乘时，开始是凭着某种直觉做出的，却歪打正着；在与各种士人的交往中，尤其是在见到穆彰阿之后，他深刻领悟到乘时的重要意义，因而既坚持着学问，也不放弃穆彰阿。从学问中得到的清誉，还有穆彰阿的提携，是他乘时的两把宝剑，也是时代特点，他只有努力追随，积极适应。也正因为此，加上别的一些鲜为人知的原因，他37岁就当上大官。在他那个时代，这算是一个巨大成功。

如果不是太平天国运动，曾国藩看得到的政治前途，大概有两个，一是成为显贵学者，既有学问，又得富贵；二是如果赶上一个好皇帝，还能成为一代名臣。

1850年2月25日，道光帝死了，咸丰帝上台，才19岁。即位二十余天，大概刚办完父亲的丧事，咸丰帝就下令征言，要各大臣针对时政，据实直陈，封章密奏。曾国藩似乎看到了希望。这希望一是为挽救贫弊、混乱的国家，二是实现个人的政治抱负，也就是他的功名心，如果运气好，他将成为一代名臣。有雄才大略的皇帝，才有功名巨伟的臣子。

他一连给咸丰帝写了十四封奏章，最重要的有三封。

一是谈人才问题。他看到那些做官的，个个贪财怕死，不干实事的多，有气敢往的少，一旦将来有事，国家就没有人才可用，建议要重视人才的选拔、培养、考察。曾国藩的看法是对的，太平天国都占领江南半壁江山了，咸丰帝也没找出一个能够与之相抗的人才来。

二是《议汰兵疏》。他在兵部待过，知道全国绿营兵已衰朽，又听说广西兵乱爆发之后（洪秀全1851年1月11日在金田起义），广西三万七千兵，竟无一人可用，因此提出三项建议，就是裁兵、节饷、训练，通过减少数量、加强训练来重铸战斗力。咸丰帝只是嘉勉了他，却没有动静。眼看大局已坏，现在却报国无门，曾国藩着急、愤懑、愁苦，对新皇帝有些失望了。

大概一个半月之后，他又上了一封奏章。这回不是建议，而是批评，批评年轻的皇帝谨于小而忽于大：某大臣小步跑失检被参，某大臣道旁叩头不当被参，这种小事皇帝也要管，而像广西兵乱那么大的事情，却连一张军事地图都不挂出来研究；自从征言以来，大臣的奏章不下百余，都以"毋庸议"了之；选拔人才时，只看毛笔字写得漂亮不，而不看文章思想。

这封信言辞激烈，批评直切，稍微歪曲一下，就会变成一篇诋毁文章，把皇帝说成是一个思想浮浅、流于形式的骄矜之人。咸丰帝看了，勃然大怒，当场就把信扔到地上，要治他的罪。幸好咸丰帝的老师在场，苦苦劝说，才熄灭怒火，转而"优诏褒答"，显示了皇帝的宽宏大度，成为一时盛传的美德。

曾国藩逃过此劫，原因何在？无非是有人说情。说情的两个人，一是皇帝的老师，他叫祁隽藻，跟穆彰阿政见不和，官至大学士，正一品，曾国藩还写过二百六十个一寸见方的大字送给他；另一个人叫季芝昌，官至闽浙总督，从一品，是曾国藩中进士的主考官，师生关系。

这一回乘时不成功，原因在于他对咸丰帝存有幻想，希望他是一个励精图治的好皇帝。

做事情有一个重要法则，就是确认前提的真实性。咸丰帝下令征言，决心大，却不能执行。一是限于他的政治经验，二是他缺乏康熙那样远大的政治胸怀和宽广的用人雅量。康熙用旗人，也重用汉人。按照一般情形，既然你曾国藩提出了裁汰兵员，加强训练，那就着你去办妥此事，我作为皇帝，在人力、财力、物力方面多多支持你就是了；由于你是汉人，不大放心，就想办法分你的权，限制你，监督你。咸丰帝却没有那么做，一来当时局面还没有坏到生死存亡的境地，洪秀全还没有直接威胁京师，二来咸丰帝才19岁，对自己颇有信心，白莲教都可以镇压，广西乱匪自然也可镇压。事实证明他的信心是盲目的，既没有看透清朝内部的腐败衰朽，也不了解洪秀全的声势。咸丰后期，这种情况才得到改变，因为朝廷已经无人可派，也无兵可派，只有依靠曾国藩和他的湘军了。

对曾国藩个人来说，尽管冒了遭遇不测的风险，却是一个胜利。信是写给皇上看的，当然要深思熟虑之后才动笔，因此能够较早思考用兵与建军问题，那对后来创建湘军肯定有帮助。不过，要等到在湖南办团练时，他才决定重起炉灶，别开世界，另外建设一支军队。

归结起来，曾国藩这次乘时有三点值得注意。

一是直言敢谏。有些大臣是官场上的老狐狸，咸丰帝年轻气盛，一时看不明白他的底细，就来个装傻，沉默。官气太重，固然可以坐稳你的官，却不能成就大事。要想成就大事，就得有某种胆量。

二是能说出有效的解决办法。凭着个人勇气，一通乱说，说不到点子上去，还不如不说。这要求有胆有识，方可成就大事。

三是看咸丰帝不喜欢，立刻就不说了。这就是官场上的见风使舵，也算察言观色、见机行事。留得青山在，不怕没柴烧。不像屈原，楚怀王不听，就着急，就乱骂，他本来有能力挽救祖国，却因为不懂得适时沉默，反而被小人陷害，结果被贬到江边去发牢骚，固然写成千古不易的名篇，却没能挽救他的国家。冒死直谏的人，可视为忠臣，未必能称明智。

总之，既然咸丰帝下令征言了，就应考虑及时跟进，不能等待、观望。至于说如何进言，要讲究方法、技巧、策略，一是要敢说，二是要能说，三是要灵活变通，是继续说，还是停止不说，视具体情况而定。此后，曾国藩再也不直接说皇帝的坏话了，写奏章也小心用词。这也算他的一个收获吧。

不过这只是一次小的乘时，算不得大时代背景下的乘时。下令征言不过是年轻皇帝心血来潮，并没有成为一种国家政策。何况天下形势最主要者，已经不是什么纳言进谏、做个名臣，而是严重的内忧外患，是中国不可避免地卷入整个世界，遭到发达国家的侵略、奴役、霸占、殖民。如果咸丰帝是一个明君，大胆使用曾国藩，改革时弊，整顿吏治，说不定曾国藩会成为一代名臣。这是一种假设，天下形势已经变了，所以他得不到那个机会。

但他在这里所表现出的"澄清天下"的胸怀，为后面镇压太平天国奠定了若干基础。

咸丰二年（1852），曾国藩得到去江西做主考官的差使，立即收拾东西，从北京南下。一个月后，走到安徽太湖县境内，得到家人来报，说母亲去世了，曾国藩就掉转船头，回家奔丧去了。原本打算走水路，由长江转入湘江，再到长沙。路过武汉时，湖北巡抚告诉他，长沙已经被太平军包围，就改从陆路回了湘乡白杨坪。

儒家以孝治国，凡死了父母的人，一般要在家守孝三年。如果是当官的，也要放下手头的工作，回家守制，这叫丁忧。情况特殊时也可以不回家，但要经上头批准。曾国藩急急回家奔丧，就是这样。

他回到家中，办完丧事，本来可以好好休息一下。他家住在高嵋山下，属衡山余脉。有孝在身，当然不好意思去衡山，但在高嵋山下转转还是可以的。那里的小桥溪流，尽管阔别了十四年，大都还是熟悉的。不过才三个多月，他就接到皇帝命令，要他在湖南省帮办团练。

他在乡下歇着的时候，全国形势发生了很大变化。洪秀全的起义部队节节胜利，于1852年12月开始攻打武汉。从武汉北上，可以直达北京。咸丰皇帝终于意识到事态严重，不仅调集大军围追堵截，还迅速命令各在籍大臣帮办团练。曾国藩是第二个被任命的地方团练大臣，可知咸丰帝还记得他这个触怒天威的人。

1853年1月8日，咸丰帝任命曾国藩为湖南团练大臣。1月12日，天平军攻克武昌，并集结十万大军，号称五十万之众，浩浩荡荡，沿长江而下，攻打南京去了。1月21日，曾国藩在老家接到命令。3月19日，天平军攻克南京（金陵）。

曾国藩很为难。他想做一个孝子，就不宜在母丧期间外出公干，就给咸丰帝写信，请求在家守孝，不去办团练。

信还没来得及发出，湖南巡抚就来信说，武昌已经失守，湖北巡抚也战死了，形势非常危急。当夜，曾国藩的一个朋友郭嵩焘也登门拜访，他是受了湖南巡抚的委托，专程来劝说曾国藩的。

郭嵩焘跟曾国藩说："公本有澄清天下之志，现在不乘时而出，却拘守孝道，如何对得起君王父母？"还去动员曾国藩的父亲。老头子似乎深明大义，只说了一句话："郭嵩焘的话是对的。"曾国藩遂决定出山，收回了写给咸丰的奏章。

不过才四天，曾国藩就完全改变了想法，主要有两个原因。

一是形势急转直下，不容他安心山林。最初，他跟咸丰帝一样，都轻视了洪秀全，广西离北京遥远得很，听起来当说故事，没有什么亲身感受。现在，太平军距他不过几百里，湖北不保，湖南也就危险，何况湖北巡抚也战死了，这个人他也认识，就不能不心动，甚至感到震撼：广西乱匪来势凶猛，绝对不是什么小毛贼。在家守孝，既无法保全自己，也无法实现忠孝两全的理想。

二是曾国藩个人的考虑。他是一个热爱荣誉的人，功名心非常旺盛。"公本有澄清天下之志"，这未必是郭嵩焘的恭维话。郭嵩焘本在京师翰林院读书，两人一直有往来，对曾国藩比较了解，按理不会凭空乱讲、任意编造。如果只是危害乡里的小毛贼，曾国藩大概是不屑于亲自动手的，这也是他在家服丧时编写《保守太平歌》的初衷。现在他们从广西打到了湖北，连湖北巡抚都战死了，哪里还是什么小毛贼？镇压叛乱，留名青史，他们不可能想不到；没有想到的，可能就是太平天国差点颠覆清朝江山。

皇帝的命令，父亲的批准，还有湖南巡抚与郭嵩焘的劝说，是曾国藩最好的下阶石。即使没有郭嵩焘，随着形势发展，他也会出来。

结果如何呢？一方面吃了很多苦，在长沙被士兵追杀蒙羞，也吃了不少败仗，又三次自杀未遂，还被咸丰帝冷嘲热讽，在江西、在祁门还差点丢了老命；另一方面，十年辛苦没白费，最终镇压了太平天国运动，成就盖世功勋，获得圣贤美誉，名垂史册。

这里简单勾画一下镇压太平天国的经过。

咸丰三年（1864），他以团练大臣的身份在长沙和衡阳练兵，创造性地把团练分成团与练两个概念，为自己编练军队找到理论依据。别人以为他的湘军不过是民兵，事实却证明，他的民兵不仅镇压了太平天国，淘汰了清朝的正规军，还影响到中国20世纪初期三十年的政治格局。

咸丰四年，开始带兵出征，尽管有岳州之败、靖港之败，却为清政府第一次打了大胜仗，连续攻克武昌、黄州等城，出兵才十个月，就打到九江来了。

咸丰五年至咸丰七年，有湖口惨败，水师被分割，炮船损害严重，陆军也被一分为四，塔齐布死了，罗泽南死了，都是他的心腹大将。他本人也坐困江西。如果不是石达开被调回南京，曾国藩能不能活下来，都是一个问题。

咸丰八年，从老家复出。

咸丰十年，授两江总督，全权指挥大江南北水陆各军，成为整个清朝权力最重的汉人。

咸丰十一年初，在祁门镇数次遇险，老命都差点没了，却轻松活过来，赶紧移驻到长江边上去。从那之后，再也不亲临前线。也是他亲自带兵而"三战三败"的最后一次。

咸丰十一年八月，攻克安庆。太平军精锐损失惨重，陈玉成也在城破不久被害。整个战事明显朝曾国藩一边倾斜。曾国藩的名声更隆、权力更重，身兼六个地方大吏之职责。

同治三年，攻陷南京，轰轰烈烈的太平天国运动宣告失败。为了不落一个功高震主、功成身死的悲惨下场，曾国藩主动裁撤湘军，解除清政府对他的疑惧，结果皆大欢喜，清政府不用担心他造反，他也保住性命，保住圣贤名臣的美誉。

后来剿捻军、办洋务，都是以镇压太平天国为基础的。

应名出山办团练，这是曾国藩一生最重要的一次乘时，也是一次不容错过、无法再来的一次乘时。这种机会只有一次。

不仅他，胡林翼、左宗棠、李鸿章、江忠源，甚至连薛福成等人，都是因为参与到这次军事镇压活动中来，才能够建立功勋、留名史册。尤其是左宗棠，40岁了，还不过是个秀才、湖南乡下的教书先生，如果不是这次乘时、参与镇压太平天国，有谁会知道他？他不参与镇压太平天国，也就不可能有后来的收复新疆，更得不到民族英雄这个荣誉。收复新疆是湘军惟一一个有民族气节的壮举。40岁之前跟他一样命运的，多如牛毛，而能像他一样翻身的，历史上可没有几个。

如果曾国藩坚持要在家守孝三年，结果会怎样？一种可能性是死在混乱之中。他是朝廷二品高官，目标过大，难以藏身。不过，他不会选择坐以待毙的，他不会那么傻。以他的为人和性情，即使咸丰帝不命令他出来，形势也会逼他出来，或者说他自己也会主动出来。

胡雪岩：

睁大眼睛紧盯商势变化

无论什么时代，经商都离不开社会的大环境。聪明的商人总是能够在关键时刻，紧紧盯住商势的变化，为自己的成功奠定基础。

顺应时局，打开人生局面，是高明之举。胡雪岩的个人成功，可以说是"时势造英雄"。但"英雄"也绝不是时势的被动产物，对胡雪岩来说，看准时局，顺应商势变化是保证其事业成功的重要条件。

胡雪岩认定，自己做生意无论成败，都与时局有关。例如：他的钱庄向太平军逃亡兵将吸纳存款，就与太平天国走向败局的大势有关；他的生丝销洋庄，就是与太平军杀向浙江阻断上海生丝来源有关……胡雪岩总是能够认准商势，把握商机。

当然，一个平静安定的市场秩序，也是经商赚钱的必要环境。帮助维持市面的安定，对胡雪岩来说也是非常重要的，即使因此自己要付出一些代价，他也在所不惜。市场稳定了，经商的人才能长久地盈利。只靠一时牟取暴利，不作长久打算，是不会长久的。

杭州战后的善后赈济就是一个典型的例子。

杭州被官军收复的消息刚一传到上海，胡雪岩就立即动身赶赴杭州，参加杭州繁忙的战后赈济工作。胡雪岩首先做的一件事，就是将一万石大米无偿捐献给杭州官军，用于军粮和赈济灾民。

一年多以前，杭州被太平军包围了数月，城中弹尽粮绝，甚至到了人吃人的地步。胡雪岩受浙江抚台王有龄的委托，冒死出城，到上海筹款买来两万石大米，将其中的一万石冒死运往杭州。可是，杭州城被太平军围得水泄不通，胡雪岩的运粮船只好停在杭州城外的钱塘江望城兴叹，绝望之中的胡雪岩只好将米运往刚刚经过收复的宁波。

宁波刚刚被官军攻下，城中粮食奇缺，难民无数，这一万石大米正好救急，当时接受这批大米的米行开价付款时胡雪岩却分文未要，而提出了一个要求：这批大米算是出借，将来不管什么时候，只要杭州收复，无论如何必须在三天之内以等量大米归还，送往杭州。

对于生意人来说，这就相当于占用了一大笔流动资金。而就当时的情况，太平军在东南地区势头正猛，杭州收复似乎是遥遥无期。即便三五年内杭州可望收复，这么长时间，利上加利，一石也可能变得不止两三石了。但是胡雪岩有自己的想法，一方面，在他的心中，这一万石米是杭州军民百姓的救命米，他不能拿它们去赚钱。另一方面，他相信不管怎样，杭州总有被官军收复的一天。宁波离杭州较近，那时，早一天运去粮食，也就可以多救活一些人。他留着米在那里，可以随时取用，以防万一，到时如果不凑手，误了大事，自己又会留下极大的遗憾。

"由慈善心，肯施惠于人，以仁取众"，是胡雪岩为人处世的座右铭，也是他成功的又一重要因素。

胡雪岩一向认为：为官为商都要有一种社会责任感。既要为自己的利益着想，又不能处处只为自己想，也要替天下黎民着想。用他的话来说就是"慈能致福"。中国古代有一句很流行的警戒生意人的话，叫做"功自诚心，利从义来"。从胡雪岩的为人与他的成功，可以相信这说法绝不是虚妄的，它比所谓"马无夜草不肥，人无横财不富"之类平庸的说法，更符合世道人心，也实在是高明许多。

清末中国商品经济得到了较大发展，但商人的地位并没有因为商业的发展而得到相应的提高。然而胡雪岩却获得了众人的交口称赞，后人也对其品行景仰不已，其理由何在呢？其实很简单，那就是胡雪岩虽身在商界，却心忧苍生。

浙江地处长江沿岸，水分充足，气候温和，一年四季风景宜人，自然环境十分优越，是我国药材的一个重要产地。浙贝母、元胡、白术、芍药、麦冬、浙玄参、温郁金和杭白菊号称"浙八味"，在杭州城乡都有广泛种植，这些药材以其品质优良而为历代皇家御医所采用。由于这得天独厚的优势，早在南宋时，浙江的中医药业就很发达，当地出产的药材达一百多种，药店更是遍布大街小巷。

在中国的文人传统中，主张"穷则独善其身，达则兼济天下"，从医制药、救死扶伤自然也就成为了一个反馈社会的途径，同时这种做法也会赢得社会的普遍尊重。

胡雪岩身处药店星罗棋布的浙江，肯定会受到这种药文化的影响。另一方面，晚清时局动荡，战事频繁，军队行军打仗，转战奔波，一定需要防疫药；且每打完一仗，必定会尸积如山，饿殍遍野，瘟疫流行。胡雪岩看在眼里，心里早已拿定了救死扶伤的主意。

早在清军镇压太平军和出关西征"捻军"时，胡雪岩就邀集江浙名医研制了"胡氏辟瘟丹"、"诸葛行军散"等药品，送给左宗棠军营及陕甘豫晋各灾区。战乱结束后，为了"广救于人"，胡雪岩决定开办胡庆余堂。

胡雪岩在乱世之中开办药店实是善举，因乱世之中，常有瘟疫蔓延，百姓流离失所，又有几个人身上有求医问药的银两呢？

胡雪岩对天下黎民的艰辛体味深切，他下令自己各地所设的药铺，有钱少收，无钱白看病、白送药。

而且胡雪岩还同湘军、绿营军达成协议，军队只要出本钱，可以由他本人派人去购买原材料，召集名医，配成金疮药等军队急需的药物送到营中。曾国藩知道后，曾对人言："胡氏为国之忠，不下于我。"

太平天国运动被镇压下去后，朝廷重开恩科，一时间天下士子齐集于京，进行科举考试。由于时处夏季，又加上许多士子连年操劳，身心俱疲，所以很多都病倒了。胡雪岩得知这一消息后，马上派人从远处运来各种药品、补品，并免费送给这些患病的士子们。这种做法受到考官、士子及百姓的交口称赞，胡氏义赠士子们药品的事很快传遍天下，使天下人都知道了浙江有个"胡大善人"，而朝廷也因他这一行为而赏了他一个三品官衔。

光绪元年，胡雪岩雇人身穿印有"胡庆余堂药店"字样的衣服，在水陆码头向上下车船的客商免费赠送避瘟丹等民家必备的药品，宣传胡庆余堂药品的药效。一时之间，胡庆余堂的名字传遍江南诸省。三年多的时间里，胡雪岩光施送药品一项就花去了十万多两银子。但这些银子在他经营胡庆余堂不久后就收回来了。

无论是捐米还是施药，胡雪岩如此行事，从他个人的角度来说，确实也是出于他想对乡亲们做出些贡献。当初冒死出城采购大米，又冒死将大米运抵杭州城下，就是希望能为赈济灾民尽一份力，这份诚意确实不容怀疑。不过，客观说来，从生意人的用心来看，他要用这一万石大米为自己能重新在杭州站稳脚跟垫底。

他把这一万石大米捐献给了杭州，立即使他在杭州士绅百姓中名声大振，也使他一下子就得到倔强敢为而素有"湖南骡子"之称的左宗棠的赏识，被委以负责杭州善后事宜的重任。而在此之前，左宗棠本来是要上奏朝廷以贪污粮款的罪名严惩胡雪岩的。

更重要的是，胡雪岩捐米施药的举措，对安定市场、振兴市场也起到了重要的作用。在胡雪岩看来，战后和灾后的当务之急，就是振兴市场。而市场要振兴，关键在于安定人心。人心安定了，市场也就随之安定了。市面平静，五行八作又恢复了自己的秩序，人们才能放心大胆地来做生意。作为一个商人，能为安定市面尽一些力，于公于私，都有好处。

当然，局势是否安定，许多时候并不是生意人可以做主的，也不是光靠生意人就能维持得了的。但是，生意人应该有帮助市面安定平静的自觉，要能够想到在可能的时候，特别是自己赚了钱，甚至赚了大钱有能力去做的时候，去做一点帮助维持市面的事情。

"曾胡"官商启示录：

天下之势有战势、人势、权势、商势、情势等等等等，一一细数之，若问何种"势"最为有用、最为重要，想必的确不好回答。哪种"势"重要，在于你想要谋取哪一种，想要为哪一种"势"而努力。曾国藩乘"时势"而出山办团练，平太平天国，剿捻军，办洋务，虽在后世存在争议，也不失为那个混沌年代的一代名臣；胡雪岩乘"商势"而开钱庄，贩货物，运米救危城，施药与军民，既获了大利又得到了普天之下的人心。

"来而不可失者时也，蹈而不可失者机也。"这是宋代文豪苏轼的一句话，曹雪芹也说过"大丈夫相时而动"，这些讲的都是时势和机遇的重要性。乘势而动并不一定就能乘势而成功。追随时代大环境而成功的人也要经过几个环节：由"势"中产生机遇，发现机遇，抓住机遇，将机遇转化为价值。在哪一环节上出了偏差，都会与成功失之交臂。一味随波逐流，发现不到大环境所造就的机遇，或发现了却抓不住，只能如在飓风骇浪中行船捕鱼，当被风浪推到岸上搁浅之时，除了折断的桅杆和破损的船体，一无所获。

人生就是一盘棋，要注意在局势中寻找突破点，并一步一步打开局面，落子沉稳，行棋得当，才能够取得胜利。做人如此，经商、从政亦是如此。

第三章　谋略 VS 远见

曾胡官商启示录

曾国藩 ZENG GUO FAN

曾国藩：

成就大事，以谋略为主，以勇力为辅

兵不在多而在精，将不在勇而在谋。湘军三河之败，李续宾以下六千精锐，还有曾国藩的弟弟曾国华，全军覆没。太平军在陈玉成的率领下，打了一个漂亮的歼灭战。从那之后，胡林翼在论将略的时候，都强调大将之才应当谋重于勇："此次之败，其过仍不在兵寡也。""行军之道，智略居首，勇力次之。""智多勇少实力难言，勇多智少大事难成。"

中国是一个智慧型的国家，积淀了太多的谋略智慧。《孙子兵法》讲，"多算胜，少算不胜"，就是一种用兵的谋略思想。某个人城府太深，让人感到恐惧，那是因为他把谋略权术用在了私人事务上。带兵打仗是生死存亡的大事，就不能不谨慎，不能没有谋略。

人们对谋略似乎有一种偏见，总把谋略与耍手段、用心计、弄权术联系起来，归入歪门邪道、旁门左道，反正都是阴谋诡计。虽然汉武帝罢黜百家、独尊儒术，其实一直不曾排斥百家思想，不过儒家以诚为根基，谋略却源自兵家，经过两千年演变，误会就逐渐产生。即便是"阴谋"一词，最初也不是贬义词，"阴"指悄悄行事，不让敌人知道。谋略跟捣鬼截然不同。鲁迅先生说："捣鬼有术，也有效，然而有限，以此成大事者，古今无有。"捣鬼是一种伎俩，行为卑劣，谋略却是一种智慧，内容博大。

谋略跟围棋、跆拳道一样，也分级别。水平低的，被认为是在耍手段；水平高的，又不被当做谋略，这里有一个误区。从谋略角度看，儒家、法家，以及西方的市场经济制度，其实都是高深的谋略思想，不仅从国家的高度，也从每个人身边，影响着人类的历史进程。它们属于最高水平的谋略，第一品，"入神"。跟武侠小说描写的功夫一样，到达最高水平时，就出神入化了，掐一朵花，摘一片叶子，都可以杀人。

曾国藩熟读二十三史，不论做人做官、带兵打仗，都有他高深的谋略。他27岁就进入官场，做了那么大的官，肯定胸有城府，却少有人说他老奸巨猾，因为他把成就大事与做人做官区分开来，形成两种完全不同的谋略观。

做人做官的谋略，他强调一个"诚"字和一个"耐"字，主要就是儒家的"忠恕"思想，以"诚"为核心，人人以诚相待，事事以诚相应。他说了很多，什么"一要有志，二要有识，三要有恒"，坚忍顽强，谨慎稳当，其实都是关于做人、做事、做官的谋略。由于以诚为基础，所以看不到一点谋略影子。这里用安庆战役来讲他的行事谋略。

镇压太平天国是一个全局性谋略，它有若干个子谋略，子谋略下面还有子谋略，是一个完整的谋略系统。南京是太平天国的首都，是整个谋略系统的中心目标，但攻打安庆却是它下面最重要的子谋略。只要安庆打下来，南京不过是时间问题。因此，曾国藩坚持在安庆与太平军作战略决战，坚持把安庆当作主战场，困难再大，也不肯动摇。

攻打安庆是一个子谋略，它下面也有若干个子谋略，谋略套谋略，自成一个谋略体系，中间还闯进来节外生枝的子谋略。曾国藩把安庆战役看作关乎国家气数的事，也是他们曾家的气数命脉所在，可见它的重要性。

咸丰八年（1858），曾国藩再一次出山。咸丰九年夏天，曾国藩跟胡林翼碰头，商量怎么打安庆。最终，他们确定了安庆战役的谋略目标，一是围点打援，二是攻陷安庆，以围点打援为主，打援成功，安庆自然就破了。原计划四路围攻安庆，由于其中一路迟迟没来，实际上变成三路。具体部署如下：

第一路由曾国荃指挥，任务就是围城，直接攻打安庆，迫使太平军来救援。

第二路由多隆阿指挥，攻占桐城，打击从庐州方向来的援军。桐城位于庐州与安庆中间，太平军救安庆，必须经过桐城。

第三路由李续宜指挥，也是打援，更像一支机动部队，随时准备策应前两路，同时还防止太平军进入湖北，因为湖北是湘军的后方。

一路围城，两路打援，打援部队不仅战斗力最强，人数也是围城的两倍，谋略意图就是以逸待劳，等太平军来救安庆，正好进行决战，歼灭其有生力量。

安庆在上游，是南京的屏障，安庆一丢，南京基本就守不住了，安庆被包围，太平军必会全力来救。攻敌之所必救，围城打援，这是曾国藩安庆谋略的两个基本点。

这个谋略并不完善，有一个大漏洞。湘军全部集中在安庆战场，湖北只有官文的三千绿营兵守武汉，江西兵力也不多，湘军后方比较空虚，太平军若能迅速进兵湖北，打下武汉之后，再沿江东下，加上江西方面从南昌、九江协同作战，一起攻击湘军后背，曾国藩将不得不撤围。

这就与曾国藩的安庆谋略针锋相对，但关键的还在于能否有效执行。

也就在这个时候，咸丰帝终于同意给曾国藩地方实权，让他做两江总督，督办江南军务，大江南北所有军队，统统归他指挥。这对曾国藩是一个天大的好消息，对洪秀全则是一个天大的坏消息。咸丰帝本来想让胡林翼做两江总督。肃顺说，胡林翼在湖北跟官文处得很好，不如让曾国藩做两江总督，这样长江上游、下游都有人了。咸丰帝，觉得非常有理，就答应了。

知道曾国藩出任两江总督，胡林翼非常高兴，立刻写信，要曾国藩再招募两支部队，一支在扬州，一支在杭州，加上进攻安庆的湘军，三路会合，指望一年之后就打下南京，胜利似乎遥遥在望，有点速胜论的味道。

曾国藩却不同意，还是坚持打安庆。这是曾国藩高明的地方，把轻重缓急分辨得很清楚，能抗拒表面的诱惑，稳打稳扎，不贪功冒进，有点持久战的意思。

湘军的围城部队仍然使用攻打吉安、九江的老办法，在安庆城外开挖两道长壕，外壕阻抗援兵，内壕围困守敌。这是曾国荃的拿手好戏，他围城围出名气来，被叫做"曾铁桶"，比曾国藩的"曾剃头"好听一点。长壕从三面围困安庆城，临江一面由水师封锁。安庆城就成了一个粽子，被"曾铁桶"严严实实包围起来。因为太平军没有及时回援，这就给了"曾铁桶"时间。等到陈玉成带兵回来时，"曾铁桶"的墙壕已经修得坚不可摧、牢不可破了。

武昌、瑞州、吉安、九江都是用长壕围困的办法打下来的。在安庆，曾国藩把这个围城谋略又向前发展了一步，重点不在围城，而在打援，集中湘军的全部力量，实现围点打援、歼敌主力的谋略目标。

曾国藩正想着安庆战役时，咸丰帝却插了一脚进来，打乱了他的谋略部署。苏、常一带是江南最富饶的地区，却被李秀成夺了过去（就是因为这个，太平军没能及时回援安庆）。咸丰帝急了，立刻下了一道谕旨，要曾国藩撤掉安庆之围，火速去救江苏。

安庆之围当然不能撤，皇帝的命令又不能不听，能不能把两个方面都照顾到呢？

曾国藩只得要一点小诡计，用一点小谋略，亲自带了一队人马，兵分三路，做出去援救江苏的姿态，其实心里完全想着安庆，不过摆摆架势而已，好给咸丰帝交差，慢吞吞走进了安徽祁门镇。正是这个小镇子，差点成了他的鬼门关。

祁门镇处于皖南山区，这一片地方连接安徽、浙江、江西、江苏四省，战略地位显要，既可以隔绝敌人的联系，也可让安庆与江西后方连贯通气，保证围城部队的尾翼安全。这就是曾国藩进驻祁门"绝地"的另外一个原因，名义上是去援救江苏，实际上还是侧重安庆战场。

正是出于上面两种考虑，他把重兵都留在安庆战场，还让胡林翼搬到太湖去，就近指挥安庆战役，太湖距安庆不过七十公里。

曾国藩的这个小诡计，把谋略目的的两个方面都照顾到了，既没有违背皇命，又遥遥支持着安庆战场，而且根本是在安庆战场，仍然属于安庆战役这个大谋略下的一个子谋略。情况不断变化，他无可奈何，所以不得不想出一些谋略诡计来应付。

突然之间，京城来了一道圣旨，要他派鲍超一营，日夜兼程，赶到北京去勤王。原来英法联军打过来了，一把火烧了圆明园，咸丰帝他们匆匆逃往热河避难去了。这让曾国藩左右为难。

鲍超是他的精锐，也是安庆战场的一支机动部队。三河之战，李续宾的六千精锐被陈玉成歼灭，也打出了陈玉成的威名，湘军将领多不愿与他接仗。鲍超是个粗人，也是一员悍将，惟独他不怕陈玉成。安庆战场需要鲍超，所以曾国藩不想放他走。同时他还有一个顾虑，鲍超的勇名连皇帝都晓得，会不会北上之后，就被北京方面留下，再也回不来了呢？因此更不愿意让他走。

这个时候，曾国藩自己也接连遭遇险情。

在这种情况下，曾国藩如何肯放鲍超走？但是不去勤王，怎么都说不过去，如何是好？曾国藩大伤脑筋，整夜整夜睡不着觉，跟朋友写信说："祁门这边危急，京城那边也危急，整天忧惧，不知如何是好，简直都要哭了，除了围着屋子转，什么也做不了。"

于是他就赶紧把幕僚召集起来，商量对策。多数人都赞同派兵勤王，惟独李鸿章说："洋人不过是想要钱，没有别的企图。眼下安庆才是最重要的。不如按兵不动，观察一下再说。"正好李续宜也过来了，大概是受胡林翼委托，专门来商量派兵勤王的事。经过集中讨论，曾国藩确定了一个新谋略。

他跟咸丰帝写信说:"我们已经做好准备,随时可以派兵北上。是由曾国藩带队,还是由胡林翼带队,要请皇上亲自定夺。鲍超虽然勇敢,却不是独当一面的人,所以不宜由他带兵。"

这个谋略很巧妙,不说勤王不勤王,只问由谁带队,目的就是想拖延时间。

凡事谋进,也要谋退。万一皇帝真的要湘军北上勤王,曾国藩也不能含糊,所以他就还做了一手准备,抽调出一万人来,作为北上勤王的预备队。如果命令下来,由胡林翼带队的话,长江北岸的大军就退守湖北,暂时不进兵皖北;如果由曾国藩带队,长江南岸的大军就退保江西,暂时不进兵皖南。其谋略意图,还是在保证安庆之围,或江西,或湖北,至少有一处可做围城部队的后方支援,就不用撤围,大局也不致溃烂。

尽管如此,曾国藩还是担心北上,那一去,就要走掉一万多人,还不如让鲍超带两三千人去划算。就在这患得患失中、艰难地等待北京方面的消息。等得恼火,还特意卜了两卦,一问咸丰帝会不会让他北援,一问鲍超、张运兰在皖南能不能得手,因为他的处境也很危险,粮道有被太平军切断的可能。

一个月后,消息总算来了,和议已成,毋庸北援。忧心忡忡的曾大人,立刻兴高采烈起来,庆贺自己终于可以专心安庆战役了。

此谋略有三个要点,一是判断形势,李鸿章提供了线索,洋人只想要钱,没有别的企图,这是整个谋略的基础;二是拖延时间,静观其变,关键点不在勤王,而问由谁带队;三是做好出兵准备,万一要北援,安庆之围也不能撤,关键点在于如何保证围城部队的后方安全。

这个谋略是节外生枝出来的,不在安庆谋略的计划之内。本来非常棘手,曾国藩通过集思广益,仅用一封奏章,就把它处理掉了。所以在事后,他专门让人把那次会议上的建言整理成册,名为《北援议》。

尽管如此,他在祁门的处境并没有好转,最后靠左宗棠收复景德镇,打通皖南与江西的联系,他才化险为夷,赶紧离开了祁门绝地。

安庆战役双方都打得艰苦。曾国藩说,太平军全力救安庆,我亦全力争安庆,可见战斗之激烈。

多隆阿在桐城阻援打援,他有骑兵部队,往来冲突包抄,行动迅速。陈玉成几次冲锋,都无法打败他,也就无法解救安庆,就带着人马朝武汉打去,想迫使胡林翼回救湖北，以减轻安庆的压力。听说太平军打过来了，武汉一片混乱，除了几个当官的，几乎跑光了。胡林翼得到消息，气急败坏，大骂自己是"笨人下棋，死不顾家"，赶紧派彭玉麟、李续宜带兵回援。

太平军的谋略意图就是围魏救赵，武汉打下来，安庆的湘军就失去后方依靠，将不得不撤出战斗，安庆自然就安全了。但这个谋略意图却没有实现。英国人巴夏礼跟陈玉成说，武汉是通商口岸，是租界，受大英帝国保护，如果攻打武汉，他们就要武装干涉。陈玉成才25岁，听英国人这么一说，就放弃了武汉，带着部队返回安庆，对曾国荃的长壕展开猛烈攻击，想通过正面强攻，直接解救安庆。强攻一般都难奏效，更何况曾国荃早就筑好墙壕，只等他来打。

按照原定计划，李秀成当与陈玉成一起，分两路攻武汉、救安庆。他却一心想着长江下游（著名的拙政园就被改成了他的忠王府），消极地执行进军命令。他的部队在皖南几次逼近祁门大营，却因为不知道"曾剃头"就在那里，不知道他只有三千护兵，而匆匆走过，轻松放脱"曾剃头"。如果曾国藩死在祁门，不论谁来接替他，安庆之围都会不攻自破，因为没有谁能代替他统一指挥全部湘军。这种偶然性甚至可能改变历史。

曾国藩不担心湖北，却担心李秀成，担心他沿着赣江攻击南昌和九江。安庆谋略的最大漏洞就是湖北与江西兵力空虚，那是湘军的后方基地。曾国藩自己都说，如果李秀成顺赣江攻取九江的话，安庆之围必然就解了，所以他怕李秀成那么做。

这就搞得曾国藩两处担心，既担心李秀成攻打九江，也担心陈玉成袭击曾国荃。为此，他临时设计了一个子谋略，让鲍超一军驻扎在彭泽县待命，或者防九江，或者救安庆，哪里急，就往哪里去。但是，当曾国荃在安庆被陈玉成猛烈攻击的时候，李秀成也正在江西奔驰，安庆与九江都有危险，鲍超该去救哪里呢？

曾国藩的厉害之处就在于，经过三天观察，他从李秀成的行动中判断，李秀成不敢进攻南昌和九江，就毅然做出决定，让鲍超驰援安庆。正如他所料，李秀成果然没去攻打南昌和九江，解救安庆的最后机会就这样丧失了。

曾国藩更厉害的是，湖北与江西都告急的时候，湘军因为后方危急，内部开始动摇，纷纷要求撤围，回去保护后方，连胡林翼都有点撑不住了，惟独他保持了冷静，两眼死死盯着安庆，一点不肯动摇。他看穿了太平军的谋略意图，想再来一次围魏救赵，以攻打武汉来解救安庆。所以他下定决心："就算武汉丢了，也决不撤安庆之围。

武汉打下来,他们也守不住。安庆一撤,要想再来包围,就很难了。"

为了坚定其谋略意图,他又给曾国荃写信,要他拼死守住壕墙,安庆壕墙决定一切,守得住,武汉丢了也能收回,守不住,武汉即使不丢,胜利也属于敌人;因此安庆壕墙不仅关系到他们曾家的气运,也关系到天下的安危。

在曾国藩的鼓动下,"曾铁桶"决心不惜一切代价,也要守住安庆的壕墙,以维护他的光荣称号。双方就在安庆的两道长壕内外,展开一场悲壮的血战,将士一队一队冲上去,又一队一队倒下来。太平军层层破旧壕,湘军就层层开新壕,前壕未破,新壕已成,陈玉成始终没能打破"曾铁桶"的包围圈。

壕沟墙子不过是军队的基本功,在曾国藩那里,竟变成一种敌人攻不破、打不烂、也学不来的战略性武器(壕墙本是跟太平军学来的)。曾国荃防守的壕沟墙子有七十里长,守兵却只有一万多人。如果太平军内外齐出,湘军兵力不够,根本无法做到两班轮防,攻者夜以继日,防者昼夜不歇,岂不危险?曾国藩担心他守不住,叮嘱他千万不能轻敌,并要他继续多挖外壕。壕墙也就成为曾国藩军事谋略中的一个重要子谋略。

战斗正惨烈的时候,曾国藩突然听说,安庆被围困了那么久,竟然还没有断粮。原来是一帮惟利是图的外国商人在捣鬼,他们把米粮高价卖进城去,使得太平军还有粥喝。湘军拼了老命在围城,洋人却乘机大发财,曾国藩大为恼火,却又不敢动他们,就想出一个小谋略来。他让水师加强巡逻,凡遇到外国船只,只要是卖粮食的,统统礼请上岸,出高价把粮食全部买下来,从而切断城里的接济。

城里的太平军断了粮食,到最后连刀都举不起来。城破之时,自主将叶芸来以下一万六千人,全部壮烈牺牲。加上被湘军围点打援牺牲的将士,太平军在安庆战场至少损失了三万精锐,都是身经百战、经验丰富、能攻善守的老战士。

既然曾国藩使用攻敌之所必救这个谋略来攻打安庆,围城打援,太平军同样可以用这个谋略来解救安庆,围魏救赵,但必须临阵变化,系统规划,统一指挥,否则就落了后手。曾国藩一眼就看穿了他们的谋略意图,可知在谋略方面他要稍胜一筹。

最根本的还在于各个子谋略能否一一执行。如果太平军抓住曾国藩的谋略漏洞,趁着湖北、江西兵力空虚,如期合围武汉,再顺江而下,攻击湘军后背,湘军腹背受敌,后方又被攻占,就算曾国藩不想撤围,也不得不撤。由于陈玉成的幼稚,也因为李秀成的错误,他们带着部队转战了一两千里,却还没走到武汉,就退了回来,没能坚决执行最初的谋略计划。

湘军凭借墙壕，深沟高垒，以逸待劳，采取持久战，是一个呆板的、但很重要的子谋略，在具体的战斗攻防上，要比太平军主动。

胡雪岩：

谋定而后动

机会可以说是通向财富的一条大道，有时候，一个机会就足以让人摇身一变，成为富有者或突入事业的更高层次。但机会中往往隐伏着风险，有些人不敢面对机会，面对挑战，稍一迟疑，机会即逝，或让别人先行下手，错失良机，失去大笔利润，甚至失去事业得到飞跃性发展的最佳时机。

正因为如此，有些人往往过于谨慎，错过了最好的时机；有些人则性格过于草率，做事情总是急急忙忙，在并无多少把握的时候，就开始动手，结果失败者居多。

及时抓住机会，就要克服安于现状的心态，突破传统，摆脱惰性，丢弃陋习，随时留意商场的新趋势新信息，做个有心人，你就会变得机警敏锐，善于灵活应变。机会时时在，商情处处有，要眼观六路，耳听八方，及时把握。更要急如星火，弄清楚了事实，有了方针，就决不拖延，更不能搁置。谋定而后动，机会和财源就不远了。

对于胡雪岩这样一位眼界开阔、头脑灵活且敢想敢干的人来说，实在是到处都能见到财源。比如他为销"洋庄"走了一趟上海，在上海的"长三堂子"吃了一夕花酒，酒宴上与那位后来成为他可以生死相托的朋友古应春的一席交谈，就让他抓住了一次赚钱的机会。

古应春是一位洋行通事。中国开办洋务之初，这样的通事是极要紧的人物。他们表面上主要充当的是类似今天的外事翻译的角色，但由于这一角色的特殊性，在当时的外贸活动中，他们其实还承当着为买卖双方牵线搭桥的职能。

胡雪岩要和洋人做生意，自然一定要结识这样的要紧人物。胡雪岩来到上海，便设法托人从中介绍与古应春相识。请吃花酒是当时上海场面上往来应酬必不可少的节目，于是便由胡雪岩做东，尤五出面，在怡情院摆了一桌以古应春为主客的花酒。酒席上，古应春谈起他自己参与的洋人与中国人的一桩军火交易。那一次洋人开了两艘兵轮到下关去卖军火，本来价钱已经谈好，都要成交了，半路里来了一个人，直接与洋人接头，听说太平军有的是金银财宝，缺的是军火，洋人一听立即单方毁约，将原来议定的价格上涨一倍多。买方需要的军火在人家手里，自然只能听人家摆布，白白让洋人占了大便宜。古应春讲这段经历，是因为愤慨于中国人总是自己相互倾轧，以致让洋人占了便宜。但古应春的这段经历，也引起了胡雪岩要尝试与洋人做一票军火生意的兴趣。

在胡雪岩看来，当时有两个情况决定了这军火生意可做，而且一定可以做成功：第一，当时上海正闹小刀会，两江总督和江苏巡抚都为此大伤脑筋，正奏报朝廷，希望多调兵马，将其一举剿灭。兵马未动，粮草先行，可以先备下一批军火，官兵一到，就可以派上用场；第二，此时太平军也正沿着长江一线向江、浙挺进，浙江为了自保，正在办团练，也就是组织地方武装。办团练自然少不了枪支火药，借王有龄在浙江官场的势力，促使浙江地方购进一批军火，也不成问题。反正洋人就是要做生意，枪炮既然可以卖给太平军，也就没有不卖给官军的道理。

事情一旦想到，立即着手进行，这是胡雪岩一贯的作风。请古应春吃花酒的当晚，酒宴散后已是子夜，胡雪岩也仍不肯休息，留下尤五商谈与古应春联手同洋人做军火生意的事宜，甚至将如何购进、走哪条路线运抵杭州、路上如何保障军火安全都考虑到了。

第二天他又约来古应春，又细细商定了购进枪支的数量、和洋人进行生意谈判的细节、如何给浙江抚台衙门上"说帖"等事宜。第三天，胡雪岩就和古应春一道会见了洋商，谈妥了军火购进事宜。从动起做军火生意的念头到此时，不到72个小时，这笔生意就让胡雪岩做成了。

胡雪岩认为，只要发现是财源，甚至只要产生一个念头，就立即要付诸实施，这就是要反应迅速，敢想敢干。生意人面对的总是不断变化的市场。市场出现的各种具体情况以及变化，对生意人来说往往既是挑战也是机会。能及时针对具体市场情况做出迅速反应，才能不断地为自己开辟新的经营渠道，也就是为自己开拓出新的财源。

想好就干，神速出击，值得任何一个现代商人深深体会和借鉴。

除了想好就干，绝不拖延之外，胡雪岩还有一个特点就是眼光准。胡雪岩在做完第一桩生丝生意之后，立即就想到要转移自己的经营视角，开始寻找新的投资行业。

胡雪岩想到投资典当业，与他对那个时代生意行当的了解有关。促使胡雪岩踏入典当业的一个直接原因，是因为他认识了朱福年。朱福年祖籍徽州，家中世代都是典当行的朝奉，他自小耳濡目染，对典当行的运作方式、行业规矩等都很熟悉。胡雪岩认识他后，经过几次促膝长谈，对典当行生意有了大致了解并产生了浓厚的兴趣，并由此产生了投资典当业的念头。

当时时逢乱世，居于城市中的市民，不要说那些入不敷出的穷家小户，即使稍稍有点积蓄的人家，也会不时陷入困窘之中，危机之时，常要靠典当度日。当时典当铺遍布各个大小城镇，当铺成了"穷人的钱庄"。胡雪岩早就留意到了这个行业，因为他也穷困过，他知道当铺虽然是靠盘剥穷人赚钱的，却也实在能为穷困的人解决一时之需，他经常说自己开当铺不是因为吃典当饭舒服，而是为方便穷人。

与朱福年接触几次后，他更加坚定了投资典当行的想法，并开始着手进行。他让朱福年替他找了几个优秀的典当行的人才，一回到杭州，就开设了自己的第一家当铺——"济民典"，在其后不到10年的时间里，他的当铺就发展到二十多家，开设范围涉及华中、华东地区诸多省份。由此，典当业也成为胡雪岩生意中重要的一块。

胡雪岩身为一个成功的商人，做到了先知而后行，谋定而后动，他在纷繁复杂的商业环境中总是能够看清楚其中的脉络，预测市场动态，善于抓住其中的规律，并能很好地利用规律为自己的生意服务，这也为他带来了许许多多的新财富。

一个真正的商人敢于冒险是一种成功因素，善于等待，也是一种成功因素，关键要看怎么利用！在胡雪岩看来，做生意必须急缓得当，才能做成大事。绝大多数人常犯的错误是：过于急着抛头露面，而不会等待时机，在没有完全计划好之前就着急动手。其实，很多时候，也许等一等，再想一想，才是最保险的。因此，胡雪岩经商性格的特点之一是：见机行事，急缓相宜，谋定而后动。

咸丰年间，太平天国运动席卷江南，攻打杭州，"红顶商人"胡雪岩侥幸逃脱，来到上海。虽然幸免于难，但胡雪岩心思却一直魂牵梦萦，叨念着杭州。尤其是老母妻小都未曾逃出，音讯皆无，生死不明。

不久，杭州被太平军占领，巡抚王有龄自尽殉职。但胡家满门却因为应变得法，躲到乡下，及时逃脱，阖家老小平安。

不料，一波未平，一波又起。虽说胡家满门皆告平安，但杭州城里所谓的"地方士绅"却有不少人为太平军做耳目。于公，这些人告诉太平军，杭州城里有胡雪岩这么一号人物，是办粮台搞后勤的好手，虽然人跑到上海，但家眷还留在杭州附近，可以其家眷为饵，要挟胡某人来归；于私，这帮衣冠中人打算借机掏弄胡雪岩，榨点银子花花。

这个消息传到了胡雪岩耳里，让他又急又气。急的是老母、妻子、儿女的安危；气的是这些所谓的"地方士绅"，平常在乡里望之还似君子，开口王道，闭口朝廷，好像人人都是忠臣，个个都是孝子，如今太平军只不过席卷东南半壁，还没打过长江，就露出尾巴。

平常人要是遇到这种事，大概也没辙了，只好乖乖回杭州，听任摆布了。可是，这些家伙却低估了胡雪岩，结果偷鸡不成反而蚀把米。

胡雪岩先是走门路请人写了一纸公文，以他"浙江候补道兼团练局委员"的身份，上书闽浙总督。公文里写道，虽然他在城破之前，已经先行抵沪，但临走前在杭州已有布置：暗中与杭州城中士绅某某某、某某某等约定，保护地方百姓，将来等官军一到，就相机策应，这些人都是公正士绅，心在朝廷，现在虽然替太平军做事，但将来官军收复杭州之后，不论这些士绅当过太平军什么官职，都请既往不咎，并予重用。

然后，胡雪岩走门路请闽浙总督快速批示这公文，并由胡雪岩取得副本。胡雪岩请人将公文副本带到杭州，交给"地方士绅"。

这封公文体现了胡雪岩的睿智和高明，一方面，让这些所谓的"地方士绅"知道，胡雪岩替他们在官军那面讲了好话，将来要是政府军光复杭州，他们可保无虞；另一方面，也让这些士绅知道，要是他们胆敢与胡家老少过不去，胡雪岩只要把这封公文的副本送给太平军，光是"相机策应官军"罪名就够抄家灭门。

计策果然是好计策，公文副本托人送到杭州之后，没过多久，胡家老小就平安脱险，悉数被送到上海，与胡雪岩团圆。

胡雪岩做事总是随时而变，见机行事，急缓相宜。生意场上，充满了搏杀，也充满凶险，往往一着不慎，满盘皆输。而且生意越大越难以照应，也就越容易出现疏忽。因此，驰骋于生意场上，不能恃强斗狠，也不能大意粗心。一事当前要谋定后动，未雨绸缪。

"曾胡"官商启示录：

渴望成功的人有四种不同的表现：有勇无谋型——看见个机会不假思索便一冲而上，也没有确定这个所谓的机会到底是一条通天的路，还是深不可测的陷阱。少有幸运的人会赚个盆满钵满，但大多数还是弄了个头破血流，更有甚者便会筋断骨折，甚至粉身碎骨；无勇有谋型——正与上一种相反，凡事总是再三考虑，再三思量，考虑完思量后得出结论了又不能下决心，前怕狼，后怕虎，结果就一次又一次地眼睁睁地看着机会从手边溜走，空留一声叹息；无勇无谋型——既不知道是不是机遇，又不知道应不应该下手，犹犹豫豫，迷迷糊糊，成功也只能是幻想而已；有勇有谋型——广泛搜集信息，周密地思考和安排，谋定而后动，下定决心后果断出击，灵活应变，不达目的，决不罢休。曾国藩、胡雪岩就是这种人中的佼佼者。

我们当中的大多数人并不缺少勇气，甚至有很多人做事仅凭勇气，这肯定是不够的。要解决问题，谋略的重要性往往在勇气之上。谋略方法可以帮助你抓住解决问题的关键，好的谋略可以起到事半功倍的效果。无论什么时候，启人思维，令人有醍醐灌顶之感的谋略总是受人欢迎的。因为，只要适合的就是最好的。

第四章　全局 VS 长久

曾胡官商启示录

曾国藩 ZENG GUO FAN

 曾国藩：

不谋全局者，不足以谋一时

大局观就是战略观。不管是赢利性组织（企业），还是非赢利性组织（政府），没有良好的大局观念，没有正确的战略规划，就难以持续发展。

曾国藩下围棋有瘾，在战事最吃紧的日子里，几乎天天下，多的时候可以下到三四局，就是为了缓解自己的精神压力。他的棋力有多高，暂时还没查到资料，不过他一定知道，良好的大局观是棋手的必备素质。缺乏大局观，即使在一个局部上争得胜利，也容易因小失大，输掉整盘棋。围棋上的大局观与军事上的全局观、战略观，两者确有相通之处。围棋肯定潜移默化地影响了曾国藩的军事活动。咸丰十一年四月十三日早晨，围攻安庆正紧的时候，他给曾国荃写信说："趁狗（陈玉成）在桐未归之时，赶紧扎成，如围棋然，两块相粘连则活矣。"要曾国荃想办法跟鲍超的兵营连接起来。

"识大体，规全局，文正公之独特异长也"，就是说曾国藩有良好的大局观和长远的大局规划能力。

办洋务的时候，他主张自己办厂，自己造铁船大炮。什么都是空白，什么都向西方学，结果十年才造出第一艘船来，还跑得慢，根本不能满足军事要求，后来逐渐能够一年造一艘，总共造出来七艘。他也知道这些毛病，但他更看重未来的希望，认为在缓慢的学习过程中，中国会逐渐摸索和掌握自己的造船技术，就不再处处受制于洋人。

曾国藩死后，李鸿章接管江南制造局，就改变了他的方针，不自己造，直接从西方购买整装军舰，这样见效快，战斗力强，容易有成果。从此之后，江南制造局就变成了修理厂，十年间只造出一只船，最后完全停止了造船业务。

由于洋务运动存在某种先天性的缺陷，不论在曾国藩手上，还是在李鸿章手上，都只有一个结局。但是，按照曾国藩的搞法，至少可以为国家保留一点技术力量；按李鸿章的搞法，除了空旷的厂房，什么都留不下来，等于是完全破坏了仅有的一点技术希望。从这里也可以看出，李鸿章比曾国藩还是要差一截。

石达开在英勇就义之前，说了一句话："（曾国藩）虽不以善战名，而能识拔贤将，规划精严，无间可寻，大帅如此，实起事以来所为靓也。"这句话说了他的一大缺点，又夸了他两项能力，缺点就是儒缓，不善于打仗，优点就是善于识拔人才，善于规划大局。

他的大局观从哪里来的呢？跟他的胸襟抱负有关。以天下为己任，达则兼济天下，穷则独善其身，这是儒家文化的一大传统，为天地立心，为生民立命，为往圣继绝学，为万世开太平。这是一个非常优秀的传统，这套传统培养出一大批全才、通才，曾国藩就是其中的杰出代表。当然儒家文化也注定有其缺失的一面。当范围扩大到全球的时候，那些缺失就更加突出。

他是一个为朝廷谋全局的功臣，为他自己所属的利益集团规划全局的读书人。他不想只当一个大官，而想有一番作为，"不为圣贤，便为禽兽"，所以用"不怕死，不爱财"来要求自己。这是他的利益立场和胸襟抱负所决定的。

他在京城做官的时候，就已经表现出了他的大局观。咸丰皇帝刚刚接过权力，曾国藩就上了一道奏章，大谈人才之道。他做过吏部侍郎，知道朝廷缺乏人才，担心"将来一有艰巨，国家必有乏才之患"，因此想说服咸丰帝，如果现在就开始讲求，"十年以后，人才必大有起色"。他也做过兵部侍郎，知道绿营兵已经腐败，希望裁汰赢兵，训练精兵。这些都表明，他从大局出发，在为天下考虑。

自从带兵之后，他的日子就过得辛苦起来，尽管高官厚禄、荣华富贵、名垂万世，什么都享受过了，实际上却是苦多乐少，忧惧参半。"每闻春风之怒号，则寸心欲碎，见贼船之上驶，则绕屋彷徨。"南方的春风是喜庆的、和暖的、温柔的、带着希望的，他却只听到怒吼，只感到心碎，即使十倍夸张，也可以看到他的苦涩心情。年老了，临死前的那些天，也是"败叶满山"多，安详宁静少。又有很多文字记述说，他是一个幽默的人，经常讲笑话，听者大笑，他却端坐不动，从另一个角度展现了他的做人面貌。他是一个人，而不是一座神。

关于他的大局观，这里先摘抄三段文字，看了再说：

咸丰三年十二月廿一日《沥陈现办情形折》（那时他正在衡阳练兵，马上就要练成了，安徽告急，皇帝要他去支援，他拒绝了，而谈起武昌的重要性，数省合防，以武昌为先）：

现在大局，宜堵截江面，攻散贼船，以保武昌。……论天下之大局，则武昌为必争之地，何也？能保武昌，则能扼金陵之上游，能固荆襄之门户，能通两广、四川之饷道。若武昌不保，则恐成割据之势，此最可忧者也。

咸丰九年正月十一日《通筹全局仍请添练马队折》：

臣才识短浅，何足以规划全局。就近处数省而论，则安徽军务最为吃重，江西次之，福建又次之。……就全局观之，则两利相形，当取其重，两害相形，当取其轻。又不得不舍小而图大，舍其枝叶而图其根本。诚使大江两岸，各置重兵，水陆三路，鼓行东下。剿皖南，则可分金陵之贼势，即可纾浙江之隐忧。剿皖北，则可分庐州之贼势，即可纾山东河南之隐忧。……而上游之势既重，即下游之贼，不得不以全力御我。

咸丰十年五月初三日《苏、常、无锡失陷，遵旨通筹全局并办理大概情形折》：

自古平江南之贼，必踞上游之势，建瓴而下，乃能成功。……欲复金陵，北岸则须先克安庆、和州，南岸则须先克池州、芜湖，庶得以上制下之势。若仍从东路入手，内外主客，形势全失，必至仍蹈覆辙，终无了期。……是安庆一军，目前关系淮南之全局，将来即为克复金陵之张本。此臣反复筹思，安庆城围不可遽撤之实情也。

曾国藩规划的大局，就是以上游为龙头、为基地，顺着长江往下打，打到哪里算哪里，一城一城克服，最后直捣金陵。整个战争也是这样发展的，武汉、九江、安庆这三个重镇，双方进行了反复争夺，战斗也最残酷悲壮，武汉太平军攻占了三次，九江被湘军围困了四年，安庆则成为双方的决战地，谁夺得安庆，谁就能赢得最后的胜利。

李秀成没有重视上游，尽管在江浙地区打得敌人鬼哭狼嚎，打得咸丰手忙脚乱，却错过了援救安庆和南京的最佳时机。他也被称为"忠王"，也夺得苏州、常州这样的富庶地方，却无法挽回大势。由于李秀成不重视长江上游，太平天国在后期战略上，就已经输掉了。这就是曾国藩在上面说的，"自古平江南之贼，必踞上游之势，建瓴而下，乃能成功"。

安庆打下来之后，曾国藩制定了一个三路进兵的大局。那时胡林翼已经死了，就靠他一个人拿主意。

南京四面分别为安徽、江苏、上海、浙江所环绕。顺着长江下去，过了安徽，就是南京，所以曾国藩在奏折中说，"安徽军务最为吃紧"，把安庆作为主战场，军事再困难，也坚决不肯撤围。他抓住了战局大势的根本所在，死死盯住安庆不放。安徽省肃清之后，下一个目标就是南京。为了这一天，他已经辛苦工作了整整十年，自杀未遂三次，走在鬼门关两次。

根据南京的地缘形势，他安排的三路大军分别为：湘军主力从安庆出发，顺着长江一路打下去，直接打到南京城，将领有曾国荃、李续宜、鲍超；左宗棠带一支部队去收复浙江，李鸿章带一支部队去收复上海、苏州、常州，他们负责剿清太平军的外围，破坏南京的物资供应基地，从东面配合主力围攻南京。

左宗棠收复浙江全境，李鸿章肃清上海、苏州、常州等地之后，南京就成为一座孤城，被湘军四面包围。整个战争进程，几乎都在按照曾国藩设计的顺序进行。

现在来勾勒一下整个战争的发展形势图。

南京上游有三座重镇，分别是武昌、九江、安庆，基本上可以这么划分：

打武昌是他最幸福的时期，军事上节节胜利，几乎没有什么阻碍。

打九江是他最困难的日子，花了三年半才打下来，与此相应，他坐困江西两年，回家奔丧一年四个月。

从打安庆开始，他变得顺遂起来，地方实权拿到了，安庆也打下来了，攻克南京不过是顺序问题，他所遭遇的祁门历险记，其实是险而不惊、惊而不险。

下面是战争进程的大概轮廓：

1. 咸丰四年（1854）正月，湘军从衡阳出发，四月靖港败仗，八月攻下武昌，十一月打到九江。（幸福时期）

2. 一个月之后，有湖口之败，太平军夺回武昌，曾国藩开始坐困江西，塔齐布死在九江，罗泽南死在武昌。咸丰七年（1857）二月，曾国藩委军奔丧。这期间，在胡林翼的指挥下，九江于咸丰八年三月被攻克。（困难时期）

3. 咸丰八年（1858）六月，曾国藩再次出山。

4. 咸丰十（1860）年四月，曾国藩授两江总督。第二年八月，攻陷安庆。三年后攻克南京。（顺遂时期）

从衡阳出发算起，湘军打武昌，打九江，只用了十个月，到最后攻陷南京时，则用了整整十年。胜负的转折点有两个，一是湖口之败，二是授两江总督。从洪秀全方面来说，转折点是天京事变，太平天国起了内讧，开始由盛而衰。

湖口之败，一是因为石达开、罗大纲亲自来到九江，加强了前线指挥力量，他们与林启荣、陈玉成，都是太平军的优秀将领。而湘军方面，因为胜利来得太快，不免开始骄傲，又连续作战，没有休整，属于疲惫之师，更没有坐下来研究太平军指挥系统的变化，结果遭遇惨败。水师损失最大，被分割成两路，一路被封锁在鄱阳湖内，一路退回长江上游修船。陆师也割成四块，形不成战斗力，曾国藩开始坐困江西。

如果完全由曾国藩来规划，湘军不会十个月就打到九江，是否有湖口惨败，也未可知。打下武昌之后，曾国藩跟咸丰皇帝报告说，"臣等细察大局"，现在有三个顾虑：一是接连打胜仗，将士开始骄傲轻敌；二是长江两岸没有肃清，继续东去，孤军深入，粮道易断；三是后方太远，补给困难。

末尾又说："现在机势大有可乘，臣等急思东下，以图克复沿江诸城。然念三者，步步艰难，又不能不熟思审度，缕陈于圣主之前。伏乞圣慈垂鉴，训示施行。"

曾国藩似乎在说，我有此三大顾虑，现在报告给您，部队是停下来休整，还是立刻东进，听皇上训示，再做施行。他既知道可以乘着胜势，继续往下打，同时也看到外部环境的不利状况，越往下打，敌人越多，后勤越困难，这就是大局观。

咸丰皇帝连下三道谕旨，要他继续东去，"直捣金陵"。他恨死了那个"逆首"加"落第秀才"，竟然敢在南京跟他作对，也恨不得立刻打过去，搞死他。洪秀全可以含笑了，天下没有几个人能让皇帝恨得牙齿痒痒的，却又拿他没有办法。

湖口惨败的责任未必全在咸丰皇帝，不要忘了，那时他才23岁，从年龄看，"大学才刚刚毕业"。曾国藩当时43岁，也清楚湘军的三大缺陷，却没有像在衡阳练兵的时候那样，兵没有练成，炮船未坚固，就决不出兵。那一回，皇帝三次命令他出兵，他都顶住了，这一回，却没见他反对，原因在哪里？可能他自己也有些骄傲，因此没有警惕。

那时他指挥湘军作战才几个月，实战经验其实还很有限，难怪在攻打城陵矶的时候，太平军老将曾天养笑话他——"谁说曾妖知兵"，又连续打了胜仗，尽管嘴里常念叨着"谨慎"，行动上却大意起来。

靖港之败，他羞愤得跳江自杀，主要不是因为吃了败仗，而是怕被人看笑话。平时他讥讽绿营兵闻风而逃，以为自己训练的湘军断不会如此，结果还是一个样子，一触即溃。他提了长剑，亲自督阵，"过旗者斩"，士兵绕着大旗跑，他欲哭无泪。他体会最深的，不是谨慎，而是整顿军纪。

正是从湖口之败起，他才深刻体会到稳打稳扎、步步为营、谨慎用兵的妙处。

不过湖口之败并不否定他有良好的大局观。

还在衡阳练兵的时候，曾国藩就跟咸丰皇帝说："各省分防，糜饷多而兵力薄，不如数省合防，糜饷少而力较厚。即与张带、江忠源商量，亦言四省合防之道。"咸丰皇帝却来嘲笑他："今观汝奏，直以数省军务，一身克当，试问汝之才力能乎，否乎？"事实证明数省合防是有效的。后来捻军失败，曾国藩、李鸿章采用河防，其实也以数省合防为基础。遗憾的是，要等他做了两江总督之后，才能真正实现数省合防，时间一晃就是七年。

胸怀全局，才能想到数省合防。那时他可能只想到军事一层，还没想到政治一层，地方实权清政府不愿意给他，后来是没有办法了，才让他做两江总督，总揽四省军务。

朝廷要他一会儿去支援武昌，一会儿支援庐州，他一个都没去，坚持兵没练成，炮船未齐，决不出兵。是他只顾自己练兵，不管大局吗？恰恰相反，他两眼一直盯着大局。

他跟那个年轻的皇帝说："论紧急，目前当然是庐州，论大局，必争之地却在武昌。武昌控制着金陵下游，武昌丢了，敌人就成割据之势，这是最担忧的。武昌不丢，则我军各路都能通气，湖南、湖北、广西、广东、四川都可以往来接应。目前最好的办法，就是集合湖南、湖北的兵力，水陆并进，先巩固武昌，再一步一步打下去，与江西、安徽四省合防，则大局可以支撑。"

这是曾国藩最早提出的全局谋略，时间在咸丰三年（1853）十二月廿一日，当时他正在衡阳练兵，一边练兵，一边就想好了进兵总方针，以两湖为基地，顺着长江打下去，一直打到南京。以后的大局部署，都没有脱出这个谋略指导。

对比一下他与江忠源的情况。江忠源最早建立功勋，也深得咸丰帝信任。咸丰帝喜欢他，不仅因为他能打仗，也因为他肯听命令，不讨价还价。在重视上游这个大局观上，按照曾国藩的说法，江忠源跟他是一致的。但在执行命令的时候，曾国藩却敢于坚持自己的判断。咸丰帝要江忠源去援救庐州，尽管身体有病，也只有两千人马，他却二话没说，冒死去了，并死在了那里。

曾国藩却没有那么愚忠。咸丰帝三次要他出兵，他都拒绝了。打安庆的时候，李秀成率领大部队在江南驰骋，苏州、常州和浙江到处告急，并被一一踏平，清政府要他赶紧支援，曾国藩都不予理睬，而死死盯着安庆不放，因为他从根本上重视上游，上游没有肃清，就先不管下游。

由此也可得出大局观的一个做事原则，不同阶段有不同的中心工作，且每个阶段只有一个中心工作，专心办此一事，决不旁骛。湖口挫败之后，湘军水师一分为二，陆军一分为四，突然失去了中心目标，或者说有了六个中心目标。坐困江西那几年，军事不见起色，就跟这个有关系。

换一个说法，就是区分最重要的和最紧要的。首先要抓住最重要的东西，其次才是最紧要的东西，不能颠倒，颠倒了就无所谓良好的大局观了。当然很多时候，最重要的与最紧要的会相互转换。年轻的皇上在这一点上显然不及老谋深算的曾国藩。曾国藩即使不带兵打仗，也可以为帝王师。

其次是重视水师。这是跟重视上游相关联的一个决策，或者说是大局观下的一个子谋略。

太平军失败跟他们丧失水师有非常直接的关系。

太平天国在没有碰到湘军之前，打得清兵只敢远远尾随，不敢靠近，基本没有遇到对手，一是因为绿营兵腐败不能战，二是因为太平军有水师。据说他们的战船有一万艘，遮蔽了长江，顺水东去，又省时，又省力，可以日夜不停地行军。清兵在陆地上追，哪里赶得上？

湘军水师在九江、湖口战败之后，被分割成两支，暂时失去战斗能力，太平军乘胜反击，迅速夺回武昌。但是，湘军水师并没有被打垮，经过修复和积累，又逐渐恢复了活力，还寻机大肆烧毁太平军的战船。

在咸丰四年十月的一次战斗中，按照曾国藩的报告，他们烧毁太平军四千艘战船，即使他夸大其词，半数大概也还是有的。在那前后的一年时间中，他们总共烧毁太平军九千艘战船，基本摧毁了太平军的水师力量，长江上下都飘着他的"曾"字大旗。

如此一来，太平军全靠陆路往来救援，物资消耗大，战士也疲惫，借不得江水半分便利。湘军有水陆两只手，太平军只有一只手，军事上明显处于劣势。江面被湘军全面封锁，陆上又被湘军壕墙死死围困，九江、安庆、南京都是这样被攻破的。

这既跟重视上游有关，也跟太平军对水师使用过多、建设过少有关。曾国藩在建设水师的时候，不仅努力试验，非船坚炮利不可，大量装备西洋大炮，建成当时中国最先进的内河水师，而且船炮未齐，还不出兵，态度非常坚决。太平军的战船都由民船、商船改建，虽然数量庞大，却很落后，质量不精，开仗之后，吃了不少大亏。尽管也尝试着像湘军那样建设新式战船，却始终没有成功。当大批船只被湘军烧毁，加上天京事变，太平军水师就彻底完了。

还有一点就是规划长远。前面讲的江南制造局就体现了这一点。曾国藩没有料到，后来也不敢正视的，就是他建设湘军，虽然镇压了太平天国运动，造成清朝一时的中兴局面，却破坏了兵为国有的制度，造成兵为将有的事实，而成为近代军阀的开山祖师，以致清朝灭亡之后，中国各路军阀混战了差不多二十年。

 胡雪岩：

创建金字招牌，才能长久不败

做事想要有大的成功必须会深谋远虑，而对于经商做生意来说，保障商品的质量是能够保持长久合作的基础。

先秦商圣陶朱公遵循的一个重要的原则是"务完物"，意思是在经商贸易的买卖中，要严格注意货物的质量，务必使所经营的货物保持完好。

绝大多数企业都知道，质量是企业的生命，在市场经济环境下质量是企业走向市场的通行证。质量对企业的发展来说至关重要，企业生产的产品或提供的服务若没有质量就等于没有生命，企业若不注重和讲究质量同样等于自我消亡，即古人所说的"物之真精，系业之存亡"。

胡雪岩做生意，非常注重自己的商业招牌。他深知，在生意场中的斗争，关键是要创造出自己的"金字招牌"，只有这样才不会处处受人牵制。而"金字招牌"的创建和维持，除了总体实力，关键在于产品的质量和商家的信誉。

胡庆余堂是胡雪岩经营的一个药店。开业之初，胡雪岩在选址、装修和陈列等方面都投入了很大的财力和心力，但他更注重的是如何创造出一个"金字招牌"来。胡雪岩深知，要打出招牌，要生意红火，关键在于药品的质量。因此，他在确定为病人送药的同时，还在药店如何采购、怎样炮制等方面制定了一条原则，即"采办务真，修制务精"。

  胡庆余堂在经营过程中，始终坚持着胡雪岩开店时确立的原则。药方一定要可靠，选料一定得实在，炮制一定得精细，制出的药功效才能到位。按胡雪岩的说法，"说真方，卖假药"是最要不得的，他经营药店，一直把药品质量放在首位，因为他深知"药业关系性命，尤为不可欺"。在采购药材方面，他派最内行的职员直接到产地去坐庄收购，去关东收购人参、鹿茸、虎骨等，到云南采购川莲、贝母等等；加工方面，完完全全按照处方的要求，切、磨、烘、炮、炒、浸，该用哪道工序，就用哪道工序，容不得丝毫马虎，若有一道工序不合要求，宁可倒掉不要，也决不以次充好。而且，胡雪岩还要求，要让主顾将制药过程看得清清楚楚，让他们相信，胡庆余堂卖出的药绝对是货真价实的。为此，他向伙计建议，每次胡庆余堂制作一种新药时，预先在店门前贴出告示来，让人们来参观，同时，为让顾客知道药店选料实在，还请来资深大夫，让他们当场抽检药料的真假。

  当时杭州的医生开完处方后，叮嘱病人家属一定要到胡庆余堂去买，药品的质量才有保障，可见当时胡庆余堂在杭州一带的声誉有多高。

  胡庆余堂开业之初，胡雪岩郑重其事地在店内亲自接待顾客。一次，一位来自宁波的顾客在胡庆余堂买了一盒"余记活血丹"，打开一看，面上露出了一丝不满的神情。胡雪岩见状，立即走上前询问原由，原来顾客发现药丸上出现霉点。胡雪岩一边再三致歉，一边命店伙计再取一盒来。可不巧，店里已经没有这种药的存货。胡雪岩问了顾客在宁波的地址后，向他保证一周之内派人送去。果然，这个顾客回去后不到一周，胡庆余堂的伙计就把药送到了。这位顾客被胡雪岩的认真态度深深打动了，此后他在宁波逢人就讲此事，并不住夸赞胡庆余堂注重药品质量，做事认真，仁义待客，无形中为胡庆余堂做了很好的广告宣传。

  正是由于胡庆余堂时时为病人着想，时时注意药的品质，卖真药，卖好药，受到了百姓的普遍欢迎和赞誉，"金字招牌"不倒，生意自然做得热闹。

  现代市场经济中经营同一种产品的肯定并非只有一家，同行之间的竞争很大程度上就是质量的竞争，人们总是喜欢买品质好的产品。而产品质量又是创造与维持良好商誉品牌的关键因素，只有质量好，金字招牌才能不倒，生意也才能做得兴隆，企业也才能在激烈的市场竞争中独占鳌头。

这个世界不是一成不变的，市场上的霸主也常常是"三十年河东，三十年河西"，你产品的质量好，别人会努力超赶，做得比你更好。要想在竞争中立于不败之地，就必须不断改进，不断创新，做到"精益求精"。只有这样才能保证你的"金字招牌"不倒，获得长久的收益。

"曾胡"官商启示录：

有一种人，看起来很精明，处处算计，使心计，耍手段，只为了获得更多的"利"。而由于过于看重"利"，往往会不择手段，机关算尽，结果反"误了性命"；有一种人，看起来比上一种人傻得多，他们不会工于心计，钻营手段，但他们更懂得取之有道和见好就收，更懂得放长线钓大鱼，更懂得把握分寸和度，更懂得长远利益。到底哪种人傻，那种人精明，一眼得知。

古语有云："无欲速，无见小利。欲速，则不达；见小利，则大事不成。"讲的是做事不要单纯追求速度，不要贪图小利。单纯追求速度，不讲效果，反而达不到目的；只顾眼前小利，不讲长远利益，那就什么事也做不成。

急于求成只会导致最终的失败，目光狭隘也会使事情离成功越来越远。所以我们不妨放远眼光，从长远去考虑，从全局去考虑，注重自身知识的积累，厚积薄发，成功自然会水到渠成。

所以，当你在人生或是事业上遇到了暂时的困难，不要丧失信心，不要失去勇气，因为，人生的路还很长，着眼于长远的人，才能牢牢把握自己的人生。

第五章　基业 VS 基础

曾胡官商

ZENG GUO FAN
曾国藩

启示录

曾国藩：

要想成就大事，一定要有基业

古代的英雄立事，一定要有基业。比如刘邦的关中，光武的河内，魏的兖州，唐的晋阳，都是先据有基地，然后进可以战，退可以守。

君子学道，也一定有所谓的基业，一般以规模宏大、言辞诚信为根本。就像我们居住的屋子，规模宏大，房子才宽广，住的人也多；言辞诚信，地基才坚固，结构才牢实。《周易》说，"宽以居之"，指的就是宏大；"修辞立其诚，所以居业"；指的就是诚信。大程子说："道之浩浩，何处下手？惟独诚恳，才有落脚之处。诚就是忠信，修养、审查我们的言语，就是要树立忠信。如果口不择言，逢事乱说，那么忠信就被淹没了，动荡站不住脚了。"

我曾国藩认为，立得住，也就是上面说的居业，用今天世俗话讲的"兴家立业"。子张说，"修德不宏大，信道不笃诚，则无所谓有，无所谓无"，也是说如果不能宏大、诚信，那么我所修习的知识就是虚的，说我掌握了知识也不是，说我没学到知识也不是，实际就成了终身不能兴家立业，也就是程子说的立不住啊。

上面一段话是曾国藩说的，按照曾国藩的意思，成就大事要有基业，做人做事也需要基业。

圣哲早就说过，不宜撒谎，也不宜说出全部真情。因此在做人做事方面，曾国藩基本遵循着诚信这个原则。但不是说他就诚实到底、从不撒谎了。什么时候该诚信，什么时候该隐瞒，诚实哪些，隐瞒哪些，这要视情况而定，也需要社会经验。

31岁，他向学者倭仁请教，开始研习修身功夫，也就是一日三省吾身，把不好的欲念、行为都写在日记里，反复检讨，由此感悟到："是故诚者，不欺者也。不欺者，心无私著也。无私著者，至虚者也。是故天下之至虚，天下之至诚者也。一有著，则私也。灵明无著，物来顺应，未来不迎，当时不杂，既过不恋，是之谓虚而已矣，是之谓诚而已矣。"

曾国藩对诚的理解，现实可以用的就是，当读书则读书，心无著于见客也，当见客则见客，心无著于读书也，这就是诚，也就是专心主一，至虚就是至诚。曾国藩从理学思想中领悟到的"当时不杂，既过不恋"，与佛家的思想有些接近，"事来时不惑，事去时不留"。

曾国藩自己也是那么修炼出来的。看一看他的修炼过程，大致可以知道，在有很多方面，他就是一个普通人。下面是他立志修身的一些片段：

"我的毛病就是没有恒心，今天才立下条例，明天又散漫起来，搞得下人也没有规矩可循，将来我要是当了领导，必不能守信，做事也不能成，一定要戒掉啊！"——这俨然就是儒家的齐家与治国之间的关系。

"刚刚戒烟几天，就想自己奖赏自己，松懈一下。这一松懈，天下就无事可为，无事可成了，所以不能松懈啊。"——稍微有了一些成果，就想放松一下，第二天好好休息，作为对自己的奖励，常人不是也这样吗？

"早晨起来，本来想读《易经》，却心不在焉，怎么都读不进去，而想读《诗经》。早饭之后，又强迫自己读，还是读不进去，真是可恨！无所作为，又混过了三天，真是可恼，真是可叹。本来打算静坐，又坐不住，收不了心，只好出门。"——读书读不进去，想做别的，强迫自己，也收不住心，曾国藩与常人似乎没有两样。

"急着想把《易经》读完，草草翻过，全无心得，不知道这颗心在忙些什么，可笑啊。本来早早就醒了，却不想起来，明明知道这是大恶，却不能遏制，却不能振作，我真是禽兽！"——原来曾国藩也喜欢睡懒觉，而且经常睡懒觉。不过，为了考试，或者上朝，常常凌晨三点就得起来，做京官也辛苦，也清苦。

"做诗去翻名人的集子，有剽窃的意思，真是过分。打算静坐半小时，竟然昏昏睡去，可恨之至。身体不舒服，觉得不爽快，干脆就睡觉，不肯起来了。"——曾国藩的意志力与自我约束能力，还没有强到超人的地步，身体不舒服，也不想起床。

"今天又去下了一局围棋，此事不戒，如何做人！天天说改过，天天悔恨光阴虚度，立志更新以来，有哪一天改掉了呢？看到别人下棋，手就痒痒，忍不住想代劳，屡戒屡忘，直不是人！"——曾国藩酷爱围棋，不知棋力如何。水烟他戒掉了，围棋终于没有戒掉，干脆就不戒了，一直下到老。

屡戒屡忘，缺乏恒心，这跟常人有什么两样？这就是曾国藩，也是一般人经常遭遇的困惑。

他经常说到什么诚，与其巧，不如拙，谨守诚拙，都是在强调诚信，这是道德、学问与立身的基础。一个人心胸不开明豁达，不够诚，也就难以在学问上有所成就。诚与人的胸襟气度相关联，人越诚恳，胸襟就越宽广，眼光就越远大，可以容纳更多的人情事物。有海纳百川的气量，才有名传万世的功德。

剽窃别人的成果是不诚信，掩盖自己学问上的缺陷，不敢示人，遮掩藏陋，都是不诚，这样做不能使自己进步，所以曾国藩在决心立志修身之后，把自己的缺点统统写在日记里，让老师、朋友来阅读，来批评，来指正。这是一种大光明磊落，敢于公开自己的全部人欲。肚量越大，越能接受别人的挑剔。敢于暴露自己的缺点，就更容易得到批评，也就更容易进步，德业日进。好师好友好榜样，确实有助于人进步。

对自己要诚，对朋友家人也要诚，坦荡无私，胸襟宽广。即使不能完全做到，也要严格要求自己。身在官场，要做到完全彻底的诚信，显然是不可能的，除非不想在官场混了，如同陶渊明那样，这也是一种无欲则刚，坚持着刚直秉性。陶渊明是一种出世的刚直，曾国藩则秉守着入世的刚直，内外有别，而入世的刚直更难，既要用诚信来要求自己，又要被人骂，被人指责，左右难全。入世的刚直不能太迂腐，该讲假话的时候要讲，该奉承的时候要奉承，不过分露骨就好，对自己有所秉持就好。

心诚，人才立得住。是不是就不撒谎了呢？不是。诚不诚，谎不谎，归根结底是一种利益关系。明白利害变化，才能把握诚与变的关系。该诚，不能含糊；该变，不要犹豫。三次拒绝出兵，就是他以血诚感动了咸丰帝，最后同意他暂不出兵。杀李秀成，是一个变招，利弊权衡取其益。不杀李秀成，身家性命难保，也让皇帝难做。

南京城攻陷之后，曾国藩跟朝廷报告说，南京有太平军十余万之多，实际连军民一共才三万。朝廷又询问太平军宝藏的下落，曾国藩明明知道被湘军搜刮尽净，只好撒谎，说一点没有，连他自己都感到意外。李秀成被擒之后，曾国藩请示朝廷，是押解送京，还是就地处决，听朝廷安排。从现有史料看，他是在接到朝廷命令的当天，就把李秀成杀害了，还谎称四天之后才接到命令。擅杀李秀成，欺骗朝廷，就是因为李秀成知道得多，他到了北京，曾国藩前后所报告的谎言，全部要被拆穿，他的麻烦可就大了，干脆一刀割断是非。

简单指责他不诚，是迂腐，是愚妄，不懂得事有轻重缓急。看似不诚，看似撒谎，其实是最简单的办法，干干净净结束纠葛，不拖泥带水。这种了却问题的手法，还是值得学习的。反正李秀成到了北京，朝廷也会杀他，还生出很多问题，不如一刀杀了干净，除了惹来一顿指责，没有任何害处，也没有一点毛病。

曾国藩跟朝廷撒了很多谎，尤其是在报告战功方面，常常是杀贼数千，而湘军只伤亡几十人或百余人。尽管那时有了火枪火炮，而弓箭刀矛也是重要的武器，以常理推算，以少剩多是有的，却不会那么频繁。好在他不漫天撒谎，朝廷也就懒得拆穿他。

不过在做人方面，曾国藩一味强调宁拙毋巧，以诚为本，却是不差的。做人做事，既可以统一起来，一个标准，有时又有所区别，努力获得中庸效果，中庸效果就是最佳结果。

心怀诚意，才能广大胸襟，才能得到天下人心。欲动天下，必先动天下人之心。曾国藩不是要做皇帝，就不能用皇帝的办法来号召天下人才，而要用自己的诚心来感动天下人才。

成就大事的另一个基业、基地、后方，是军事胜利的重要保证。曾国藩先以湖南为基地，所以镇压土匪毫不手软。湖南安宁之后，为他训练湘军奠定了一个比较良好的基础，不论兵源，还是饷源，都有一些保障。湘军从最初的一万人，发展到最高峰时的三十万人，可以推想湖南给曾国藩做出了多么大的贡献。如果没有这个基业，兵源得不到补充，湘军就后继乏力了。在整个军事过程中，他也重视根据地的安全。湖南湖北平定以后，才陆续向长江下游发兵，渐次收复江西。然后又把湖北、江西作为进攻安庆的基地。安徽平定之后，才分三路进攻南京，稳稳当当地次序井然地完成他的军事部署。难怪石达开说他"规划精严，无间可寻，大帅如此，实起事以来所未见也"。

根据地是他取胜的重要保障。而其中的厘金一项，又是军费的重要来源。此两者，可谓他成功的基业。所以说他筹饷有方，致胜有术。兵源稳定，粮饷通畅，这是太平军所缺乏的。

曾国藩认为，自古行军打仗，方法是不一样的，但在巩固后方上，却完全一样，"进兵必有根本之地"。根本之地在哪里呢？也就是湖南、湖北、江西三省，"力固两湖江西三省，以为恢复下游之根本"。湖南是他的老巢，也是他发家的地方，更是湘军的兵源基地和钱粮基地。

他当团练大臣，在湖南待了整整一年，就是在清剿土匪，训练湘勇，一边训，一边剿,效果很好,连皇帝都知道了,所以才要他出兵助剿。湖南稳定了,他才能放心地出省作战。经过他的血腥清洗,湖南基本上稳定下来,没有大的暴动,乡下的朴实农民就成为湘军的兵源基地。曾国荃打下吉安,打下安庆,部队损失较大,都是回到湖南去招募新兵。湘军最高峰时多达三十万人,绝大部分来自湖南,所以称湘军。

咸丰十年,曾国藩与胡林翼两家湘军联手,准备共同攻打安庆,向长江下游进军,并把这次军事行动称为东征。为了保证军饷,他们在湖南长沙特别设立东征局,所抽厘金,专门供东征部队使用。这样,湖南除了征收常规的厘金之外,还多抽半厘。尽管有人反对,但由于办事的多为曾国藩的好友,如郭昆焘、黄冕等,他们做事卖力,日夜忙碌,效果反而非常好,基本保证了东征军的需要。据曾国藩说,咸丰十一年,包围安庆最艰苦的时候,钱粮快断了,正是靠东征局解来七万银子,才重振军心;曾国荃孤军进驻雨花台,钱粮更是时断时续,每当危急的时候,曾国荃飞书求救,东征局都能立刻给予帮助。

在他的大局观中,保住湖北、江西,才能徐徐向下游用兵。咸丰四年初,他带兵出省作战,才十个月,就收复武昌、武穴、田家镇等沿江重地,一路打到九江来了。九江是安庆的上游门户,安庆又是南京的上游屏障。本来在打下武昌之后,如果完全按曾国藩的意思,他想巩固湖北之后,有了稳定的后方,再向下游用兵,逐渐推进。但由于咸丰帝的命令,加上他自己也有些轻敌,结果在九江、湖口遭到惨败,水师被分割成两支,陆军也被迫拆成四股,开始了坐困江西的日子。

他总结失败的原因,其中重要的一条就是湖北还没有巩固,就冒险向下游进兵,所以他更加重视后方建设,认为孤军深入,没有后方,是兵家大忌。

在打安庆的时候,由于安庆是湘军与太平军决战的主力战场,所以他的部署为,他与胡林翼各带一支人马,胡林翼在长江北岸,以湖北为基地,他在长江南岸,以江西为基地,两支人马正好保障围城部队的后方安全。不料英法联军打进来了,咸丰帝仓皇逃跑,命令曾国藩勤王,派鲍超率两三千人马北上。按理说,两三千人马并不多,安庆战场的湘军总共多达五六万。但自塔齐布死后,鲍超是湘军第一猛将,朝野遍知,曾国藩担心他这一去,万一被胜保或僧格林沁截留,就回不来了,所以不舍得让他去,就找了个理由,拖延时间。同时他还做了一手准备,万一皇帝真要湘军北上,他就决定,包围安庆的湘军坚决不撤退,如果胡林翼北上,江北部队就退守湖北,保证湖北安全,如果曾国藩北上,江南部队就退守江西,保证江西安全。这样一来，无论谁北上，作为基地的湖北和江西，至少能守住一个，围城部队的后方也就有了至少一个保障，不致溃败。

他的整个进兵谋略，也是按照后方安全，步步为营，稳打稳扎来设计的，湖南、湖北、江西是他的战略后方。即使是战役后方，他也同样重视。他在祁门遇险，其实并不是太平军对他有多么大的威胁，因为太平军根本就不知道他在祁门，也不知道他只有三千卫兵，最大的威胁其实是来自他的主观担心，担心景德镇被太平军攻占，他的后方粮道就断绝了。

鲍超勇敢不怕死，按理应该打先锋，曾国藩却让他做预备队，不论打安庆，还是打南京，哪里危急，就去支援哪里。把最凶悍的一支队伍作为预备队，这对保证围城部队和打援部队的侧翼安全、后方安全，都起到了重要作用。

曾国藩重视基地，重视后方，是他用兵稳慎、坚忍、不求速效的表现，跟他的做人、为官哲学相一致，总愿意选择适合他个性特点的方法。方法有效，又适合个人特点，这就是最好的成功办法。

胡雪岩：

做大生意要有基础

不管做什么事都要有基础，做生意也一样。做大生意真正的基础并不是资金，而是人们的认可。这个认可包括顾客的认可和手下的认可。

常言道，人以名立。名字是一个人的代表和象征，同样商品或公司的名字也是非常重要的。起名是否贴切和恰当，对显示商品和企业的特色，加强它对顾客的吸引力都有密切的关系。对于广告来说，产品的名字是其重要的内容之一。品名的好坏对广告发挥宣传效果有直接影响，并且关系到公众对产品的接受以及产品的销售量。

从广告的角度看，商品的命名一般有以下5个原则：容易看、容易听、容易读、容易写、容易理解。如能遵循这5个原则，再加上商品本身的质量和款式都上乘，广告的成功也就有了基础。从各种名牌的形成，都可看出其产品的命名是十分考究的。大多数名牌产品的名字都符合上述的5个原则，不仅朗朗上口，而且极具特色，既有别于其他同类产品，又给人以亲切美妙的感觉，真的是"一'名'惊人"。

利用巧妙的命名，可以使自己的产品畅销国内外各种市场，可以带来可观的利润，而最突出的做法是为自己产品的品名申请专利，以备将来占领市场之用。产品成为名牌时，品名就成为一种无形资产，将给公司带来巨额的利润，因而许多公司都非常重视品名的专利权。

胡雪岩做生意非常重视创造"顾客的认可"，首先就是店铺的名字，名字起得好，形象品牌自然更容易树立起来。

胡雪岩在创办自己的钱庄时就十分注重钱庄的名字，他知道自己只会"钱眼里翻跟斗"，对题定招牌这样需要文墨功底的事情是力不胜任的，因而郑重其事地去请教王有龄，想请他为自己的钱庄起个牌名。胡雪岩虽然不知道题定招牌的遣词用字，但他知道题定招牌很有讲究。王有龄告诉他，自己没做过生意，题招牌也是头一遭，还不知道怎么个起法，有些什么讲究。胡雪岩毫不犹豫地摆出了题定招牌应该注意的几条原则："第一要响亮，容易上口；第二字眼要与众不同，省得跟别人搅不清楚。至于要跟钱庄有关，要吉利，那当然用不着说了。"

胡雪岩讲到的这几点，正是起好牌名的关键所在。

第一，难得的是容易上口。就是说招牌要响亮，简洁明了，通俗易懂，读起来朗朗上口，让人一看就能记住。如果招牌用字生僻，读起来拗口，自然不会给人们很深的印象。

第二，难得的是与众不同。就是使自己的招牌显得特别，能在同行同业中引人注目。用现代商务运作的观点看，一个与众不同的招牌，实际上意味着一种独立的品位和风格。

第三，难得的是合适。每个行业都有自己的特点，店铺取名时，能结合本行业的特点，符合营运商品的要求，让人一看招牌就知道这家店铺是干什么的，自然也更容易让人注意。

第四，难得的是吉利。中国人特别讲究彩头，因而定招牌时特别讲究用字的吉利，这也符合商场上人们的一种普遍心理。商场上，无论买卖双方，都希望能够大吉大利，谁也不会喜欢自找晦气。

就是根据这几点要求，王有龄为胡雪岩选择了"阜康"两个字。这两个字取"世平道治，民物阜康"之意，可以说完全符合了胡雪岩的要求，因此胡雪岩将这两个字念了两遍之后，立即欣然同意："好极！……就是它。"

除此以外，做生意还要有"手下的认可"，就是要有好帮手。对于胡雪岩来说，他有一句名言，叫"先收编，再征服"。胡雪岩在湖州做生意，对洪帮势力的诚心接纳，是其经营生涯中极为精彩的一笔。

这一年，王有龄补了湖州知府的实缺，要去上任。启程那天，胡雪岩和一些朋友，包下了五艘大官船，满载着礼物馈品、地方土仪、陪唱戏子，在船上摆酒设宴，给王有龄送行。

船行至湖州境内，两岸的绿葱葱的桑林引起了胡雪岩浓厚的兴趣。

凭借职业的敏感性，他仔细观看两岸，见桑林连绵，无边无际，有如绿色海洋，宽阔浩瀚。如此广大的桑林地带，该养活多少做丝的农家！

胡雪岩怦然心动，叫过船家询问。船家告之说，湖州自古为丝米之乡，农家终年三件事：栽桑，养蚕，种稻。湖州产的丝质量上乘，远销海内，连上海外国洋行的丝厂，也要到湖州采购生丝呢。

说者无心，听者有意。胡雪岩暗暗叫好，他早就有心要做生丝生意，苦于无从下手，没想到应在湖州地面。做生意讲究天时、地利、人和。胡雪岩盘算，眼下正当产丝季节，可谓天时，湖州为产丝地方，正合地利，最后一个也是顶顶重要的条件，王有龄赴任湖州，自大一方，令行禁止，谁敢不从？可做丝生意的强大靠山。

想到就做。当夜，胡雪岩同王有龄在舱里促膝长谈，提出自己的设想。

王有龄不懂经营生意，但会用人，他相信胡雪岩具有经济天赋，只要放手去干，必会大发利市。自然言听计从，支持他在湖州开办丝行。

当王有龄在湖州府衙大堂坐定时，胡雪岩的丝行也在湖州城开张了。他原以为凭借知府大人的权势，湖州百姓自会源源不断将生丝送到丝行来。但开张几月，门可罗雀，眼见同业丝行生意兴隆，自己却无丝可收。胡雪岩猜测其中必定有蹊跷，派了一个贴心伙计四处打听，到底是谁从中作祟？没过几日，小伙计满载而归，把打探所得告诉胡雪岩。

原来，湖州的丝行，统归顺生堂调遣。顺生堂虽然只是个民间组织，来历却非同一般。明朝崇祯四年，燕人洪盛英考中进士，官拜翰林。他为人精明练达，慷慨好义，豪侠之士纷纷慕名而来，投拜在他门下，时人称他为"小孟尝"。后来清军入主中原，洪盛英联合明朝遗民进行反清活动，后战败阵亡。其徒众撤至台湾，在郑成功指挥下，创立了"运论堂"，这就是江湖中"洪门"最早的秘密会社。

雍正九年，清兵一把火烧了少林寺，洪门的弟子四散逃跑。翰林学士陈近南力谏朝廷停止摧残少林寺，朝廷不听。无奈，陈近南回到湖北老家，收罗逃散的洪门弟兄，以"洪"字为结盟之姓，创立了"三合会"。各地纷纷响应号召，借洪门为招牌，分别创立了"天地会"、"哥老会"、"义兴党"等众多洪门团体，从此，"洪帮"在江湖上形成了浩大的声势。

湖州"顺生堂"就是"洪帮"在湖州的一个分支，以"洪门"为正宗，信奉五字真言：明大复兴一。本来，洪帮与清朝对峙，屡遭朝廷围剿取缔，处于地下状态。但洪帮人多势众，深受百姓拥戴，清兵剿而不灭，愈剿愈多，反有燎原之势。同时，从洪帮分出的青帮也与洪帮遥相呼应，成犄角之势，朝廷对洪帮的态度也只有渐渐改变，改剿为抚，收买笼络为上。

湖州顺生堂打出"安清顺民"旗号，保境安民，排解纠纷，因此，官府对它并不反感，还时时借助它们来安抚民心，防止变乱。而顺生堂在湖州的主要财源，就是垄断生丝收购生意。每到收丝的季节，顺生堂就会派出人员，保护商道安全，维护丝行秩序。丝行按一定比例缴纳保护费，大家相安无事，各不侵犯。胡雪岩贸然开设丝行，触犯了顺生堂的利益。顺生堂慑于知府权势，不敢公开同他作对，只能暗地里传令养蚕人家，不得卖丝给胡雪岩。顺生堂的命令，在湖州百姓心目中有如圣旨，违抗不得。若有违反，便是违犯了洪门家法，轻则棍打、挂铁牌，重则活埋、凌迟、三刀六洞。

胡雪岩了解到了上述情况，暗暗责备自己粗心大意，竟忘了江湖弟兄们的存在。有道是到了乡门，先拜土地，顺生堂便是湖州的土地神，没有它的首肯，胡雪岩一个子儿也休想拿走。

胡雪岩当下备下厚礼，去顺生堂拜见堂主尹大麻子。

尹大麻子在洪门是有一席之地的。他的祖父是洪门盟主朱洪竹的关门弟子，惠及子孙，尹大麻子便做了湖州洪门的首领。尹大麻子好勇斗狠，武艺不凡，性情暴烈倔强。一次，顺生堂弟子因械斗犯案，官府缉拿凶手，尹大麻子挺身而出，力保弟子无罪。知府冷笑道："你若能将身上的肉剜下作保，可不予追究。"尹大麻子一听，手持牛耳尖刀，大堂之上，众目睽睽，他用刀尖从两颊剜起，一共剜下十五块蚕豆大肉块，鲜血淋漓，恰恰符合被押的十五个弟子之数。知府大惊失色，只得放了洪门弟子，赐酒为尹大麻子嘉勉。从此，尹大麻子脸上布满十五个疤痕，名副其实成了"麻子"。

如此侠义剽悍，只可做友，不可成仇。胡雪岩告诫自己。

顺生堂远在湖州郊外，一处僻静园林。四周古柏森森，白鹤飞翔，树木葱茏处挑出飞檐翘角，原是道观改造而成。

胡雪岩一行来到顺生堂门前时，尹大麻子早已在门外等候。他身材魁梧，满脸黑肉，那十五块疤痕星罗棋布，触目可见。胡雪岩猜想他便是堂主，满脸堆笑，上前拱手为礼，寒暄道："久闻堂主大名，前来打扰。"哪知尹大麻子冷若冰霜，无动于衷，逼视他良久，忽然开口道：

"客从何山来？"

"锦华山。"

"山上有什么堂？"

"仁义堂。"

"堂后有何水？"

"四海水。"

"水边有何香？"

"万福香。"

见胡雪岩对答如流，山名、堂名、水名、香名，丝毫不差。尹大麻子略一停顿，又道：

"三子结拜？"

"义重桃园。"

"天下大乱？"

"英雄志立。"

"嗯，"尹大麻子神色缓解，对方懂得顺生堂的内外口号，说明来意为善，他又问："来客知书识礼，听说会做诗？"

胡雪岩答道："诗不会做，却会吟，锦华山上一把香，五祖名儿到处扬；天下英雄齐结义，三山五岳定家邦。"

听到此，尹大麻子绽开笑容，拍拍胡雪岩的肩膀道："失敬，失敬，堂规如此，不得不防，不要放在心上。"

原来，洪门为了防止官兵偷袭，制定了见面的许多暗号，局外人浑然不知。来客若是对答有误，必怀异心，那么兵刃相见，一场恶斗不可避免。胡雪岩庆幸预先请教了洪门弟子，才顺利通过盘查。

顺生堂的香堂上，正中设天帝位，上悬"忠义堂"匾额，置三层供桌：上层设羊角哀、左伯桃二人位，中层设梁山宋江位，下层设始祖、五宗、前五祖、中五祖、后五祖、五义、男女军师和先圣贤哲等位，各用红纸、黄纸书写。与青帮香堂不同的是，洪帮讲究一个"义"字，并特别突出。义薄云天，做生意亦要讲义，看来洪门与我有缘。胡雪岩边看边想。

香堂上的用物，都非摆设，有很深的含义。如香炉寓有"反清复明"之意；烛台、七星剑则有"满覆明兴"之意。尺和镜用来衡量门下弟子的行为。这一切外来人很难理解。堂上张挂红灯，其中外层三盏、中层八盏、内层二十一盏，正合"洪"字拆开为"三、八、二十一"的笔画。

尹大麻子带领胡雪岩看过香堂，小厮在堂下摆上茶具，招呼客人入座。一套宜兴紫砂茶具，古朴大方，上等的碧螺春茶芬芳袅袅。尹大麻子对小厮轻声喝道："走开！"自己抄起茶壶斟茶水。胡雪岩正被他的殷勤好客所感动，堂主亲自斟茶，面子够大了。但却看出蹊跷：尹大麻子将茶壶嘴对着茶杯把儿。猛然间他省悟过来，这是江湖上茶壶阵的一个问句：你到底是门外还是门内？

胡雪岩从容地将茶杯嘴对着茶壶嘴，重新摆定，意即：嘴对嘴，亲对亲，都是一家人。

尹大麻子不语，将左手向上并拢三指，右手向下握紧四指，捧茶杯递给对方。胡雪岩知道他用"左三老右四少"的帮规考查自己，便以左手掌向下搭在杯口、右手掌朝上托住杯底，将茶杯接过，此为"上三老下四少"的手势，意为帮中自谦者。尹大麻子把两个衣袖头的上边翻开，用大拇指挡住。胡雪岩则顺便解开衣襟第二、三个钮襻，表示胸怀坦荡，无所顾忌之意。做完这些，尹大麻子才完全放心，胡雪岩是来结友，并非刺探。他仍不言语，继续在茶桌上摆弄茶杯。八个茶杯围成一个大圈，开口处置放茶壶，意即："虎口夺食，欺人太甚。"胡雪岩将茶杯摆成双雁行，茶壶放在领头，回答他：兄弟同行，有福同享。

尹大麻子把五个杯子摆成半弧形，将三个杯子倒扣在弧内，意为：权势压顶，鱼死网破。胡雪岩明白他指责自己倚仗知府势力强行收丝，表明不服的意思。胡雪岩将一张银票压在三个杯子下，说明以票致歉，多有得罪。尹大麻子将两个杯子一个朝上，一个朝下，表示湖州地盘狭小，一山难容二虎，双方难以共处。胡雪岩笑笑，将八个杯子合在一起，又用茶壶在另一边倒一摊茶水。明白向尹大麻子建议：我们合作一块儿，共同对付外洋。

尹大麻子眼睛一亮，起身向胡雪岩拱手道："幸得先生指点，几乎坏了大事！"

局外人并不知道他俩摆的茶碗阵内容如何，都对尹大麻子突然拜服感到诧异，惟有胡雪岩颔首微笑，端起茶杯吹拂茶沫，一副心领神会模样。

胡雪岩精于买卖行情，湖州甫至，便把当地收丝行情打听得一清二楚。按时价，当地每担上好生丝不过二两银子，而据他掌握的情况，上海洋商出口到英伦三岛的生丝启运价达每担十两银子，两地相差五倍之多。胡雪岩为洋商利润之高而咋舌。洋商在湖州压价收丝，固然因为湖州百姓交通不便，消息闭塞，洋人钻了空子。

更因为顺生堂为维护当地秩序，获得稳定财源而听任洋人压价，为"洋"作伥的结果。胡雪岩打算同尹大麻子携手合作，垄断生丝收购，把洋人挤出湖州地方，便可同洋人讨价还价，提高生丝价码。

尹大麻子并不傻，他明知洋人收丝压价，苦于无好搭档合作，垄断生丝市场。所以当胡雪岩主动提出团结一致、对付外洋时，尹大麻子如遇知音，脑中一亮，立刻放下架子，向胡雪岩致歉认输。以胡雪岩的财力，加上知府为后台，顺生堂若和他携手，该是多么理想。一旦垄断可行，顺生堂的财源将如滚滚巨流，前景极是诱人。

胡雪岩好生得意，茶壶阵中，他又胜一着。

两人不再打哑谜，摆上酒席，觥筹交错，推杯把盏，煞是亲热。席间，胡雪岩和尹大麻子约定，合伙做蚕丝生意，垄断湖州市场，把洋人挤出湖州。

以后许多年间，湖州洪帮为胡雪岩所用，成为打击洋商、垄断丝行的得力助手。

"曾胡"官商启示录：

成就大事的基业，就如刘邦守关中，刘秀守河内，曹操守兖州，李渊守晋阳。有了基业，刘邦才能打败项羽，刘秀才能战胜群雄，曹操才能统一北方，李渊才能建立唐朝。

　　做人做事的基业就是道德诚信，必须道德笃定、言辞诚信，才能有所成就、有所作为。如果随便乱讲，张口胡说，这个人就立不住了。

　　做生意的基业是名气是品牌。企业取胜的主要手段已不再单纯以产品本身来竞争，还包括品牌的竞争。可以说，未来国际市场竞争的主要形式将是品牌的竞争，品牌战略的优劣将成为企业在市场竞争中出奇制胜的法宝。

　　做官的基业是人脉是信任是成绩。能够在官场中长袖善舞、八面玲珑的人，其上升的空间就会更大；得到上级和同僚信任的人，做官会做得很轻松，很多棘手的事情也会自然而然顺利解决；真正在自己的岗位上做出实实在在成绩的人，越能够服众，其做官的根基就越稳。

　　做人做事都需要有基业，有基础。拥有了自己的基业，仿佛就获得了一个不间歇的加油站，在你需要加大马力向前推进的时候，使你不会缺乏动力的支撑；拥有了自己的基础，就好像获得了一个安全的避风港，即使你面临暴风巨浪的侵袭，也会在你的避风港里安然度过，而不至于落了个桅断杆残的下场。

第六章　儒缓 VS 迅速

 曾国藩：

儒而疏缓，则积滞难返

曾国藩知道自己有儒缓的毛病，却能因病出方，找到一套适合自己个性的带兵方法，结硬寨，打呆仗，步步为营，稳打稳扎，终于成就大功。

他是一个纯粹的读书人，在军营中也不忘读书，养成了文人的毛病，做什么都慢吞吞的。从现存的日记来看，他读的书主要是中国传统的经史子集。当时的人说他行步极厚重，言语迟缓，他自己也说自己为儒缓，是一大毛病，想改改不掉。在与太平军打过几仗之后，他开始摸索、总结适合自身特点的战法，最终形成湘军的战法特点。这也是曾国藩比别人高明的地方。

关于他儒缓的毛病，大概童年时代就已经种下根子。

在他七八岁的时候，有一次父亲带他们出去玩。因为刚刚教过对联课，就让他们一路练习。

先出了一个上联"狗尾草"，妹妹接口对了"凤冠花"。

父亲称赞说："虽然简易，却还工整。"却不见曾国藩对答。

又走过一座桥，父亲出了"观风桥"，兄妹俩都没答上来。

回到家来，曾国藩看书架上有一本书，名字叫《月旦评》，得到启发，跑过去跟父亲说："我想到下联了，'听月楼'。"

由此可见，他并不是那种才思敏捷的人，却有难得的坚持秉性。

穆彰阿提拔他的那个故事，也可以看到"儒缓"的毛病，见事不够机敏。难怪有人说他跟李鸿章不同，因为李鸿章处事机警，脑子转得快。

曾国藩承认："我性鲁钝，他人目下二三行，我或疾读不能终一行，他人顷刻力办者，我或沉吟数时不能了。友人阳湖周韬甫腾虎尝谓余'儒缓不及事'，我亦深以舒缓自愧。"

儒缓是文人的通病（当然不全都如此），胡三省就说："儒者动作舒缓，不能机警行事。儒家这套修身治国的方法没有问题，如果过于疏缓，从政难振积弊，治军难建功勋。"

曾国藩值得称道的一点，就是他有自知之明："行军本非我所长，兵贵奇而我太平，兵贵诈而我太直。""古人用兵，最重变化不测，我生平用兵，失之太呆。"所以他求才若渴，用别人的长处来弥补自己的缺点。

光靠人才，自己没有绝活，也是危险的。他必须找到一套方法，既要能战胜敌人，又要能与儒缓相适应。这就是他厉害的地方，他不仅找到了众多人才，也找到了那套方法，还给了自己一个明确定位：规划全局，而不再亲临前线。

要做到这一点，至少包括两个困难：一是找不找得到；二是找到之后，能不能被部下接受，并坚决执行。

第一个困难，既要充分考虑自己的性格特点，更要考虑对手的情况，而后者最为紧要，因为儒缓特点及用兵方法都以战胜太平军为宗旨，打不赢，一切都白搭。第二个困难，就是要找到一大批志同道合的人才，不仅要理解自己的方法，而且要智勇双全。

要赢得战争，必须满足对速度的要求。曾国藩却是儒缓，过于求稳，不能临阵机变，显然不适合带兵。儒缓是文人的毛病，但不是通病。明朝的王阳明也是一个儒士，也善于打仗，却善出奇兵，疾如风雨。江忠源、罗泽南、胡林翼、左宗棠、李鸿章、李续宾等，都是儒生带兵，儒缓的毛病却很少。儒缓跟个性、跟天赋有很大关系，未必都是读书造成的。

曾国藩强调结硬寨、打呆仗，跟他的儒缓毛病相匹配。结硬寨、打呆仗不是曾国藩用兵谋略的全部，却是湘军的重要特点。在长沙、衡阳练兵的时候，他说要练成一万劲旅，交给江忠源指挥，可能就跟儒缓有关。

跟太平军打过两仗之后，他父亲来信，指点了几条，曾国藩就下决心整顿营规。

第一条是作息时间。太平军常常早晨三四点钟起来吃饭，五点钟行军，黎明时分发起攻击。湘军起得晚，开始吃了不少苦头。整顿之后，湘军就在黎明之前起床，黎明时分开始操练。曾国藩怕士兵一下子改不过来，早饭时间暂时没变，操练之后吃早饭。适应了一段时间，才改成黎明之前吃早饭。后来成为定制，在早晨五点之前起床吃饭，黎明时分操演，这样可以有效地防备偷袭，也能磨炼军队的战斗意志。军人平时养成早起、勤劳的习惯，有利于在紧张、艰苦的条件下作战。

第二条是扎营。如何扎营是向太平军学习的结果，岳州之败就是因为营盘不牢固，被太平军一冲，湘军就溃败了。

最初的营盘，地址不对，也不牢固，常常被天平军冲袭。曾国藩在战斗中逐渐总结出扎营经验，地址要选在高冈上，近水源，不可在低湿处，不可在四面平地没有遮护处。营外必须挖壕沟，筑石墙。最初，墙要八尺高，三尺厚，壕沟要八尺宽，六尺深。后来发展为，墙体分正墙和子墙，正墙高七尺，墙脚宽六尺，含子墙在内，墙顶宽一尺五寸，子墙高三尺五寸，顶宽两尺。正墙上筑枪眼炮眼，子墙用来站人。壕沟分内外壕，外壕宽六尺，深八尺，内壕宽三尺，深三尺。有时外壕还要增加一道或几道，视情况而定。

除此之外，又增加了站墙子一项。

全营起床之后，以及傍晚掌灯时分，都派三成队伍站墙子一次，即站在子墙上瞭望、守卫。夜里派一成队伍站墙子。如果在前线，离敌人近，就派两成队伍站墙子。

有了上面三种措施，再遇到偷袭，湘军有三成队伍可以立刻战斗，以坚固的壕墙为依托，足可以抵挡一阵子。由于时间充分，其余部队不再仓促应战，而是做好准备之后，才投入战斗。加上枪炮精良，深沟高垒，以逸待劳，以静制动，可谓立于不败之地。

这套办法看起来简单，不过是行军打仗的基本功，要严格执行，却不容易。尤其是那些机敏灵动、善于临阵变化的人，似乎一点也不喜欢。

李鸿章就是这样。他本是一个机警明敏的人，咸丰八年投靠曾国藩，咸丰九年奉命去见习军事。他兴冲冲跑到吉字营去，结果那里天天都在搞站墙子、操练、点名、巡更、查夜，看得他很不以为然，跟身边的人说："原来我以为湘军有什么异术，今天才知道，没有什么特别的，无非是听到敌人来了，赶紧站墙子。"吉字营归曾国荃指挥，攻陷南京之后，就裁撤了。

要严格执行曾国藩的扎营命令，湘军每天只能行走三十里，慢得跟蜗牛一样，挖壕沟、筑墙子就要花去一半时间。即使临时驻扎一天，曾国藩也要求部队必须挖壕沟、筑墙子。这样做的好处就是，全体将士"神暇形壮，可以待敌"。

太平军来去如风，打得清兵不敢靠近，曾国藩这一套笨办法，正好成了他们的克星。

这套办法见了功效之后，又逐渐演变成进攻的武器。湘军与太平军的战斗，不以野战为主，而以攻城略地为目标，从长江上游开始，一个城市一个城市地攻击，谁打下南京，谁就成为胜者。

太平军也善于防守，湘军每攻克一个城，都要付出惨重代价。罗泽南就是在攻打武昌的时候，中了枪子死的。曾国藩的笨办法被用来攻城，效果非常好，通过壕沟和墙子，把城池团团包围，断了外界的联系，经过长时间围困，敌人弹尽粮绝，不攻自破。

墙壕就有了两种功用，向内围困城池，向外阻敌援兵。为此就要多筑几道墙壕。敌人攻破第一道，湘军就退守第二道。攻破一道，补筑一道，前壕未破，新壕已成，一层一层阻遏敌人。凭据这墙壕，湘军以逸待劳，以静制动，把敌人的攻势一一瓦解。武昌、瑞州、吉安、九江、安庆、南京这些战略要地，都是被壕墙围困而最后攻破的。一般来说，守城是主，攻城是客，湘军固守壕沟墙子，围困城池，而达到反客为主的效果。

咸丰十一年八月，安庆陷落，曾国荃为首功，然后回老家招兵买马。第二年五月，即同治元年五月，曾国荃带着新招募的湘军，加上原来的老营，共两万两千余人，甩掉后方，大踏步前进，孤军深入，冒死进驻雨花台，开始包围南京。

这可把曾国藩吓坏了。得到消息，他大吃一惊，立刻就给曾国荃写信，要他赶紧撤退。又给诸将写信说："我的老弟轻踏死地，必难幸免，各位务必通知全军，不要跟着送死。"南京为太平天国都城，经过数年经营，墙高城厚，防御坚固，周长九十六里。曾国藩本来决定三路进攻南京，另外两军没有来，曾国荃就成了孤军冒进，独自来到坚城之下。以区区两万人，其中三分之一是新兵，部分还是降卒，军心都未必稳固，更不要说围城了，很多人都为曾国荃担心。

曾国藩担心的不是他被打败，更害怕他全军覆没。三河惨败，湘军六千精锐全部被歼，就是因为主将李续宾不听劝告，孤军深入，被太平军包围，别的湘军又来不及救援。

不仅曾国藩等人，连洪秀全都大感意外，"从未准备彼等能突如其来如是之速"，因此在一日之内，连发三道诏旨，要李秀成赶紧回来救援。李秀成却认为，湘军刚刚攻克安庆，气势旺盛，不如两年之后，等其师老力竭，再回兵南京，与之决战，所以没有及时回来。洪秀全一再催促，连"国法难容"这样的话都说出来，李秀成才决定回援。

这一拖就拖了四个月，正好给了曾国荃时间。正是曾国荃这一支部队（后来增加到五万人），竟然围困南京长达两年两月之久，并最终攻破南京城，其中墙壕的作用突出。

按照曾国藩的扎营规定，墙高壕深，立定脚跟，二十天就够了。由于李秀成的错误，曾国荃却有四个月的时间来修筑长壕和营垒。

百里长壕，如果平均分兵把守，等于没守。南京城虽大，最紧要的地方也不过数处。曾国藩一改先前的办法，这次不固守长壕，而在长壕之内，要曾国荃各营分别修筑营垒，各营垒又自筑壕沟墙子，最紧要和次紧要的地方，派精兵把守，其余各处，派劣兵把守，也可以将就支持，营垒修好之后，画成地图，送给他看。

看到地图，曾国藩说："各营布置妥当，惟有一处我不放心。"原来营垒前后有两条河，地图没有标明河水深浅宽窄，如果河水太浅，敌人徒步渡过，营垒会前后受敌，要曾国荃加倍小心。

当李秀成带着十三王，还有二十万大军，赶到南京城郊时，湘军已是深壕高墙，营垒坚固，严阵以待了。

太平军用西洋落地开花炮，集中火力，猛烈轰击，其声惊天动地，又里应外合，反复冲锋，攻击长壕。湘军以排炮阻击，依托墙壕，百般堵截。太平军不歇气，连续十五昼夜，不停攻击。湘军也不怕死，个个裸立墙头，放排枪，扔火球，全不畏缩。

太平军攻到外壕前，齐声呐喊，背负稻草，准备填平壕沟，要朝墙子上扑来。曾国荃急了，亲自跑出来指挥，枪子打中他的脸，血流进脖子里，简单包裹一下，又站到墙头上，军心遂稳。太平军前赴后继，死者相迭，也不肯退却。

太平军挖了两个地道，轰隆两声巨响，轰塌营墙几十丈，土块石头一起飞上天，其中还有湘军的断臂残腿。太平军抢上来，潮拥而入，连贯不绝。曾国荃早有准备，守住内壕，尘土落地，烟雾一散，湘军就呼哨连天，蜂拥过来，一半抛掷火球，一半施放枪炮，并力抢险，用了六个小时，才把缺口堵住。就在这缺口内外，太平军死伤数千，湘军也伤亡惨重。

太平军冒着大雨，连夜开挖地道，想再次轰塌墙壕。曾国荃与诸将计议，审察动静，也掘地相向，两军在地道中相遇，乱刀交错，一阵砍杀，或者放毒烟，灌污水，打破了太平军的地道攻势。太平军也想把长江水引过来，淹没湘军，还想攻占江心洲，断绝湘军粮道，都被湘军阻止。

太平军连营百余里，最近的距离湘军墙壕不过二十仗，日夜攻击，都被长壕、沟墙阻挡，无法打破湘军营垒。

这场攻防战持续了四十六天，又艰苦，又惨烈，纯粹一场阵地肉搏战。活下来的兵勇，个个面无血色，只剩人皮和骨头，"军兴以来，未有如此之苦战也"。

曾国藩人在安庆，一点也不轻松，天天绕屋彷徨，没有主意，说自己心已用烂，胆已惊碎，再也经不起什么大患。曾国荃受伤，他也有心灵感应。昨天想到曾国荃受伤没有，今天就接到信，说曾国荃受了枪伤，幸好不太严重。曾国藩遂在日记中说："足见天伦血脉感触，息息相通。"

李秀成撤兵之后，曾国藩叫曾国荃也赶紧撤退，曾国荃不听。杨载福也不想退兵。问左宗棠，也不赞成。偏偏赞成的人更多，他们纷纷批评、指责曾国荃，说他不是能够攻克南京的人。曾国藩一时没有主意，决定亲自去看看，再做打算。

他前后花了一个月的时间，仔细查看了雨花台大营的壕沟墙子，也看了附近几个县的营垒墙壕，觉得湘军营盘坚固，各部配合协调，才打消了撤兵的想法。

正是靠着这壕沟墙子，还有顽强的战斗意志，曾国荃把南京城包围了两年又两月，最终把它攻陷。

曾国藩也不是只会结硬寨打呆仗，至少在各种文件中，他经常指点部下要用奇兵，要正奇结合，要临阵变化。但他自己带兵，却三战三败，所以再也不亲临前线指挥了。

祁门遇险之后，他把大营搬到长江边的大船上，去安庆就很方便。曾国荃正在围攻安庆，邀请他去视察。曾国藩回信说："现在我住在江边，怎能不想与你见面？但这些年来，凡围攻最紧要处，只要我到场，就会挫败，屡试不爽。我偏不信，上个月打徽州，我又亲自去了一趟，结果又应验了。所以这次我是绝对不去安庆的。"

大抵儒术非病，儒而失之疏缓，则从政多积滞之事，治军少可趁之功（《曾国藩全集·诗文》360页）。

曾国藩的意思，儒术不是毛病，儒者那慢吞吞的习惯才是毛病，既不适合做事，也不适合带兵。所以曾国藩三次带兵都吃了败仗，再也不去前线了，也多方寻找人才，来弥补自己的毛病。

任何一个组织，在选拔人才时，如果强调能力、个性、经验、专长上面的某种互补，似乎能更大程度地发挥团队的力量，且能避免二虎相争窝里斗。

胡雪岩：

做生意要反应迅速

市场信息瞬息万变，经商之人更要学会审时度势，灵活善变，提高市场应变能力，对所面临的市场动态有一种预见性。

市场动态的核心就是市场上需求的异动情况，归结起来，即是需求预测。所谓需求预测，是指预见需求在未来的一定环境和条件下的发展变化趋势及其状况。需求预测对于现代企业经营者来说是一项非常复杂的工作，企业经营的市场环境和条件是不断变化的，而这种变化导致了市场需求和企业需求的不稳定。如何准确的预测市场需求，已成为当今企业家最为关注的问题之一。重视市场应变能力，准确把握市场态势，及时调整企业战略，是一个企业成功的关键。

企业对于未来需求的预测，一般要经过"环境预测→行业预测→企业销售预测"的过程，通过这样一个由大至小、由远及近的过程来把握市场动向，以求得先机。实践中，要做好市场预测，往往需要经营者较为丰富的市场实战经验，熟能生巧，熟能产生灵感。

胡雪岩说，会做生意就要特别善于发现机会，要能够很好地把握住机会，同时，还要特别善于利用机会。说到底，机会只有对于那些善于发现机会并且能够很好地去抓住机会、利用机会的人，才成其为机会。

企业适应市场、重视提高市场应变能力不等于简单跟着市场走，应该在"应变"中争取主动，去造就市场、引导市场、培育市场，灵活地驾驭市场，才不至于受困于市场。

从把握机会方面来说，靠眼光，就是能够发现机会，靠手腕，就是能够牢牢抓住机会，靠精神力气，就是舍得投入心力，把那一个一个被自己发现的或遇到的机会，经营成一个一个实实在在的财源。

"造就市场"是"应变市场"的升华,是应变能力的提高和企业综合素质的体现。唯有眼观六路,耳听八方,明市场变化之趋势,懂需求涨落之信息,方能在市场竞争的大潮中"稳坐钓鱼台"。

胡雪岩认为,生意人的眼光不但要"准",更重要的是要"远",这从他做生丝生意的例子中可以得到证明。

当时正是西方资本主义工业生产,特别是纺织工业大发展的时期,丝绸纺织正需要大量的原料,洋人也需要从中国大量进口蚕丝,因而无论是在国内市场发展,还是做外贸销洋庄,都有很大的发展前途。

胡雪岩做生丝生意的想法,起于和张老太太的一次谈话。张老太太是胡雪岩乘渡船时船主的妻子。张老太太告诉他,把生丝卖给洋人有很多讲究,首先是屯货,也就是将上万两的丝囤积起来,等价钱好了再卖给洋人,那样自然会更有赚头。不过,这样做需要的本钱很大,洋人都很精明,他们一般会一面与你和和气气地周旋,一面暗地里寻找其他卖主,总会有些急于求现的商家,肯杀价出售自己的货。这样一来,弄不好不但与洋人的生意没做成,自己的货反而砸到手里了。

然而,胡雪岩却看到了另一面,他认为,做生意最怕人心不齐,与洋人做生丝生意就更为关键,如果那些专做生丝生意的"广行"、"洋庄"等,能与茧行收茧一样,同行公议,货无二价,愿意买就买,不愿意买拉倒,洋人想不顺着来也不行。对于那些由于本钱不足而急于脱手求现的商家,也有办法:第一,可以出价收购,你打算多少钱卖给洋人,那就多少钱卖给我。第二,如果不愿意卖给我,那么就互相约定决不能卖给洋人,但可以用生丝做抵押,从我钱庄借款,以解燃眉之急,一旦等到洋人没办法,按我们的价钱购买了,那时再出手货物,然后还钱。如果在这些条件下还有人要把自己手里的丝卖给洋人,那就一定是收了洋人的好处,对这样的丝商,要把他开除出行会,并且要求同行断绝与他的一切关系,这样一来,像他一样的人就无立足之地了。

胡雪岩的这一构想可谓有远见,有魄力,后来的发展证明,他的这一想法的的确确改变了生丝生意的现状。

生丝生意一开始,胡雪岩就往返于杭州、湖州、上海之间,联合同行,与外商买办斗智斗勇,依靠垄断而抬高丝价,从而使自己的第一笔生丝生意就赚了十多万两白银。与此同时,通过第一笔生意,他与丝商巨头们建立了稳定可靠的伙伴关系,为自己今后能在蚕丝行业中一呼百应奠定了坚实的基础。另外，通过这次生意在与外商的接触过程中，他积累了如何同洋人打交道的宝贵经验，这也成为他日后驰骋"洋"场的一笔经验财富。

"曾胡"官商启示录：

看准时机，迅速出手，往往是在同类人中出类拔萃的关键。很多时候，机遇就在前怕狼，后怕虎，犹豫不决，举棋不定的时候匆匆而过，而这个机遇，可能就是改变你命运的一根救命稻草。一系列的获得和错失决定了命运的走向，只有在人生上，"蝴蝶效应"才会表现的这么淋漓尽致。为了不错失可以令你改变命运的，可以使你扭转乾坤的，可以让你咸鱼翻身的机会，需要的就是迅速的出手，而在迅速出手之前，还需要冷静而又迅捷的判断。

在一些小的事情上，看不出由来，无关自己的生命，但是在关键的时刻，镇定的思维，正确的道路，迅猛的动作，会让自己尽快的走出绝境，绝地而逢生。

想要如此的做好，自己要注意这样几个方面锻炼：

一、平时就要养成镇定的习惯。冷静的思维，不要着急和慌张，说什么话，做什么事，都要先想想再去行动。平时都达不到这个要求，关键的时刻，就更难以应对了。

二、养成对问题思考的习惯。对于小的问题，虽然好解决但是也要对其进行反思，找出好的方面和坏的方面，总结问题，提取经验，训练自己的分析能力和快速反应能力。当习惯成为一种本能的时候，在任何条件下都可以自然释放出能量。

三、在借鉴前人经验的基础上，要有自己的想法。即使前人的经验是对的，大家可以照着做，但是也不要形成依赖。虽然别人点子好，自己还是要多思考，看看自己的和前人的有哪些差距，并善于在汲取前人经验的基础上，消化、吸收、再创新。

四、在冷静的分析做出判断之后，要勇于出手，敢于出手，迅速出手，抓住一闪而过的时机。

也许，你没有觉察，成功就在你做出一个掏钥匙的决定时，便向你敞开了大门。

第七章　大志 VS 气魄

曾胡官商启示录

ZENG GUO FAN 曾国藩

 曾国藩：

立志不难，难在立大志

立志不难，难在立大志，更难在如何去实现它。

立大志之难，难在三点：一、敢不敢立大志，二、能不能与时俱进，三、能不能战胜惰性。

周恩来小时候，老师问他为什么读书，他说"为中华之崛起而读书"，这等豪言壮语不是每个人都讲得出来的。所以说立大志难，难在敢不敢立，难在敢不敢说。说出来了还要做，做不到就成了空话，不仅被嘲笑，也损害信心，就成了志大才疏。

外部环境在不断变迁，尤其自1840年以来，中国变动最为剧烈。昨天还想安卧书斋，成一大学问家，今天枪炮就打到了家门口，是独善其身，还是捐躯报国，这是一个需要考虑的问题，大志就遭到环境变迁的考验。

人都有惰性。大凡读过书的人，都不甘堕落，不断与惰性作斗争，但有多少人能彻底胜利？即使不在自己，也半被妻儿老小拖累。梁启超说曾国藩"其一身得力在立志自拔于流俗"，就是说他在不断地与外部环境做抗争，与自己的惰性作抗争。他的老婆孩子，也没有给他添麻烦。

后一个难也有三点：一是为实现大志，有没有牺牲一切的勇气（胆量）；二是能不能看清形势，选择正确的方向（见识）；三是有没有贯彻执行的办法（手段）。

实现大志需要勇气，有斗争就有牺牲。曾国藩要做好官做圣贤，"以做官发财为可耻"，除了书籍衣服，别无财产，还要借债才能过年。带兵之后，又以不怕死来要求自己，挑选的将士也多是有勇敢往、不怕死的人，江忠源死了，塔齐布死了，李续宾也死了，他本人也在祁门大营被太平军包围，差点丧命。天赋卓异的人其实不少，敢牺牲一切的却不多。

心怀大志，却辨不清形势，选错方向，跟错人，做错决策，都不能成就大事。曾国藩连上十四封奏章,想革除时弊、整顿吏治,却惹怒龙颜,差点获罪,因为他的新主子不是汉武帝。洪秀全定都南京,大志本已完成一半,却因为接连而来的错误决策,分兵北伐、西征,天京内讧,石达开出走,失九江,失安庆,最终丢掉南京,而彻底失败。

有胆量,有见识,还必须有手段,才能实现大志。曾国藩敢越权杀人,敢三次拒绝皇帝的命令,靠的不是傻瓜式的莽撞。他不过是团练大臣,既没有地方权力,也没有钦差头衔,却在湖南大肆杀人、锐意练兵,干涉地方政务、军务,大有越权之嫌,所以地方官嫉妒他、排挤他、刁难他,最后还被一群士兵追杀。曾国藩没有立刻报复,也没有跟皇帝告状,而是躲到衡阳去,发愤练兵,他要用打胜仗来洗雪耻辱。半年之后,果然有湘潭大捷,仇人被革职拿问,他本人也扬眉吐气,在湖南站稳脚跟。

"不为圣贤,便为禽兽;莫问收获,只问耕耘。"看看这志向,做不了圣贤,连人都不是了;如此志向,如此功名羞耻之心,有多少人说得出来?即使说出来了,又有几人做到?那是曾国藩的座右铭,也是他的大志,是进入翰林院深造之后,思想发生巨大转变时,写下的立志箴言。

他的大志就是要做圣贤豪杰,做"第一等人物"。什么是圣贤豪杰,什么是第一等人物?数一数就知道,古往今来,有多少人可以称作"第一等人物"?中国五千年历史,能称"第一等人物"的,也不过两三百位,一二百年才出一位。他的大志可不是一般人的志向。

曾国藩在湘乡涟滨书院读书的时候,才21岁,他改了自己的号,号为涤生,立志要涤旧更生,从前种种譬如昨日死,从后种种譬如今日生。这是大志的最初表现,方向却不明确。

他原来的名字叫曾子城,字居武,乳名宽一。考中进士以后,某师以为卑俗,才改成曾国藩。

曾国藩自己说,他立志学问始于第一次北京之行,他早年"急于科举",那就是开端。北京之行开阔了他的眼界,放大了他的胸襟。回来之后,发奋苦读,一年没有出门。

过了两年,又值大考,他决心再去北京碰碰运气。那一次,他前后经历了四次大考,先是会试,然后是圆明园正大光明殿的复试、殿试,最后是朝考。殿试结束,曾国藩名列三等第四十二名,赐同进士出身。考中进士的人都欢喜连连,他却羞愧不已，恨不得当天就买车回家。

原来，元、明、清以来，殿试成绩分为三甲，一甲三名，就是我们说的状元、榜眼、探花，赐进士及第，二甲赐进士出身，三甲赐同进士出身。名列三甲，都是进士。在清朝，一般只有一甲二甲能进翰林院深造。曾国藩名列三甲，一般是进不了翰林院的，所以他羞愤不已，想买车南归。

翰林院从唐朝开始设置，把社会上有一技之长的人，比如作家、学者、医生、方技等等，召集到宫中，备皇帝召见，不授正式官职。李白就是这样到了长安，为唐明皇和杨贵妃写诗。宋、元、明、清都设翰林院，由国家统一安排官职，其长官为翰林学士，官阶当在三五品之间。

到了清朝，翰林院变成国家培养高级干部的地方，清朝历代宰辅几乎都是翰林出身。皇帝的老师一般也非翰林出身不可。满族人因为有世袭爵位，宰辅不一定非要出自翰林，汉人则多半要翰林出身了。

进入翰林院的人，尽管不能都做大官，但像大学士（正一品）、六部尚书（从一品）、侍郎（正二品）、总督（从一品）、巡抚（从二品）这些内外高官，多出自翰林。翰林院成为士人最羡慕的地方，因此民间有"点了翰林"这个荣誉说法。

虽然考中进士，却点不了翰林，所以曾国藩羞愧异常，想买车南回。入不了翰林，就要回家，可见曾国藩的功名心有多盛，也可以看出他对自己的期许和信心，类似今天的"非清华北大不读"。

在好友郭嵩焘的劝说下，湖南老乡劳崇光也答应帮忙，曾国藩才留下来，参加后面的朝考。劳崇光当时已在北京做官，官阶虽然不高，后来却做到两广总督、云贵总督，从一品。他的帮忙可能起了作用（无法确定），朝考曾国藩得一等第三名，进翰林院深造。进入翰林院之后，他一边读书，一边与各界交游。

就在这期间，两个重要人物出现了，一是唐鉴，一是倭仁，两个都是大官，都是大学者，也是他思想的引路人。正是在他们的启发下，曾国藩才立下真正的大志向。在认识倭仁之后，他发誓要立志自新，成为一个圣贤，所以那段时间的家书、日记，到处是关于立志与功名心的话。

向倭仁请教的当天，曾国藩就开始静坐修身工夫，包括十二条日课。他把自己的欲念、坏想法都记录在日记中，拿给倭仁批阅，甚至连想跟女人搞那个都写在日记里："午初，人欲横炽，不复能制，真禽兽矣。"

现在保存下来的道光二十二年（1842）的日记中，十月、十一月两个月，九次提到好名之心：

1. 又酒时忽动名心，为人戒之。（十月初四日）

2. 无奈我做诗之时，只是要压倒他人，要取名誉，此岂复有为己之志？（十月初八日）

3. 同人射覆，有求胜心。（十月十三日）

4. 又每日游思，多半是要人说好。为人好名，可耻。而好名之意，又自谓比他人高一层，此名心之症结于隐微者深也。何时能拔此根株？（十月廿日。旁边还有一句批语，此心断不可有，可能是倭仁写的。）

5. 看来只是好名。好做诗，名心也。写此册而不日日改过，则此册直盗名之具也。（十月廿五日。又有批语，既知名心为累，当如大敌克之。）

6. 一时掩著之情，自文固陋之情，巧言令色，种种丛集，皆从好名心发出，盖此中根株深矣。（十一月初八日）

7. 今早，名心大动，忽思构一巨篇，以震炫举世之耳目，盗贼心术，可丑。（十一月初十日）

8. 写折时，同人中有赞好者，初以字丑为愧，绝不动毁誉心，后颇以谀言为可信，此时不知其为自满也。（十一月十一日）

9. 无礼之应酬，勉强从人，盖一半仍从毁誉心起，怕人说我不好也。（十一月廿七日）

他的功名心不是一般的强，也非一般人可比。王夫之说过，志不大则所成者小。正是这种强烈的功名心成就了曾国藩。功名心是件好事，越强越好。理学家教导什么戒除好名之心，都是瞎话，自欺欺人，不是尘世间的样子。

曾国藩听从倭仁的教导，努力用一个理学家的标准来要求自己，反复跟好名之心作斗争，结果还是好名心胜过了克己修身工夫。在今天来说，功名心本不是坏事，只要正大光明，就努力追求好了。

曾国藩在道光二十二年十月初一日认识倭仁，稍后的家书即说道："余自十月初一立志自新以来，虽懒惰如故，而每日楷书写日记，每日读史十页，每日记茶余偶谈一则，此三事未尝一日间断。"（《曾国藩家书·道光二十二年十二月二十日与诸弟书》）

也是在那时，他写下著名的十二条日课，什么主敬、静坐、早起、写日记……还抄录在家书中，给几个弟弟看。

那个月他还立志戒烟，滋味可不好受。戒了八天烟，心神彷徨，几若无主，总想去抽，就用破釜沉舟的气势来要求自己。两个月后，习惯成自然，终于戒掉水烟。

讲了立志戒烟后，曾国藩又说："盖士人读书，第一要有志，第二要有识，第三要有恒。有志，断不甘为下流。有识，则知学问无尽，不敢以一得自足。有恒，则断无不成之事。此三者缺一不可。你们都还年轻，有识无法一天做到，有志、有恒却可勉力而为。"（《曾国藩家书·道光二十二年十二月二十日与诸弟书》）

那时，他的九弟曾国荃才十几岁，受到他的影响，也立志发奋，要去外面找个学馆，耳根清净，好读书。曾国藩不以为然："苟能发奋自立，则家塾可读书，即旷野之地、热闹之场，亦可读书，背柴放猪，皆可读书。苟不能发奋自立，则家塾不宜读书，即清净之乡、神仙之境，皆不能读书。何必择地，何必择时，但自问立志之真不真耳。"（《曾国藩家书·道光二十二年十月廿六日与诸弟书》）

曾国藩的意思是，只要肯立志，哪里都可以读书，闹市可以读，旷野可以读，跟时间、地点没有关系，只跟立志真不真有关系。

毛泽东在长沙读书的时候，专门在赶集的那天，到城门洞去读书，以磨炼心志，不知是否受到这段文字启发，因为他在《讲堂录》中多次提到读《曾国藩家书》的感受，还摘抄了一些文句，或做了批注。

那时六弟曾国华正好科场失意，曾国藩劝诫他说："你小试不爽，就发牢骚，我笑你的志向太小。君子之立志也，有民胞物与之量，有内圣外王之业，而后不愧为父母所生，不愧为天地完人。"（《曾国藩家书·道光二十二年十月廿六日与诸弟书》）

曾国藩的意思是，只忧虑自己，不能为国为民，这不是君子所为，朝廷用这种人做官，跟用猪狗做官没有区别，而要用君子，代圣贤立言，明圣贤之理，行圣贤之行。

他还跟他的几个弟弟写信说：

你们总说太忙。六弟去年说，城南寄信困难，每次都要去衙门打听信差日期，何其蠢也。静坐书院，一年三百六十日，天天可以写信，何必要问到日期才写？你们都说忙，我比你们忙十倍，岂不是一年到头一封信也写不了？

你们在乡下读私塾，我也知道不是你们所愿。省城罗泽南可谓名师，六弟、九弟跟他读了两年，却不见长进。不如就待在乡里，安分耐烦，挺然特立，做第一等人物，这就是我对你们的期望。

安徽婺源那位陈双池先生，家贫如洗，三十岁之前在窑厂打工，给碗画画，三十岁之后开始读书，终身不应科举，而著书百余卷，为本朝名儒。他何尝有老师朋友呢，又何尝离开乡里？我期望你们的，总不外乎"立志有恒"四个字（《曾国藩家书·道光二十五年二月初一日与诸弟书》）。

他也不赞同追求虚名："无徒浮慕虚名，人苟能自立志，则圣贤豪杰，何事不可为，何必借助于人！"

这些文字都表明，他不但立志做大官、成大名、享大福，而且要做圣贤，做豪杰，做第一等人物，做百年不遇的人才。"不为圣贤，便为禽兽；莫问收获，只问耕耘。"看看这志向，做不了圣贤，连人都不是了；如此志向，如此功名羞耻之心，有多少人说得出来？即使说出来了，又有几人做得到？

尽管有如此大志，有如此觉悟，有如此灵性，曾国藩仍然是一个人，仍然有人的那些毛病，有人的天生的惰性，所以他要立志自新。但事与愿违，仿佛今日的"天天立志，天天不改"，甚至想改掉睡懒觉的毛病也很困难。

下面是他道光二十二年认识倭仁之后，与自己的惰性作斗争的记录：

1. 不专一，当力求主一之法，诚能主一，……故一日之间，情志屡迁耳。（十月十二日）

2. 吾齿长矣，而诗书六艺一无所识，志不立，过不改，欲求无忝所生，难矣。（十月十七日）

3. 细思不能主一之咎，由于习之不熟，由于志之不立，而实由于知之不真。（十月廿四日）

4. 自立志自新以来，至今五十余日，未曾改得一过。（十一月廿三日）

5. 自十月朔立志自新以来，两月余渐渐疏散，不严肃，不谨言，不改过，仍故我矣。新换为人，毋为禽兽。（十二月初七日）

6. 一事未做，志不立，过不改，精神易乏，如五十岁人，良可恨也，何以为人，何以为子？

拿睡懒觉来说，道光二十二年十二月，三十天里他有十三天睡了懒觉，所以反复骂自己"直不成人"，"贪睡晏起，一无所为，可耻"，还说什么外人不知道，下人却清清楚楚，仿佛自己已成为一个虚伪的人。

同样有一个故事，说有一个老师给他的学生布置了一道课目，要学生每天早晨甩手一百次。第一天，所有同学都做到了。第十天，九成同学做到了。一个月后，一半同学做到了。一个学期之后，只有一个学生还在做。那个学生，我们叫他亚里士多德。他的老师，就是柏拉图。

是人就有惰性。曾国藩是一个人，所以为了大志，要不断地与惰性作斗争。天天想着立志，跟朋友在一起聊天会谈到立志，跟家人写信也会反复说起立志，这就形成一种心理暗示，反复刺激他的大脑神经，达到一种激发潜能的心理作用，即今天常说的通过不断的自我暗示来激发自身潜能。

经过这样的不懈努力，曾国藩确实在士人中间获得一种声誉，"昔在京颇著清望"。不过他最终没有成为一个学问家，而靠军功、道德、文章名满天下，是因为天下形势变化了，洪秀全起来造反了。

关于他的大志，被反复论及的还有什么"澄清天下之志"、"内圣外王之业"，都是天下一等一的大志。立志要做圣贤，要做豪杰，要做大学问家，这志向很高，其难度也大，只有做出不朽贡献，才算被实现，他却基本上都做到了，他创造了一个奇迹。

惟有学问一端，由于"学未成而官已达"，由于全国形势变化，最终没有留下成名著作。所以在他死了之后，有人请求让曾国藩从祀文庙。这种事归礼部管，朝廷就让礼部讨论。讨论的结果是，曾国藩没有任何著述，也没有任何经学发明，就不了了之。

不过清政府还是给了他荣誉，说他"学问纯粹，器识宏深"，谥为"文正"，也算对他的一种肯定。

曾国藩的成就跟他的立志是一种因果关系。立志考进士，立志成为理学家，立志做大官，立志清澄天下，立志镇压粤匪，立志洗雪耻辱，立志办洋务，这些成就了他的大功大名。不论怎么评论他，说他是理学家也好，儒学家也好，杂家也好，或者说军事家、政治家、洋务派领袖，都跟他不断立志、不断自我革新有关。

在和平时期，曾国藩要做圣贤，要做名臣，要做学问家。遇到乱世，就要澄清天下，戡定宇内。他都做到了，所以他不是一般的人，也不是一般的志。但他是人，不是神，所以能成为一般人的榜样。而且，据他自己讲，早先他想当一个教书先生；他自己没想到,很快就中举,后来又考中进士。

是时代成就了曾国藩,也是大志向、功名心成就了曾国藩。也因为立志高远,超过同时诸人,他才有本事镇压洪秀全,澄清宇内,获得那么多荣誉。

胡雪岩:

做大生意需要有大气魄

做大生意必须要有大气魄,这样才能一步一步把生意的局面做大。当然,大气魄需要坚定的性格来支撑。

生意人的气魄,除了胸怀宽广,行事坚毅果断之外,很重要的一点,就是要目光远大。胡雪岩说过,生意人的目光"看得到一省,就能做一省的生意,看得到天下,就能做天下的生意,看得到外国,就能做外国的生意",这话确实不错。可以说,胡雪岩非同一般的目光,在他起步之初就为他今后的发展指明了光辉绚烂的前景。

胡雪岩的生丝生意还没有上手,就看到了用代理湖州公库的银子易货到杭州,脱手变现再解藩库的前途,甚至连贩运的路线都想得一清二楚,这可谓看得深看得远。

湖州的公款本来就要解往省城杭州,交付藩库的,先垫支一下,买丝到杭州变现之后再交付藩库并不为过。如此一来,死款变成了活钱,用它来做本钱周转一下,何乐而不为呢?事实上,胡雪岩还有看得更远的——在刚有做生丝生意这个想法的时候,他就想到了和洋人做生意,组织生丝出口。

晚清通商开埠之后,中国与欧美及日本等国家都有了贸易往来。其中主要以江南的丝、茶为主。随着17、18世纪西方纺织工业的飞速发展,国外的生丝需求量日益增大,经由上海外销的江南丝、绸,又在整个上海洋庄贸易中占有举足轻重的地位,同、光年间仅江苏镇江就以丝、绸"行销于北省及欧、美、日本者,岁入数百万"。

他先以浙江巡抚的名义在乡下收购生丝,而且价格高于以往洋人的收购价格,这对那些久受洋人摆弄的蚕农来说,无疑是天大喜讯,纷纷把生丝卖给胡雪岩。然而以胡雪岩一人的资本，何以能够收购完浙江一省的生丝？于是胡雪岩想了个主意，由浙江巡抚牵头，成立蚕丝总商会，商会成员都是浙江的大富翁、乡绅、告老还乡的官僚等等，这些富翁们如果愿意出钱，则出钱，不出钱，则提供担保。

胡雪岩向那些前来卖生丝的蚕农们讲明："我们先付你一部分钱，另外一部分我出具欠条。这个欠条由蚕桑商会担保，而且加盖浙江巡抚的官印。这部分钱一般等到秋天就付给你们，而且还付有利息。"

胡雪岩垄断了湖州的生丝市场，洋人一下子慌了神。西方许多国家，尤其是英国，他们的丝厂都依赖中国丝源。胡雪岩把丝源垄断起来后，使他们国内许多丝厂"无米下锅"，纷纷告急。外国洋务商办于是都跑来找胡雪岩，要求把生丝卖给他们，哪怕价格高一点也无所谓。然而这时胡雪岩的报价已不是高一点的问题，几乎要比以往的生丝收购价高出一倍，洋商一听各自摇头。

洋商转而进行密谋，通过他们的洋务代表进京贿赂京中一些高官，希望他们能制止浙江巡抚参与商业行为。然而胡雪岩早有预料，他开始就说服浙江巡抚王有龄上一道奏章，道："江南丝业，其利已为洋人剥夺殆尽，富可敌国之江南大户，于今所余无几……民无利则国无利，则民心不稳，国基不牢。鉴此，本府痛下决心，力矫蚕桑弊病。兹有商贾胡雪岩者，忠心报国……"奏章把自己的行为大大吹嘘了一通，同时对洋商给政府经济带来的伤害也做出了准确的剖析。所以奏章一到京中，许多大臣都认为有理，并上奏皇上，希望另外的省份也效法浙江。情况如此之盛，那些受纳外国洋务代表贿赂的高官们不敢贸然行事，加之指责浙江巡抚的证据也不够，靠皇帝下令制止胡雪岩的大胆举动明显是毫无效果的。

此计不成，洋商们又生一计，决定以其人之道，还治其人之身。

他们放出风声，说胡雪岩的生丝他们坚决不收，即便是压低价卖给他们，而其他省份的生丝他们大量收购，收购价偏高，并且可以当场付清银两。

这种举动对胡雪岩无疑是致命一击，如果洋商真的从别的省份收到足够的生丝，哪怕只够维持一个月的生产，对胡雪岩来说，也是不敢想象其后果的。自己不能加工，收购生丝又占用大量资金，而且生丝也不宜久放，否则质量会变坏，这一切把胡大老板的头快搅昏了。

好个胡雪岩，临到关键时候，仍然能够气定神闲，他马上乘船，赶往上海。到了上海之后，他首先拜访了上海名宿陈正心。陈正心国学深厚家财万贯，而且为人豪放，善济人之难，有"小宋江"之称，在上海颇有影响。

胡雪岩通过陈正心广发请帖，召集上海各丝行老板，并不让胡雪岩出面，而是就浙江胡雪岩的做法征询众商行老板的意思。一石击起千层浪，各商行老板抱怨个不停，埋怨洋人贪得无厌，而恨上海没有胡雪岩这样的人物，后来便有人提议由陈正心出来领导大家一块对付洋人。只要大家一条心，联合起来，把生丝压一段时间，洋人们的厂没米下锅，那么生丝的价肯定会上去。

几天过后，上海的丝行老板一致要求洋人提价，他们对洋人道，胡雪岩已经答应出高价收购他们的生丝。

洋人这才明白事情的严重性。他们还私下想分化拉拢，对某些商行许诺以高价，然而却遭到拒绝。那些商行的老板告诉他们，如果他们私下把丝卖给洋商，他们会受到同行的谴责，而且背上卖国的恶名，也会得罪上海的陈正心，他在上海可是个黑白两道都吃得开的人。

洋商们知道事情除了同胡雪岩当面谈之外，其他方法都是行不通的。加之国内生产厂家的告急电报雪片般的飞来，使他们不得不给胡雪岩一个公平合理的价格。

胡雪岩的这一做法可谓有远见、有气魄，他后来生意的发展也证明，他的这一做法也确实是见地不凡且行之有效的。

生丝生意开始之初，胡雪岩来往于杭州、湖州、上海之间，在联合同业、控制市场、垄断价格上绞尽脑汁精心筹划，与外商买办斗智周旋，终于按他的构想做成了第一笔洋庄生意，赚下了十八万两银子的利润。而事实上，他通过这笔生意，一方面与丝商巨头庞二结成了可靠的生意伙伴关系，在蚕丝行业建立起自己的地位，另一方面，通过这笔生意，他和外商取得了联系也积累了与他们打交道的经验，为他后来驰骋十里洋场打下了基础。而这些实在不是那十八万两的"赚头"所能比拟的。

事实上，胡雪岩的生丝生意，经过数年运作，后来成为他仅次于钱庄、典当的重要商务领域，而且一直是以外贸为主。胡雪岩的确是把生意做到了国外。

"曾胡"官商启示录：

凡做事，需要大志向。我们从小就开始读许许多多的书，为的就是让我们能够有志。志不可不高，志不高，则同流合污。人生当有人生之志，为学当有为学之志，修身当有修身之志。一个人只有自己树立了远大志向并为之笃行践履，才有可能使自己成为一个出类拔萃、不流于俗的人，或成为一个有所成就的人。

在竞争日益激烈，诱惑日趋纷繁的社会里，固守节操、淡泊名利并非易事，只有树立远大的理想和人生目标的人，才能做到淡泊明志，宁静致远。

人生是一个过程，大丈夫就要有大气魄。生于天地间，成不朽之伟业，立不朽之功绩，自己应该先创造一个可以成栋梁之材的先决条件，那就是野心。否则不足以论丈夫，也不可能有成就伟业的气量。

知道什么是自己想要的，知道什么是自己应该去争取的，这样的人，才能于动荡之时站稳脚跟，才能于浊流之中逆流而上。真正拥有理想和目标的人，不会被暂时的困难挡住了脚步，不会为斑斓的诱惑冲昏了头脑。人生的目标，就仿佛大海航行中海平线上为你指路的灯塔，使你不会迷失自己，指引了你前行的方向；就仿佛行走于沙漠中，那极目远眺所看到的一抹抹绿色，给了你前进的勇气和生存下去的希望。

人生需要有目标，有了清晰的目标，有了明确的理想和追求，人生才会绽发其真正的美丽。不会如雾里看花，而是真正能让你感受到花的美丽和芬芳。

第八章　高明 VS 吃亏

曾胡官商

ZENG GUO FAN 曾国藩

启示录

102

曾国藩：

与其精明，不如高明

曾国藩成就大事，运气之说姑且不论，见识高明却表现在至少五个方面：

第一，努力建设新军队，并对军队进行政治教育；

第二，镇压太平军时，首先从思想上争取多数、孤立少数，不走单纯的军事路线；

第三，力主安庆之围，把安庆作为主战场，与太平军做战略决战；

第四，对功高震主有清醒认识，在大功告成之际，就给自己找好退路；

第五，不拥兵自立，不采纳部下的"劝进"主张。

在这里，我们着重讨论一下他见识高明的第五点：曾国藩为什么不做皇帝。

早在湘军攻克安庆之后，胡林翼、左宗棠等人就找到曾国藩，要他拥兵自立。据说湘军进驻安庆，部将要求大摆宴席，好好庆贺一番，曾国藩不许，只要部将各做一副对联，表达喜悦就行。

李元度最早写成，拿过来一看，竟然说："王侯无种，帝王有真。"显然是要曾国藩自立为王，也属一种造反。曾国藩抓起来，一把就撕掉了，还痛斥一番。曾国藩死后，那个冒失鬼又做诗曰："雷霆与雨露，一例是春风。"在哭泣与怀念中，暗指当年的劝进。

号称曾门四子的张裕钊（1823—1894），也做了一幅对联："天子预开麟阁待，相公新破蔡州还。"

曾国藩看了，颇为欣赏，传阅诸将。有人说，麟对蔡对不上，不工整。曾国藩勃然大怒，骂曰："你们就知道拉我上草窠树，好取功名，图富贵，却整天不读书。麟是灵兽，蔡是灵龟，哪里对不上了？"原来，草窠树是湖南土话，就是荆棘丛；而蔡也是灵龟，古书读少了，还真不知道。

据曾国藩的一个幕僚说，有一次胡林翼来拜见曾国藩，亲自做了一副对联："用霹雳手段，显菩萨心肠。"聊完天，要走了，悄悄留了一个纸条。曾国藩去送胡林翼，幕僚偶然看到纸条，上面赫然写着："东南半壁无主，我公其有意乎？"幕僚大骇，赶紧退出房间。幕僚说，曾国藩很快就回来了，应该是看到那个纸条的。

还有杂闻说，攻克安庆之后，彭玉麟派人去接曾国藩，船还没靠岸，又派亲信送来一件密函："东南半壁无主，老师岂有意乎？"曾国藩立马变了脸色，说："不成话，不成话，雪琴还如此试我，可恶，可恶！"把纸撕烂，揉成团，一口吞了下去。

左宗棠也写了对联，托胡林翼转交曾国藩，还客气地说，请胡林翼和曾国藩一起删改。胡林翼一看，明白了他的意思，因此一字不动，密封之后，派人转呈曾国藩。曾国藩打开来看时，里面写道："神所凭依，将在德矣；鼎之轻重，似可问焉。"曾国藩把"似"改为"未"，原封送还。胡林翼接过来看了，也不说话，拿笔写道："一似一未，我还说什么呢？"

南京攻下来之后，有一天傍晚时分，曾国藩审问李秀成完毕，刚回来休息。那些部将幕僚，三十几号人，不约而同，聚集到大厅来，口称有事禀陈。左右觉得情况有异，赶紧报告曾国藩。

曾国藩迟疑了一下，问："九帅也来了吗？"九帅就是曾国荃。他是攻破南京城的主帅，善于围城，绰号曾铁桶。

左右回答说："没有。"

曾国藩慢慢站起来，凝神不语，挺拔如天人，对左右说："请九帅！"

不一会儿，曾国荃抱病过来，曾国藩这才出来，要众人坐下说话。往日曾国藩都有说有笑，颇为幽默，今天却满脸威严，跟平常大不相同，众人发觉情势不对，都不敢仰视，更不敢坐。大厅一时鸦雀无声。

沉默良久，曾国藩突然开口说："拿纸笔来。"左右取来平常用的簿册纸。曾国藩看了说："去换大红纸。"左右也不敢多问，匆匆取了大红纸来。曾国藩拿起笔来，满蘸浓墨，一气写成一副对联："倚天照海花无数，流水高山心自知。"写罢，也不说话，投笔而去。

大厅三十余人，都为当时精英，却连呼吸声都听不到。过了好久，曾国荃才第一个走出来，去案前看曾国藩的字，其他人也都围上来。看了对联，各人表情不一，有的叹息，有的摇头，有的高兴，有的点头，更有的热泪盈眶。惟有曾国荃表情有些愤懑，转而凛然不语，最后说："以后谁也不得再说此事。这事我曾某一个人担了。"众人惶惶然一番，跟着就散了。

据萧一山先生推测说，曾国荃与诸将攻破南京，包揽大功，就有人嫉恨他们，接着就有谣言中伤他们，说什么满城财宝，尽被他们私藏，要求朝廷严厉追查。湘军包围南京长达两年四个月，屯兵于坚城之下，众人拼了死命，才打下来，为的就是进城抢掠一把。现在有人想剥夺胜利果实，他们当然不干了，因此想拥戴曾国藩造反。

不过，从外部环境看，曾国藩真要做皇帝，最佳时机不是在攻克南京之后，而应该是进驻安庆之时。南京有洪秀全，北京是大清朝，他据守安庆，控制长江上游，若联合洪秀全共同对付清朝，很容易成三分鼎立之势。既可以与清政府合作，也可以跟洪秀全合作，谁都没有力量同时打击两个对手。既然安庆之时曾国藩都不想做皇帝，攻下南京了，更没有理由做皇帝了。大功告成之日，他相当清醒理智，没有走袁世凯的道路。

大清朝一方也不会对此无动于衷，也当会有所考虑，有所防范。

咸丰帝不肯把地方大权交给曾国藩，就是大清防范湘军的第一步棋。又感叹什么"去了一个洪秀全，来了一个曾国藩"，也是防范的信号。咸丰帝死了之后，同治立，年龄小，由叶赫那拉氏掌权。这个女人颇有见识，也颇有心计。她大胆使用汉臣，终于延续了大清朝风雨飘摇的江山。她的政治眼光和政治手段确实有其高明的一面。大清朝一直就限制、防范汉臣，现在不重用汉人不行了，一边是祖宗的政治传统，一边是眼前的混乱局势，如何协调？她的办法就是用人要疑，疑人要用，把两者统一起来。重用汉人，曾国藩等果然建立了盖世功勋。大功告成，他们手上就握了重兵，如何防备？那拉氏当然不是傻瓜。

据薛福成说，咸丰帝在临死前，对顾命大臣说："谁能克复金陵，就封为郡王。"金陵攻克之后，朝廷讨论曾国藩的封赏，认为以文臣封王，赏赐太大了，也不合旧制，就拆开来办，封侯、伯、子、男各一。曾国藩死的时候，头衔一大串，就有"一等毅勇侯"，墓碑上也刻着"毅勇侯"。

明里说不合旧制，其实是对曾国藩的一种限制。暗中也早有布置。

官文是旗人，咸丰五年授湖广总督，不曾建立什么功勋，每年还挥霍百万银两，却一路升迁，协办大学士、文渊阁大学士、文华殿大学士。那拉氏掌权之后，为让曾国藩卖命，升他为协办大学士，而官文却升文华殿大学士，曾国藩到死也只是武英殿大学士。武英殿大学士比文华殿大学士低一级，文华殿大学士常为四大学士之首。其中的深意，就是在限制曾国藩。官文坐居武汉，实际有从长江上游来监控湘军集团的作用。

都兴阿等旗人领兵驻扬州、镇江一带，控制长江中游，僧格林沁的骑兵部队驻扎在安徽北部，对曾国藩形成隐约的包围态势，即使他有什么动作，也难以全力北顾，北京方面至少可以赢得时间。曾国藩以文人带兵，且一生谨慎，对以上军事部署，不可能没有警觉。

清政府对湘军内部，亦采取了分离之策，以分割他的兵权，削弱他的威信。

湘军分五个派系，江忠源死得早，胡林翼死了之后，他俩的派系都没有力量了，剩下曾国藩、左宗棠、李鸿章三派。在曾、左之间，清政府利用了幼天王南京突围这件事。南京城攻破之后，湘军满城烧杀抢掠，炸开的城墙豁口无人把守，李秀成带着幼天王一干人等从豁口冲出。清政府要曾国藩认真查找幼天王的下落，务必不使幼天王逃脱。曾国藩却轻信了部下的谎言，向清政府报告说幼天王在城破之时，满屋堆积柴火，把自己烧死了，也可能死于乱军之中，绝对没有逃出去。左宗棠却得到幼天王逃出的确切消息，就报告了朝廷。曾国藩与左宗棠从此不和，以致终身不通音问。清政府正好利用了这个机会，完全向着左宗棠一边，达到分裂湘军的目的。

按理说，左宗棠也起自湘军，而且是因为曾国藩大力推荐，才有了一席之地，他应该站在曾国藩一边才对，其实不然。咸丰七年（1857），曾国藩坐困江西，江西方面不买他的账，处境非常困难。得到父亲去世的消息，不待朝廷命令，他就奔回湖南老家，有点临阵逃跑的意思。左宗棠应该同情他才对，却公开站在清政府一边，大肆攻击、讨伐、批评曾国藩。以他为首，整个湖南都群起攻之。面对强大的舆论压力，曾国藩竟患上不眠之症。

幼天王问题上，左宗棠仍然坚决站在清朝一边，似乎可以做这样的推想，他仿佛在向清政府表明心迹：我是坚定站在朝廷一边的，曾国藩若要造反，我第一个反对。这个推测是有若干政治痕迹为基础的。曾国藩、左宗棠、李鸿章三个人，是清朝后期最显赫的汉臣，曾国藩镇压了太平军，李鸿章镇压了捻军，左宗棠收复了新疆，也都官至大学士，却只有左宗棠两度成为军机大臣，这固然是因为他收复了新疆，更加关键的却是他对清政府的忠诚。又据左宗棠后人讲，他诋毁曾国藩，目的在保护曾国藩。

李鸿章是曾国藩的学生，两人关系一直很好。李鸿章本是安徽合肥人，在曾国藩的安排下，他回安徽，照湘军制度编练了一支军队，是为淮军。在曾国荃围困南京的时候，上海财团请求曾国藩派一支军队去保护上海，他们愿意出粮饷。最初，上海不过是一个海边渔村，西洋诸国侵凌中国之后，由于其特殊的地理位置，而逐渐发展起来。太平军攻占南京前后，江浙财团纷纷逃往上海，上海逐渐成为江南财富的集散中心。曾国藩当然想控制这个肥缺，让曾国荃带兵去上海。曾国荃却不肯去，两眼死盯着南京城里的金银财宝。曾国藩无奈，就让李鸿章带着他的淮军去上海。为了躲避南京太平军的搜查，上海财团花了十六万两银子，租用洋人的舰船，伪装成商船，从长江水路悄悄把淮军运送到了上海。由于得到上海财团的支持和洋人长胜军的帮助，这支部队的战斗力也很强。

李鸿章虽然是曾国藩的学生，却不是亦步亦趋的主。在一般事情上，李鸿章总是把曾国藩挂在嘴边，开口闭口都说"吾师如何如何"，但在造反这种杀头灭九族的大事上，他不会那么讲义气。早在曾国藩祁门大营遇险时，他就独自逃走了。如果曾国藩造反，他不会贸然追随，大概也不会像左宗棠那么明确反对。最可能的举动是，先驻足观望形势，再做打算。当初曾国藩不分兵北上勤王，就是李鸿章的主意。李鸿章有自己的见识，也有自己的打算，不会那么鲁莽，不会因为曾国藩是老师，就事事追随。

清政府还迅速提拔和扶植一些湘军将领，提高他们的官阶，跟曾国藩平起平坐，感情可能会逐渐疏远，打破从属关系，不再像以前那样一呼即应。左宗棠、李鸿章、沈葆桢、杨载福、刘长佑等人逐渐与曾国藩官阶相当，呈分庭起立之势，甚至互相不合，湘军的凝聚力被削弱了。

提拔曾的嫡系将领是为了分化他的势力，削弱他的个人影响力。那个时候，太平军余部还在继续活动，捻军也刚刚兴起，湘军将领都还有用途。南京刚刚被攻破，清政府也不好做得太露骨，所以采用了提拔与分化的办法。

不过，在接下来的几年中，那些被提拔的将领，有一些人又逐渐落职。同治五年（1866）正月，陕西巡抚刘蓉免职；二月，广东巡抚郭嵩焘落职；八月，陕甘总督杨载福免职。同治六年十月，曾国荃被免去湖北巡抚一职，回籍"养病"；十一月，直隶总督刘长佑被革职处分。

湘军虽有三十万之众，曾国藩直接指挥的有十二万，即使都肯追随他造反，其中曾国荃的五万部队，却在士气和战斗力上有问题。他们在南京城烧杀抢掠，夺得很多财富，当初那种不怕死的劲头有所减弱，其中不少人也盘算着如何回家享受。他们恰恰又是曾氏兄弟最核心、最精锐的力量。依靠这样一支队伍来造反，胜算不是很高。曾国藩肯定能看到这一点。在决定裁撤军队的时候，他说湘军暮气已重，这未必是他的客气话，有一定的事实依据。由于他们已经抢到财宝，驱逐鞑虏之类的民族口号，对他们没有多少号召力。

《孙子兵法》曰："多算胜，少算不胜，况于无算乎？"以曾国藩一贯的做法，如果他真的想当皇帝，必须对外部情况有一个准确判断之后，才会下决心。

曾国藩不做皇帝，多来自笔记小说杂闻录，虽然不甚可靠，却能反映当时的一些政治背景。敌人尚在，让曾国藩手握兵权，那是迫不得已；现在敌人没有了，他还执掌兵权，清政府当然会担忧。因此，清政府做了不少动作，以打压、限制、逼迫曾国藩。

南京城被包围之后，太平天国逐渐势微，清政府就开始打压曾国荃。那时他已经升任浙江巡抚，按理可以单独给朝廷写报告。不料他才写了第一个报告，就遭到批驳，认为他还没到浙江赴任，就不能单独写报告，必须先报曾国藩，由曾国藩向朝廷报告。不去浙江赴任本是清政府的意思，那时曾国荃还在包围南京城，当然不能去杭州。

城破之日，曾国荃与杨载福、彭玉麟一起，连夜写了报告，由八百里加急送京，满以为会得到嘉奖和慰问。谁知十天之后，清政府就把曾国荃指责了一顿："该逆死党尚有万余……倘曾国荃骤胜而骄，令垂成之功或有中变，必惟曾国荃是问。"论官阶，当时杨载福升陕甘总督，彭玉麟本已升兵部右侍郎，坚辞不受，都高于曾国荃，因此在朝廷的回信中，提及三人姓名时，杨载福第一，彭玉麟第二，曾国荃第三。若论军功，曾国荃未必就逊于二人，官阶却比二人低，不过是清政府限制曾国藩的一个手段。

跟着又要求曾国藩追查南京金银财宝的下落，报告户部，以备拨用。金银财宝都被攻城部队抢光了，怎么追查？有一个人把当时的情形记录在日记中，他叫赵烈文，是曾国藩的得力幕僚。他在日记中记载了一段上谕：

"曾国藩以儒臣从戎，历年最久，战功最多，自能慎终如始，永保勋名。惟所部诸将，自曾国荃以下，均应由该大臣随时申儆，勿使骤胜而骄，庶可长承恩泽。"

这话可就点明了朝廷的态度，曾国藩如果不好好管束自曾国荃以下各部属，就不能"长承恩泽"了。

曾国藩以文臣带兵，哪里会看不懂言外之意？所以在攻破南京之前，曾国藩就对大功告成之时，究竟何去何从，做了深入考虑。南京城破之日，就是曾国藩最危难、最紧张之时。功高震主而被杀戮的事，历史上多得很，曾国藩非常清楚。

清政府的目的，就是逼曾国藩表态，要么迅速造反，要么立刻交出兵权。曾国藩表态越早，对清政府越有利。

如何自全，曾国藩可谓想碎了脑袋。尽管身居高位，内心却苦得很，带兵作战，打不赢伤脑筋，打赢了也伤脑筋。曾国藩的高明之处就在于，既能看到当时与清政府的紧张形势，又能沉下心来，自裁羽翼，自削兵权，主动打消清政府的疑虑，把一场灾难平静化解。宋太祖赵匡胤杯酒释兵权，是他主动提起，石守信等人才醒悟过来，交出兵权。

曾国藩复出之后，变得非常小心谨慎，祁门大营历险之后，更不肯轻易冒险。做不做皇帝，这是一步大棋，也是一步险棋，且没有必胜的把握；做大清朝的忠臣却容易得多，无非交出兵权罢了，再多加忍让就是，可以得到中兴名臣的美名，甚至成为一位圣贤。惟一担心的，是交出兵权之后，会不会就变成砧板上的肉，任人宰割呢？也许他在尽人事之时，能想到的就是成天意了。从清政府来说，曾国藩自削兵权，威胁消失了，自然没必要杀他，落个杀功臣的骂名，同时也能稳定左宗棠、李鸿章等人。

关键一步棋是裁撤湘军。既然清政府最不放心曾国荃的部队，他就拿曾国荃5万人开刀，东裁西裁，或者归入别部，最后能直接调动的只剩六千人。

其次让曾国荃提前退休，回老家疗养。这着棋正合了清政府的心意，而赏给曾国荃六两人参。作为对手，绝不走正中敌人下怀的棋子，巴结上头，却要正中下怀才好，这也是曾国藩做官的本事。曾国荃大为恼恨，却又无可奈何。曾国藩也尽力抚慰这个能打仗，又能给他惹事的弟弟："弟何必郁郁。从古有大勋劳者，不过本身一爵耳。吾弟于国事家事，可谓有志必成，有谋必就，何郁郁之有？"同治三年八月，即攻破南京之后两个月，正好曾国荃满四十周岁。曾国藩写了九首诗歌抚慰曾国荃。曾国荃读着读着，放声大哭。他回老家之后，随着时间远去，才逐渐释怀，并做有对联曰："百战归来再读书。"曾国藩老家，今日湖南双峰县荷叶乡大坪村，现存富厚堂，规模宏大，正面宽五百米，保存基本完好，就是曾国荃修建的，曾国藩其实一天也没住过。

再次，把财权也交出去。曾国藩督任四省军务，除了兵权，财政大权也握在手中，固然有利于更好地镇压太平军，也使自己手上的权力更大，难怪说他有坐断东南之势。兵权都交出去了，财权也没有用了，因此他最早交出的就是财权。

早在南京陷落之前，曾国藩就已经注意到功高震主和清政府的态度了，提前为自己想好了退路。他给李鸿章写信说："长江三千里，几乎每一条船都张着我的旗帜，而四省财政都归我管，兵权、财权都太大了。自古掌大权者，无不是凶于国而害于家。我虽然愚笨，却也知道远权避祸。"给曾国荃的信也说："处高位大权大名的人，自古有几个得以善终？必须把权位二字推让几分，才能为晚年渐渐收场。"

正是因为他对当时形势与中国历史有清醒、完整、深刻的认识，才能把那些经验运用在自己身上，从而顺利、平稳、干净地化解危机，保住身家性命与荣华富贵，真的做到了"长承恩泽"，成为清朝一代的圣贤、名臣。但是，大清朝却无法扭转内轻外重的权力结构，在内忧外患之中轰然倒塌，形成辛亥革命之后二十年的军阀混战局面。

胡雪岩：

益从损中来，有舍才有得

有一句话叫做"益从损中来"，在看待客观事实上，鼓励身处磨难、遭遇挫折之人看到失败经验的价值，相信否极泰来的道理；在主观决策上，就是要懂得取舍之道，鱼和熊掌不可兼得，舍不得孩子套不着狼，只有适当的付出才会有大的受益。

商人不做亏本的生意，然而也没有无本的生意。做生意就不能计较一时的投入与得失，为了赚钱，必须先花钱，也就是成本投入。钱必须花在刀刃上，花得值，这就要算清楚成本与受益的关系，最值当的是花最少的钱赚最大的利润。

现代很多商人用"送诱饵，钓大鱼"的广告宣传策略，向人们免费赠送产品，表面上看起来是毫无利润的赔本生意，其实是很精明的广告，使人们在无意中接受这种产品。宣传这种产品，从长远来说可使企业拓宽产品市场，赢得更多的利润，其受益比免费赠送的产品价值何止多一倍两倍？这种策略，其实就是古人所提倡的"益自损生"思想的现代经商应用。

所以作为一名商人，必须分清勤俭与吝啬的区别，该省的和不值得花的，省一分是一分；而值得花的、该花的，对企业发展战略有利的，一定要大方出手，这将为你赢回更多的利益。

胡雪岩在经商过程中有一过人之处，那就是懂得取舍之道，他知道何时应当坚持，何时应当"舍"。当然，他这个"舍"不是没有原则，没有目的的，而往往是"舍小逐大，益从损中来"，通过"舍"，他往往能够获得别人得不到的利益。

阜康钱庄开业之初，尽管有王有龄的"海运局"在背后支持，但本金还是远远不够。为了尽快扩大影响，争取更多的储户，打开阜康钱庄的经营局面，胡雪岩想出了一个"送诱饵，钓大鱼"的妙计。

开业第一天，胡雪岩大摆宴席款待客人。酒足饭饱后，客人们相继离去，胡雪岩方静下心来思忖，如何才能走好经营的第一步。他很清楚，钱庄的经营靠的是个名，没有名，谁也不敢把钱存进来。因此，只要将名号打响，就不愁没有储户上门，但怎样才能将名号传开呢？

忽然，他想起了席间一个老爷的一番话，那位老爷说他的夫人存私房钱，"私房钱"这三个字在他脑中浮现，胡雪岩不由得灵光一闪，"对，先抓住这一块！"

他立刻叫来档手刘庆生，吩咐他立10个存折，每个里面存上30两银子，挂在他的账上。刘庆生见胡雪岩开这么多折子，却又存这么点钱，有点丈二和尚摸不着头脑，但既然东家吩咐，只好照办。

等刘庆生将10个折子办好拿来之后，胡雪岩才向他道出其中奥妙。原来，那些存折都是要送给抚台、藩台的眷属们的户头，并替她们垫付了底金，再把折子送过去，当然以后就好来往了。

"太太们、小姐们的私房钱，当然不太多，算不上什么大买卖，但她们的影响力可是很大的，枕边风嘛。我们给她们免费开了户头，垫付了本金，再把折子送过去，她们肯定会很高兴，女人占点小便宜，肯定会四处宣扬，这样，和她们来往的达官显贵岂不就都知道我们钱庄的名字了吗？自然也就对咱们另眼相看了。这阜康的名声一打出去，还愁没有生意上门吗？"胡雪岩的这番话可真叫刘庆生佩服得五体投地。

果然不出胡雪岩所料，折子送出去没过几天，就有几个大户登门开户。钱庄业的同行对阜康钱庄在这么短的时间里能把他们多年维系的大客户拉走而诧异不已。

胡雪岩不仅把目光盯在太太、小姐等上层人物身上，他还注意吸收来自社会底层的存款。因为他清楚，这些生活在底层的人物也是一个重要的顾客群体，这些人中虽然每一个人的积蓄并不是很多，但他们却是人数最多的一个群体，积少成多，小河也能汇成汪洋大海。更重要的是，这些生活在下层的人，地位虽然不高，但往往由于这一点，他们能了解很多有价值的信息，是那些生活在庭院里的人们无所知晓的，往往对事情的进展起到意想不到的决定作用。胡雪岩深知这一点，因为他本身就是从下层社会中来的。

在那些存折中，他为刘二也准备了一份，刘二是胡雪岩拜访抚台时认识的，他是抚台家的一个护院。按说此时胡雪岩的地位已今非昔比，没有必要再去讨好刘二，但这正是胡雪岩的过人之处。他看到刘二虽然地位低下，但其所处的位置却十分特殊，每天接触的都是有头有脸的人物，消息来源也就十分广泛，他的信息说不定对自己以后有帮助。

真是天助有心人，后来，有一次刘二得知朝廷发的官票要到杭州，他第一时间通知了胡雪岩。胡雪岩掌握了这个信息后，立即开始行动，将官票存进了阜康钱庄，使阜康的本金日益富足。这一次的成功实在得益于他当初送给刘二的一笔小钱。

在寻常生意人眼中，胡雪岩的一些做法实在是有些"舍本经营"，但这正是胡雪岩的精明之处。他深知世上任何事都具有两面性，一面吃了亏，另一面必定有便宜可占，关键看自己取哪一面，毕竟，鱼和熊掌兼得只是一种理想状态。因此，他总是把目光定在长远利益上，如果长期利益和短期利益相矛盾，他就会牺牲短期利益，这也许是他一生成功的关键。

"曾胡"官商启示录：

吃亏是一种境界。吃亏也是有技巧的，会吃亏的人，亏吃在明处，便宜占在暗处，让你被占了便宜还感激不尽，这就是为人处事的智慧。这是一种手段，并不是所谓阴暗心理的表现，而是对人际关系处理法则最深刻的理解。在物质利益上不是锱铢必较而是宽宏大量,在名誉地位面前不是先声夺人而是先人后己,在人际交往中不是惟我独尊而是尊重他人,抬举他人。如此这般以吃亏为荣为乐,势必赢得人们的尊重和抬举。

从医学的角度来看,长久的心理失衡会影响身心健康。古人云:"吃亏是福。"只要不是原则上的事都不必过多计较,欣然接受现实,也许会活得更潇洒、更健康一些。也可以这样想,你多做一点事,也没有感到哪里不适,又吃亏在什么地方呢?在做事的过程中既给别人留下了好印象,又锻炼了自己,两全其美啊。如果你没有汽车,骑自行车或步行,还增加了锻炼机会,这不是吃亏是福吗!所以,俗话说得好:"境由心造"。如果我们只看到不利的一面,不免会失意和沮丧;如果我们多看到有利的一面,就会感到欣喜和满足。戴着有色眼镜看世界,世界都是灰暗的,带着积极的心态看世界,你的身边就会花朵丛生。

在人生的历程中,吃亏和受益是一种辩证的关系。一个人不能事事只想着受益,有些事情当时即使真的受益了,最终导致的结果仍有可能是吃亏;我们更不能时时怕吃亏,有些事情当时可能是吃亏了,但事后仍有可能会出现一个受益的结果。天地轮回,平衡是一个永恒的主题,只要能够掌握一个"度",既不要一味地占便宜,又不要一味地吃亏,这样方是平衡和谐之道啊。在人与事上,没有永远的受益,也没有永远的吃亏。

如果你已明白了"吃亏是福"的深刻含义,恭喜你,你的人生又提高了一个境界。

第九章　坚忍 VS 不舍

曾胡官商启示录

曾国藩 ZENG GUO FAN

 曾国藩：

坚忍不拔，事业才可大可久

　　成就大事的人，没有不经历艰难困苦的，总是在经历大挫败之后，才赢得傲视终身的成就。晋文公在外流浪十九年，尝遍辛酸，才能即位四年，就称霸诸侯。刘邦逃命的时候，为了减轻负载，连儿女都不要了，几次把他们推下车。司马迁被处以宫刑，于是发奋著述，传下来《史记》。成吉思汗，不仅老婆被敌人抢走，自己也差点丧命，痛定思痛，才建立起横跨欧亚的大帝国。朱元璋死了父亲，穷得只能用席子来安葬，为了吃饱饭，不得不出家当和尚。一生顺遂、静无风波的人很少，而其成就，也就可能有限。

　　曾国藩写了一封信，讲他在长沙遇到的耻辱，原文如下：

　　而有初六夜之变，毁坏馆室，杀伤门丁。国藩思据实入告，为臣子者不能为国家弭大乱，反以琐事上渎君父之听，方寸窃是不安，欲隐忍濡迹长沙，则平日本以虚声弹压土匪，一旦挫损，鼠辈行将跳踯自恣，初终恐难一律。是以抽掣转移，急为衡州之行。至于粤匪猖獗，神人共愤。国藩虽愚昧闲散，亦未尝须臾忘灭贼之事。意欲练成一万，以资廓清扫荡之具。兹并录呈清览，吾师视之，亦足以察微志之所在。惟捐项极难，事不遽就，尚求秘而不宣，至幸至幸。

　　　　　　　　——《咸丰三年（1853）九月初六日与吴文镕书》

这段文字大意是：

　　因此就有初六晚上的哗变，毁坏公馆房舍，杀伤门岗卫兵。我原想如实禀报皇上，做臣子的不能为国家消弭叛乱，反而用琐事去扰乱皇上视听，所以我心里颇觉不安。如果隐忍不发，继续待在长沙，平日虚张声势镇压土匪，一旦受此挫损，鼠辈跳跃生事，恐怕很难完善了。因此决定抽身转移，急忙去了衡州。广西贼匪猖獗，神人共愤,我虽然愚昧闲散,却也时刻不曾忘记消灭他们。打算练成一万兵勇,作为扫荡妖魔的利器。把这些事都呈报上来,您作为老师,一定可以察知我的志向所在。惟独捐款一事非常难办,不能马上见到成效,恳请老师暂时保密,那就非常感谢了。

收信人叫吴文镕(1792—1854),江苏人,是曾国藩会试座师,有师生之谊。吴文镕是一个大官,当过福建、江西、浙江巡抚(从二品),又提拔为云贵、湖广总督(从一品)。太平军攻破城池,他就跳水自杀了。江忠源也是跳水自尽的。清朝有这样的规定,封疆大吏必须与城池共存亡。浙江巡抚王有龄,在李秀成攻破杭州后,也只好自杀。红顶商人胡雪岩依靠王有龄发家,王有龄死后,来了个左宗棠,胡雪岩就靠着他,继续发财,后来还为左宗棠收复新疆作出贡献。

曾国藩是堂堂国家二品朝官,竟然遭到士兵围攻,差点丧命,怎么想都觉得窝囊。这番羞辱,他怎能忘记,怎能不报仇雪耻?所以他发愤练兵,要争一口气,让那些幸灾乐祸的家伙看一看。

曾国藩是团练大臣,虽有皇命在身,却没有实权,事事都得依靠地方,本来难有作为。他却不想沉沦,而有志镇压叛贼,因此会与地方发生冲突。杀土匪时,地方官吏都还睁一只眼闭一只眼,不把矛盾公开化。等到开始练兵,曾国藩的手伸得长了,他们就不干了,开始故意挤兑他、刁难他、打击他。

湖南巡抚张亮基特意让曾国藩出山,他是支持曾国藩的,所以曾国藩刚到长沙,日子还比较好过。没出一个月,张亮基就调走了,新来的官跟曾国藩很不搭调,也轻视他招募的民勇,更反感他的越权行为。

朝廷任命团练大臣,本是一种应急措施,帮着维护地方治安,相当于民兵组织,谁也不曾指望靠他们来镇压太平天国。曾国藩却不那么想,他要镇压反贼,要澄清天下,不肯流于俗论,一般人不能理解他,也就不大理睬他。

设立审案局,随意拘捕杀人,这就侵犯了湖南司法机关的职权。以前宣判死刑,总有一个文书往来,然后再施刑。曾国藩嫌麻烦,干脆取消文书往来,人犯带到,稍加审理,就当场处决。湖南司法机关对他大为不满。曾国藩做了十二年京官,本来晓得这个道理,却坚持那么做,原因在于,他以国家大义为重,"苟利于国,苟利于民,何嫌疑之避"?这是他的大志所在,也因此遭到地方嫉恨。

练兵之后,利益冲突加剧。按照清朝律令,只有湖南提督才有权力操练绿营军务,巡抚以下文官都无权过问。曾国藩以在籍侍郎充团练大臣,更无权过问,但他不那么想,他不仅要团,而且要练,练得还很积极。

刚开始他招募了一千人,分为左中右三营。他是文官,不精通营务,就找了三个教练。其中一个本是绿营将官,名叫塔齐布(1817~1857),是个旗人,没有一般绿营军官的腐败气,深得曾国藩赏识。刚认识的时候,塔齐布还是都司,正四品,在曾国藩的保奏下,不过一年,就升为参将,正三品。所谓士为知己者死,塔齐布也很感谢曾国藩,勇猛敢杀,战不避死,成为湘军早期最得力的干将。

三营民勇操练了一段时间,大概效果还不错,曾国藩跟塔齐布说,反正都是训练,你不妨把绿营兵也集合起来,一起操练,到时来个民勇绿营大比武。绿营兵本来就不归他管,又腐败堕化,抽烟喝酒,哪里受得了艰苦的军事训练,春天还好点,到了夏天,更是满腹牢骚、满腔怨恨。而逢三、八两日,曾国藩还给他们上政治课,在台上唠叨半天不下来。绿营兵积压了一肚子愤怒。

塔齐布很听曾国藩的话,他的直接上司、绿营副将德清,从二品官,却不买账,坚决不去参加训练。那年六月初,正是盛夏时节,新来了一个武官,名叫鲍起豹,来当湖南提督,也就是湖南的军事长官,正二品,跟曾国藩一般大。他也看不惯曾国藩,就支持德清,而责骂塔齐布,还以盛夏酷暑为由,不许练兵,否则军棍从事。

鲍起豹跟曾国藩同一个级别,他一说话,立刻就形成对立,绿营兵跟湘勇相互敌视,裂痕日益明显。

为了坚定自己的立场,曾国藩就给皇上写信,请求参劾德清,送交刑部治罪。在他的笔下,德清是一个贪生怕死的家伙。他跟皇上说,官兵望风而逃,胜不相让,败不相救,种种恶习,都是因为平常毫无训练,技艺生疏,将官也贪生怕死。德清就是这样一个败类。去年贼匪围攻长沙,轰塌南城之时,满城惶恐,德清摘掉顶戴,躲在民房里,他的兵丁也脱去军服,扔得满街都是,扮成百姓逃命,至今还是一个笑柄。今年春天,他带兵去地方查办土匪,所过之处,蹂躏勒索,还买花盆装点船头,对营务却茫然不知,形同木偶。今年以来,各营都严格训练,惟独德清一次也不参加。现在贼匪日紧,处处告急,如不把这等恶劣将官参劾,交刑部治罪,就不能激励士兵。为了表明自己的公正,他还跟皇上说,臣不敢藏半点私心,请皇上严查,一旦查出,就治臣欺君罔上之罪。

鲍起豹是军事长官,曾国藩也不鲁莽,没有打击一片,而是先攻下盘,抓住德清的把柄,把他参劾掉,同时保奏塔齐布为参将,扶植、奖赏愿意站在自己一边的人。

打击一些人，奖励一些人，这是曾国藩的手法。这是咸丰三年六月十二日的事。这个回合似乎是曾国藩胜利了，德清被革职拿问，稍后由塔齐布补副将衔。鲍起豹当然记恨在心，曾国藩认为他是"尽涉私见，而非公忠之道也"，颇不以为然。

七月十三日，湘勇试枪，误伤了绿营兵。绿营兵扯开大旗，吹响军号，操起家伙，跑到城外的校场上，要跟湘勇开仗。曾国藩看形势不对，为平息兵变，把那个惹事的湘勇带到城楼上，当众责罚二百军棍，才算了事。才过二十天，因为赌博的事，双方士兵又争执起来，吹号执旗，要在城下开仗。

看当兵的勇于私斗，怯于战阵，曾国藩非常痛心，决心痛加惩戒一番，就给鲍起豹写了公文，指名索拿肇事者。鲍起豹本来就为德清被参劾的事恼火，无处发泄，接到曾国藩的公函，大为愤恨，就把肇事者捆绑起来，敲着锣，打着鼓，弄出一种架式来，公开送往曾公馆。绿营兵奔走相告，尾追而来，人人燃起了无名烈火。这正是鲍起豹想要的效果。愤怒的士兵终于失去控制，先攻击塔齐布，捣毁他的住房，塔齐布躲在草堆里，才逃脱性命。又去冲击曾国藩住地，开枪打伤亲兵，他自己也差点吃了枪子。

他的公馆设在巡抚衙门院内，跟巡抚骆秉章一墙之隔。那么大的动静，骆秉章却装着不知道。直到他去打门，骆秉章才出来，装出一片惊讶。骚乱暂时平定了，曾国藩却大折脸面。堂堂二品大员，皇帝亲自任命的团练大臣，竟然被一群士兵追着打，还差点丧命，这番羞辱可大了。偏偏官方又不追究，长沙大小官吏，都认为是曾国藩的错，都是他伸手过长、侵越职权造成的。曾国藩在长沙待不下去了，决定出走衡阳，摆脱是非，锐意练兵。

这就是曾国藩说的"初六夜之变"。

正所谓知耻而后勇，这番羞辱给了曾国藩极大刺激，遂在衡阳发愤练兵。若干年后，他跟谋士赵烈文说："起兵亦有激而成。初得旨为团练大臣，借居抚署，于诛梗令数卒，全军鼓噪入署，几为所戕，因是发愤募勇万人，浸以成军。其时亦好胜而已，不意遽至今日。"意思是说，正是那天的兵变激发了他的志气，所以发愤练兵，当时不过是争一口气，没想到却成就了镇压太平天国的大功。

人活一口气。曾国藩这种倔强、坚忍、不肯服输的性格，对于成就大事是必不可少的。

曾国藩一生经历的耻辱还不只这一件，他自己说的就有六件：

然困心横虑，正是磨炼英雄，玉汝于成。李申夫尝谓余忾气从不说出，一味忍耐,徐图自强,因引谚曰:"好汉打掉牙和血吞。"此二语是余生平咬牙立志之诀,不料被申夫看破。余庚戌、辛亥间为京师权贵所唾骂,癸丑、甲寅为长沙所唾骂,乙卯、丙辰为江西所唾骂,以及岳州之败、靖港之败、湖口之败,盖打脱牙之时多矣,无一次不和血吞之。弟此次郭军之败,三县之失,亦颇有打脱门牙之象。来信每怪运气不好,便不似好汉声口,惟有一字不说,咬定牙根,徐图自强才是好汉。

——《同治五年(1866)十二月十八日与沅弟书》

上面一段文字摘自曾国藩给曾国荃的信。那时太平天国已经失败,捻军却振作起来。文字大意是:

然而困心横虑,正是磨练英雄的时候,像玉一样经过打磨才有成就。李申夫曾经说我是怄气从不跟人说,一味忍耐,徐图自强,还引用谚语来总结:"好汉打掉牙,和血吞。"这两句话是我一生咬牙立志之诀,不料被他给看破了。我在庚戌辛、亥年间被京师权贵唾骂,癸丑、甲寅年间在长沙被人唾骂,乙卯、丙辰年间在江西被人唾骂,还有岳州战败、靖港战败、湖口战败,打掉牙的时候多得很,每一次都是和血吞下去。老弟这次郭军之败,三县失手,也很像打脱门牙的意思。凡是来信责怪运气不好,就不是好汉的样子,惟有一字不说,咬紧牙根,徐图自强最好。

本来攻破南京之后,曾国荃和他的湘军大部都被裁掉,曾国荃也回了湖南老家,算是退休。不料捻军又在中原崛起,依仗马队优势,冲突奔忽,来去无踪。曾国藩的功劳已经很大了,清朝不想他再沾光,就派僧格林沁去镇压,却被捻军打死了。清朝没有办法,只好再用曾国藩。

同治五年正月下旬,清朝重新起用曾国荃,任命他为湖北巡抚,让他招募军队,得一万五千人,是为新湘军,由郭松林(上文的郭军之败)等人统带。从七八月一直到年底,他们数次与捻军交手,接连吃败仗,捻军胜利冲出包围圈。

曾国荃很久没有吃败仗了,这一连串失败,狠狠打击了他的信心。曾国藩就反复勉励他,困心横虑,正是磨练英雄之时,要他打掉牙和血吞,培养好汉气概,一味忍耐挺拔,等待胜利之日。

文中提到的李申夫,名字叫李榕,四川剑州人,道光二十七年(1847)考中进士,那时曾国藩已经是二品京官。咸丰九年(1859)开始跟随曾国藩,曾率领湘军打败过黄文金,太平天国后期的一员干将,也参与围剿捻军,因功而官至湖南布政使,正三品。据说他被弹劾罢官时，家无余资，连路费都困难，曾国藩知道后，非常感叹。晚年穷困潦倒，靠一个曾经做过浙江巡抚（从二品）的朋友养活。

曾国藩提到自己生平六次困苦，都是咬紧牙关，不说一字，硬生生挺过来的，等到大功告成，春暖花开，过去的种种积怨诽谤，都像冰雪一样，自行消融。这就是他的坚忍挺拔心诀。

六次困难时期，一是给咸丰帝写批评信那次，前面已经讲过。连皇帝都讨厌他，一般官僚也都不肯跟他往来，怕惹火烧身。他本来就看不惯官场风气，喜欢什么做官只求"不爱财，不怕死"，难免与官僚贵胄有一些摩擦，至少不会非常融洽。在会审琦善一案中，又明明得罪了当权者，搞得"诸公贵人"见他就躲，不愿跟他同席。惹恼了皇帝，又被诸公贵人孤立，不肯同流合污；本有澄清天下之志，却报国无门，还不被皇帝信任……想想这些，对一个有志青年来说，是比较痛苦。这里说他为青年，概因为人一年轻就成长，一成熟就腐败，他还带着乡下人的淳朴，没有那么多官气。

岳州之败，是他第一次与太平军接仗。当他带着一万七千人的大部队，浩浩荡荡出发，结果还没走出湖南，就在岳州吃了败仗。原来，太平军前锋跟湘军接触后，担心自己孤军深入，就往后收缩，退向湖北，聚集兵力。曾国藩见了，以为形势大好，就水陆并进，一起挺进湖北。他本人亦随水军行动。

太平军会合之后，卷土重来，顺势包围岳州城。曾国藩本来跟岳州守将不合，又看太平军声势浩大，担心自己也被包围，就想撤退。在部下的三次劝说下，才把战船开到岳州城外，远远发炮，却不敢靠近。城里三千人马，缒城而出者九百，其余被太平军收拾。曾国藩训练的队伍，除塔齐布一营，别的都逃回了长沙。

当初咸丰帝三次要他出兵，他都拒绝，坚持要船、炮、兵勇三者备齐才出，指望着打个大胜仗，报答皇上的讽刺——咸丰帝在他的奏章上朱批道："你想数省军务一肩挑，试问你有那个能力么？"现在还没跟太平军交手，就退缩回来，这面子可丢大了。长沙官绅大发议论，有的骂他饭桶，有的建议解散湘军，都把他当做仇人。十几年后，曾国藩还说，当时他的坐船停在江边，湖南巡抚会客，明明就在旁边，却装着没看见，不肯过船来问候一声。

靖港之败是曾国藩第一次跟太平军正面交锋。民团来报，说驻扎靖港的太平军人数少，曾国藩大概想捡个便宜，就率队去偷袭，结果遭到反击，湘军大溃，掉头就跑。曾国藩急了，立刻拉起一杆大旗，上面写着"过旗者斩"，他本人站在旗下，手执长剑，亲自督阵。湘军却绕过大旗，狂奔不止，如放在斜坡上的土豆。回撤路上，曾国藩又羞又愤，想不过来，拥身跳入江中，幸好被部下救起。

前后相隔不过二十二天，连吃两个败仗，长沙群愤激昂，纷纷要求解散湘军，骂声满城。曾国藩悲观到了极点，衣服也不换，东西也不吃，整夜不睡，并写好遗嘱，买回棺木，准备再次自杀，以谢天下。黎明时分，湘潭传来捷报，犹如一阵春风，吹散了他的满腹愁绪。原来是塔齐布在湘潭打了一个大胜仗。那个胜仗也是湘军后来连续六个月节节胜利的开端。捷报传到北京，咸丰帝也大为高兴，命令嘉奖，曾国藩终于翻了身。

八个月之后，曾国藩又有湖口之败。此前他收复武汉，控制长江，赢得朝野一片称赞，咸丰帝也彻底改变偏见，任命他为湖北巡抚，执掌地方大权。不过才七天，咸丰帝就收回成命，担心曾国藩有了地方实权，尾大不掉。不过，太平天国也重新调整部署，派出名将石达开、罗大纲，欲图收复武汉。所以曾国藩又吃了败仗，湖口一战，不仅大小船只损失无算，连他的坐船也被夺走。曾国藩羞愤难当，又把自己投入寒冷的江水中，被部下救起。石达开乘胜追击，再次夺回武汉，重新控制长江。曾国藩失了战船，只好上岸，随陆军行动，开始了坐困江西的日子。

他在江西遭唾骂，就是从这里开始的。他客居江西，大小官员都不归他管，自然不买他的账，所以处处被动，处处受气。军事上也连吃败仗，塔齐布死了，罗泽南也死了，构成坐困江西之势。他自己也说，江西两年是他一生最痛苦的时期。所以接到父亲去世的消息后，就匆匆回了老家，甚至连朝廷的批复都还没有下来。

在这些困境中，曾国藩所能做的，就是坚忍维持，一味忍耐，打掉牙和血吞，不肯说一字委屈。这样的坚忍执著，确实给人启发。

 胡雪岩：

锲而不舍是商人必备的品质

古语有言："三军可夺帅，匹夫不可夺志也。"可见，一个具有高尚人格、远大理想和坚韧意志的人是任何外力都无法挤垮的。

自古以来，人们一直都很钦佩那些功成名就的英雄，而这些人身上最重要的品格就是坚持，这种坚持包括对人格品质的坚持和对理想志向的执著，认准的道理和看准了的事情就要坚持不懈地做下去，不能因为一时的困难就半途而废。

世间的事情确实有难易之分，人的能力也有大小之别，这是不争的事实。

然而，对能成就一番大事业者而言，坚持、坚忍是一种不可或缺的品质。一般说来，越是利益丰厚的生意，其风险也就越大，困难也会更多，其资金运转周期也可能相对较长。而生意中不可能一帆风顺，"穷"、"钝"的情况时有发生，因此，坚持自己的信念，尤其是在困境中坚持，是避免功亏一篑的关键所在，也是暂时的失败后东山再起的关键。

成功往往就存在于再坚持一下的努力之中，俗语云"要立长志，莫要常立志"就是这个道理。另外，这种品格在做某些看似平常的事情的时候更能有所体现。平凡人，做平凡事，也要有坚持的韧性，正所谓"人生困顿寻常事，贵在坚持是伟人"。因此，若要成为一个成功的商人，就必须要有锲而不舍的信念。

"谋事在人，成事在天"这句话，一般的理解，就是一件事的成败虽然在于人的筹划，但最终还取决于成事的客观条件，甚至是一些人力无法决定的因素，这句话多少透露出中国人对于成功悲观的宿命理解。但著名商人胡雪岩把这句话发展成为"谋事在我，成事在人"，应该说，这是当时人们甚或是现在有些人都异常缺乏的一种超乎寻常的、可贵的、坚定的信心。

在成功商人"困中巧求生"的各种方法中，你将看到勤奋、联合、幽默、寻求支持、逆向思维等因素在突破困境中所发挥的巨大作用，其中最关键的仍然是对理想的执著追求和锲而不舍的坚毅品质，即"穷莫易守，钝莫废常"。

对于钱庄而言，门户安全至关重要，为了防盗防贼，打烊以后都是大门紧闭，任何人不准从正门进出。胡雪岩从金华到了杭州已经是晚上，所以他第一次到阜康钱庄是从后门进去的。安睡一夜，第二天一早被带去见了老板，问过一些情况之后，便被指定在金库里当学徒。

胡雪岩从进入钱庄的那一夜起，整整两个月的时间未踏出店门半步。因为按照钱庄的规矩，学徒进门要先练习"坐功"，就是整日呆在金库里面，练习算银票，包银元，串铜钱。白天不准出门，晚上住在店中，同样不许外出。坐功的考验期是一个月，如果一个月内遵守规矩闭门不出，而且表现不错，就算合格。如果在第一个月出了些差错，可以再考验一个月。若是仍有违规的行为，就会被彻底辞退。金库里连胡雪岩在内一共三个学徒，年龄都差不多，稍大的一个刚满师，在金库里指导他们工作，大家叫他师兄。胡雪岩人缘很好，没几天便与大家混得很熟了。

一个十九岁的少年，初次来到风光明媚、景色如画的杭州，我们将心比心，相信他心中的第一个愿望，应该是抽空去看看西湖的景色。但胡雪岩认为好不容易找到自己想做的工作，就要一切遵守规矩。他想起母亲的教诲，要认真，要用心，要勤劳，要努力，更要听老板的话；他也想起已经去世的父亲读过书却没有机会，自己读书不多，却有这么好的机会，当然要格外珍惜才是。所以一个月过去了，他始终没有离开钱庄，工作不但熟练而且准确，没有发生任何差错。

到了第二个月，师兄告诉他可以到外面走走，去看看美丽的西湖。但他仍表示不急着出去，等坐习惯了，师兄要出去时，再一起去。师兄当然很高兴，难得雪岩这么听话，于是告诉他以后每逢初一、十五去西湖时带他一起去，胡雪岩自然也很高兴。

要了解一个人，怎么样最可靠？算八字不一定管用，靠眼睛观察也不一定准确，最好的办法就是实际考验一下。胡庆余堂的关门弟子，现任青春宝集团董事长的冯根生先生，在谈及自己当初学徒生涯的时候，讲述了这样一个故事：他当年好几次在胡庆余堂的地板上捡到散落的银元，每一次都诚实地交给了师父。师父当时也不多讲，只说你很诚实，就把银元收了回去。直到师父临终时才把他叫去，告诉他其中的秘密。原来银元每次都是师父故意丢在地上的，看哪一个徒弟会捡到，有没有诚实地交上来。这种透过实际考验来测试徒弟是否诚信的方式，应该是胡雪岩在于老板的考验之下，不但通过测试，而且一直沿用下来的。所以我们要记住，人要经得起考验，再加上两个字，人要经得起"严格"的考验，才能够出人头地。

胡雪岩在钱庄当学徒始终和在大阜、金华的时候一模一样，如果说有不同，就是他对学徒的分内之事更加勤快了。每天早早起床，先替老板端洗脸水倒尿壶，扫地抹桌买早点。开店营业之后，有客户来办业务，他总立在一旁，见机做事，从来不用吩咐。

讲到这里，我们不禁要问一句，人到底要不要变？答案是应该变的才可以变，不应该变的就是不能变。像倒夜壶这种事情，大部分人是不愿意做的，可是胡雪岩从十三岁开始，一直做到二十岁。他并没有觉得这种事情怎么总是我做呢？轮也该轮到别

第九章 胡雪岩 HU XUE YAN 坚忍 VS 不舍

人了吧？胡雪岩阶段性的调整比任何人都好：该调整的部分，他自然去调整，因为学徒的环境不同了，工作的要求不一样了；不该调整的部分，他是一本初衷，一如既往。

一本初衷是很了不起的，如果以前所做的事情现在不做了，那他就是投机取巧，是为了想到钱庄而故意讨好人家。胡雪岩不是投机取巧，以前怎样做事，现在还是表里如一，前后一致。

一个人到底是该随机应变还是投机取巧，我们真的要好好去想一想。中国人最讨厌投机取巧，但是最佩服随机应变。同样是四个字，但是方式、效果完全不同。胡雪岩随机应变，绝不投机取巧。怎么区分？一个人如果动机很纯正，一心为公，就是随机应变；一个人如果从自己的利益出发，不顾大局，一定是投机取巧。同样的动作，要从看不见的动机来研判，否则很难分辨。

一个人为了公家，就是随机应变；

为了自己的利益，就是投机取巧。

胡雪岩如果刚来的时候很勤快，时间一长就慢慢把那些事情推给别人，老板就会疑虑：这样的人以后还会变得更差，如果把整个钱庄交给他，岂不糟糕了吗？胡雪岩一本初衷，该做什么就做什么，升到跑街照做不误，升到出店还是一样，老板后来对他器重，他反而更是加倍努力，老板还怎么会怀疑他呢？前面的话说到这里，我们还要加上三个字，一个人一定要经得起"全方位"的严格考验才行。

人一定要经得起全方位的严格考验。

生意场上风云突变，什么事情都可能发生，既然已经失去了，就要向前看，不能因一时的挫折灰心丧气。

光绪八年，也就是1882年，胡雪岩的生意由于洋行与官场的两面夹击，已经到了最危急的关头。他面临几个方面难以应付的麻烦：

第一，由于越南主权问题，中、法关系趋于紧张，影响到上海市面萧条，银根极紧，整个上海谣言满天，人心惶惶，由于人们挤兑存款，钱庄因周转不灵而倒闭的，已经好几家了。

第二，胡雪岩准备控制洋庄市场而囤积起来的生丝，到此时由于洋人联合拒购，早成困局，虽力求摆脱，但削价出售也找不到买主。

第三，应还洋行借款的第二期本金期限将至，但由于上海道邵友濂接受盛宣怀的授意加以拖延，该拨还洋债的各省"协饷"，至今还没到位。

第四，为左宗棠协赈和购买军火，一共需要拨出四十五万两银子，虽是代理官款，但如今已经没有可以调动的头寸。

第五，在银根如此紧张的时候，阜康无异雪上加霜。

第六，胡雪岩的女儿出嫁，佳期在即，以胡雪岩定下的排场，至少需要二十万两银子。

凡此种种，用胡雪岩的话说，真正是"不巧是巧，有苦难言"。

就在这个时候，阜康钱庄又发生了挤兑风潮。挤兑先由上海开始。由于宓本常措置不当，一下子酿成不可收拾的燎原之势，不到三天，就蔓延到杭州，而这个时候，胡雪岩正在由上海回杭州的船上。杭州虽有螺蛳太太、钱庄档手的勉力支撑，甚至还有浙江藩台德馨的帮忙回护，但也支持不住，到胡雪岩回到杭州时，已经关上排门，暂停营业了。

此时，胡雪岩告诫自己，在这样的紧要关头，只有将得失先放到一边，心思才会集中。"留得青山在，不怕没柴烧。"即使是在胡雪岩的生意面临全面倒闭的紧要关头，他也会告诫自己：要坚持！

"曾胡"官商启示录：

一只爬墙的蜗牛，行动缓慢得让人无法察觉，但只要它坚持一步一步往上爬，最后一定能够找到属于自己的广阔天空。为学、做事亦是如此。拥有一颗百折不挠、坚韧不屈的"大心脏"，为了自己的目标不懈地努力，终究会得到自己想要的东西。曹雪芹苦窖十年著出《红楼梦》；巴尔扎克每晚只睡4小时，用剩下的20个小时来写作；达芬奇画了无数次鸡蛋，终成名家。司汤达说："一个人只要强烈地坚持不懈的追求，他就能达到目的。

进行任何一项学习，从事任何一项工作，想取得一点成绩，都要长期的做，有浅入深，由低到高，锲而不舍百折不挠。尤其是做学问的，更应具有这种精神。古往今来，大凡成就一番学业的人，没有一个是靠三天打鱼两天晒网，一暴十寒学有所成的。

也许你会说，有些人也没经多大的努力，年幼便会成名，仍然活得潇潇洒洒，我为何要这么努力奋斗呢？成功是不是也会有捷径的？没错，是有一些人年幼成名，但那只是极少一部分人，而那些少年得志的人中，过了十年、二十年依然成功的人则更少，大多数的也都掩埋在人流之中了。而那些始终保持成功的人，便是我们所谓的"天才"。天才的努力程度，可能没有我们普通人要高，但并不可以说仅凭着一个灵光的脑袋就能成功。天才要成功，也需要百分之九十九的汗水来得以达成，我们普通人必将要使出全部的力量方可触及到成功之门啊。

　　对于我们来说，成功的道路上，没有捷径，只有一步一个脚印的不懈坚持，努力跋涉而已。

第十章　胆气 VS 风险

曾胡官商启示录

曾国藩 ZENG GUO FAN

曾国藩：

无胆气者，无成就，亦无功名

无胆气者，无成就，亦无功名。胆气来自天生，也来自培养。

困守祁门一事发生在曾国荃围攻安庆之时。曾国藩重出之后，与胡林翼定下战略决策，打算把安庆作为主战场，围点打援，迫使太平军决战，歼灭其有生力量。安庆一破，顺江直下，就到南京城了。

祁门镇在安徽省南部山区。那里有一块小盆地，形似筲箕，三面环山，向北是黄山、九华山，东至天目山，南至白际山、齐云山，形成一个东西狭长的盆地，惟独西面没有大山隔断，为盆地出口。祁门镇正坐落在那出口上。今天我们所熟知的名胜风景区，如黄山、九华山、江西婺源、流坑明清古建筑群落，都在那一片山区腹地或其周边。

李鸿章认为，祁门地形如在釜底，是兵家所谓的绝地。盆地内的要冲出来，盆地外的要冲进去，大家都来争，而且无险可守，当然凶危。曾国藩却认为，安徽南部这一片山区，连接安徽、江西、浙江、江苏四省，我守之，可以四省通气，巩固景德镇和湖口防线，即使围攻安庆失败，被太平军追击，也不会动摇大局，长江上游和江西仍然稳固；敌得之，就隔断三面之气，阻我进兵之路，利害非常。所以他要冒险进驻祁门，与太平军争夺皖南。

李鸿章不愿意涉险，曾国藩却不怕，似乎可以看出曾国藩成就大事的性格特点。难怪说曾国藩有开创之功，李鸿章为跟随之人。

安庆是南京上游门户，现在被湘军包围，太平军方面自然要全力解救（似乎正中了敌人下怀）。曾国藩所看重的皖南山区，正是太平军南路各部必经之地，其领兵将领，为李秀成、李世贤、杨辅清、黄文金等人，均为太平军骁将。

曾国藩先走长江水路，又改陆路，而进驻祁门镇。随行部队三千人，相当于一个加强团。原计划是一万三千人到祁门会集。张运兰一部四千人,由于宁国府危急,赶着去救援,到祁门不过四天,就匆匆走了。另有鲍超六千人,却因为鲍超回四川探亲,正赶上三峡涨水,船只不能行走,所以迟迟没有来。驻扎祁门大营的,实际上只有跟随曾国藩的三千护兵。

曾国藩进驻祁门半月之后,杨辅清攻克宁国府,击毙其守将、湖南提督周天受。三天之后,李世贤又攻取徽州府,今属黄山市。宁国府在徽州府东北一百二十公里,祁门在徽州府正西六十公里。第二天,曾国藩接到报告,知道徽州府失守,焦灼万分。太平军离他只有一百二十里,朝发夕至,如何保全性命,成为他突然要面对的问题。

大敌当前是一困难,东面的粮道断了,又是一大困难。在此之际,又飞来一件紧急而要命的事。就在那天,他接到朝廷的命令,要他派部队北上勤王。原来是英法联军打到北京来了,烧了圆明园,咸丰帝仓皇出逃,要各部派兵保护。

连自己的性命都危险,曾国藩哪里还能分兵北顾?敌人就在眼前,皇上的命令却又不能违抗,更不能担上卖国贼的骂名,如何是好呢?曾国藩就召集幕僚开会,讨论如何应对眼前的困难。一般幕僚也不多想,都积极主张分兵北上,惟独李鸿章建议"按兵请旨,且无稍动"。那时他还在曾国藩幕府,跟随来到祁门。他认为英法联军不过是为了钱财,不是要推翻大清王朝,派兵等于白派,还不如按兵不动,坐观其变,应对了眼前的困难再说。

曾国藩大喜,立刻派人上奏,问咸丰帝:"统兵北上,保护京畿,这是臣等分内职责,万死不辞。大兵北上,是由曾国藩统带,还是由胡林翼统带,还请皇上定夺。"这个问题分明是多此一举,却达到拖延时间的目的。曾国藩计算过,这一问一答,按当时的交通条件,最快也得一个月。一个月之后,形势就可能大不一样了。果然,一个月之后,曾国藩得到廷寄,清朝已与英、法讲和,签订《北京条约》,曾国藩也不用北援。

皇帝的事情是了了,眼前的兵势却更加凶险,李秀成率主力部队闯到小盆地来了。他从羊栈岭南下,攻占黟县,距曾国藩祁门老营仅六十里,朝发夕至,毫无遮阻,人心大震,形势比徽州府失守还要危急。他身边还是只有那三千护兵。而在七天前,曾国藩还亲自登上羊栈岭,却大雾弥漫,什么都看不到;第二天又上桐林岭,却遇大雪封山,无法攀登。

可惜李秀成的情报工作不大好。据说他被俘之后，得知曾国藩那时在祁门，只有三千护兵，非常遗憾。如果他知道曾剃头就在眼前，就是拼了血本，也要攻破祁门大营，打死那个老家伙。他与鲍超在卢村、柏庄岭一带接仗，伤亡数百人，就改道徽州府，经屯溪、婺源，转入江西去了，让曾国藩白捡了一条性命。

这场险难从精神上打击了曾国藩。据说他自料必死，连遗嘱都写好了。幕僚们惊慌失措，有的人收拾好行李，随时准备逃命。曾国藩看人心如此，就说："谁想走，我给路费。等危险过了，还欢迎你回来。"结果幕僚反而不好意思走了。此间，他还打了两卦，一问咸丰帝是否会要他派兵北上；一问鲍超能否在休宁得手（即与李秀成打仗）。

为稳定军心，曾国藩摆出大帅风度，镇定自若，保持往日气象。并专心守垒，等待援兵。他给咸丰帝写信说："我这里兵力虽然单薄，营垒却很坚固，暂或可以无虑。"给曾国荃写信说："现在专门研究守垒之法。如果还有什么闪失，那就坚持定志，绝不临难逃生。回首生年五十，除学问未成，尚有缺憾外，其余都可慰心。"似乎下定了必死的决心，也看到依稀仿佛的末日。

尽管如此，面对死亡总是有恐惧的。鲍超打退李秀成之后，带了一队亲兵来看曾国藩。鲍超也算救命恩人了，所以大伙都到门口迎接，曾国藩也从容出来。鲍超远远看到曾大帅，赶紧下马，一路跑到跟前，两腿一弯，就要跪下行礼。曾国藩前趋两步，一把扶住，嘴里说道："想不到还能与老弟见面！"音未落，泪已下，几乎不能自持。

不过在那一段时间的日记里，却看不到他焦灼万分的样子，每天都在下围棋，读古文，颇为闲暇镇定。

皖南四府一州，大部被太平军占领。他们驻扎徽州，随时可以攻击祁门大营。曾国藩让鲍超守渔亭，张运兰驻黟县，从正面护卫祁门大营。太平军背靠大山，打击盆地之敌，可攻可守，形势很生动。湘军背朝平原，仰攻靠山之敌，地形非常不利，人数又比太平军少，曾国藩的处境仍然十分危险。

又半个月，天寒地冻之时，太平军骁将黄文金率领两万人进攻江西景德镇。那是曾国藩的江西粮道，也是祁门与外界联络的主要通道，更是祁门向西退却的惟一理想路线，如果被太平军占领，皖南湘军就陷入绝境。

曾国藩赶紧派兵驰赴景德镇。可惜黄文金在战斗中负伤，不得不撤出景德镇，让曾国藩恢复了粮道。这次攻击对曾国藩的直接危险不大，却加重了他的精神负担。黄文金的两个对手，一是湘军名将鲍超；一是大名鼎鼎的左宗棠。

从日记中亦可以看出，曾国藩最担心的就是江西粮道断绝。景德镇一线吃紧，他日夜焦灼，几乎不能入睡，心绪恶劣至极，与往日气象大不相同："是日阴雨竟日，余心绪恶劣，不能办一事。盖因景德镇一路闭塞，文报不通，恐左军疏失，不胜焦灼也。"那些天的日记，满是这种文字，总担心祁门大营的后路被太平军阻断。

来年正月，年还没过完，太平军再次严重威胁祁门大营。他们从大赤岭而入，攻破湘军防线，进入历口。历口在祁门西四十里，是祁门的交通孔道，也是祁门大营的后翼护卫。曾国藩急调鲍超救援。当天夜里，曾国藩"竟夕不能成寐，苦雨达旦，风声亦恶，起看天色二次，黑暗愁惨，向所罕见"。此路太平军一度攻击到离大营十八里处。听说太平军马上就要打过来了，祁门满城惊慌，几欲逃窜。遗憾的是，在石门桥这个地方，太平军与湘军遭遇，接连败仗，被湘军追逐三十余里。太平军撤出历口之后，湘军清点阵亡将士，得太平军尸首一百八十六具。

这次威胁对曾国藩可谓惊而不险，但精神压力颇大。先是听说胡林翼病势沉重，大为忧灼。两天后，他自己也呕吐不止，连续吐了两天，外厅、内房吐得满地都是，却没有什么病兆，完全是精神压力所致。

一个月后，太平军又从桦根岭攻击至历口，搞得曾国藩"寸心忧灼"。可惜三天之后，这支部队又被湘军打败，不得不退出历口。曾国藩在日记中说，他的亲兵中有一个下级军官，即所谓的戈什哈，也被派去历口支援（连他的贴身军官都去打仗了，可见当时形势该如何紧急），亲手杀敌十余人，还说敌人"怯懦无能，不禁打也"。如此看来，太平军的战斗力确实有些让人遗憾。

祁门大营被太平军从各个方向发起攻击，搞得曾国藩极度缺乏安全感。景德镇是祁门后路，一遭攻击，他就担心后路被切断，原定要把大营迁到长江边上去，也因为景德镇不稳固，没来得及开拔。

随后又把目标放在东边，攻打徽州府，希望打通浙江的粮道。一旦打下来，祁门绝地就可以东通浙江，西连江西，两边有情，湘军在皖南的态势就非常主动，不必担心被包围。

就在他决定打徽州府的前一天，景德镇被太平军占领，通往江西的后路终于被切断了。东面有太平军驻扎在徽州，西路景德镇又被切断，三面是高山，东西有敌人，曾国藩所担心的事情终于发生，粮道断了，消息也递不出，连援兵都搬不来，在小盆地陷入绝境。

曾国藩把惟一的希望寄托在打东边的徽州上，并把大营从祁门移往休宁，就近指挥，希望打通与浙江的联系。但是，太平军在攻占徽州府之后，已派重兵驻防，就是要截断他的希望。

部下劝曾国藩停止攻打徽州府，回头重新经营祁门，曾国藩心绪混乱，"几不能自主"。想了一个晚上，又与部下商量，还是觉得攻打徽州府为上策。

那次战斗关系身家性命，所以曾国藩非常看重。咸丰十一年（1861）三月初五的日记中写道："盖此举关系最大，能克徽州，则祁、黟、休三县军民有米粮可通济。不能克徽州，则三县亦不能保。是以忧灼特甚。夜，竟夕不成寐，口枯舌燥，心如火炙，殆不知生之可乐，死之可悲矣。"

为了安全起见，他特意出外查城，从休宁东门的城墙上面，骑马走到南门，估计该城周长至少十五六里，似乎还比较满意。

曾国藩所率湘军素有战斗力，多次打败天平军，这次攻击徽州府，接连三次都打不下来。第三次进攻，晚上遭到太平军袭击，大军全部溃败，统统逃回休宁。凌晨两点前后，曾国藩听到消息，赶紧穿衣起来，一直坐到天亮，多次派人四处打听，竟问不到准确消息。大概在早晨八点钟，才知道有十四营完整归建，另八营溃散大半。等到中午十二点，溃散的湘军才逐渐回来，伤亡百人，军械遗失颇多，锅碗瓢盆与被子等则全部丢掉了。

打不通徽州府，就断绝了希望，曾国藩只能"浩然长叹，不知天意如何"，做好了不测的准备。

当天即给两个儿子写信，据曾国藩自己讲，他仿佛是在写遗嘱。这是惟一一件由曾国藩自己所写且绝望透顶的遗训，兹将全文录于此，以感受他当日的绝望心境与沮丧心情。

字谕纪泽、纪鸿儿：

接二月廿三日信，知家中五宅平安，甚慰甚慰。

余以初三日至休宁县，即闻景德镇失守之信。初四日写家书，托九叔处寄湘，即言此间局势危急，恐难支持，然犹意力攻徽州，或可得手，即是一条生路。

初五日进攻，强中、湘前等营在西门挫败一次。十二日再行进攻，未能诱贼出仗。是夜二更，贼匪偷营劫村，强中、湘前等营大溃。凡去廿二营，其挫败者八营（强中三营、老湘三营、湘前一、震字一），其幸而完全无恙者十四营（老湘六、霆三、礼二、亲兵一、峰二），与咸丰四年十二月十二夜，贼偷湖口水营情形相仿。

此次未挫之营较多，以寻常兵事言之，此尚为小挫，不甚伤元气。目下值局势万紧之际，四面梗塞，接济已断，加此一挫，军心尤大震动。所盼望者，左军能破景德镇、乐平之贼，鲍军能从湖口迅速来援，事或略有转机，否则不堪设想矣。

余自从军以来，即怀见危授命之志。丁戊年在家抱病，常恐溘逝牖下，渝我初志，失信于世。起复再出，意尤坚定。此次若遂不测，毫无牵恋。自念贫窭无知，官至一品，寿逾五十，薄有浮名，兼秉兵权，忝窃万分，夫复何憾！

惟古文与诗，二者用力颇深，探索颇苦，而未能介然用之，独辟康庄。古文尤确有依据，若遽先朝露，则寸心所得，遂成广陵之散。作字用功最浅，而近年亦略有入处。三者一无所成，不无耿耿。至行军本非余所长，兵贵奇而余太平，兵贵诈而余太直，岂能办此滔天之贼？即前此屡有克捷，已为侥幸，出于非望矣。

尔等长大之后，切不可涉历兵间，此事难于见功，易于造孽，尤易于诒万世口实。余久处行间，日日如坐针毡，所差不负吾心，不负所学者，未尝须臾忘爱民之意耳。近来阅历愈多，深谙督师之苦。尔曹惟当一意读书，不可从军，亦不必做官。

吾教子弟不离八本、三致祥。八者曰：读古书以训诂为本，作诗文以声调为本，养亲以得欢心为本，养生以少恼怒为本，立身以不妄语为本，治家以不晏起为本，居官以不要钱为本，行军以不扰民为本。三者曰：孝致祥，勤致祥，恕致祥。吾父竹亭公之教人，则专重孝字。其少壮敬亲，暮年爱亲，出于至诚，故吾纂墓志，仅叙一事。

吾祖星冈公之教人，则有八字，三不信。八者，曰：考、宝、早、扫、书、蔬、鱼、猪。三者，曰：僧巫，曰地仙，曰医药，皆不信也。

处兹乱世，银钱愈少，则愈可免祸；用度愈省，则愈可养福。尔兄弟奉母，除劳字俭字之外，别无安身之法。吾当军事极危，辄将此二字叮嘱一遍，此外亦别无遗训之语，尔可禀告诸叔及尔母无忘。

这封信有三层意思。先讲徽州府是惟一生路，失败之后，形势万分紧张，四面堵塞，接济已断，惟一的希望就是期待外援，或者左宗棠收复景德镇，或者鲍超从湖口来援，否则大局不堪设想。其次感叹自己除了官做得大，已至一品外，对古文、诗歌、书法三者，皆一无所成。最后训诫儿子，一是不要从军不要做官只读书，说用兵非自己所长，"兵贵奇而余太平，兵贵诈而余太直"；二是牢记八本、三祥、三不信，是为乱世安身之法。

四天之后，左宗棠在景德镇打了两个胜仗，曾国藩悬着的一颗心总算落实下来，并决定重回祁门。路过齐云山时，还专门上去游览一番，所写日记约二百字，仿佛一篇游记，可见其心情是如何愉快。

自祁门涉险以来，曾国藩一夕数惊，中夜不寐，寸心焦灼，几乎没过几天安稳日子，他本人也承认"近日胆极怯"。徽州府失败八天之后，曾国荃来信，要他赶紧拔营，迁到长江边上去。曾国藩认为"情词恳恻，令人不忍卒读"，并回信说："昔人云，读出师表而不动心者，其人必不忠；读陈情表而不动心者，其人必不孝。吾谓读弟此信而不动心者，其人必不友。"可惜曾国荃的信现在已看不到了。

曾国藩赶紧就坡下驴，不再充英雄好汉，趁景德镇一线军情好转之机，六天之后，就离开了祁门这个形如釜底的绝地。四天之后，到达长江边，把大营设在船上，由水师护卫，再不用担心身陷绝地，遭太平军围歼了。

以上就是曾国藩困守祁门的全过程，咸丰十年六月十一日进驻祁门，到咸丰十一年三月二十七日撤离，共计九个半月，可谓他一生中最心惊胆战的日子，完全是靠着必死的信念挺过来的。从那以后，他也再没亲临过战场第一线。

胡雪岩：

敢冒风险才能获大利

有果敢性格的商人，相信这样一条原则：敢冒风险才能获大利，因此他们敢做别人之不敢做。

所谓"敢"与"不敢"，实质上是以胆识与谋略为后盾的。"敢"是因为有勇有谋有胆识，"不敢"是因为无勇无谋无胆识。

胡雪岩能在商场上势力张扬迅速，常常立于胜地，就是因为他"敢"字当头，有勇有谋有胆识。

有一次，胡雪岩探知青帮要替太平军护送从上海购来的一批军火。由于当时战火纷起，军火买卖利润十分巨大，回扣也不菲。胡雪岩早就垂涎军火生意，苦于无处着手，如今凭空知道了这条消息，正可捷足先登，虎口夺食，把这笔生意夺回来自己做。若是一般人来说，绝对不敢去冒这种大风险。但胡雪岩却当机立断，决定大干一场。想罢，事不宜迟，他立刻打轿赶往王有龄府宅。王有龄听他述说，高兴道："真是踏破铁鞋无觅处，得来全不费工夫。刚才抚台黄大人召见我，商议要海运局拨一笔款子购置五百条毛瑟枪，加强浙江绿营兵的装备，我正愁差谁去经办，你若有兴趣，可应承下来。"

胡雪岩心算一下，毛瑟枪每支约五十两银子，五百支需二万五千两银子，回扣一分以上，起码可获利三千两银子，是一笔好买卖。当下他立刻应允，请王有龄开了一张三万两银子的官票，预备到上海花费。然后收拾行装，雇了一只小火轮，急急连夜奔赴上海。

胡雪岩为什么这样匆忙？他深知商场如战场，稍有懈怠便坐失良机。胡雪岩算定太平军购军火不会很快，洋商必定讨价还价，延宕时日，把太平军逼到最后关头，好敲一笔高价。另外，胡雪岩又得知太平军也欲购买五百支枪，这批军火数量巨大，洋商不可能有现货，待从外国运来时，时间又过去一个月了。故而胡雪岩满怀信心要把这批军火半道易手，为己所用。最后，胡雪岩轻松地获利五千多两银子。

从中我们可以看出，正是因为胡雪岩有胆识，敢冒常人不敢冒的风险去做生意，也正是因为胡雪岩常常"敢"字当头，才使他生意一直红火。

除此之外，做领导的还要敢于鼓励下属大胆决策。从商务运作、商机把握的角度看，在职责范围内放手让自己的下属做主，是十分必要的。且生意场上竞争激烈，危机四伏，机遇稍纵即逝，唯有敏锐地判断，果断地决策，迅速地行动，才能抓住机遇在生意战场上占先机，否则错失良机，事后悔之晚矣。

一个简单的事实就是，如果那些伙计们只知道看老板的脸色，等着老板的指令行事，而不能放开手脚，当机立断，果断决策，迅速行动，当老板的不仅会在事必亲躬的繁忙中不能抽身，而且必定会因为办事者的犹豫延误，错失许多不可多得的良机。

胡雪岩对古应春的任用，就充分体现了他鼓励下属大胆决策的思想。

古应春在当时是一个"假洋鬼子"式的人物，他精明强干，更令胡雪岩看重的是他通晓外文，熟悉和洋人打交道的一切规矩，因此胡雪岩将生丝销洋庄的生意交给他来打理。找买主、谈价钱、签协议等等，一切和生丝生意有关的事务，全由古应春一人决策，不必请示胡雪岩。

权责是相辅相成的，胡雪岩深谙此道，他赋予一个人多大的权力，同时也给这个人多大的责任。古应春尽心尽力，自始至终都没有辜负过胡雪岩，而胡雪岩则也有更多的精力来开拓新的生意，真是一举两得。

不仅对于能干的下属，胡雪岩能充分授权，即使对于老实巴交的渡船夫老张，胡雪岩也是如此。

老张在胡雪岩的资助和妻女的鼓励下，在湖州开了第一家丝店。这老张本是个渡船夫，一辈子没见过什么大世面，丝行刚开业时，他根本就不晓得如何打开局面，更不敢把摊子铺大。胡雪岩几次派人催促，要他马上寻找一间气派、宽敞而又临街的房子搬家，因为他们全家还住在船上。可老张一拖再拖，直到胡雪岩再一次来到湖州时，他还住在船上。老张不敢将摊子铺大，主要是因他担心架势摆开了，弄得轰轰烈烈，而自己却照应不来，以后难以收场，那就辜负了胡雪岩的信任，因而他下不了决心。

胡雪岩到达湖州后，将老张找来进行开导。他对老张说，只要丝行开张，他们就会有流水进账，因此要勤要快，不要怕出错，早出错是好事，等到摊子真的铺开了，那时再出错损失就大了。这番话使老张心里有了底，回去之后立即放开手迅速行动起来。

丝行的生意越做越红火，最后逐步扩展成了胡雪岩事业中非常重要的一部分。

胡雪岩善于把握大局，有战略眼光，大的方向正确了，在个别环节和一些细节上即便出了问题，也不至于影响全局。因而，应该鼓励下属大胆行动，决不能瞻前顾后，事事观望请示，不然轻则错过时机，重则影响全局，正所谓"棋错一招，满盘皆输"。

鼓励下属，发挥他们的能动性是非常重要的。尽管老板和伙计是雇佣关系，伙计的主要职责是圆满地完成老板交代的任务，但这并不意味着两者只是服从与命令的关系。

老板管得过细过死，不能给予属下充分的信任，不敢放权，如此一来员工放不开手脚，有诸多顾虑，稍一迟疑，便错过了许多很好的机会。

"曾胡"官商启示录：

想成为一个成功的企业家，就要敢于冒风险。获得的成功越大，冒的风险可能越多。美国著名的《商业月刊》评选出20世纪80年代最有影响的50名企业界巨头，他们所具备的基本素质的第一条就是最富有冒险精神，敢于冒风险，不怕失败，不怕摔跟头。敢于承担风险，敢于面对失败，失败后敢于重新开始，这是现代企业家应具备的观念。

当然，冒风险不是提倡盲目瞎干，一味的谋求风险带来的利益，被高额利益冲昏了头脑的人，冒天下之大不韪，可能所遭遇的失败，就不止摔摔跟头这么简单了。一个真正的企业家，他的风险观念和冒险精神必定是以科学根据为基础的。

有风险才会有机会。风险越大机会越多，取得的成果也越大。既然是风险，就说明成功与失败的可能性都有。善于把握时机，用冷静的头脑分析经营行为的可行性，迅猛出手，冒险前进，就会捷足先登。国外许多著名企业家，都是最初靠借钱起家，几经风险，取得今天的成功的。而冒风险就免不了失败，激烈的竞争中，谁也不能说自己永远是胜利者。敢于冒风险，既要做好接受成功的准备，又要拥有面对失败的勇气。很多企业之所以在激烈的竞争中败下阵来，甚至破产了事，就是因为没有做好失败的准备。美国著名的福特汽车公司几十年来，从顶峰到低谷，再从低谷到高峰，成功、失败、再成功，历经的困难，可能要比好多企业遇到的困难加起来还要多。之所以能成功靠的是什么？靠的是顽强的精神和优秀的经营理念。

在竞争激烈的市场经济中经营企业，就如同在巨浪洪流中游泳，不进则退。一味地追求安稳、万无一失，不冒一点风险，这实际上就等于失败。在逆境中，要争取东山再起；在顺境中，要做到居安思危。日立公司的创始人小平浪平有一句座右铭："生年不满百，常怀千年忧。"这足以引起企业领导人的重视。

做好经营风险的预测，重视经营经验的积累，加强相关信息的搜集，这些都为承担风险、抓住机会、避免错误做了充分准备，在某种程度上可以将企业将要承受的风险降至最低。只要做到心中有数、有备无患，就可以冒险而取胜。

第十一章　团结 VS 合作

曾胡官商

ZENG GUO FAN 曾国藩

启示录

曾国藩：

孤军奋战无法成就大事

有些事情靠个人努力就够了，但成就大事却必须多人配合。

人们也经常说，得道者多助，失道者寡助。现实却没有那么单纯，只有道，没有势（实力），你未必能得到帮助；没有道，只有势，也未必能够多得帮助；惟有道与势（实力）相结合，才可以得到尽可能多的帮助。民间说的多个朋友多条路，朋友多了路好走，也是对多助有益成功的通俗说法。

曾国藩不仅得到很多人才的配合（天下人才他笼络了一半），朝廷上也有人帮他，所以才能起死回生，成就大功。穆彰阿帮助过他，肃顺帮助过他。用老百姓的话来说，穆彰阿、肃顺都是本事通天的人物，有他们这样的人物帮忙，曾国藩才能几起几落，而能最终站稳脚跟。

团结可以团结的多数，孤立必须孤立的少数，支持者多，反对者少，成功的道路才能宽阔豁达。如果支持者少，反对者也少，而中立多，应该想办法把中立者中那些可以争取的人争取过来。中立者少了，左右摇摆的人也就少了，即使不能减少反对者，也可以保证反对者队伍得不到补充，从而更好地孤立他们。这就给自己扫清了道路。

咸丰八年（1858），曾国藩复出以后，尽管仍然不去巴结人，却不愿再多得罪人，比起以前更加小心。所以肃顺被清洗抄家时，没有发现他的信，慈禧太后非常高兴，认为他忠心可嘉。

争取多数，孤立少数，盟友增加了，敌人就减少了，这个思想首先体现在他的一篇文章里。

从衡阳出发时，他写了《讨粤匪檄》，把太平军称为"粤匪"，目的是向世人宣告，他的主要敌人是以洪秀全、杨秀清为首的广西老长发，三江两湖的人都是被裹胁的，尽管也在太平军中，却不是他的敌人。曾国藩的谋略企图就是想分裂太平军。不管这个方法有没有效，却表明曾国藩的做事规则，他想争取多数，孤立少数。

因此后面他又说："倘有久陷贼中，自拔来归，杀其头目，以城来降者，本部堂收之帐下，奏授官爵。倘有被胁经年，发长数寸，临阵弃械，徒手归诚者，一概免死，资遣回籍。"他的意思是说，凡是"被裹胁的人"，只要主动投降，我就会论功行赏，或者一概免死，发给路费回家。

话这么说，其实是一种带有欺骗性的政治口号。他亲自招降的很少，而被杀死的降卒却多得难以计数，仅安庆一战就多达万人。韦俊投降清兵，程学启投降李鸿章，陈国瑞投降黄开榜，还有跟陈国瑞打架的那个李世忠，虽然都在清政府一方效力，曾国藩对他们并不怎么喜欢。韦俊是北王韦昌辉的弟弟，对家人受政治迫害一事大为不满，所以找个机会投降了。

在湖南剿匪的时候，他让山里的贫困农民来当兵，跟着他镇压太平天国。这些山民既淳朴，又贫困，活不下去了，不跟他走，就会跟太平军走。把他们招入营中，既能替清朝卖命，镇压太平军，又减少了太平军的候补力量，两个目的都达到了。

对待敌方阵营，曾国藩采用分化、孤立的政策。对待自己一方，曾国藩也采用了类似的政策，团结多数，打击少数，不使自己树敌过多。尽管不完全如此，多数时候还是在那么做，所以得他保举的人要远远多过被他参劾的人。即使陈国瑞，那么不喜欢他，在天津教案中，洋人几次要求判陈国瑞死刑，曾国藩也没有落井下石，乘机弄死他，结果反而是公平论事，没有给他任何惩罚。

在长沙的时候，他参劾了副将德清，尽管出了胸中一口恶气，却惹来被士兵追杀的羞辱，不得不移到衡阳去。靖港之败，湖南巡抚骆秉章跟他只隔一船，都不愿意过来见他，这完全不是官场的做法，可知曾国藩当时是如何窘迫。如果不是湘潭大捷，他的处境会更加糟糕，说不定命都保不住。

尽管如此，他还是得到很多助手。塔齐布是一个旗人，也是湘军第一勇将。他是由曾国藩一手提拔上来的，对曾国藩忠心耿耿。武昌打下来之后，塔齐布做了湖南提督，二品衔，已经比曾国藩的官职高了（曾国藩不过以在籍侍郎身份当团练大臣，实际上没有什么权力），对曾国藩还是当作上级一样来尊敬。他手下的四员大将，塔齐布、罗泽南、彭麟玉、杨载福，都是那个时候到他帐下的。胡林翼也是在那个时候被他推荐给朝廷。

坐困江西那两年，曾国藩除了军事上大不如意之外，在政治上、经济上也被百般刁难。收复武昌之后，因为大臣一句话，咸丰帝让曾国藩当了七天湖北巡抚，就把任命收回去了。既然皇帝对他是这样一个态度，趋炎附势的官吏也会照做，他们做官的能耐远胜过带兵打仗。所以曾国藩苦恼：老子在外边打仗，命都不要了，你们却在北京算计我，什么世道。

更可怕的是一个相国对他的攻击，使他想起东汉一个大臣的悲惨命运。东汉那个大臣叫杨震，是一个著名学者，官至太尉，三公之一，很大的官了，跟今天的国务院总理、人大委员长、政协主席、三军副总司令一个级别，却因为得罪权贵，不仅遭到官场排挤，最后还被迫自杀。曾国藩担心自己也会落得那个下场，可知他的苦闷。

这不是曾国藩自寻烦恼。他只不过是团练大臣，手却伸得很长，不仅越权杀人，把湖南司法机关搁置一旁，还要像国家正规军那样，担负起清澄天下的巨任，难免被地方官吏嘲笑、刁难。愤走衡阳是因为这个，坐困江西也跟此有关。在湖南，他参劾副将德清，在江西，他参劾巡抚陈启迈。这些做法虽然有好处，但也搞得别人不愿意与他共事，担心自己哪里做不好了，就被他参劾。曾国藩这么做，没有起到杀一儆百的效果，反而孤立了自己，多树了敌人。

他这么做，固然是出于公心，在道义上是符合儒家圣人的训导，却又背离了儒家的中庸哲学，达不到理想的做事效果。中庸哲学与法家的最大不同，就是中庸哲学重在追求结果，法家却重视规则。也许更理想的中庸之道就是在结果与规则之间寻求到一个更新更好的平衡点。

尽管在江西遭遇那些苦难，曾国藩是不是就寸步难行呢？不是。因为他还得到很多人的帮助。有一个叫黄赞汤的人，跟曾国藩一样，本是在籍刑部侍郎，江西官场对曾国藩百般刁难，动不动就以军饷要挟，他却为曾国藩劝捐筹饷，多到八九十万两，不亚于雪中送炭。还有一些士绅都给了曾国藩帮助。这些人可谓患难之交，可惜都不是当权者。

对于那些政治上没有出路的知识分子，一般称为士绅阶级，他们有文化、有见识、有理想，如果不被曾国藩使用，就可能成为他的敌人。所谓"临国有圣人，敌国之忧也"，曾国藩懂得这个道理，所以他积极团结这些士人。容闳是中国第一位留学生，他先去了洪秀全那里，不被看重，才跑到曾国藩这边来。结果呢，曾国藩就成了洋务运动的先驱和领袖。据说左宗棠也是先去拜见了洪秀全的，没有被重用罢了。如果洪秀全也记得"临国有圣人，敌国之忧也"，把左宗棠留用；即使留不住，也把他软禁起来，甚至杀掉，至少为自己减少了一个凶恶对手。

他在《讨粤匪檄》中号召那些"血性男子""抱道君子""仗义仁人"都到他帐下来，实际上也达到争取多数、孤立少数的目的。在后来的军事生涯中，也多次请求朝廷给那些满门忠烈的士绅树立忠烈牌坊。

在朝廷上，他是否刻意巴结过谁，现在没有证据，但做官出奇顺利，而几次遇险，都有人帮他说话，可见他得到的帮助还是非常多。

曾国藩做官，一般论他"十岁七迁"，其实说"五年十级"更难得。

27岁考中进士，入翰林院。29岁授从七品衔。从1843年起，年年升迁，到1847年，官至内阁学士兼礼部侍郎，正二品，那时才37岁。

29岁从七品，然后一直没有动。而32岁到37岁五年间，一直升至二品，连续越过十级。仅凭这一点，他也可以笑傲官场。一个从湖南来的乡巴佬，没有任何背景，完全靠个人奋斗，即使巴结上了权贵，这样的升迁速度也让人羡慕。

究其原因，朱东安先生说道："一是靠个人干练，在士林中有一定声望；二是得到穆彰阿的垂青，受其举荐。"

穆彰阿是道光皇帝最宠信的大臣，执掌军机大臣二十年，类似乾隆身边的权臣和珅。鸦片战争期间，什么丧权辱国啊，排斥、打击、贬谪林则徐啊，都是穆彰阿跟道光皇帝一起干的。穆彰阿的门徒多，一时号称穆党。老皇帝一死，穆彰阿就被新皇帝收拾了。

曾国藩考进士，正总裁就是穆彰阿，他就成了穆彰阿的学生。曾国藩32岁那年，翰林院举行大考，总考官又是穆彰阿。从那之后，曾国藩年年升迁，只五年时间，就爬到正二品高官。因此曾国藩也属穆党。

旧历道光二十三年（1843）三月初六日，大概午后两点，曾国藩得到通知，说是本月初十大考，在圆明园正大光明殿举行，甚觉惊惶。好久没有做赋了，眼睛也有点蒙蒙看不清，怕进了考场答不完卷。即使那样，当天还是出门拜会了两位朋友，晚上十点才回来，开始试笔。

初七日早晨去琉璃厂买笔墨纸砚，考试要用。买完了回家吃早饭，才上午九点多一点。吃完饭，约了一个朋友，结伴去圆明园。中午十二点到了那里，住旁边的大树庵。

初八日写了两篇文章,《班超通西域论》《与人不求备论》。责备自己平时不用功,临渴而掘井。

初九日,又拜访两个朋友,大概都是来参加考试的,看他们文章写得气势流利,他很羡慕。

初十日,凌晨三点半起来。七点刚过,到贤良门外听点名,然后进入正大光明殿。考试从八点开始,一共考三项,一篇赋、一篇文论、一首诗。中午一点过,他构思成熟,两点开始动笔,六点交卷,只补了一个字,似乎比较满意。出场之后,与朋友对答案,发现犯了一个大错,后悔不迭,恼恨自己粗心。监考老师似乎非常严格,若是发现作弊,将被送刑部治罪,那就惨了。

十一日回家。因为考试的错误,他患得患失,心中惶惑,跟老婆对坐无语,当晚还睡不着觉。说自己平日达人知命,遇到事情就这个样子,真是可羞。

十二日外出会客,仍然唉声叹气。而且四处打探消息,行坐不安,称自己"丑极"。

十三日上午八点得到考试结果,他考了二等第一。一百二十四人参加考试,一等五人,二等五十五人,三等五十七人,四等七人。大概非常高兴,他理了头发,然后又去圆明园,仍住大树庵。

十四日早晨六点去排班,知道自己升为正七品。回家之后,来跟他道喜的人很多,还得一一回访。回访这一天,他早晨七点出门,傍晚六点才回来,走了五六十家,累得要死。

按照曾国藩的说法,就在圆明园升官的那天,也就是十四日,穆彰阿当面要他的考试文章,他却迟至廿八日上午才誊写一遍,亲自送到穆彰阿府上。晚了两周才送去,不知何故。

从此之后,曾国藩连连升迁,到37岁时,已经是二品高官了。兵、刑、工、礼、户、吏六部,他在五部做过侍郎。六部主官为尚书,官秩从一品,侍郎只比尚书低一级,正二品,是尚书的第一副手。

做官如此成功,曾国藩当然无限满意:"湖南人37岁官至二品的,本朝尚无一人。"也就在那一年,他成为湖南籍京官的首席代表,领衔奏事。而在29至33岁的五年间,虽然为京官,却是虚职,清汤寡水,常常要靠借债度日。32岁的一封家书写道:"我在北京该账四百金,如果还得不到差使,日子就一天比一天紧了。"据他说,还有几个京官跟他一样困窘，都在靠借债度日。所以他想得到一个差使，就有办法弄钱，千里做官只为财嘛。难怪那时他做诗说："横天如此寒。"

曾国藩升迁之快，历来都不多见。其关键要素，一般人都认为是穆彰阿大力提携的缘故。他是汉人，又在和平时期，如果没有权贵提携，无论如何也难以在五年当中越过十级。关于两人关系的资料却非常少，大概跟穆彰阿被咸丰帝收拾有关。

曾国藩是不是过于巴结穆彰阿呢？没有资料证实。穆彰阿是总考官，又跟他当面要考试文章，肯定是赏识他的。穆彰阿有没有要别人的文章呢，或者说要文章是不是一种惯例呢？不得而知。总之，日记看不到曾国藩巴结穆彰阿的痕迹，别的资料也看不到。惟独清朝的一点野史讲了一个故事，后来被广泛流传。

野史说，某一天，曾国藩得到谕旨，要他明天进宫，等候皇帝召见。当晚他便住到穆彰阿府上。为什么要住穆府，野史没有说。

第二天，他进了皇宫，发现不是往日召见大臣的地方，就在那里候着，白白等了半天，也不见动静，只好退回穆府，打算明天再去。

晚上，穆彰阿问他："你去的那个地方，墙上有几幅字，你看到没有？"

曾国藩茫然不知所问。

穆彰阿叹口气说："可惜。可惜。"

踌躇良久，叫来一个下人，是那种办事很得力的，跟他说："你马上取四百两银子，去找某某内监，就跟他说，某处墙上有几幅字，要他原样不动，赶紧抄出来，银子不过是一点辛苦费。"

第二天，曾国藩再进宫去，皇上问他一些问题，竟然都是墙上挂的那些祖上圣训。曾国藩从容做答，皇上听了，非常满意。

事后，皇上跟穆彰阿说："你说曾国藩这个人细心，果然不错，我喜欢。"

从此，曾国藩官运亨通，畅如流水。

以曾国藩的一贯性格看，他不是一个喜欢巴结钻营的人。比如在湖南为团练期间，他跟当地官员关系紧张，一者可能是他自高身份，不屑与之并列；二者也是因为他不善于巴结逢迎。即使咸丰七年（1857）在家深刻反省，有了一些转变，能够与人融洽相处，性格也不可能做彻底转变，不过是更加谨慎而已。更主要的还是因为他的地位越来越高，权势越来越重，地方上没有谁敢跟他叫板。

如此看来，他也难以对穆彰阿一味巴结逢迎。从穆彰阿一方来看，如果曾国藩没有什么过人之处，他也不会大力提携。究其原因，大概首先是曾国藩自己确有不同凡响之处，才得到穆彰阿的赏识；其次，他对穆彰阿也尊敬有加，即使不巴结逢迎，也一定在某些方面有他的特别表现。曾国藩应该是有过人之资的，否则凭什么去镇压太平天国？

曾国藩对穆家也一直比较照顾。曾国藩进京朝见慈禧太后时，专程去拜访过穆宅。办理天津教案时，担心自己再无机会进京，还专门写信给儿子，要他亲自去穆宅，跟穆彰阿的儿子致意。

他那封批评咸丰帝的奏章，咸丰帝看了，勃然大怒，要治曾国藩的罪，好多大臣都为他担忧。

曾国藩逃过此劫，原因何在？无非是有人说情。说情的两个人，一是皇帝的老师，他叫祁隽藻，跟穆彰阿政见不和，官至大学士，正一品，曾国藩还写过260个一寸见方的大字送给他；另一个人叫季芝昌，官至闽浙总督，从一品，是曾国藩中进士的主考官，跟曾国藩是师生关系。

肃顺对曾国藩的推荐，更能表现他这个人的特点。

咸丰十年五月，曾国藩得到两江总督的位子，终于有了地方实权。不过这个职位不是他自己争取来的，而是因为肃顺的大力推荐。

肃顺是咸丰帝的军机大臣、协办大学士、户部尚书。因为他敢任事、敢担当，所以咸丰帝很信任他。他欣赏有才华的人，没有民族偏见，对曾国藩、胡林翼、左宗棠等尤其赞赏，认为曾国藩有识量，胡林翼有才略，很想重用他们。

两江总督本来是何桂清，因为浙江、苏、常被李秀成踏平，他被革职拿问，朝廷就需要一名新总督。咸丰帝首先想到了胡林翼，肃顺却认为："胡林翼在湖北跟官文处得很好，所以湖北非常稳定，最好不要挪动，不如让给曾国藩，这样长江上下游都有人了。"

咸丰帝觉得有理，曾国藩才有了出头之日。

这里不能不提一件事情。肃顺肯帮曾国藩说好话，是因为曾国藩跟他有私交吗？不是。从现有资料来看，曾国藩显然不属于肃党。咸丰九年（1859）他跟胡林翼写信说："近来科场一案株连太广，对洋人又太柔，都不让人满意，常想陈述一下我个人的意见。但这几年我自己也没什么成就，干脆就沉默不语吧。"从这里似乎可以看到，肃顺的对内对外政策，曾国藩并不怎么赞同。奇怪的是，他处理天津教案的时候，不是同样"对洋人又太柔吗"？也许这就是所提倡的"入局"精神。

李鸿章游历欧洲的时候，遇到德国首相俾斯麦，跟他请教治国方法。俾斯麦沉默良久，说："你在女人手下做事，还能怎么样呢？"在曾国藩那个时代，他一个大男人，连跟咸丰帝写奏章都从不说"奴才"，只称"臣国藩……"，又如何会主动自愿地匍匐在女人脚下。

后来肃顺还是被慈禧太后杀了。从他家里搜出一箱信，都是大臣与肃顺的私人信函，却不见曾国藩一个字。慈禧太后叹息说："曾国藩是一个好人啊。"她信任曾国藩，把四个省的军政大权交给他，大概与此有关系。

曾国藩没有站在肃顺一边，除了政治利害之外，还因为他的小心谨慎。他知道自己位高权重，为保身家性命，不再与朝中大臣私人往来，免得落一个"权臣窃朝纲"的悲惨下场。

他没有主动靠拢、巴结肃顺，肃顺却肯支持他重用他，只有一个解释，曾国藩自己有本事。肃顺确实爱才，也为咸丰帝做了不少事情。如果曾国藩自己没有本事，且不说肃顺要不要帮他，即使帮他，顶多能够当一个大官，却无法成就大事。难怪毛泽东说："一句话，必须自己有力量。""打不赢，不怪天，不怪地，只怪自己打不赢。"

简单的折中主义和自以为清白的中立立场，并不能切实保证你成功，而必须以个人秉持与睿智的分辨力为依托。个人有所秉持，可以使自己保持冷静，睿智的分辨力可以知道什么该做什么不该做。

胡雪岩：

一人做不尽天下事

经商者生意做大了，事情也就繁杂琐碎，然而一个人精力到底有限。经手的事情太多，表面上看来似乎没有什么疏漏，但由于精力有限，也许失察疏漏的地方在不知不觉中已经留下很多。管理者不可能事无巨细皆问之，这就有一个如何用人，如何分工合作的问题。

生意场面太大，一定会有很多事情顾不过来，那就难免发生疏漏。这些疏漏的地方，在特定的时候就可能产生不良的后果，而且，由于生意运作常常是环环相扣，相互牵连的，有一些因失察留下的疏漏所产生的后果，常常是关键性的，并不只是影响某一桩或某一个行当生意的成败，它可能使辛辛苦苦建立起来的大厦整个儿彻底坍塌。

所以，相互帮衬、相互合作是非常重要的。合作是多方面的，既需要内部人员的合作，也需要朋友同行的合作，这是一个诀窍，也是现代商战中重要的经营策略。

在现代社会，劳动的高度分工导致工作的职能化、专业化、部门化，这本身也就意味着分权。有明确、良好的分工，才能使其中的每一个部门、每一个人都各在其位，各尽其能，各司其职，为自己的行为负责，避免互相推诿，从而提高工作效率。同时，作为商海中并肩作战的一个团体，还必须团结一致，同舟共济，遵循共同的指导原则，向统一的指挥棒看齐，才能行动一致，取得成功。这就要求企业制定合理规范的章程并严格执行，进行严格有效的财务和制度管理，明确各部门的职责和权力，树立协调部门或协调者的权威，进行民主但不失权威的团队管理。

根据自己企业的规模、行业性质等具体情况，选择适度的分权组合模式，用人不疑，分工放权，将有利于掌握组织资源，调动下级的能力和创造性，并大大促进组织的整体战斗力。

胡雪岩生意众多，钱庄、丝行、当铺、药房他无所不营，这么大的摊子只靠他一人是万万不行的，因为一个人的能力是有限的，所以胡雪岩的身边总是会有众多的帮手，没有这些人也许就不会有胡雪岩的发达。

胡雪岩的高明之处就在于他每次创立一项新的生意后，从来不亲自去经营，而是选择有能力的人来经营，自己则抽身出去做其他事，这可能是他能不断开拓出新的生意的原因吧。

用人不疑，分工放权，是胡雪岩贯彻一生的用人准则。一般来说，除非是关系到生意命运的大事，在一些具体的日常事务上，胡雪岩总是放手让自己的下属去做，决不随意干涉，这大大增加了下属的工作信心和积极性。

胡雪岩聘用刘庆生做阜康钱庄的主事，当认定刘庆生可以料理生意事务之后，就完完全全将事务交由他处理，只订出几条大原则。

刘庆生上任首先要做的，就是筹备钱庄事宜，这其中一件重要的事情，就是招聘钱庄伙计。招聘伙计是件大事,当然要请示胡雪岩,但胡雪岩并没有给他任何人选,只给他一个原则——诚实可靠。对于具体的操作,他没有任何指示,因为在他看来,既然已经将钱庄的生意交给刘庆生管理,就没有必要再去干涉钱庄的一些具体事务,应当尽量让他放手去做。果然,刘庆生很出色地完成了这件事。

钱庄开业不久,就碰到一件事,朝廷向杭州各钱庄派发了20多万两的"官票"。这官票类似于现代社会的政府债券,它是当时清政府为缓解财政支出的紧张状况而发行的纸钞,说到底就是朝廷的"借据"。当时政局混乱,购买官票可以说危险很大,极有可能"肉包子打狗,有去无回",购买任务一下来,各钱庄都叫苦不堪。刘庆生此前和胡雪岩谈过此事,胡雪岩的态度是,只要是对朝廷有利的事,即便赔一些本也要做,因为"国泰则民安,民安则市盛",国家如果衰败了,做生意也不会有什么发展。有了这一个宗旨,刘庆生就放开手脚了。

杭州各大钱庄聚在一起商谈此事,大家都不同意以朝廷的名义认购官票,一时之间怨声四起,然而刘庆生却没有跟着起哄,他主动为阜康钱庄认购了三万两的官票。这一决定是经过他的深思熟虑而做出的,钱庄刚开业,当务之急是扩大影响,使阜康这块招牌很快为人所知。

果然,刘庆生的这一举动使阜康这个名字在官场和同行之中一炮打响,官府还为此下了一张嘉奖令,贴在杭州城墙上,如此一来,阜康的名字很快在老百姓中也打响了,存款开始显著增加,阜康钱庄也慢慢度过了刚开业无款可贷的窘境。

胡雪岩得知此事也极为高兴。这就是他分工放权的结果。作为胡氏生意的总领导,胡雪岩负责总体决策和协调,具体项目则交给他选任的下属来负责,这样生意就能运转迅速、顺当,大大提高了效率。

现代经营管理的一大误区就是不能正确处理"管"与"放"的关系。许多老板常常什么都不放心、什么都管,千头万绪,难以理清,既辛苦又收不到良好效果,自讨苦吃。

因此,管理者应适当地分工,选择优秀的人才,给以与其能力相匹配的职位与工作,充分地信任,放心地授权,使他们独当一面,充分发挥自己的能力。管理者从大局上把握,而对生意中具体的各个环节、各个细节,不再进行不必要的干预。

充分授权,鼓励下属大胆决策,也是招揽人才的一个法宝,因为只有充分的权力才能使一个人担负起相应的责任,而且它代表信任,没有人会愿意为一个对自己充满猜忌的老板工作。更重要的是，人都需要有成就感，即使雇员也不例外，而且越有能力的人，越希望能尽量发挥自己的才干，如果只靠利益驱动，而不是充分授权，使他的才干得到充分发挥，这样的人是留不住的。

除此之外，想做大，一定要有懂得"相互帮衬、相互合作"的经商之道。胡雪岩口头上常常挂着的一句话就是："花花轿儿人抬人"。这是一句杭州俗语，指的是人与人之间离不开相互维护、相互帮衬。人抬人，人帮人，要办的事才会顺利，事业才会发达。

复杂的人际关系有时是个包袱，不过用得巧妙，也可以成为一块成功之路的叩门砖。想成就一项事业，少不得要借助众人拾柴之势。"相互帮衬"正是一个帮人帮己的诀窍。

当年，胡雪岩帮助王有龄做了湖州知府，在开办钱庄之初，他就想到让自己的钱庄代为打理府库的银两。但是，这并不是那么容易的。旧时的州县衙门，都有钱谷师爷和刑名师爷。师爷，在名义上虽然只是州县的幕友，但由于他们精通律例规制，所管的事务又很专业，所以，州县的司法、财政的具体办理许多时候就掌握在师爷手中，有的甚至可以对州县老爷置之不理。而且这些人都师承有自，见多识广，常常是州县官们也不敢轻易得罪的角色。胡雪岩要代理湖州府库，就不能不笼络钱谷师爷。

在笼络师爷的过程中，胡雪岩和王有龄就演了一出"花花轿儿人抬人"的绝好的双簧。王有龄署理湖州正是端午期间，这个时间给胡雪岩提供了一个机会。他先打听到了刑名、钱谷两位师爷的家眷所在，派人以王有龄的名义，给他们送去节下正需要的钱粮。

这两位师爷自然要感激王有龄的好意，但等到他们拜谢王有龄时，王有龄却说这原是胡雪岩的心意。这样一来，师爷不仅领了胡雪岩的情，自然也就知道了大人的意思。事做了一件，交情却落了两处。一帮一衬，言辞之间使得极巧。

当胡雪岩找到湖州钱谷师爷杨用之，提出要以自己的阜康钱庄代理湖州府库和乌程县库时，杨用之不仅毫不为难的满口答应，甚至连承揽代理公库的"禀帖"都为他预先准备妥当，还为他引见了另一个关键人物，湖州征纳钱粮绝对少不了的，因此也绝对不能得罪的"户书"郁四。而郁四后来实际上也成了胡雪岩生意上的牢固伙伴和得力帮手。

事实上，这出双簧也并不是胡雪岩和王有龄事先商量好要这样演的，而他们却不约而同地如此做了，可见胡雪岩、王有龄两人都深谙这"花花轿儿人抬人"和相互帮衬之道。

相互帮衬往往不在于你帮的心是巨是细，出的力是大是小，有时候甚至也不过是些惠而不费的小节，比如王有龄、胡雪岩演的那出双簧，也不过就是一句话的事情。然而知道这其中的道理，心思用得巧，往往能够事半功倍。

"曾胡"官商启示录：

团结，不是一个空洞的字眼；合作，也并非说说而已。团结与合作，这是一种精神的体现，这种精神，就是我们现在常常提到的"团队精神"。

团队合作是一种为达到既定目标所显现出来的自愿合作和协同努力的精神。它可以调动团队成员的所有资源和才智，并且会自动地驱除所有不和谐和不公正现象，同时会给予那些诚心、大公无私的奉献者适当的回报。在团队中，每个个体都是为了整个团队的共同利益而努力，而共同利益的实现也会在某种程度上最大限度地导致个体利益的达成。如果团队合作是出于自觉自愿，每个个体的目标明确而且大方向上统一，它必将会产生一股强大而且持久的力量。

营造一只精诚团结的团队需要什么呢？他需要四大基础：建立相互信任的团队体系；允许良性的、建设性的冲突；整个团队坚定不移地行动；为了达成共同目标每个个体无怨无悔。要想团队运转良好，这四个基础缺一不可。

想作为一个成功的团队领导者，不是一件容易的事。既需要你身先士卒，又需要你激发团队成员发挥各自最大的能量；既需要你确立团队发展的大方向、大目标，又需要你鼓动团队成员群策群力；既需要你在团队成员心中树立集体利益至高无上的核心理念，又需要你在分配利益到个人时最大限度上保持公正和公平。

作为一个成功团队的一份子，也不是一件容易的事情。既要将团队利益放在首位，又要为了实现个人利益而努力奋斗；既要为了团队良性运转认同他人的观点和工作，又要为了自身的发展尽力地展现自我。

所以说，无论作为团队的领导还是团队成员，想要做成功，都是一门艺术。如果团队良好运转，就会产生1加1大于2的效果；而如果团队内部分崩离析，貌合神离，各自为战，则会导致1加1小于2的后果，那必将是一场噩梦。

第十二章　小物 VS 勤俭

曾胡官商启示录

曾国藩 ZENG GUO FAN

曾国藩：

天下大事，必做于细

曾国藩位至公卿，日常小事当然无须自己动手。在北京做官时，尽管开始是从七品，相当于今天的副处长，他家也至少有一男一女两个下人。琐事安排下人去做，养成了习惯。小事不去做，这固然可以节省时间、精力，也会养成懒惰的毛病。领导要规划全局，也要抓小事，否则散漫风气传开，上行下效，就不知如何收场。太平天国后期，诸王将官众多，作战的士兵反而少了，给战争胜负带来一些影响，不可不谨慎。

曾国藩在《小物》一篇论文中讲道：

古之成大业者，多自克勤小物而来。百尺之楼，基于平地。千丈之帛，一尺一寸之所积也。万石之钟，一铢一两之所累也。文王之圣，而自朝至于日中昃，不遑暇食。周公仰而思之，夜以继日，幸而得之，坐以待旦。仲山甫夙夜匪懈，其勤若此，则无小无大，何事之敢慢哉？诸葛忠武为相，自杖罪以上，皆亲自临决。杜慧度为政，纤密一如治家。陶侃综理密微，岁竹头木屑皆储为有用之物。朱子谓为学须铢积寸累，为政者亦未有不由铢积寸累而克底于成者也。

秦始皇衡石量书，魏明帝自案行尚书事，隋文帝卫士传餐，皆为后世所讥，以为天子不当亲理细事。余谓天子或可不亲细事，若为大臣者，则断不可不亲。陈平之问钱谷不知，问刑狱不知，未可以为人臣之法也。凡程功立事，必以目所共见者为效。苟有车必见其轼，苟衣必见其蔽。苟为博物君子，必见其著述满家，抄撮累箧。苟为躬行君子，必见其容色之睟盎，徒党之感慕。苟善治民，必见其所居民悦，所去见思。苟善治军，必见其有战则胜，有攻则取。若不以目所共见为效，而但凭心所悬揣者为高，则将以虚薄为辩而贱民检，以望空为贤而笑勤恪。何晏、邓扬之徒，流风相扇，高心而空腹，尊己而傲物，大事细事皆堕坏于冥昧之中，亲者贤者皆见拒于千里之外，以此而冀大业之成，不亦悖哉？孔子许仲弓南面之才，而雍以居敬为行简之本，盖必能敬乃无废事也。

我宣宗成皇帝临御三十年，勤政法祖，每日寅正而兴，省览章奏，卯正而毕，事无滞留。道光二十九年，圣躬不豫，自夏徂冬，犹力疾治事，不趋简便。三十年正月十四日，始命皇四子代阅章奏，召见大臣，即今皇上也。对事甫毕而宣宗龙驭上宾，盖以七十天子笃病半载，其不躬亲庶政者仅弥留之顷耳，为人臣者其敢自暇自逸，以不亲细事自诿乎？

最可取的，就是第一句话："古之成大业者，多自克勤小物而来。"事无巨细，都来过问，都来亲理，显然有不是当领导的职责。何况曾国藩在批评咸丰帝的时候，还特意指出他的一个毛病，谨于小，而忽于大。哪些小事该抓，哪些小事不管呢？抓带趋向性的小事，抓意义重大的小事。诸葛亮凡二十杖以上的惩罚，都要亲自审查，有人批评他这种做法。不过，正是因为他能亲理细事，蜀国在刘禅昏钝、人才凋敝的情况，仍然可以支撑那么些年。

曾国藩认为，皇帝可以不亲小事，大臣却必须勤谨小事。秦始皇每天要读的文书重达一百二十斤，常常是两个人抬进去，等他看完了，再抬出来。那时文书报告都写在竹简上，所以很重，也很多。魏明帝，也就是曹操的孙子，亲自兼任尚书令，工作也琐碎而辛苦。这些是皇帝亲理小事的例子，却遭到一些人的批评，说皇帝不应该在小事上浪费那么多精力，交给大臣去办就是了。

曾国藩提到的陈平的故事，原委是这样的。

刘邦死了，吕后专权，想把天下改姓吕。十余年后，吕后也死了，陈平、周勃等元老大臣联合起来，一举消灭了吕氏乱党，重新恢复刘姓天子。周勃功劳最大，所以做了右丞相，陈平其次，为左丞相。

有一天，皇帝问周勃，天下钱粮多少，周勃一无所知；再问天下刑狱多少，还是一无所知。皇帝叹了一口气，又问陈平。陈平说，钱粮多少，可以问管钱粮的官吏，刑狱多少，可以问管刑狱的官吏。皇帝听了，很有些意外，就问："那你是做什么的呢？"陈平说："我身为丞相，上辅佐天子，下领导百官。"

周勃就在私下里责备陈平："原来你早就知道，怎么不教我？"陈平反讥道："你是右丞相，还需要教吗？"没过多久，周勃就辞去职务，陈平升做右丞相。

曾国藩觉得，陈平的回答固然巧妙，也是实情，但不足以为群臣的表率。大臣还是要勤于政事才对。跟着就援引曹魏的人物为例："何晏、邓扬之徒，流风相扇，高心而空腹，尊己而傲物，大事细事皆堕坏于冥昧之中，亲者贤者皆见拒于千里之外，以此而冀大业之成，不亦悖哉？"

抓大放小，这句话本没有错，问题在于，哪些是大事，哪些是小事，做大臣的必须有一个准确判断。身居高位，常常了解不到真实民情，不知道人间疾苦。由于他们多年前也在一线待过，如果还用那时的经验来看待今天，就要犯经验主义的错误。所以越在高位，越应该重视情报的真实性，越要经常到一线去走走，了解情况。即使这样，也有一个大事小事的问题。事无巨细，一一过问，固然不对，只抓大事，不管小事，也不大对。领导要重视那些意义重大、带趋向性的小事。

曾国藩重视哪些小事呢？

枪子、炮子如何造法，开始他也不懂，就让铁匠用生铁铸造，铁渣滓没有完全融干净，经炸药一催送，就全部散开了，而且蜂眼很多，响声大，却射不远。

经过一段时间摸索，后来就用熟铁打造。具体做法是，先把铁炼成直条，每条烧红，前端截下半寸，打成圆粒，再把前端烧红，又截断打成颗，每颗有葡萄大小。

坐困江西的时候，他跟属下商量，仍然用这个办法打造枪子炮子。属下嫌效率低，就做了一个铁模子，把铁条截断，放进模子里，宛转锤炼之后，颗颗圆滑，非常可爱，射程也增加了，可以射到五百米之外。

湖南、湖北、江西，也就是他的三个根据地，都用那个办法打造。每发炮弹含铁粒百余颗，大炮弹甚至含铁粒三四百颗，喷薄而出，如珠如雨，避不胜避，杀伤半径大。

曾国藩说，不仁之器，没有什么能超过它了。尽管洪、杨之乱已经结束，但海防、边疆还没安定，打造枪子、炮子的方法，必须继续研究。

建立水师，他想尽各种办法来抵御炮子。开始学习戚继光的做法，用盾牌，外面用牛皮蒙着，涂上生漆，里面用棉花、头发搓成小团装填，枪炮无坚不摧，结果一点不管用。

又用渔网数层，张挂在船上，炮子一穿即过。用棉絮湿了水张挂，炮子也是一穿即过。用生牛皮张挂，也不管用。再用数层盾牌，外面编竹鳞，加上牛皮，再加湿水棉絮，再加头发，合成盾牌，还是不行。

杨载福干脆什么都不要了，以血肉之躯，直立船头，无论枪子炮子如何呼啸，都听之任之，决不躲避。部下也跟着他学，湘军水师就成了真正的亡命之徒，全无畏惧。

他是文人带兵，写诗歌为家常便饭，不算什么，所以《保守平安歌》、《水师得胜歌》、《陆军得胜歌》、《爱民歌》、《解散歌》都是表现他重视细节的好材料。不过某些细节，却可以看到他的心思，"三军个个仔细听，莫走人家取门板，莫借民间锅和碗"，跟后来的什么东西依稀相似；"脚上草鞋紧紧穿""莫穿红绿惹人笑"这样的话也写了出来。

再看他亲定的营规，前后共五十条，墙筑多高多宽，壕挖多深多长，门怎么开，都有明确的数字规定。还规定了挑土必须用四方布袋，装枪子火药必须用生漆皮桶。

还规定营外挖茅厕，每百人一个；三箭之外拉一道绳子，闲杂人等，概不准靠近。行军途中，任何人不得进店吃饭。

马队后来才建，也规定了详细的二十条，口粮、人员分配都有详细说明。

这些规章制度烦琐、细碎，他有很多幕僚，似乎可以让他们拟初稿，自己来修改。不过还是自己写比较完满，不会漏掉重要细节，也不会添油加醋，规定一些华而不实的东西。比如扎营，忌低洼潮湿，忌坦地平原，四面受敌，忌斜坡，泡子易入。没有丰富的实战经验，难以想到这么全面。

咸丰十年（1860）六月，肃顺推荐他做了两江总督，这对他的军事生涯，以及镇压太平天国，都意义重大。但是，他没有给肃顺写过一封私人信。而穆彰阿对他的提携，他却感激在心。同治八年（1869），他去北京任直隶总督，腊月廿八日，特意去穆彰阿旧宅，见到了他的两个兄弟，对今昔盛衰变化，感叹了一番。肃顺家人却只字未提。这是形势变化，有所分辨、有所选择的结果。

而且，他还去了塔齐布家里。塔齐布是他的第一悍将，对他曾国藩也是一片血诚，可惜死得太早。他一去，塔齐布家人直接引他到上房，具酒席招待。塔齐布的母亲80岁了，说起塔齐布，两人相对涕泣。她三个儿子，一个死于咸丰四年，塔齐布死于咸丰五年，后一个死于四个月之前。三兄弟都没有儿子，只有闺女。塔齐布的妹子和女儿都出来拜见，求曾国藩提携提携她们的女婿。曾国藩在日记中写道："亲房无可继承之人，实为可惨。"那时塔齐布死了有十四年半了。

这些都属于做人的细节。

曾国藩第一次接触陈国瑞是在同治二年，他正跟着僧格林沁打捻军，也是湘军围攻南京最吃紧的阶段。当时曾国藩52岁，陈国瑞26岁，已升总兵官，正二品，似乎年轻有为。

同治二年末，陈国瑞、李世忠发生械斗，曾国藩奉命调查。因为不归自己管，所以他跟朝廷报告说："谨把我所知道的奏报朝廷，其详细情形，僧格林沁自会查明处理。"大概从那时起，他了解到陈国瑞的一些品行。

两个月之后，朝廷来函征询意见："陈国瑞勇敢素著，能否独当一面？着曾国藩察看，迅速回报。"

曾国藩回奏说，陈国瑞骁勇善战，罕有伦比，惟年仅二十余岁，桀骜之气未化，在驻地辱骂官差，骚扰百姓，又与李世忠相仇，断难独当一面，还是归僧格林沁管带比较好，可以煞其猛鸷之气，而不宜统管扬州军政；李世忠官至提督（从一品），断无变志，而部下素无纪律，难保不节外生枝，最好让陈国瑞与他分开驻扎，越远越好，不再相互争斗。

这就是曾国藩。前面跟朝廷回奏时，只报告情况，不做结论，免得引起误会，因为有僧格林沁在那里。当朝廷来函询问人事安排，他就摆出结论，说明理由，还提供详尽的解决方案。从这里可以看到曾国藩用人、做官的手法，谨守臣子的本分。仍然坚持德重于才。

南京城陷落之后，陈国瑞带兵追剿太平军残部，有人说他叛变了。曾国藩给好几个朋友写信，都提到这件事，却多少有点怀疑："陈国瑞之叛迹，有可指否？"

后来证明是别人诬告，曾国藩很高兴，写信说："陈国瑞向来打仗勇敢，本属有用之才，……良用欣慰。"

同治四年，曾国藩北上剿捻，陈国瑞归他统带。曾国藩说："此后倘能接晤，自当推诚相待。"

这表明曾国藩的用人原则有些变化，以前德重于才，现在有一长处，就可以用。"欣慰"二字表现了他的爱才之心，"推诚相待"表明他以诚待人。难怪说他有才癖。

同治四年五月，陈国瑞与刘铭传打了起来。曾国藩就写了"人才"下章提到的那封长批，列举他十大劣迹，既在教导他，期望着能玉成一名将，也想试探他，好决定去留。

还报告朝廷说："我给陈国瑞写了一封长批，优点缺点都讲了，希望他痛改前非，戒恶扬善，与之约法三章，现在等他回信。如果他愿意遵从，就让他另募一军，随我出征。如果他不愿意遵从，到时再据实参奏。"

同时奏请朝廷，调陈国瑞驻防河南，与刘铭传分开，免得凑在一起，又起事端。

为谨慎起见，曾国藩又跟朋友说，陈国瑞劣迹写满一纸，恐怕其中有传闻不实之处，能不能帮忙一一批出，好得到详细情况。这就是曾国藩的精细处。

陈国瑞很快回信了，态度很谦恭，承认自己吃鸦片，却把其余劣迹全部否认。曾国藩很失望，认为他没有诚意，藏着机心，不可依恃，遂决定惩戒他，奏报朝廷，撤去他的帮办军务一职，革去黄马褂，戴罪立功。

曾国藩发给朝廷的是一封密奏："虽然劣迹多端，但骁勇善战，将才难得，臣不肯轻弃。所以只拿他不能救护僧格林沁一事参劾，别的诸般恶迹暂且不提。河南缺乏良将，给他留一个面子，冀收鹰犬之用。"

曾国藩看中他的才干，不肯轻易丢弃，所以想通过惩戒，逼他反省。由于爱才成癖，对"玉成一名将"，仍然抱着若干希望，所以又跟朋友说："如果他真能反省，我仍会推诚相待。"

两个月之后，陈国瑞去拜见曾国藩，谈了三次话。察看神情，似乎不是那种不肯接受教训的人。曾国藩觉得，此人绝顶聪明，如果恳切教导，还是有转圜机会，惟嫌僧格林沁折磨狠了点，减了锐气，恐怕不如昔日勇悍。

当陈国瑞抱假养病时，曾国藩又希望他能趁势戒掉鸦片，则磨炼培养，将来终可成一名将。

还从捻军俘虏那里打听到，捻军对陈国瑞颇有畏惧，因为他极善夜间劫营，且打仗持久，又不怕死，不肯收队，湘淮各军虽然枪炮厉害，但不能持久，收队也太快。这加重了曾国藩的爱才之心。

不过，当曾国藩从剿捻前线退下来，回任两江总督，经过一番犹豫，终于决定不用陈国瑞了。回到南京，他的工作是筹集粮饷，协助李鸿章镇压捻军。开始他还想把陈国瑞招过来，再练成一军。六天之后，终于下定决心："前函拟招陈国瑞来此，日内反复筹思，决计不用矣。"他爱才，爱的是陈国瑞能打仗；现在不领兵了，当然就用不着了。

曾国藩爱其才，怜其人，所以劝其德，戒其恶，却没有效果，最终只好弃置不用。不过，他对陈国瑞先扬后抑，一向骄横的陈国瑞就服服帖帖了，其他将领也就不敢跟他叫板。这就是曾国藩的做官手段。

胡雪岩：

勤以立业，俭以持家

常言道："富不过三代。"其中的原因之一，恐怕就是有钱人的儿孙不懂得"节俭"二字，挥金如土，过着奢靡的生活，且不会营运资产，不会把金钱用于经商以获得更多财富，如此则再大的家业也会败尽。

节俭是成功创业者必不可少的一种品质。钱财来自艰辛的经营，来自经商者不懈的努力，就如原典所说的，"皆由惊恐辛苦而来"，成就一番大业者尤其懂得钱财的来之不易，因而更应注重保持节俭的作风。

节俭不仅能保持财富，而且能增加财富。除了生活上的节俭以外，本篇所谈的"节俭"，另一个更重要的含义是：经商之人要懂得节约成本之道，且把手中的钱更多地运用到经商之中，精打细算，合理分配，以增加企业的利润。

一个企业的产品要有竞争力，除了质量上乘之外，还得价格便宜，即"物美价廉"。企业的产品降低了成本，才能以低于同类产品的价格出售，在征服消费者的同时，保证企业利润不减。从这个意义上说，成本是现代企业的核心竞争力之一，只有以最低的成本生产出质量最好的产品或服务，企业才会在竞争中取得最终的胜利。

利润是从成本中来的，在其他条件不变的情况下，总的利润与投入的总成本成正比。因而企业要增加利润，要不断发展壮大，就必须不断投资，把闲置的资金运用到经商中去，使其发挥应有的作用，以获得更多的财富。

要提高企业的竞争力，获得更多的利润，就要做到两点：增加企业投入的总成本，减少单位产品的平均成本。而这两方面都来自对钱财的爱惜和节约。所以，无论在生活中还是在商业营运中，都必须铭记"节俭"二字。

"勤以立业，俭以持家"，胡雪岩的一生成败也可以说是这句话的写照。他晚年的生意失利固然是由于左宗棠、李鸿章两党政治势力的竞争所致。但和他一生生活上的奢靡也有很大关系。

可能和小时候贫困的生活环境有关，胡雪岩在发达后，对于所赚的钱很少有"节俭"这个概念。

胡雪岩一生除了元配夫人外，还娶了十二房姨太太，号称"东楼十二钗"。他娶的这些姨太太个个年轻貌美，大多贪图的是胡雪岩的钱势，她们嫁到胡家后，更是挥金如土，过着纸醉金迷的日子。后来胡雪岩的事业遭受打击而垮台，虽然和这些姨太太没有直接关系，但如果胡雪岩没有把精力分散在她们身上，而更多地投入到生意上，那么也许就不会让李鸿章的人有空子可钻，他也许不会那么早就衰败了。

而且，为了给东楼十二钗提供一个更大的住所，他在螺蛳太太的建议下，斥巨资修了一座新楼。为了建这幢新楼，胡雪岩可是费了一番心机，他请来当时杭州最有名的能工巧匠，让他们设计一个气势磅礴的宅院，好与自己的名声相匹配。这些工匠们凑在一起苦思了几日，拿出一套方案：由于胡府临街毗邻铺面较多，因此可以将靠向胡府院墙的住宅全部买下，那样会使整个胡府增大许多，而且又避免了将老宅卖掉的尴尬。

胡雪岩听后连称妙计，心中欢喜，他准备修筑一幢专供"十二金钗"休憩的娇楼，取金屋藏娇之意。他当即吩咐管家去收买街房。由于胡雪岩开的价钱远远高于这些房子的实际价值，所以很顺利就收购了这批房子。

收买街房后，胡雪岩立即遣人着手建筑新宅，并一再吩咐工程人员，用料一定要用最好的，不要在乎价钱。就这样，胡雪岩用别人造三个宅院的钱造了胡家大院。

胡氏宅院落成后，引来众人围观。但见华屋气势恢宏，金碧辉煌。大门前是两个巨大的石狮子，龇牙咧嘴，好不威风。据野史记载，胡氏宅院占地百亩，耗资以百万计，是当时杭州城内最大的宅院，其恢宏雄伟的程度连巡抚衙门也不能望其项背。

胡雪岩的奢靡程度可见一斑。但他不但舍得在娇妾身上耗费钱财，对自己的女儿更是娇宠不已。每个女儿出嫁，不但陪送大量嫁妆，而且连续举行一周的大宴，无论是不是他的朋友，只要到场就有酒可饮，有菜可吃。因此，在当时，胡雪岩嫁女儿是全杭州城最轰动的新闻，到了那天，杭州城内简直万人空巷，大家都涌到胡雪岩家附近，幸运的能挤进去讨个酒喝，即使讨不到酒喝也无所谓，大多数人都为能看到这样盛大的场面而骄傲不已。因此，胡氏嫁女也就成了杭州茶余饭后的谈资。

胡雪岩对待妻女如此，自己对于钱财更是没有个数量的概念。他每到一处做生意，必定会去那里最有名的"堂子"吃"花酒"，虽然这些是经商不可少的应酬，但他往往是一掷千金，遇到自己中意的姑娘更是恨不得倾囊相待。

古人云：出纳不问几何，其家必败。这大概就是胡雪岩事业失败的原因吧。

"曾胡"官商启示录：

海尔总裁张瑞敏说：什么是不简单？把每一件简单的事做好就是不简单；什么是不平凡？能把每一件平凡的事做好就是不平凡。这句话很有道理，想要成功，就需要从一件件平常的小事入手，将它做细做好。成功就是一件一件小事堆积起来的产物，失败也是一样。

可以说，一个好高骛远的人是很难成功的。只有先从眼前的一件件小事入手，将其做好，才能最终做好自己的工作。如果小事都做不好，还谈什么做大事、成大名、获大利呢？我们只有平衡自己的心态，才能看清每一份工作都具有独特的挑战性。其实，工作并无高低贵贱之分，俗话说"三百六十行，行行出状元"。卖糖能卖出个张秉贵，掏粪能掏出个时传祥，什么事情坚持下去，做好了，都可以取得成功。所以，任何时候都不要惧怕从小事做起，在你细致地完成手边的每件小事的同时，你也是在为自己积攒成功的砝码。

想要成为一个成功的人，需要机遇，但当机遇来临时，更需要有能力去把握稍纵即逝的机遇，这就需要你不断地努力，使自己变得更加优秀。要想比别人更优秀，必须在每一件小事上下功夫。高耸雄伟的城堡也是由一块一块石头垒起来的。重视生活中的细节，尽力做好每一方面，你才能在自己的人生道路上有所作为。

第十三章　中庸 VS 规矩

曾国藩：

偏执狂可成就一时，惟中庸可成就一世

曾国藩咸丰八年（1858）复出，最大的变化是什么？是他开始彻底贯彻中庸之道。

儒家文化发源于殷、周之际，创成于春秋末期的孔子，在汉武帝那里获得独尊地位，在两三千年的时间里，经受过多次破坏，即使遭遇了1840年以来最严重的社会动荡，她的伟大传统依然没有颓废，而表现出强大的自新能力。

儒家文化的核心传统是什么？如果是修身、齐家、治国、平天下，那么中庸之道就是其标准。曾国藩对中庸之道的理解，如果要用一句话来体现，就是他说的"入局"二字。入了局，才能体会当局者做决策时的心态，以及他们做决策时参考了什么样的标准。在他们所参照的那些标准当中，中庸之道是应该被高度肯定的一项。

曾国藩是儒家文化培养出来的杰出代表，如果不是他亏掉了民族大节，否则真是一个完满的圣贤。咸丰八年复出，是他的思想境界和做事手段的一个分割点，前后表现有显著差异。他在家待了一年四个月，究竟想了些什么，以致复出之后会有截然不同的表现？

他是一个温文尔雅的读书人吗？读书人的修养肯定不缺，但是他的性情也有暴躁的一面。从家书、日记中都可以看到，他打骂下人不是一次两次。大概在心情糟糕的时候，最难控制自己的情绪。据说他委军奔丧，心情不好的时候，对弟媳都大声呵斥。这就不是一个读书人的形象了。

曾国藩复出之后，处处用中庸、小心谨慎来要求自己，甚至有点夹着尾巴做人的意思。屈原却是骂，没人听他的，就大动肝火，不仅被小人中伤，也在一定程度上失去了盟友。

最初曾国藩没有使用中庸这个标准，尤其是在三次拒绝出兵这件事情上，他坚持

的不是中庸,而是事情的轻重缓急,什么最重要,就坚持什么,结果得罪了皇帝,也被朋友质疑。

第一次拒绝出兵,是在咸丰三年(1853)二月,太平军攻占南京。咸丰三年五月,他们派出一支部队,沿着长江开始西征,计划夺取安徽、江西、湖北、湖南,控制沿江的重要城市,好从上游屏蔽南京,并解决南京的粮食供应问题。

咸丰三年九月,太平军在田家镇大败清兵,缴获大量炮船,充实了水师,尔后准备攻打武昌。

曾国藩大概在十月接到皇帝的命令,要他出兵支援湖北。那时他移驻衡阳已经有两个月。曾国藩接到命令没几天,太平军却主动撤除武昌一带,集中兵力攻打安徽去了。

曾国藩就十月二十四日给皇帝写信,请求暂缓出兵。

这是曾国藩第一次拒绝出兵,形势变化给了他一个暂缓出兵的好理由。咸丰皇帝只批了两句话:"所虑俱是。汝能斟酌缓急,甚属可嘉。"

这次拒绝出兵没有引起什么争议,有两个地方却值得注意:

一是曾国藩发现了皇帝派他出兵的意图。上谕是这么说的:"曾国藩团练乡勇,甚为得力,剿平土匪,业经著有成效,着即酌带练勇,驰赴湖北,以助兵力之不足。"这跟曾国藩的想法完全不同,他想练成一支劲旅,镇压太平天国运动,皇帝却把他当民兵看,不过是兵力不足的补充手段,居从属地位。

二是曾国藩对水师的重视。他认为,千里长江,太平军任意横行,清兵却无可奈何,就是因为"贼以水去,我以陆追,曾不能于之相遇,又何能痛加攻剿哉",所以他把办理船炮作为第一任务。

第二次拒绝出兵,是在咸丰三年十一月。太平军打安徽的军事指挥官是猛将石达开。咸丰三年十月末,太平军接连攻占皖北的桐城、舒城,工部侍郎吕贤基自杀。接下来太平军就准备打庐州。安徽省会本来在安庆,被太平军占领了,清政府就把庐州设为临时省会。

当时江忠源在江西,咸丰帝看庐州危急,命令江忠源立即驰援,还临时升他为安徽巡抚。江忠源的兵只有两千七百名,他自己也生了病,却风雨兼程,迅速赶赴安庆。曾国藩也得到命令,要他挑选练勇,出洞庭湖,顺流东下,与江忠源配合,水陆夹击。

咸丰皇帝的命令是这么说的:"现在安徽逆匪猖獗,吕贤基已经殉难。江忠源又病住六安,不能前进。安徽情形万分危急。着曾国藩赶办船炮,立即东下,与江忠源会合,以期收复安庆、桐城、舒城,并牵制贼匪,不使其北窜。曾国藩忠诚素著,兼有胆识,必能统筹全局,不负朕的信任。"

曾国藩十一月二十三日接到命令,二十六日写成奏折,说:"自从田家镇失防以来,总督吴文镕、巡抚骆秉章与我书信商量十几次,都认为各省分防,糜饷多而兵力薄,不如数省合防,糜饷少而力较厚。与江忠源商量,也赞成四省合防。"

接下来,曾国藩就坚持他的意见,船炮未齐,不宜出兵:"惟炮船一件,实有不宜草率从事者。"原来,他试造的炮船,工匠手生,船又小,压不住长江的风浪,也受不起大炮的震动。广州水师派来技术主管,新船才逐渐造出来,油漆未干,不能下水,向广东购买的西洋大炮也没到齐,所以不能马上出发。

咸丰帝要他与江忠源会合,水陆夹击,曾国藩却想自己编练水陆两军,合则两相夹击,分则自成一队,不怕敌人冲散。曾国藩的见识显然比年轻皇帝高明,所以他坚持认为,水勇还没有练成就不宜出兵。

结论就是:"统计船、炮、水勇三者,皆非一月所能办就,必须明春乃可成行。"

咸丰帝看了,很不高兴:"现在安徽紧急,你却固执己见。看你的奏章,似乎要把数省军务,一人承担。试问你有那个能力吗?既然你这么说了,就要办给我看!"

曾国藩在奏章中先说数省合防,而不说出兵,所以咸丰帝看到这里就恼了,觉得他没有江忠源听话。江忠源能打仗,也听话,要他救援江西,他就奔往江西,要他驰赴安徽,他就冲向安庆,一点不耽搁。

同一天曾国藩还写了两封奏章,其一是请求提用湖南漕米二三万石,因为他听说湖北以下沿江各镇,逃走一空,千里萧条,买不到东西,如果带兵东去,必须多备柴米油盐,随船行动。咸丰帝批道:"用之于军需,固不为浪费。"

第三次拒绝出兵,是在曾国藩十二月十六日收到咸丰帝回复,知道皇帝生气了,而且要他想办法赶紧赴援。遂于五天后写成回信,深入汇报不能出兵的理由:

第一,起行日期。曾国藩造船,只用了八十天,就造出大小四百艘来,速度一点不慢。惟独西洋大炮迟迟未到,耽搁了时间。他向广东买了一千尊大炮,分十次运到衡阳,现在只到了八十尊。

第二,湖北沿江各镇,都有太平军把守,必须一一扫清,才能向下游进兵,这需要时间，也没有把握，怕耽误了安徽大事。

第三，现在大局，论警报，则庐州为燃眉之急，论大局，则武昌为必争之地。他请求先稳固武昌、湖北，以湖南、湖北为基地，再向下游用兵，步步进逼，与江西、安徽四省合防，逐一剿清下游。

第四，他练的兵勇目前还在湖南各地剿匪，不能马上撤回。

第五，现在大局糜烂，军饷少，兵力薄，对于攻剿，他并没有胜算。惟有竭尽血诚，才能报答皇上的恩情。

末了说，以上五条，我据实直陈，毫无欺饰，并诚恳地伏在地上，请皇上圣鉴训示。

咸丰帝朱批道："知道了。成败利钝，本来就不能先知。你的心可质天日，不只我一人晓得。"

以上就是曾国藩三次拒绝出兵的实际情形。他不敢违抗皇帝的权威，又坚持以事情的轻重缓急为根本，比较起来，他重视事情本身的轻重缓急，甚过皇帝的权威。

所以咸丰帝不大喜欢他。咸丰四年八月，曾国藩收复武昌，咸丰帝大喜，任命他为湖北巡抚，曾国藩就有了地方实权。不料一个大臣插嘴说："他一个书生，振臂一呼，就能打这样的胜仗，恐怕不是国家的福啊。"咸丰帝一惊，听懂了言外之意，就收回任命，改曾国藩为兵部侍郎。湖北巡抚当了七天就撤销了。

从办团练以来，曾国藩的处境一直不顺，被士兵追杀，坐困江西，一会儿去四川，一会儿援浙江，飘忽不定，因为他总是得不到地方实权，不论粮饷、人事、赏罚，事事要跟地方商量，处处不得方便，遇到很多不该有的困难。

原因在哪里呢？个人无力改变环境，却能够选择顺应环境。曾国藩错就错在不想顺应环境。他要成就大事，必须过这一关，必须得到朝野最广泛的支持。试想一下，如果一个人处处被刁难，他如何成就大事？对皇帝尚且不肯妥协，对一般大臣就更不轻易妥协了。

他也并非不懂中庸之道。咸丰三年十二月，他给朋友写信说："我当官也有一些年头了，饱阅京城风尘。现在我就是要变为慷慨激烈，斩灭肮脏之气，努力改变三四十年来不黑不白、不痛不痒的坏习气，矫枉过正，难免会违背中庸之道，流于偏激，这是我的苦衷啊。"

咸丰七年二月十一日，正是他坐困江西的时候，老家突然来了一封信，说他父亲死了，二月初四死的。曾国藩立即奏报请假，不等批复，就带着他的弟弟，于二月二十一日从江西出发，八天后回到湖南老家。这个弟弟就是曾国华，与湘军悍将李续宾一起死在三河之役。

他是前线的军事指挥官，不等上头批准，就离开军营，按理是要获罪的。由于湘军的功勋，也由于湖南巡抚骆秉章、湖北巡抚胡林翼多方说情，咸丰帝答应给他三个月假，还要他假满之后，仍回江西前线。至于擅自回家一罪，咸丰帝难得装一个糊涂，不予追究。

五月二十二日，三个月假满了，曾国藩又给咸丰写信，恳请在家终制，就是要在家守孝。他跟皇帝唠叨说："我在京十四年，在军五年，二十年间，祖父、祖母、父亲、母亲先后谢世，我都没有为他们守孝，寸心愧负，实为难安。又两次夺情，古来从不曾有过。观天下大局，南京内乱，湖北肃清，水师精劲，各路皆有起色。添臣一人，未必有益，少臣一人，不见其损。所以我恳请在家终制。"

咸丰帝却不同意，要他马上回前线，并答应等九江克复、江面肃清之后，就赏给假期，让他回家守孝。曾国藩只得说出实情。六月六日，他跟咸丰帝写信说："现在办事艰难，我害怕误了大局，还是恳请在籍守制。"他列举了三大困难：

一、我身为兵部堂官，权力还不如提督、总兵。将士跟随我数年，虽然保举至二三品，哨长仍然只领哨长薪水，队长仍然只领队长薪水，空有保举之名，而无保举之实。甚至要保举千总、把总这么小的官职，也必须跟巡抚婉言协商。

二、我没有地方权力，处处受到牵制。我是客官，只管军事，筹饷、捐款等事，由地方官专管，他们做得不妥，甚至以断饷要挟，我都无可奈何。

三、我没有钦差大臣职衔，只有帮办团练的身份，镌刻木质关防，又更换太多，结果经常被视为伪造。李成谋战功卓著，已保至参将（正三品），竟在湖南芷江县遭到刑辱，因为他出示我的印札，却被当成伪造。周凤山历备艰苦，已保至副将（从二品），却在长汀县被关押，也是因为他们怀疑我的印札是假的。

以上三点，事情虽小，关系甚巨。我仔细察看现在局势，除非位任巡抚，否则不能治军。

原来，曾国藩不想回前线，真实目的不是要守孝终制，而是因为没有实权，要求咸丰帝给他江西巡抚的职位。

咸丰帝自然看懂了他的意思，他也有自己的立场，他要坚持祖训，不给汉人地方实权。那时太平天国已开始衰落,即使没有曾国藩,似乎大局也无妨,咸丰帝就顺水推船,批准了曾国藩的请求:"江西军务渐有起色,汝可暂守礼庐,仍应候旨。"

这下曾国藩就亏大了,陷于进不得、退不得的境地,就在老家待了一年四个月。

这一年多,外面形势变化很大。太平天国内讧之后,石达开又率兵出走,力量由盛而衰。湘军在胡林翼指挥下,也收复了九江,包括江西省大部,整个形势朝清政府一边倒过去。杨载福、李续宾赏穿黄马褂,官文、胡林翼加太子少保衔。曾国藩却不过是一个在家守孝的在籍侍郎。

这下他着急了,因为他预言,也许只要一年,太平天国就会被镇压下去,那么他就没有出头的机会了。

他伸手跟皇帝要权力,即使是全出于公心,也不符合儒家家礼制,因此被舆论大肆攻击,得下了不寐之疾,再也睡不好觉。

被舆论深重攻击,又担心失去机会,这引得曾国藩深思,反省自己过去的种种行为,开始悔悟了。在家无事,也有时间、有心情、有环境来反省。所以,咸丰八年四月初九日,他给江西前线的曾国荃写信说:"兄回忆往事,时形悔艾。"

反省的效果非常明显,虽然对清政府的看法没有改变,但在做事方法上,却明显变化了。

同治六年(1867)正月初二日,他给曾国荃写信,总结自己过去的行为说:

"兄昔年自负本领甚大,可屈可伸,可行可藏,又每见得人家不是。自从丁巳、戊午大悔大悟之后,乃知自己全无本领,凡事都见得人家有几分是处。故自戊午至今九载,与四十岁以前迥不相同。大约以能立能达为体,以不怨不尤为用。立者,发愤图强,站得住也。达者,办事圆融,行得通也。"

"吾九年以来,痛戒无恒之弊,看书写字从未间断,选将练兵亦当留心,此皆自强能立功夫。奏疏公牍再三斟酌,无一过当之语、自夸之词,此皆圆融能达功夫。至于怨天本有所不敢,尤人则常不能免,亦皆随时强制而克去之。"

文中说的丁巳、戊午两年大悔大悟,就是咸丰七年、八年,他在家深刻反省。反省的结果,做人坚持内方外圆,做事秉持中庸之道。

咸丰九年四月二十三日,他跟曾国荃说:"余此次再出,已满十月,而寸心之沉毅愤发、志在平贼,尚不如前次之坚,至于应酬周到,有信必复,公牍必于本日办毕,则远胜于前。"

他幡然悔悟的是什么？是对自己的过去全面否定吗？不是。他仍然坚持着自己认为正确的东西，但在做事方法上，却做了极大的改变。他跟郭嵩焘说："国藩昔在湖南、江西，几于通国不能相容，咸丰六、七年间浩然不欲复问世事。然造端过大，本以不顾生死自命，宁当更问毁誉？以拙进而以巧退，以忠义劝人而以苟且自全，即魂魄犹有余羞。"

他反省自己，发现了一个大缺点。第一次出山，练兵平贼，他的想法是，生死都不顾了，也就不管毁誉，结果看来效果并不好，不仅得不到支持和同情，甚至招来辱骂和责难，因为他背离了儒家的中庸之道。伸手向皇帝要权力，即使出于公心，也不符合儒家的君臣观念。

坐困江西的时候，曾国藩一心想着为朝廷灭贼，自己在前线冲锋陷阵，命都不打算要了，后方那些握着权势的人，却处处诟病他责难他，搞得他非常绝望，甚至跟好朋友说，假设现在我就死了，你帮我写墓志铭的时候，一定要为我喊屈鸣冤，帮我讨回一个公道，否则在九泉之下，我也不会瞑目。曾国藩以为，自己在前头愤志杀贼，却被官场刁难，使他百不遂志，所以觉得委屈，又被小人诬蔑中伤，更是觉得冤枉。从为公来说，曾国藩说的似乎并不为过，但外部环境如此，光发牢骚，并不能改变他的困难处境。

经过一番深刻反思，他醒悟过来，那些年他过于偏激，既然不能改变环境，那就只有融入环境。这样一来，他彻底运用中庸之道。

第一次带兵，"力办此巨贼"，只想成功，越快越好，所以十个月打到了九江，然后有湖口惨败。这次复出，他变得圆润了、通融了，并不急急求成、事事赶快，而愿意"听之在天"。

过去他锐意讨贼，用心专一，以"不怕死、不爱财"为口号，毁誉荣辱都不管，结果呢，得到的支持少，得罪的官贵多，事情极不顺畅。复出以来，放弃"事求可、功求成"的企图心，事无大小都认真应付，官场应酬则更加周到，尽量不惹来浮议流言，混迹官场的本事大大增强了，人就变得越来越中庸，甚至百般忍让。据传，有一个官居极品的高人指点他说，关键不在于大臣怎么说，而在于皇上怎么听，不外乎是仔细揣摩皇上心思，知道皇帝怎么想了，就能投其所好。

一方面是他官场术成熟的表现，处处委曲求全；另一方面也是他对中庸之道的现实理解，舍小而就大。清朝后期的官场环境，曾国藩没有力量改变，他必须融进去，才能舒展大志，做一点事情。以前他与官场处处不合，改变之后呢，大体能与官场相安。镇压太平天国之后，大名之下，全身而退，没有遭到文种、韩信那样被屠戮的结局，跟这次反省有莫大关系。

这一年四个月时间成为他做人行事的一个转折点。这个转变的现实结果是什么呢？在衡阳练兵的时候，他三次拒绝出兵，因为他坚持以事情的轻重缓急为根本，而不顾皇帝的权威。尽管他说服了咸丰帝，却让皇帝不喜欢。复出之后，他也遇到两次情况，都是皇帝要他出兵救援，一是援救浙江，一是北上勤王。

咸丰十年二月、三月，李秀成带兵攻打浙江、苏州、杭州等地，目的是想调动清兵江南大营去救，好杀个回马枪，一举踏平江南大营，解除它南京城的威胁。江南历来富庶，是清政府重要的财富基地，所以咸丰帝慌了，要江南大营派兵去救，却不知道太平军的真实意图。江南大营本有四万清兵，在咸丰帝的命令下，派出一万三千人去救杭州。李秀成迅速回师，与陈玉成配合，不过半天，就击溃了清兵坚守了两年的江南大营。

曾国藩当时正要攻打安庆，也接到命令，要他去援救苏州、常州。但他手下只有一万人，兵力单薄，就没有去。这既是因为曾国藩重视安庆重视上游，不想分兵去救江南，也因为他无兵可分。

咸丰十年四月，原两江总督何桂清革职拿问，咸丰帝让曾国藩做两江总督，大江南北水陆各军都归其节制，并要他赶紧派兵救援浙江、苏、常。这样一来，曾国藩就没有理由拒绝了。

虽说他已经节制江南诸军，真正能打仗的，其实只有湘军，最多也不过五六万人。他的战略全局观是，宁可丢掉下游，也不撤安庆之围，而要在安庆与敌人决战，围点打援，消灭敌人的有生力量。安庆是整个战略的根本所在，下游丢不丢、保不保，其实是次要的事情。

安庆之围绝对不能撤，但皇帝的命令又不能违抗，能不能两边兼顾呢？还要像在衡阳练兵的时候那样，坚决拒绝吗？

曾国藩施行了中庸之道。

安庆之围坚决不撤，他把重兵都留在安庆。但为了应付皇帝的命令，为了表达自己的感谢之心（咸丰帝终于给了他地方实权），也为了给江浙士绅一点希望，他决定亲自带兵去援救浙江、苏、常。

他计划带一万三千人马,从皖南出发,分三路进兵,第一步进驻祁门,肃清皖南之后,顺势进入浙江,一并援救苏州、常州。这就是曾国藩祁门历险的起因。

不过,他摆出那个架势,只是做出来给皇帝看的,并不真想去浙江、苏、常,因为他的重点和中心仍然在安庆。他选择从皖南进兵,表面看,那是陆路援救浙江、苏、常的惟一路线,根本目的还是在声援安庆,既可以吸引、阻挡太平军,又能够沟通江西、安徽、浙江三省的联系。

咸丰帝要他派水师从长江越过南京去救苏、常,太平天国在长江已经没有力量,越过南京去救苏、常完全做得到,曾国藩却不派水师,因为杨载福的水师要用来攻打安庆。但他也给出建议,请求抓紧筹备淮扬、宁国、太湖三支水师,作为攻取南京、援救江浙的预备力量。

就这样,他来到了祁门,却在那里徘徊不前。客观上因为太平军往来攻占徽州、宁国、景德镇等地,他被困在那里;主观上也跟他的重心在安庆有关系。他跟皇帝解释说:"各路肃清,后方坚固,这才是进军浙江的稳妥办法。"咸丰帝也认可了他的解释,认为他老成持重,不过仍然要他设法进兵,救江浙于水火。

曾国藩在祁门历险,差点丢了性命。如果军事顺利,是不是就会进入浙江呢?他一定会想出别的办法来应付朝廷,而全力保证安庆战场不受影响。

他亲自带兵,固然没有必要,目的在掩人耳目,谁还能说他在变相抵制皇命呢?正应和了他复出时"消除浮议流言"的官场哲学。

李秀成攻打浙江的时候,江南大营总管是和春。他得到情报,对太平军声东击西、目的却在江南大营的战略意图有所察觉,所以他对援救浙江并不积极。但是,咸丰帝却多次命令他出兵救援,又让他兼办浙江军务。和春没有办法,只好调出一万三千人。江南大营的力量被削弱,也就更容易被太平军攻破。

两相对比,可知曾国藩中庸之道的高明。

中庸之道与折中主义并不相同。中庸之道不是两边平均使力,是在保持大势稳定的情况下,而有所侧重。和春就是折中主义,结果既不能援救浙江,也不能保护江南大营,犯了分兵的错误。曾国藩也分出了一万人,重点仍然在安庆,从皖南这边与安庆战场遥遥呼应。事实也证明,他在祁门遇险,也有效阻挡了李秀成的进兵道路,并牵制了太平军力量。惟一遗憾的是,李秀成不知道他在祁门,只有三千护兵。

北上勤王一事,也达到了中庸之道的要求,既没有分兵北上,也没有违抗皇命,虽然要了手段,却是中庸之道的高明办法。

曾国藩没有责怪咸丰帝东一枪、西一枪,跟着太平军的屁股转,而是执两用中,把相互对立的情况巧妙的应付过去。跟三次拒绝出兵相比,他的做事哲学确实有了一个明显变化,那就是遵循中庸之道,不偏执,不激进,也不平均主义,而是两边有情,侧重一点。

尽管中庸之道没有解决他的全部困难,但效果显著,既保住了曾家,没有在大功之后遭受屠戮,也保全了整个湘军集团的命运。大概也正是这种处处退让的中庸心态,导致了他在天津事变中,毫无道理的沦为卖国贼。

这个说法当然有些牵强,但在他所处的那个环境,能做到这些,已经非常不容易了。难怪有人说,他的一生,十分之四在与太平军战,十分之六在与文法吏战。

人们常说性格决定命运,曾国藩复出之后,性格并没有变化,他还是他,变化的是他的做事方法。所以说,性格决定命运这句话虽然不一定全对,但在一定程度上性格能影响人们的决定,并进而影响到人们的命运。

 **胡雪岩:**

经商要按规矩来

正所谓"国有国法,行有行规"。经商者要守理守法,有规有矩,顺应市场规则和国家的法律政策。为图一时之财,铤而走险,做一些违规违法的事,只能功亏一篑,甚至身败名裂。所以古人告诫我们,"要求辱不加身,凡事依理守法"。

中国古代刑法、民法不分,没有专门处理经济问题的法律,商人所遵循的市场规范,除了各行各业所规定的行规,更多的是道德约束,由此形成了一种传统——道德的约束比法律更为强烈。所以,这里我们所说的规矩并非仅仅局限于国家制定的法律,更包括商业道德和市场规范。经商与为人有着密切的关系,依理守法不仅对商人经济利益的得失有重大影响,而且还涉及到人的品行名声,是商人理应具备的基本素质。

国家和政府制定的法律法规，带有强制性，必须遵循，否则就会受到制裁。而商业道德和行规，是在社会中经过上千年发展沉淀下来的，虽不具有法律法规的强制性，但它的约束力却丝毫不弱，因为它是社会成员心理上的一个共同规范，一旦超出这种规则行事，则会受到同行的鄙夷和行外人们的否定。

一个真正成功的商人，一定懂得有规有矩、守法常安的道理，也一定会始终严格遵循这个规则，并且把它上升到关系人品名声的高度，作为人的内在品质来保持。惟有做到守法守规，才能在经营中求得安全。违法违规则会自食其果，给自己带来灭顶之灾。按行规办事，遵守职业道德与行为规范，才能建立起良好的信誉，从而赢得更多的利润。

在商业运作中，投机取巧只能兴隆一时，遵纪守法才能辉煌一世。

胡雪岩在做生意时特别强调的一点就是："做事情一定要按规矩来。"

他的每一桩买卖的摊子都铺得很大，如果不按商业游戏规则来做，别人也奈何不了他。但胡雪岩在做生意的过程中，几乎每一次运作都大体遵守了一些应该遵守的行规。所以他的每一桩生意都做得有声有色。

比如，绿营军官刘德生上战场前将自己辛苦攒下来的一万两银子存入阜康钱庄，一方面，他通过对胡雪岩的接触和别人的介绍，对胡雪岩的为人深为敬服，认为阜康钱庄的信誉不会有问题；另一方面，他马上就要开赴前线与太平军作战了，可以说生死未卜，是否能活着从战场上下来都不确定，因而把银票放在身上是很难处理的，万一自己不幸战死，岂不人财两空？因此他坚持不要胡雪岩开银票。

胡雪岩非常感谢和珍惜刘德生对他及阜康钱庄的信任，坚持一定要开银票，即使刘德生自己不要这个折子，也一定让伙计开出来，并把它交由专人保管。在胡雪岩看来，人情是人情，规矩是规矩，不能因为人情而坏了规矩，如果自己今天开了这样一个先例，无疑是危险的，到时底下的伙计就有可能按自己的想法办事，而忽略了规矩，造成混乱，不利于管理，甚至会带来巨大的损失。

再比如他与古应春、尤五、郁四等人合伙做蚕丝生意，销给洋庄，账面上显示他们赚了十多万两银子，但这些仅是账面上的，若把生意过程中的各项费用除开，外把一些应酬官场、贿赂官员用掉的银子除去，再与古应春等人分过红利之后，这笔赚头不仅分文不剩，甚至还有几千两的亏空。这时，身为胡雪岩至交好友的古应春提出，自己不要那份红利了，但胡雪岩却拒绝了。用他的话来讲："这事要按事先订立的规矩来，我们虽然是好朋友，但同时也是合作伙伴，所以还是要照事先的约定分红利。"

按照规矩行事，既体现了一种诚信，也是商业长期正常运作的必要保证。

"曾胡"官商启示录：

"中者天下之正道，庸者天下之定理。"在今日的语境下，"中庸"就是度的正确把握和关系的良好协调，就是在平衡中寻求发展。孔子的"中庸"思想的本意是："去其两端，取其中而用之。"也就是去除偏激，选择正确的道路。它体现的是端庄沉稳、守善持中的博大气魄和宽广胸襟。

中庸不是圆滑，不是为了自身利益而选择讨好两方面而丧失为人处事的原则；中庸是一种胸怀，一种避其锋芒、维持最佳平衡点的智慧；中庸不反对"竞争"，但竞争必须把握尺度与分寸，应是善意的竞争，不伤害对方的竞争，合作共赢的竞争，而不是过激的竞争，顾此失彼的竞争，急功近利的竞争；中庸也不是"懦弱"，不是做"老好人"，当缩头乌龟，而是对环境的正确把握，积极应对，目的还是为了"致中和"，即达到与人友好相处的最佳效果；中庸并非不讲爱憎，为了正义，当挺身而出，"三军可夺帅也，匹夫不可夺志也"；中庸也不一定要反对"利"，但不可以利欲熏心，唯利是图，为所欲为，而应该"取之有道"；中庸并不排斥带有功利色彩的交际，但与此同时告诉人们如何交友，交什么样的朋友，与人相处当以什么方式最为恰当；中庸是一种为人处事的大智慧、大学问，正所谓"极高明而道中庸"。

中庸是一种大局观，一种找寻平衡的艺术。在平衡之中不失原则，在平衡之中处理问题，在平衡之中达到稳健。掌握好了中庸的艺术，对我们为人处事都有极大地帮助。历史证明，中庸的价值随着时间的流逝而愈发不朽，在当今这个竞争激烈的社会中仍然闪烁着智慧的光芒。

第十四章　人才 VS 人才

曾胡官商 启示录

ZENG GUO FAN 曾国藩

曾国藩：

成就大事，以得人才为第一要义

曾国藩鉴别人才的本事可谓当世无双，从来没有人像他那样得到如此多的称赞。其特殊之处在于，他并不是帝王，却携帝王之势，统东南半壁江山。"天才人才居其半"——这句话也许夸张了点，却能显示他要做皇帝的某些历史背景。要团结天下人才，第一需要海一般广阔的胸襟，才能容纳他们；第二需要一双慧眼，才能发现他们；第三需要相当的事业规模，才能招得来，留得住，用得足人才。

广纳天下人才，在当时对曾国藩是一个挑战，他不是帝王，必须在清政府的监视、猜忌、限制中发展人才队伍，还要防止别人挖墙脚。胡林翼、左宗棠、李鸿章等人还好，一般不趁火打劫，别的人就不讲规则了，总想在他最困难的时候，拉走他的干部，兼并他的队伍。

太平天国消亡之后，余部发展成为捻军，在黄淮地区活动，把僧格林沁都打死了。清朝赶紧调曾国藩北上剿捻。那时他的幕府已经汇聚了众多天下人才，但仍在发布告示，寻访英贤。

太平军和捻军都被镇压了，地方军政大权也落到督抚手中。清政府为改变外重内轻的局面，削夺地方权力，调曾国藩任直隶总督。曾国藩知道京城士人风气不好，仍要各州县荐举人才，多的可以保举五六人，少的一两人，他将亲自接见，予以褒奖，凡不保举或保举失当的，则要给予惩罚。

来的人多了，就有两个问题：一是诚心够不够；二是接见辛苦。能不能处理好这两点，跟成就大事的胸襟、气度、大志有关。曾国藩既然有大志，当然也拿出诚心来，以感动天下人才。

当时有坐台这一种形式，大官接见属僚，他自己坐在中间，属僚都站在旁边听，长官问什么，就回答什么。曾国藩却不那么做，除晚年身体欠佳外，从来不坐台，要么都坐着，要么都站着，或者一起去散步，显得平易近人。这样做能团结人心，让属僚感到诚意。

来的人都及时接见，也是蛮辛苦的事。尤其年纪大了，仍然坚持过去的见客习惯，结果把身体搞垮了，61岁死在南京官署。

江苏巡抚跟清朝报告说："曾公从京城回来，业余时间，无客不见，见了又聊得很细，还殷勤训导他们。下属贤能与否，事情来龙去脉，他都默识在心。年纪越大，人越勤勉，大家无不佩服。为了人才，他是竭心尽力，终于搞垮了身体。"

江苏巡抚没有虚夸。曾国藩死前五天，除最后一天没见客，见客七次，因为身体不好，只有两次是站着见的。死前三天，他在日记中写道："余精神散漫已久，……如败叶满山，全无归宿"，当时他的精神状态似已不能支撑，但仍然坚持见客。足见其求贤之诚。

曾国藩跟赵烈文说："求才很不容易，其中奥妙太多。"

赵烈文说："就是一个诚字。上以诚求，下以诚应，只要把国事当家事一般尽心，哪里会找不到人才。"

有了诚，与此相应，胸怀也会宽大广远，容纳各色人才，而不是只取与自己相似的——这一点是用人者要注意的地方。诚心不足，胸襟不宽，对广揽人才颇有妨碍。

识人，分才与德两项。才易识，德难辨。才能嘛，如判断骡子与马，拉出来遛一遛就知道了；品行，就没那么直观。人心如沟壑，厚貌深情，最不好辨别。

1. 久注观人精神

神，指眼神，通过眼睛里的神情神态，可以判断一个人的心邪心正。最精练的概括，就是"一身精神，具乎两目"，这也是《冰鉴》开篇的话。类似的东西，西方有没有？从"东学西学，悠悠一理"来看，应该是有的。中国讲"相由心生"，西方的话是这样的：

We each embody our own idea.

Individuality resides in a formal cause.

第一句是柏拉图说的，意思是，我们每个人都从个体上表现着我们的差异。第二句话是亚里士多德说的，意思是，形象造成个性差异，跟"相由心生"很接近。

通过眼睛里的神来辨别忠正与奸邪，原文拟备如下：

古者论神，有清浊之辨，清浊易辨，邪正难辨。欲辨邪正，先观动静。静若含珠，动若水发；静若无人，动若赴的；此为澄清到底。静若萤光，动若流水，尖巧喜淫；静若半睡，动若骇鹿，别才而深思。一为败器，一为隐流，均托迹二清，不可不辨。

文字大意是，古人讨论眼神，分为清浊两种，清浊容易辨别，邪正不好辨别。辨别邪正，应该从动、静两种状态入手。安静时，眼睛像明珠，晶莹玉亮，含而不露，运动时，目光如春水，清波流转，粼粼光芒；安静时，像四处无人，运动时，像飞箭穿心，这是清澄到底的眼神。安静时，像萤火烛光，虚弱飘忽，闪烁不定，运动时，像逆波回水，光芒涣散，混沌不清，这是尖巧伪善的眼神。安静时，双目微闭，半睡半醒，运动时，麋鹿惊恐，四面张望，这是邪心内萌、刻意掩藏的眼神。前一种是道德败坏品行不端的人，后一种是奸心暗藏邪念隐匿的人，两种情况都混迹在眼神澄清之中，不可不辨。

这是判断正义之人与奸诈之人的方法。结论就是，神正其人正，神邪其人奸。

静若含珠，动若水发←→静若萤光，动若流水

静若无人，动若赴的←→静若半睡，动若骇鹿

这个方法在历史上是有案可查的。

王莽的姑姑是皇后，几个叔叔是大将军。他爸死得早，孤儿寡母，备受冷落。王莽不泄气，不自怜，不仅发奋读书，而且孝心极厚。叔叔病了，王莽床头床尾伺候了一个月，还亲尝汤药，以防有人下毒。叔叔病好了，王莽也瘦得不成样子。叔叔大为感动：有子不如有王莽。逐渐得到赏识和信任。在帮助叔叔打击政敌的过程中，王莽因为告发大奸有功，封官。到38岁时，升做大司马，三公之一，是辅佐皇上的最重要的大臣。

那时，他在朝野有很好的声誉。他母亲生病，大臣的夫人都去探望，一个穿粗布衣服的妇人出来迎接。早听说王莽家居简朴，众夫人也不以为意。但是，当她称己为王莽夫人时，众夫人面面相觑，很是惊讶了一番。

《资治通鉴》记载，王莽当大司马以后，新任司空之职的彭宣，第一次看到他，悄悄对大儿子说："王莽神清而朗，气很足。而神有邪狭，必乱世。"就上书皇帝，称自己"昏乱遗忘，乞骸骨归乡里"，请求退休，回家养老。王莽恨恨地同意了，而不肯给养老金。彭宣回乡数年就死了。

2. 乍见观人情态

久注观人精神，乍见观人情态，这也是《冰鉴》的话。意思是：如果时间充裕，可以仔细考察人的精神；打个照面、擦肩而过，则能考察人的情态。精神存蓄在眼睛里，情态外露在行为上，因此情态比精神容易判别。

大家举止，羞涩亦佳，小儿行藏，跳叫愈失。大旨亦辨清浊，细处兼论取舍。（《冰鉴全集》208页，当代世界出版社，2007年7月出版）

"大家"指学识渊博、举止厚重，有大风范的人。古有一语，最为传神："大人之风，山高水长。"大家风范就是气度豪迈，安详庄穆，闲雅冲淡，即使羞涩，即使沉默，仍是一种佳相。据说孔子不善言辞，有些木讷，而在大殿上，为了国家利益，却能慷慨陈词，滔滔不绝。

心地可以像小孩一样纯洁，行止也可以像小孩一样活泼，仍不失为大家风范。成人有孩童一般又跳又叫的情态，如是出于真情激动，也不失为端庄大方。如是出于伪饰之心，或者本身就是痴呆傻，跟真情流露大不同，这是可以通过神情观察到的。"羞涩亦佳"跟"跳叫亦失"的区别，仍然要从神的清浊来辨别。

不谙世事的公主流落民间，一定有很多笑话，她的神她的情却是清澄的。深于事故的老狐狸，即使装出小孩子一般的单纯，也难清澄到底。

关于曾国藩准确判断人才的本事，有两个故事广为流传：一是判断江忠源；一是判断刘铭传。

（一）识别江忠源

由郭嵩焘介绍，江忠源去拜见曾国藩。当时曾国藩已经在京城做官，从湖南来的人，一般都要去见一见。

江忠源有侠义之气，不喜欢被条条框框束缚。两个大男人，尽讲一些市井琐事，似乎不是英雄豪杰所为，却谈了两个小时，还时常爆出笑声来。

江忠源告辞出来，曾国藩目送他走，回头对郭嵩焘说："京师没有这样的人才啊。"

接着又说："这个人会立名天下，却会保持气节，壮烈而死。"

大清从乾隆传位道光，太平了几十年，没有什么大的动乱，大家听曾国藩这么说，都觉得惊讶，不知道他在说什么。

在湖南老家，江忠源曾经一战即镇压了当地农民雷再浩的暴动，被提拔为知县，却不广为人知。太平天国兴起之后，从广西转战湖南，须通过湘江水路。江忠源就在上游蓑衣渡设伏，打了一个大胜仗，扬名天下。太平天国方面，南王冯云山牺牲，为其重大损失。他的威望素高，可与杨秀清并论，他若活着，杨秀清有了制约，天京事变大概不会发生。

1853年，江忠源授安徽巡抚，官阶跟曾国藩相当。咸丰帝对他的信任和期望，当时是超过曾国藩的。曾国藩说要练成万人，全部交给江忠源统带，即跟此有关。那一段时间，曾国藩以在籍侍郎的身份出任团练大臣，没有实权，处处被动，甚至搞得被绿营士兵追杀，很是狼狈。

曾国藩说江忠源会立名天下，又会壮烈而死，他是如何看出来的？暂时没有找到确凿的凭据，大概要从《冰鉴》中去找答案，却又不能完全依赖一本书，因为曾国藩对江忠源的了解不止一次见面。

道光二十五年（1845）九月十七日，曾国藩给叔父写信，说起江忠源的事迹。那年八月初五日，湖南湘乡一个叫邓铁松的人，跟江忠源一起从京城回老家。六天之后，竟死在路上。江忠源不辞劳苦，必信必诚，亲自扶送灵柩回去。那之前，湖南新化一个叫邹柳溪的人，在京城病死，也是江忠源办理后事，亲送灵柩回家。曾国藩说："此人义侠之士，与侄极好。……扶两友之柩，行数千里，亦极难矣！"

如此看来，江忠源果然有古侠士之风，决不是浪得虚名。韩愈做诗曰："孟生江海士，古貌又古心。尝读古人书，谓言古犹今。"江忠源的忠义行为，无论今古，都值得推崇吧。

太平军攻破庐州，江忠源要自刎，被部下抱住了。又一路奋战，身受七创，才把自己投进一口池塘。

站在曾国藩和清政府的立场，江忠源可谓一门忠烈。三个弟弟，江忠浚、江忠济、江忠淑，两个族弟，江忠义、江忠信，都从军。

江忠浚，《清史稿》说有传，却查不着，不知何故。曾国藩写的《江忠烈公神道碑》明确记载有他的名字。江忠源在庐州被围，他与刘长佑带兵去救，遭太平军阻击，连庐州城墙都没有靠近。历任安徽、四川、广西布政使。

江忠济，战功最伟，咸丰六年死于岳州。

江忠淑，一直在老家招募军队，赡养母亲。

江忠信，16岁随江忠源从军，江忠源死后，继续带兵，在攻打桐城的时候，连破十六营，被太平军的大炮炸死。

江忠义，18岁从军，江忠源死后，多次带兵与石达开战，官至贵州提督，同治二年病死军中。

还有一个族弟，江忠珀，仅见于少数资料，不知可信否，随刘长佑入军，累功至总兵，加提督衔，同治二年入贵州镇压苗民起义，同治八年战死在鸡鸣关。

江忠源一门忠烈，如此看来，曾国藩还是满有号召力的，那么多人肯追随他出生入死。也可以想见为了赢得那场战争，湖南一省所付出的代价。

（二）识别刘铭传

淮军建立之初，李鸿章带了三个人去拜见曾国藩，不巧老家伙散步去了。

等他散步回来，李鸿章说："老师，我招了三个人，带过来给您看看，给他们安排什么职务比较好。"

曾国藩说："不用看了。"

李鸿章问："为什么？"

曾国藩说："第一个人抬头不敢仰视，是一个严谨心细、老成厚重的人，可以安排一般官职。第二个人当面恭敬、正视不乱，背地里左顾右盼，必定是个阳奉阴违的人，不可用。第三个人怒目而视，势同金刚，精神始终挺拔不懈，忠义满怀，是个将才，功名不在你我之下。"

这第三个人就是刘铭传，淮军名将，安徽合肥人。本为盐贩子，聚众贩卖私盐。后随李鸿章办团练，编入淮军，初为营官，只有部下几百人，即铭字营，逐渐扩充为淮军主力和最大一支。随曾国藩剿捻军，推为首功。在民族事业方面，最值得称道的是积极开发台湾。台湾本属福建，在他的主张下，台湾继新疆之后，升级为省，维护了国家领土完整，免于被日本侵占，并开始修建贯穿台湾南北的铁路。这是淮军对中国民族事业做出的惟一贡献。

淮军不如湘军，以收复新疆与开发台湾之功大功小，可见一斑。

通过长时间接触交谈，也是发现人才的重要办法。在安庆的时候，曾国藩每天接见三人，让他们分别书写自己的履历，只看笔迹，不问别的，虽不作为依据，却能看出一些东西来。

他识别人才并不是都用那些神乎其神的方法。韦昌辉的弟弟韦志俊叛变,投靠了曾国荃。曾国藩本来不想用他,曾国荃却说,韦志俊善于用兵,心地也好,曾国藩就想让韦志俊独领一军、独当一面。幕僚认为,韦志俊毕竟是叛变过来的,不适合独领一军,还是跟随鲍超比较稳妥。曾国藩就改了主意,让韦志俊跟随鲍超。不料曾国荃又来信,说韦志俊有这样那样的缺点,不宜重用。曾国藩就教导他说:

观人论事,博采众论还是比较稳当。本来韦志俊的为人,水师很多营官说他好,祁门县令也说他好,我都没有动心。直到老弟你来信说他心地好,我才动心,决定用他。临到用时,你又说他不好了。你现在说鲍超的好话,到时不要又来改口啊。

胡雪岩:

人才永远是商业发展的资本

人才是经商成功的源泉。没有人才,是会失去市场竞争力的。然而如何收服人才,这其中有很深的学问。对不同的人,应用不同的方式和技巧,对于窘迫困难的人,要用利来吸引,用利把优秀的人才聚拢在自己的周围,收为己用。

用"利"结交,道理很简单,它的出发点就是人都有利己的一面,物质是人生存和发展的基础。司马迁所说的"天下熙熙,皆为利来;天下攘攘,皆为利往。"在一定程度上揭示了人们追求物质利益的普遍性。人们奋斗着,是为了过更好的生活,若用正当的手段,这本身就无可厚非。

运用物质利益这一经济杠杆,使公司员工感到自己的利益和命运与企业的效益和前途息息相关,这样便能充分调动他们的积极性努力工作。并且物质生活富裕了,工作起来便没有后顾之忧,用胡雪岩的话说就是:"手里有钱了,心思可以定了,脑筋也就活了,想个主意,自然就高明了。"

人才是商业战场中的强将勇兵,惟有不吝惜钱财,给予一定的物质利益,才能招揽到杰出的人才，并把他们留住，使他们兢兢业业、忠心耿耿为企业效力。总是空着肚子上战场的士兵，是发挥不出他们应有的力量与智慧的。

以钱财招揽人才，在一定程度上也显示了对人才的真诚与尊重。优秀杰出的大才，重金相聘也不为过，这样不仅得人才，更得人心，人心齐了，生意自然也就昌盛起来。

胡雪岩对待人才就敢于花大价钱。他曾有一段关于留住人才的精彩概括：眼光要好，人要靠得住，薪水不妨多送，一分钱一分货，用人也是一样。

现在有些商人，在开辟新项目，或者做一项新投资时，往往都毫不犹豫地拿出巨额资金，而在招揽人才时，却做不到这么慷慨，对公司里的员工更是苛刻吝啬。这倒并不是完全因为这些人真如阿巴公似的吝啬，而是因为他们也有自己看似合理的想法。比如他们认为人心并不是金钱所能买到的，与雇员之间的交往，只要待之以诚即可，不必在乎付酬的多少；再比如他们认为雇员报酬多寡应当以经营效益的好坏来定，所谓个人收益与经营效益挂钩，效益好雇员可以多得，效益不好雇员自然不该多得。

这些想法不能说没有道理，实际运作中也确实会有收效。但往深处看，这其中却隐藏着极大的留不住人才的危机。要延揽人才、收服人心，待之以诚当然是必须的，但如何显示自己的诚意却大有文章可做。生意场上有自己特殊的价值标准和交往原则，不能简单地用日常生活中的人际交往方式照套，这是一个常识。用人于商场搏战就是用人给自己挣钱，别人可给你挣来大钱你却不肯付以重酬，你的诚意又何从显示？而以经营效益为付酬多寡的依据，则更是一种不能待人以诚的做法。因为第一，以效益好坏为付酬多寡的依据，实质上是以自己所得的多寡来决定别人所得的多寡，这本身就给人一种你仅仅以自己利益为出发点的印象，难以待人以诚；第二，经营效益的好坏，原因可能是多方面的，如市场的好坏以及你作为老板决策的正确与否，都将是影响经营的直接原因。因此，以效益为付酬依据，不可避免地会将由不为人力所左右的客观因素或自己决策失误造成的损失转嫁到雇员身上，这无论如何也不能算是待人以诚了。

胡雪岩用人，除了不拘一格考察人才，知人善任，随才量力之外，一个很重要的手段就是用钱财来招揽人才，留住人才。

他筹办阜康钱庄之初，急需一个得力的档手。经过一番考察，决定聘用刘庆生。这刘庆生原先只是大源钱庄一个站柜台的伙计，身份很低，但对本行本业非常熟悉，且具有很强的应变能力，是个不可多得的人才。钱庄还没有开业，资金周转都没到位，胡雪岩就决定给刘庆生一年二百两银子的薪水，还不包括年终的"花红"，而且决定之后就预付了一年的工资。

当时杭州城内，保持每顿荤素都有，冬夏绸布皆备的生活水准，一个八口之家一个月吃穿住的全部花费也不过十几两银子。刘庆生原先当伙计时的收入每月不到二两银子，不用说，胡雪岩一年二百两的银子，真是高薪聘请了，一下子就打动了刘庆生的心。当胡雪岩把预付的一年薪水二百两银子拿出来的时候，刘庆生激动地说："胡先生，你这样子待人，说实话，我听都没听说过。铜钱银子用得完，大家是一颗心。胡先生你盼咐好了，怎么说怎么好！"胡雪岩的慷慨也一下子安定了刘庆生的心。有了这一年二百两银子，刘庆生就可以将留在家乡的母亲妻儿接来杭州同住，上可以孝敬于老人，下可以尽责于儿女，这样也就再无后顾之忧，可以全心全意打理钱庄的生意了。

不用说，就是此一慷慨，胡雪岩便得到了个确实有能力，也的确是忠心耿耿的帮手，阜康钱庄的具体营运，他几乎可以完全放手。

阜康银号发达后，在通都大衢设立分号，雇佣号友时，必询问家中情况，日常用度多少，先付一年的工资，使他们安定下来，专心致志在银号干活。胡雪岩以利益激励员工，主要有两种方式：一种是红利均沾，对于没有资本的伙计，采取根据经营好坏，年底分红的方式；还有一种是入股合伙，即对有些资本的伙计，让他们入股合伙，大家都有好处可得。这些人为胡雪岩效力其实也是为自己效力，他们各自的利害得失与胡雪岩是紧密相连的，这样他们也就更加卖力地干活。

胡雪岩对自己的伙计从不吝惜钱财。他的胡庆余堂设有"养俸"、"阴俸"两种规矩。"养俸"即类似于现代的退休金。胡庆余堂上至"阿大"、档手，下至采买、药工以及站柜台的伙计，只要不是中途辞职或者被辞退，年老体弱无法继续干活之后，仍由胡庆余堂发放原薪养老，直至去世。而所谓"阴俸"，则类似于现代的抚恤金，那些为胡庆余堂的生意发展作出过很大贡献的雇员去世以后，他们在世时的薪金，以折扣的方式继续发放给他们的家属，直到这些家属有能力维持与该雇员在世时相同的生活水平为止。

胡雪岩招揽人才从来就不惜出以重金。在他看来，以财揽才就如将钱买货，货好价必高，值得重金揽得的人也必是忠心而得力的人。他说用人和买物一样，"一分钱，一分货"，话是糙点但理却不糙。同时，胡雪岩也从不以自己生意的赚赔来决定给自己手下人报酬的多寡，无论赚赔，即使自己所剩无几甚至吃"宕账"，该付出的也绝对一分不少。比如他的第一笔丝生意做成之后，算下账来，该打点的打点出去，该分出的"花红"分出去之后，不仅自己为筹办钱庄所借款项无法还清，甚至还留下了新债务，就他自己来说，等于是白忙活了一场。但该给自己的帮手或合作伙伴古应春、郁四、尤五等的"花红"，仍是爽快付出，没有半点犹豫。胡雪岩在生意场上有极响的够交情的名声，无论黑道白道都把他看作是做事漂亮的场面人物，愿意帮他做事或与他合作，这与他的不惜重金礼聘、以财揽才是分不开的。

胡雪岩对雇员给以非常优厚的待遇，对难得的人才更是不惜重金，使得他身边聚集了大量有才干的各色人才，他们为胡雪岩生意的发展立下了汗马功劳，就是那些小伙计，也是兢兢业业，勤勤恳恳，尽职尽责做好本职工作。

"曾胡"官商启示录：

作为领导，都知道人才的重要性，都知道"千里马"对工作业绩有多大的提升作用，但是，"千里马"常有，而"伯乐"却不常有。怎样做好"伯乐"，让你的下属中产生越来越多的"千里马"呢？

作为领导，要做到礼贤下士。"礼贤下士"说来简单，但要真正做到，则并非一件易事。首先，要有一颗善于发现人才的眼睛，选好下属，善于挖掘和培养人才。要做到这一点，与长期工作中得来的经验有着密不可分的关系。要在平时工作中多留心、多注意，并且要明确知道工作需要什么样的人才，并且要摘掉有色眼镜，要仔细观察人才身上所蕴藏的潜质，还要对人才的发展潜力进行正确的考量；其次，要虚心听取下属意见，采纳正确的建议，而避免领导"一言堂"情形的发生；第三，对于贤士，要尊敬礼遇，而不能傲慢冷落。必要时，要放下领导的架子，从而使人才更加有冲劲地发挥自己的力量。要不拘一格用人才，敢于为人才的培养及其作用的发挥创造一个宽松的发展环境。只有这样才能让他们扬长避短，发挥出最大的作用；第四，作为领导万不可嫉贤妒能，能够做到虚怀若谷的领导，既可拉近与下属的关系，使其发挥最大的效能，又可显示出自己的博大胸怀和务实作风。最最重要的是，领导要真正把高级人才视为珍宝，而不要停留于表面，切实做到敢用人、会用人。

第十五章　收敛 VS 低调

曾胡官商启示录

曾国藩 ZENG GUO FAN

曾国藩：

韬光养晦，锋芒不可太露

韬光是隐藏自己的光芒，养晦是处在一个相对不显眼的位置。它是一种低调，也是一种谦卑。因为低调和谦卑，所以很容易进入对方的心，被别人接纳。韬光养晦不只是一种生存策略，也是一种美德。一个甘愿处于次要位置的人，一个谦卑的人，最后会赢得大家的尊重和爱戴。而一个骄傲的人，一个锋芒毕露的人，常常因为无法接纳他人的意见，从而失去他人的支持。

中国人最擅长的就是韬光养晦了。所谓"木秀于林，风必摧之"，一个人锋芒太露，很容易招致他人的嫉恨，并最终为自己带来祸患。孔子谆谆告诫要"温、良、恭、俭、让"，实际上也就有藏锋的意思在里面。

人类社会的发展一直都处在一种竞争状态，为了维持生存，每一个人都有自己独特的生存本领。在自然界中，当相对弱小的动物受到强大对手的攻击时它往往会以假死来蒙骗敌人、保护自己。同样，韬光养晦实际上也是一种类似假死的行为，人类社会和动物界一样处在竞争的状态，由于人比动物更聪明，这种竞争也更加复杂和残酷！

如果说弱势群体为了保护自己有向强势群体示弱的必要，那么强势群体何必韬光养晦呢？这里面也有很多奥妙。一般来说，强势群体大权在握，处在比较显眼的位置，即所谓的"树大招风"。这样，他所受到别人关注的就必然多，所要应付的事情也必然多。这样，会让他把许多的精力分散在与人周旋、应付上。一个人如果没有安静思考的时间，长期处在显眼的位置指挥、领导、周旋、应付。久而久之，精力、健康、知识、智慧，都会受到销损。这就要求处在领导位置的人，避开众人的焦点，避开不必要的繁杂事物，回到比较隐蔽的位置。这样的位置有助于个人修身养心、恢复精力；有助于人们不断反思、不断调整，拓展自己心灵的空间，强大自己灵魂的力量。这样,当再一次投入到工作中,就会有足够的智慧和精力去面对。所以,强势群体也常常会运用"韬光养晦"这种生存策略。只不过强势群体和弱势群体运用韬光养晦的手段和目的不一样罢了。

《庄子》中有一句话叫"直木先伐,甘井先竭"。一般所用的木材,多选择较直的树木来砍伐;水井也是涌出甘甜井水的先干涸。由此观之,人才的选用也是如此。有一些才华横溢、锋芒太露的人,虽然容易受到重用提拔,可是也容易遭人暗算。隋代薛道衡,十三岁便能讲《左氏春秋传》。隋高祖时,作内史侍郎。隋炀帝时,任潘州刺史。大业五年(609)被召还京,上《高祖颂》。隋炀帝看了颇不高兴,说:"不过文词漂亮而已。"因为隋炀帝认为自己文才高便傲视天下之士,不想让他们超过自己。御史大夫乘机说薛道衡自负才气,不听驯示,不把隋炀帝放在眼里。于是隋炀帝便下令把薛道衡绞死了。天下人都认为薛道衡死得冤枉。他不正是锋芒太露遭人嫉恨而命丧黄泉的吗?

有前代这么多的例子,曾国藩自然不敢太过招摇,凡事预先留条退路,不过分炫耀自己的才能。有人说曾国藩能够功成名就的最大原因就是韬光养晦,懂得藏锋。梁启超评价曾国藩:"非有超群轶伦之天才,在并时诸贤杰中,称最钝拙。"曾国藩自己也说:"自以秉质愚柔,舍困勉二字,别无他处。"又说:"吾生平短于才,爱者或谬以德器相许,实则虽曾任艰巨,自问仅一愚人,幸不以私智诡谲凿其愚,尚可告后昆耳。"

曾国藩时时标榜自己是一个钝拙愚柔短才的人,不敢以精明白许。他说:"器有洪纤,因材而就,次者学成,大者天授。"他的自谦精神由此可见一斑。

曾国藩论才德时曾经引用过司马光的话:"才德全尽,谓之圣人;才德兼亡,谓之愚人。德胜才,谓之君子;才胜德,谓之小人。"余谓德与才不可偏重。譬之于水,德在润下,才即其载物溉田之用;譬之于木,德在曲直,才即其舟楫栋梁之用。德若水之源,才即其波澜;德若木之根,才即其枝叶。德而无才以辅之,则近于愚人;才而无德以立之,则近于小人。……二者既不可兼,与其无德而近于小人,毋宁无才而近于愚人。自修之方,观人之术,皆以此为衡可矣。

由此可见,曾国藩并不漠视才与德的相对作用。何以他自称无才呢?这不过是他的一种谦德。因为才是靠不住的,如果恃才傲物,就容易泛滥横流,近于小人了。这完全是勉人为学的意思,他在家信中对子弟的贤否,也有六分天生,四分家教的话。

何以又这样重视天命天才呢？这正是中庸中相辅相成的道理。所谓"天定胜人，人定胜天"，"时势造英雄，英雄造时势"，不是一样的道理吗？如果不明白这个道理，那么读曾国藩的书籍，就如同隔靴搔痒，处处都觉得矛盾了。譬如他自称愚柔，而致九弟书云："古来豪杰，吾家祖父教人，以懦弱无刚四字为大耻，故男儿自立，必须有倔强之气。弟能夺数万人之刚气而久不销损，此是过人之处，更宜从此加功！"这能说他没有大才吗？可是他的祖父告诉他说："尔的官是做不尽的，尔的才是好的，满招损，谦受益，尔若不傲，更好全了。"可见曾国藩只是在不做上做工夫，颇有大智若愚之意。当然，藏锋是为了出击，如果一味地"藏"，也就谈不上"锋"了，因为没有试验的机会。所以藏是为了露，曾国藩对其弟曾国荃的复出及帮助李鸿章稳定两江总督一职，集中反映了他"有藏有露再试锋刃"的高超谋略。

中国旧时的店铺里，在店面里是不会陈列贵重的货物的，店主总是把它们收藏起来。只有遇到有钱又识货的人，才告诉他们好东西在里面。倘若随便将上等商品摆放在明面上，岂有贼不惦记之理。不仅是商品，人的才能也是如此。俗话说"满招损，谦受益"，才华出众而又喜欢自我炫耀的人，必然会招致别人的反感，吃大亏而不自知。所以，无论才能有多高，都要善于隐匿，即表面上看似没有，实则才智充盈。小聪明着眼于炫耀，大聪明则致力于事业。

孔子曰："小不忍则乱大谋。""韬光养晦"的关键，就是忍辱充重，等待时机，其目标是打败敌人，有所作为。如果一个人想成就一番事业，也有点基础，但是还不够雄厚，而竞争激烈，强手如林，这时如果轻举妄动，使人感觉到威胁，就容易被对手吃掉。在商场如果过分显露，满世界嚷嚷，那些竞争对手不打起十二分精神盯住你才怪。为了隐蔽真实意图，可以先采取韬光养晦的策略。按照常理，像"韬光养晦"这样的决策，应该只是在领导层内的心照不宣，而不会到处大讲。比较理想的情况是，将来有一天，我们在回顾现阶段成就时，众人恍然大悟，原来那时是在"韬光养晦"呀。

韬光养晦并非卧薪尝胆，韬光是隐藏自己的光芒，养晦是处在一个相对不显眼的位置。它和低调的意思基本相同，这是一种优秀的策略。

韬光养晦还包括谦卑。就是甘愿让对方处在重要的位置，让自己处在次要的位置，积极等待图谋发展。谦卑的人因为虚心所以能进入对方的心，被别人接纳。而在沟通时彼此接纳是很重要的，因此谦卑作为一种品格也非常重要。如果你不谦卑，就不能够被别人接纳。不被别人接纳你就无法与别人沟通，无法与别人沟通你就什么事也别想做！如果人与人之间能够相互谦卑、互相尊重，那人与人之间的关系就会很融洽，大家团结一致就没有做不成的事情。

因此，韬光养晦不只是一种生存策略，也是一种美德。一个甘愿处于次要位置的人，一个谦卑的人，最后会赢得大家的尊重和爱戴。而一个骄傲的人，一个锋芒毕露的人，常常因为无法接纳他人的意见，从而失去他人的支持，最终常常被降到卑贱的地步。所以说，韬光养晦对一个人很重要。

 胡雪岩：

做生意要低调，不事张扬

商场为人中，在事业有所成时，不能趾高气扬，处处炫耀，以免树大招风，遭到他人的嫉妒，成为他人重点对付的对象。当然更不能蔑视同行，以免在行业中无法立足。商业竞争中，不能轻易显露自己的真正实力，因为一旦让对手窥知底细，就容易成为他人攻击的目标，方便他人制定攻击策略。商业决策时，尤其是重大决策，要注意保守商业秘密，防止该消息过早地被竞争对手知晓，以免对方有更迅速的针对性行动，对己方的决策施行不利。

收敛锋芒，不张扬，不外露，不炫耀，不仅能避免他人的嫉妒与攻击，并且能使自己心境平和，运筹帷幄，以沉着应付各种意想不到的难题。用中国一句俗语来说，就是"闷声出大财"。

当然，"闷声"不是绝对的不声不响，而是该显露的显露，不该显露的不显露，即秉持"中庸之道"，在经商之中把握一个度，游刃有余地进行竞争。这里就不仅是一个商业策略的问题，更是一个个人修养品行的问题，值得商人们仔细玩味。

胡雪岩的眼光很深刻，做大事注意不张扬、不外露，为了迅速被同行接纳。他在创业伊始就尽量保持一个谨慎低调的态度，以免遭人嫉妒。

胡雪岩的第一门生意是开办"阜康"钱庄。在筹办钱庄时，他自己是身无分文的。不过经过仔细筹划，他决定以王有龄为靠山，凭着他的职位来承办打理官府的过往银两。这样一来不但可以利用公库的银子来做钱庄的流动资本，而且公库银子无需支付利息，等于是无本的买卖。

当然，这样做的条件是王有龄必须得到一个管理州、县的实缺。因为只有这样，他才有权力将公库的银子交给胡雪岩打理。而此时王有龄在仕途上才刚刚起步，只是浙江海运局的"坐办"，并不具备这个能力。因此他建议胡雪岩不要先急着开办钱庄，而应先帮助他在官场上立足，这之后再开办钱庄也不迟，反正他们的交情也是不必瞒人的。且按当时官场的惯例，他到时把公库的银子交给胡雪岩的钱庄来打理，也是一件极平常、极普通的事，不怕别人说闲话。

然而，胡雪岩却不这样认为，他觉得正因为已有了打理公库的计划，所以更应该先把摊子支起来。王有龄刚刚踏入仕途，还不是春风得意的时候，外面的人还不太知道他，但这同时也是一个机会。此时将钱庄热热闹闹地办起来，即便只是一个空架子也好，因为一旦王有龄掌管了一个州县，那时由自己的钱庄来代理公库，公款源源而来，空的自然也就变成了实的，并且暗度陈仓，不露锋芒。而若一定要等到王有龄补了州县的实缺后才开办钱庄打理公库，那时浙江官商两届就都已经知道了王有龄这么一个人，而且也必将知晓王、胡二人之间过命的交情，此刻王有龄将公库的银子交由胡雪岩来做创立钱庄的本钱，就会招来非议，大家会认为胡雪岩办的钱庄全是借王有龄的官场靠山，也会认为王有龄是动用公库的银子来中饱私囊，万一有人暗中施"坏"，向王有龄的上司参上一本，那可真是不得了，因而此事的动作不能过大。

其实，胡雪岩的意图很明显，就是做事不要过分张扬，这样才能不招来嫉妒。经商与做人的精神品格也是一致的，不要因为暂时的得意就沾沾自喜，将自己的市场机会和财富外显出来，因为那样做会招来一些人的怨恨，为自己以后的发展带来障碍。

"曾胡"官商启示录：

"韬光养晦"一词，出自《旧唐书·宣宗纪》，意思是指隐藏才能，不使之外露。韬光养晦不是密封自己沉沦下去，而是通过隐藏与低调，积蓄自己的能力，酝酿爆发的力量。

"韬光养晦"说来简单，但当你春风得意、志得意满之时，要做到这一点却实属不易。而要能做到这一点，对于保持工作成功的延续性、维持个人前途的上升势头、延长领导人物的政治生命有着重要的意义。一般来说，"树大招风"，强势群体大权在握，处在比较显眼的位置，他所受到别人关注的就必然多，所要应付的事情也必然多。这样，会让他把许多的精力分散在与人周旋、应付上。做人做事需要思考，反思过去成功和失败的经验，做好下一步的工作计划，不断修缮自己的处事原则，这对于一个想达到成功或保持成功的人是十分必要的。而处于权力掌控者和集中体这一地位的所谓强势群体，耳边充斥着阿谀奉承，身后埋伏着明枪暗箭。阿谀奉承听多了就难免飘飘然，一个人总是仰着头走路难免会被石头绊倒；明枪暗箭即使一一躲过，长此以往也难免会疲于应付。而做到韬光养晦，采取战略性的前进方式，才是成就大作为的王道。

而对于暂处于弱势地位的人，韬光养晦常常是有大志向的人处在逆境时的选择。韬光养晦还包括谦卑，就是甘愿让对方处在重要的位置，让自己处在次要的位置，积极等待最佳时机图谋发展。一个锋芒毕露的人，常常因为无法接纳他人的意见，从而失去他人的支持，或是因为太过招摇从而树敌过多，最终常常会一败涂地；而谦卑的人，容易得到他人的信任，容易博得他人的好感，从而为一鸣惊人营造良好稳固的基础。也可以令那些充满敌意的人渐渐丧失对你的防御，从而为自己的发展做到最好的保护。

暂时的退却是为了换取更大的胜利。韬光养晦是一种策略，是一种成熟的大局观的表现。隐藏锋芒、适时而动，就仿佛拳击台上面对对手的攻击采取后退格挡的姿势，当时机出现的，再使出自己的奋力一击。毕竟，笑到最后的人才是最成功的。

第十六章　忍让 VS 和气

曾国藩：

凡事以忍让为怀

每个人都想自己在为人处世方面能够做得比较周全，能有一个相对轻松和谐的环境，与别人很好地相处，那么宽容忍让是不可或缺的。我国古来就有"君子宽以待人，严于责己"的处世方法。

孔子的学生子贡曾问孔子："老师，有没有一个字，可以作为我们终身奉行的原则呢？"孔子说："那大概就是'恕'字了吧。"孔子这里所说的这个"恕"，用今天的话来讲，就是宽容。

所谓宽容忍让，就是指对他人的要求不过分，不强求于人，以宽容为怀，能让人时且让人，能容人处且容人。人们之间相互交往贵在与人为善，尽可能地向他人提供方便，尽量给予他人帮助。你希望别人善待自己，那么将心比心，你就要善待别人，多给人一些关怀、尊重和理解；对别人的缺点要善意指出，不能幸灾乐祸，加以嘲笑；对别人的危难应尽力相助，不应袖手旁观，落井下石。即使是自己人生得意之时，也不能得意忘形，居功自傲，而是应多想想别人对自己的帮助和恩惠，让三分功给别人。

宽容忍让，正是以宽广的胸怀，宽容的气度，创造宽松的人际环境，大度豁达，使别人敬重和倾慕你的人品，并具有很大的人格魅力，特别是在竞争激烈的今天，宽容忍让会使人们都喜欢与你交往，所以，宽容忍让是为人处世的一个重要原则。

曾国藩认为自己一生中取得成功的重要因素在于"忍"。他说："李申夫尝谓余怄气从不说出，一味忍耐，徐图自强，因引谚曰：'好汉打脱牙和血吞'。此二语是余咬牙立志之诀。""欲立不世之功，得成勋世伟业，非坚忍所不能也。""天下事果能坚忍不懈，总可有志竟成。"由此，曾国藩自拟谥号叫"文韧公"，对自己"忍"字处世诀窍颇为自得。

曾国藩在剿捻中制定的"以静制动，设防长围"的方略，也是以"忍"字当头，围而不战，缩小捻军的生存空间。这一方略后被李鸿章继承取得最后的成功。曾国藩在指导曾国荃作战时也一再提到"忍"："吉贼无路可窜，势不能不尽力死守，望弟勿过于焦虑，总宜静心忍耐。至要至要"；"弟军若出濠打仗，恐正中贼之计，贼所求之而不得者。顷以坚守不出为最妥，不必出而撄贼凶锋。"这些都着重说明了战场上的"忍"。善于等待，要寻找机会，不能盲目冲动。

汉景帝派太尉周亚夫率军平定七国之乱。周亚夫针对吴楚军队剽悍灵活，采取避免正面交锋，转抄后路切其粮道的策略。当梁国受攻求救时，周亚夫决意暂时牺牲梁国，置之不理。梁国奋而自救，牵制了吴楚大量兵力。吴楚军队转而进攻周亚夫，周亚夫避而不战。吴楚军队冲击东南角，周亚夫却在西北角重军防备，堵住其退路。这样，吴楚军队进退两难，粮草不继，军心涣散。最后周亚夫以精兵追击，决战致胜，一举平乱。

三国时，诸葛亮与司马懿对阵于渭南。司马懿面对诸葛亮的挑战，坚守不出，因为蜀军远道奔袭，供应不及；蜀国整体实力弱，耗不过实力雄厚的魏国，所以诸葛亮积极求战，还送给司马懿一套妇女装以嘲笑他软弱，激他出战。司马懿看穿了诸葛亮的用意，但为了抚慰将士的愤怒之情，也故作气愤难忍，向皇帝请求开战。其实这故作姿态很容易看透，"将在外，君命有所不受"，本不至于开战还要请示。所以魏帝曹睿领会其意，就派卫尉辛毗持节杖勒令司马懿不许开战。这一出双簧戏安定了军心，也挫败了诸葛亮的激将计。诸葛亮只得怏怏而退。这是司马懿卓绝的"忍"功。

曾国藩办理外交，当列强挑争事端时力主"委曲调停，设法劝阻"，以除了"忍"别无良策。面对"今日西洋各国穷年累日讲求战事，约纵连衡，窥伺衅隙"，曾国藩根据中国国力弱，一再息事宁人。他在办理天津教案中杀国人以谢洋人求得全盘暂时和局，在他看来是最理想的结局。他"不敢以津民一朝之忿，贻国家累世之忧，所以低首下心曲全邻好者，盖以大局安危所系。"他以为牺牲自己的声名，顶着"卖国贼"的骂名，"忍辱负重，咬牙做去"，是取大利，自以为是值得的。

古今中外，众多的成功者并不是依赖机会或好运气，而是得力于他们坚韧不拔的精神。一个人要想成就一番大事业，都不可能一帆风顺。

缺乏坚忍、毅力是失败的主要原因之一，也是大多数人常见的共同弱点。

观察曾国藩获取成功性格的经验，很重要的一条就是"坚忍"。大概一个人不能像曾国藩那样坚忍就无法有顽强之力，与各种险境抗争，与各种人过招。因此，有必要看一看曾国藩获取成功性格的成功经验——"坚忍。"

曾国藩一生虽不能算是立下万世之功，但也成为"古今不一二睹之大人物"，这和他终身所奉行的，也是为人们所推崇的"坚忍"密不可分的。

何为"坚忍"者？刚强牢固为坚，勇毅强挺为忍。君子持威重，执坚忍，临大难而不惧，视白刃若无也。欲立不世之功，得成勋世伟业，非坚忍所不能也。坚忍于战则无敌，于礼则大治；外无敌，内大治，厚道载物乎？这就是曾国藩的坚忍。

1854年11月27日曾国藩在给他诸弟的信中说：我自从服官及办理军务，近几年来，心里常常有郁屈不平的感受，每每仿效母亲大人指腹示于儿女们的样式曰："这里边蓄积多少闲气，无处发泄。"那些往年的许多事已不全记得了，今年2月在省城河下，凡属我所带领的兵勇仆从，每次进城，必定遭痛骂毒打，这种情景都是四弟、季弟亲眼所见。谤怨之声沸腾，万口讥笑嘲讽，这也是四弟、季弟亲眼所闻。自4月以后，两弟不在这里，景况更加令人难堪。我只有忍辱包羞，屈心抑志。

曾国藩的一生靠坚忍成就了他的事业。青少年时代靠坚忍的苦读博取了功名，取得了晋身之阶。到中年以后更是靠"坚忍"战胜了磨难。

曾国藩在江西带兵的时候，因为他所处的环境，当时虽是督师，实居客居的地位，筹兵筹饷，一无实权，二无实力，州县官都不听他的话，各省督抚又常常为难他，只有胡林翼诚心帮他的忙。湘军将士虽也拥戴他，可是他们的官级，有的比他还高，他好像一个道义上的统帅，当然是经不起败仗的。这时，曾国藩靠的是什么？靠的是坚忍。他在父亲去世，弃军回籍奔丧，甚至在欲急流勇退的情势下，耐心地听取了朋友的规劝，并且深深地做了自我反省。

自率湘军东征以来，曾国藩有胜有败，四处碰壁，究其原因，固然是由于没有得到清政府的充分信任而未授予地方实权所致。同时，曾国藩也感悟到自己在修养方面也有很多弱点，在为人处事方面固执己见，自命不凡，一味蛮干。后来，他在写给弟弟的信中，谈到由于改变了处世方法所带来的收获，而改变了的处世方法，无非是"坚"中多了一些"忍"，结合时势把"坚忍"二者的关系处理得更为妥帖了。为此，他说："兄自问近年得力惟有一悔字诀。兄昔年自负本领甚大，可屈可伸，可行可藏，又每见得人家不是。自从丁巳、戊午大悔大悟之后，乃知自己全无本领，凡事都见得人家有几分是处。故自戊午至今九载，与四十岁以前大不相同，大约以能立能达为体,以不怨不尤为用。立者,发奋自强,站得住也;达者,办事圆融,行得通也。"

靠这种坚忍,曾国藩终于走出了那种阴霾笼罩的心境,渡过了那段痛苦的日子。因此曾国藩在他的处世人生中,特别偏爱"坚忍",他说:司马迁崇尚黄老,敬仰游侠,班固以此来讥讽他,确合事实。敬仰游侠,所以多次称赞坚忍卓绝的操行。比如屈原、虞卿、田横、侯嬴、田光以及贯高都是此类人物。

对于曾国藩的坚忍,连王闿运写《湘军志》时本想讥讽曾国藩,但终为其感动:1878年2月21日云:"做《湘军篇》,颇能传曾侯苦心;其夜遂梦曾。……"27日云:"夜观览涤公奏疏,其在江西时,实悲苦,令人泣下,然其苦乃自寻得,于国事无济,且与他亦无济。且吾尝怪其相法当刑死,而竟侯相,亦以此心耿耿,可对君父也。余竟不能有此愚诚。'闻春风之怒号,则寸心欲碎;见贼船之上驶,则绕屋彷徨。'《出师表》无此沉痛。"

"坚忍"是两个奥妙的字,"坚"可理解为锐于进取,挺而不软弱;"忍"可理解为持之以恒、能屈能伸、不计屈辱。体现在深受曾国藩影响的李鸿章身上,"坚"字可达到拼命的程度。"拼命做官"是曾国藩送给李鸿章的雅谑,后此论不胫而走,天下人无不以为惟妙惟肖。清史馆为李鸿章立传,也用"自壮至老,未尝一日言退"概括他只想升、只想进的拼劲。李鸿章少年时言志,也说:"我愿得到玻璃大厅七间,都敞开明窗,让我在里面办公。"但他了却此愿后,却不以此为足,又拼命去追逐新的目标。曾国藩就十分羡慕李鸿章的这股拼劲,羡慕李"具办事之诚,有任事之量",说李易于取得成功。

李鸿章身上的"忍"字是与屈辱连在一块的,尽管他外表并不谄媚,倒是气宇轩昂,一派雍容华贵的风度。他除了屈于封建皇朝,还屈于列强,如果中国国力强,他或许真的会扮演中国的俾斯麦。但中国太弱,他和上海势力无力回天,他带头搞的洋务运动也不能使中国强大。因此,李鸿章的忍要忍到甘愿演小丑的地步,1862年李谈他的洋务外交时说:"与外人杂处,每到十分饶舌时,用痞子放赖手段,他们也没有什么办法。"这套法宝李鸿章四十年如一日地搬用。甲午惨败,他的洋务军事大业毁于一旦,亿万国人恨不得寝其皮、食其肉。按说他不忧愤而死,也该忧愤而疾了,但他却照样赴日乞和。在马关,他遭到了日本浪人的枪击,脑袋上鲜血淋漓,但即使如此,他仍嬉皮笑脸、死乞白赖地乞求日方谈判代表伊藤博文等削减赔款数目。这种九折臂三折胝的忍性非常人所具,难怪在一些传记中他被写成冷血动物。他到1902年还说:"与洋人交涉,不管什么,我只同他打痞子腔。"痞子腔系皖中土语,即油腔滑调之意。忍到这种可悲可憎的腔调,只能用"畸形"二字来形容。

宽容忍让有的时候就是需要糊涂一些,但是也要有原则。小的事情,无关原则的事情可以糊涂一点,遇到大事的时候就不能再糊涂了。对恶人无原则的宽容无异于助纣为虐,是对善良人的残忍。朱熹曾经说过,"血气之怒不可有,义理之怒不可无",就是这个道理。我们在懂得宽容忍让的同时也应懂得疾恶如仇,捍卫正义。只有做到当宽则宽,当严则严,抑恶扬善,才是真正的宽容。

胡雪岩:

和为上策,和气生财

"和气生财"是我国流传下来的重要谚语之一,这个"和气"包括的内容很宽泛,不仅是经商的道理,还有为人处事的策略。

商场复杂,而人世更加变幻莫测,经商是做人,而做人也是经商,两者不可截然分开。商场上驰骋拼搏,屡战屡胜的能手,都是人情练达的行家。

中国传统商人讲究"圆"的处世策略,即主张"和"为上策,处事求个圆满,与人交结讲究和气。这也是儒家中庸之道在商业上的经典表现。

经商讲究的和气,可以用两个方面来概括:

第一,内部和气。常言道:"兄弟齐心,其利断金。"古往今来,大至一国,小至一家,任何形式的组织,莫不把团结和睦视为关键,究其原因,正如文中所言,"家和则道昌,国和则治强",团结稳定是一切发展的基础。一个公司,唯有内部团结一致,和和气气,才能结成一个强大的团体,共同面对竞争激烈的外部环境,各司其职,各尽其能,共同营造企业的发展。

第二,外部和气。人不能孤立地存活于世,组织更加不能。如果说内部和气是组织发展的基础,那么,与外部环境和谐共处,则关系着一个组织的生死存亡。现代商人面临的世界更为广博，政治、经济、科技等等宏观环境要素也远比古时复杂，如何创造并维护一个与外界和睦的氛围一直为企业家所关注。简单地说，可以把外部和气概括为：与消费者和，与合作者和，与市场法则和，与国家政策和。现代商人需谨记一点：和为上策，和气生财。

胡雪岩押运洋枪，由沪到浙时遇到了事关旧朋新知以后出路及彼此间相互关系的事。

本来，在上海购买的这批枪，需要经由松江漕帮协助运回杭州地面。可是人到松江，却发现麻烦来了。松江漕帮老大魏老爷子的旧友俞武成，已经和太平天国的势力搭上了关系，一切都已布置妥当，只等这批军火一运到松江，就动手截下来。

胡雪岩见此光景，心中十分不安。如果俞武成不是松江漕帮老大魏老头子的"同参兄弟"，事情就好办了；或是这批军火不是落到太平军手里，事情也好办。此刻既是投鼠忌器，又不能轻易松手，搞成了软硬都难着力的局面，连他都觉得一时难有良策。

松江漕帮的魏老爷子此时已决定和俞武成断交，全力帮助胡雪岩渡过这一难关，阻止俞武成动手。到了这种兄弟反目的关口，虽事出无奈，却也无法挽回了。而胡雪岩却"灵光一闪"，搬出俞武成90岁的老娘俞三婆婆，让她来劝服俞武成。这样一来就不会让魏老爷子和松江漕帮为难了。

然而，这俞三婆婆是个极厉害的角色。她在胡雪岩面前装聋作哑，令胡雪岩很是挠头。但他却没有灰心，而是耐心地给俞三婆婆分析利害关系。胡雪岩要言不烦地说明来意：一方面表示不愿使松江漕帮为难；一方面又表示不愿请兵护运，怕跟俞武成发生冲突，伤了江湖义气。一番绵里藏针的话过后，俞三婆婆毕竟是一个老江湖，熟悉世面，听胡雪岩说到"不愿请兵护运"这句话时，暗地里实为吃惊。这话等于指责俞武成抢劫军械，这可是杀头抄家的罪名啊。

面对如此的利害关系，俞三婆婆再也装不下去了，她厉声吩咐手下人去将俞武成找回来。

胡雪岩在一旁见老太太动了真气，急忙相劝，说这事怪不得俞大哥，他们也是道听途说，事情还不知真假呢，况且俞大哥也不至于敌友不分。他的来意，是想请三婆婆做主，请俞大哥出面，以保平安。听到胡雪岩这么一说，俞三婆婆承诺此事理当效力，这就意味着她会劝服俞武成退出截取军火的活动。

然而事情并不这么简单，俞武成客居异地，手下的兄弟都不在，虽然出头来主持，无非因人成事。上山容易下山难，看来此事不是光凭一句话就可以罢手的。事情相当麻烦，俞武成为本帮兄弟的生计考虑，急于谋个出路，以致身不由己，受到挟制而势若骑虎。胡雪岩接下来要做的就是如何让俞武成安然跨下虎背。

凭胡雪岩的脑筋、实力和方方面面的关系，摆平这一点倒不算太难。

伏虎无非就是收降，计策似乎不甚高明，仔细想来也足见胡雪岩的眼光深远。他从一个商人的角度通盘考虑了形势，深信"太平军只是一时肆虐"，于情势，于力量，都不太可能长久。所以在商业上，胡雪岩总的原则是帮官军打太平军，天下早一日安宁，商业就早一日昌盛。这批军火本来也正是本着这个原则着手去做的，遇到了麻烦，也正好可以顺着这个思路去考虑解决办法。

可真是一顺而顺，道理摆出，利益相诱，胡雪岩很快同俞武成达成了协议：由胡雪岩报清军发给这批人三个月粮饷，保证不诱降，事成后编入绿营军。

由这件事上也可看出胡雪岩务求事圆的决心、手段和恒心来。不到山穷水尽之时，决不放弃以和平方式来解决问题，为了能够达到平和圆满，也决不过分姑息迁就。原则是要有的，见机行事也是很必要的。

这正是胡雪岩一生所坚持的以和为上策，和气生财。

有时候，衡量事情成败的标志不在于给人逞强，一个"和"字，实在是隐含了太多的做人和经商道理。胡雪岩在经营过程中，坚持"得饶人处且饶人"。

胡雪岩出道的时候，就显出这种气度。王有龄用胡雪岩捐助的五百两银子捐官成功后，回到杭州，得知胡雪岩为此丢了饭碗，当时就要还上信和钱庄的五百两银子，为胡雪岩洗刷恶名。他弄清了借据的内容，利息算法，立即就在海运局支出六百两银子，要去了结这笔账。他穿上官服，吩咐跟班备轿，让人准备鸣锣喝道，要和胡雪岩一同前往。按他的想法，自然是要以自己的威风，为胡雪岩扬一扬名，顺便也替他出一口恶气。

但胡雪岩却拒绝了。他并没有得理不饶人，而是设身处地地为别人着想。他不去的理由很简单，信和钱庄的"大伙"就是当初将他开除出信和的张胖子。如果此时他和王有龄一同前往，势必让张胖子非常尴尬，大失面子。而如此张扬而去，传扬开来，张胖子在同行、在东家面前一点面子也没有了。这是胡雪岩不愿意看到的事情。

他不仅没有与王有龄同去，还叮嘱王有龄，不要告诉他们已经见过胡雪岩。这使王有龄对胡雪岩的做法不禁赞叹道："此人居心仁厚，至少手段漂亮。换了另一个人，像这样可以扬眉吐气的机会，岂肯轻易放弃？而他居然愿意委屈自己，保全别人的面子，好宽的度量！"

王有龄理解了胡雪岩的用心，单独去还这笔借款时，也做得很漂亮。他特意换上便服，也不要鸣锣开道，将官轿换成一顶小轿到了信和钱庄。由于信和当初就将这笔五百两银子的款子当作一笔收不回来的死账，因此他们也没把胡雪岩代王有龄写的借据当一回事，不知随手扔到哪里去了，此时王有龄来还钱，居然怎么也找不到。当钱庄张胖子将此情况据实相告之后，王有龄不仅没有为难他，而且二话没说，拿出该还的连本带息五百五十两银子，只要求对方写一个已经还清的笔据，至于原来的借据，以后找到，销毁就是了。

这一出了清旧账的戏确实"演"得漂亮。正像王有龄所想的那样，胡雪岩本来就受了冤枉，丢了饭碗，而且落魄到给人打零工维持生计。现在终于可以为自己洗刷恶名，换上一个人，大约真的不会肯白白放过这次为自己挣回面子，让自己扬眉吐气一回的机会。但胡雪岩首先想到的，却是如何保全别人的面子，难怪王有龄会打心眼里佩服他："好宽的度量！"

胡雪岩牢牢记住"饶人一条路，伤人一堵墙"的道理，"和气生财"，是商人永远的法则。

"曾胡"官商启示录：

所谓"和气生财"，"和气"的重要性并不仅仅体现在商业活动中，在为人处事、开展工作中，"和气"也是非常重要的。试想一下，一个明争暗斗、貌合神离的集体在工作中能有多大的战斗力呢，想必战斗力都在无休止的内耗中被消耗殆尽了。

要做到和气，首当其冲的便在一个"恕"字。宽恕他人，对他人不为难，不强求，对于己不利的事情一笑了之，该忍让时则忍让，这样既能消融彼此心灵中的坚冰，又能在他人心中留下豁达大方的好形象，从而为自己的成功打下良好的社会基础。宽恕自己，不奢求，不懊悔，永远以积极的姿态处事，心境平和，方成大器。

宽恕是种可贵的品质，但也需要有原则。宽恕当有度，"血气之怒不可有，义理之怒不可无"，当别人的行为已经触及道德公理的限度时，则不可再宽恕。否则，宽恕便不再为宽恕，轻了说是放纵，重了说就是助纣为虐了。

　　宽恕是一种坚强的表现，只有内心坚强的人才可以真正的去宽恕他人。与他人留余地，自己的路也会变宽，供你发展的空间也就更广阔。

第十七章　自省 VS 自律

曾胡官商启示录

曾国藩 ZENG GUO FAN

曾国藩：

做事谨慎，不越雷池一步

曾国藩特别爱讲"谨慎"二字，一再告诫自己左右的人，要诚傲，要慎独，这样才能不越雷池半步。从这个道理说开去，人生的失败就在于不谨慎，常常把脚跨在一个不该跨入的地方。

曾国藩说："终身涉危蹈险，如履薄冰，却能自全其身，自守其道，尽己之性而知天命，下学上达。"这些都是他为人处世最重要的原则。

在任何时候，都要谨慎处世，不要贸然行事。真正获取成功性格的人，一定要多在谨慎上下功夫，不要给自己增添麻烦。曾国藩的一生惟谨慎而已，谨慎使他最终不易出错，最终获取成功性格。

曾国藩说，凡是有才能的人总希望表现自己，希望被别人承认他高明，就像孔雀一样，遇见围观的人多了，就开屏展示自己的美丽。其实这很容易招来众怒。同时，胸中有是非，有判断，有取舍，但又佯装不知，这是很难做到的。

范蠡功成身退的结局说明，范蠡不仅善于谋国，而且善于谋身，当进则进，当退则退，因而得以避免文种那样的杀身之祸。

苏东坡对此发表评论："春秋以来，用舍进退，未有如范蠡之全者也。"范蠡之所以采取这种功成身退的做法，是因为他看到了当时的一种带有规律性的社会现象："飞鸟尽，良弓藏；狡兔死，走狗烹。"

当然，受历史条件的限制，他还不能透过现象看清它的本质。勾践所以过河拆桥，不能简单地归结于他的个人品德，而是由当时的社会制度和他的阶级本性决定的。在当时的历史条件下，君主和谋臣之间，是一种人身依附关系，也是一种相互利用的关系。具有自知之明的君主，知道自己的智力不足以应付错综复杂的斗争，"智不备于一人，谋必参诸群士"。特别是在创业阶段或处境危难的时候，都能不同程度地礼贤下士,虚心听取谋臣的意见。谋略人才则希望依靠有作为的君主,谋取个人的名利,施展自己的才能。但是,这种关系能够维持到什么程度,则以是否有利于君主的权力为准则。

为谋臣者,最忌功高震主。勾践在会稽兵败、"十年生聚"的时候,能够比较虚心地听取范蠡、文种等人的意见,甚至宣称要和他们"共执越国之政";而一旦大功告成,认为不再需要谋臣的帮助,甚至认为谋臣成为自己权位的威胁,就毫不犹豫地加以排斥和迫害。所以,在当时的社会历史条件下,范蠡的做法,不失为一种明智的选择。

曾国藩曾经这样说:"位高权重的人,就不能不对自己的行为特别小心,包括对自己家人的言语也当格外谨慎。"

早在道光年间,他就嘱咐家人,千万不能到衙门里说公事。如果闯入衙门,一方面有失乡绅的气度,一方面也使曾国藩蒙受羞辱;同时还会使地方长官难堪,有时会被地方长官鄙薄。所以他多次嘱咐家人,即使自家有事,情愿吃亏,千万不可与他人构衅争讼,以免被地方长官怀疑为仗势欺人。

曾国藩深知历史上许多高官败在身边人手上,所以当他的叔父打着他父亲和他的旗号去干预地方公事后,他立即写信予以制止。并讲了一番此乃败家误国的道理。最初,他的叔父不以为然,甚至有些气愤,这时还是曾国藩的父亲搬出"祖训"来,曾国藩的叔父才收敛起来。

到曾国藩任两江总督时,权势更大了,曾国藩也更加谨慎。他在给曾国荃的一封信中写道:"捐务公事,我的意思是老弟绝不多说一句话为妙。大凡人官运极盛的时候,他们的子弟经手去办公务也是格外顺手,一唱百和,一呼百应。然而闲言碎语也由此而起,怨恨诽谤也由此而生。所以我们兄弟应在极盛之时预先设想到衰落之时,在盛时百事平顺之际预先考虑到衰时百事拂逆之际。弟弟你以后到长沙、去衡州、回湘乡应把不干预公务作为第一重要的原则。这是为兄我阅历极深之言,望弟千万铭记在心。"

曾国藩畏天但不怕天,畏死但不怕死,他怕的就是他人的嫌疑、闲言和怨谤。他和曾国荃同领一个军队,这是一种很特殊的关系,一荣俱荣,一损俱损,曾国藩尤其谨慎。他对弟弟说,我出任地方官,如果仅带一个亲弟弟在身边,那么好事未必见九弟之功,坏事必专指九弟之过,不可不慎。如何处理这种关系呢?曾国藩写了一副对联与弟弟共勉:"为平世之官,则兄弟同省,必须回避;为勤王之兵,则兄弟同行,愈觉体面。"

曾国藩在治军上的战略战术的核心思想也是以谨慎为怀的,这种谨慎则表现为以退为进,不轻易出击,保存实力,先发制人。在咸丰九年二月,曾国藩在日记中写道:"兵者不得已而用之。常存一不敢为先之心;须人打第一下,我打第二下。"正是这一思想的具体体现。

处世以谨慎为怀,不能不说是曾国藩免于失败的一个重要原因。

胡雪岩:

坚决不赚烫手钱

生意人的种类有很多,挣钱方式也有很多,但是绝不可去沾烫手的钱,否则你就会被这烫手的钱烧毁了自己。

至于哪些钱属于会烫手的钱,不同人大概会有不同的看法。但总的说来,会烫手的钱,大体应该包括下列三类:

第一类是会触犯法律的钱,如靠走私贩毒等非法手段赚来的钱,也就是我们通常所说的"黑钱",一定是烫手的钱。赚这种黑钱于法于理不容,必将招来灾祸,受到惩罚。为身外之物冒被囚杀头之险,无论如何不划算。

第二类是以损人利己为后果,靠坑害同行同业或蒙骗欺诈赚来的钱,比如龚家父子在那桩军火生意上斜插一杠想要赚取的钱,也是烫手的钱。这类以损害他人利益的手段赚取的钱财,本质上与前一类没有大的区别,既违背了商场交易必须互利互惠的原则,也践踏了人自身应该遵循的基本的道德准则。而且,加害于人,必遭报应,赚这种钱也会为自己种下招祸的根由。

第三类是那种既不违法同时也有正当的理由去拿,但拿了却有可能得罪同行或朋友,结怨于他人的钱。如我们在前文看到的胡雪岩由龚家父子那里挖出的钱。

一般来说，这三类当中，对于前两类，人们比较容易从理性上看得很清楚，而且大多数人也能明确知道并尽可能约束自己按规则办事。但对于第三类，人们则常常不能看得很清楚，有时即使看清楚了，常常也很难主动放弃。这是可以理解的。一方面，这类钱的获取并不涉及法律问题，也不是直接以不正当手段损害他人所得；另一方面，商人均图利，一个优秀的商人在别人看来赚不到钱的地方都要设法挖出银子来，何况有现成的钱好赚呢？更何况还有赚这钱的正当理由呢？

这确实需要能够设身处地，将心比心，为他人着想的自觉意识。胡雪岩就是一个极能为别人着想的人。王有龄因筹解漕米有功，很快由海运局坐办改升署理湖州府。当时官场有不成文的规矩，一方官员和地方士绅逢年过节都必须给主官备送节敬。王有龄改升署理湖州府正在端午前，他如能赶在五月初一上任，五月初五必有一笔不菲的节敬好拿。拿这笔钱于情于理实在也无大碍。但胡雪岩认为不可。他的理由有两条：

一、节敬只此一份，前任已署理好些日子，该当他得，为他着想，不能去抢了他的好处；

二、往深一层说，抢别人的好处必定得罪对方，结下怨恨。"铜钱银子用得完，得罪一个人要想补救就不容易了"。

胡雪岩有一句名言，叫作生意人要学会"前半夜想想自己，后半夜想想别人"。按我们的理解，这里的"想想别人"，也就是设身处地为别人着想，想想别人的难处，想想别人和自己一样辛苦，也和自己一样是为了赚自己该赚的那份银子。

生意人不能不想自己，不能不去细心地算计筹划如何赚钱——钱是赚来的，更是算计筹划来的。但在想自己的时候不妨也想想别人，这样会避免犯错误，避免因拿了烫手的钱而给自己"拿"来一些不必要的麻烦。说到底，想别人其实也是想自己。

胡雪岩常对帮他做事的人说："天下的饭，一个人是吃不完的，只有联络同行，要他们跟着自己走。"话虽无奇，却透着胡雪岩这样一个深谙经商之道的人对于商场运作规律的深刻理解。

人们常说，商场如战场，一般的人常常简单地将这句话理解为对商场竞争的形象概括，而往往忽略商场还有另一面，即商场上有竞争更要有联合。

一个简单的事实是，不管你实力多强大，也不管你的本事多高，你都无法占有整个市场。一个明智的生意人必须懂得，要在商场上站稳脚跟，不仅要有天时、地利，还必须结下人缘。

由此看来，做生意虽然是为了赚钱，但赚什么样的钱以及赚钱后果也确实不能不谨慎考虑。烫手的钱即使再多也不能要，这个原则任何一个生意人都应该铭记。

"曾胡"官商启示录：

无论是自省还是自律，都需要自身坚强的意志力以及对自身的苛刻要求。所以说，真正成功的人在某种程度上来说都是自律的人，那些不懂自律却成功的人早晚会因为自我的放纵而栽下大跟头。

纪律和规则是我们平时工作、学习和生活中不可缺少的。很多事实都能说明这个道理，比如乘车要排队，过马路要遵守交通规则。其实什么事情都需要有规则和纪律，否则任何事情都毫无秩序可言。这种规则不仅要遵守，还可能会时时刻刻受到他人的监督——不排队上公交车就会受到他人的斥责，不看红绿灯乱穿马路会遭到交警的阻拦。在社会中，人们的行为受到上至国家法律下至群众舆论的监管。相信我们中的大多数人在这些场合都会做的合乎规矩，但在没有监管的情况下，很多事情你真的能做到合乎规矩么？！

一个有着大志向的人，一个想要成就大事的人，必须要规范自己的言行，才能更好规划自己的人生。这就需要严格的自律。自律的人不需要以法规和道德为限，自身的行为准则就会使其行为大大高于常规的标准。将自律变成习惯的人，其发展的空间并没有因为自我的约束而受到局限，反而由于对自身做人原则的严格遵循，反而会在行为上获取更大限度的自由。就仿佛水是对鱼的限制，没有了水鱼就无法生存，但水这一本体又为鱼提供了可以自由游弋的空间。毕达哥拉斯说过：不能约束自己的人不能称他为自由的人。我们的自律并不是让一大堆规章制度来层层地束缚自己，而是用自律的行动创造一种井然的秩序来为我们争取更大的自由。

对人如此，对企业亦然。观察一下在全球500强排名靠前的这些企业，就会发现它们有着一个共同的特点——拥有着严格的企业制度。实际上，企业氛围的包容性和开放性与企业制度的严格没有多大关系，一个拥有着严格规章制度的企业，也可以在规章制度的约束下给予员工最大限度的自由。企业经营的目的只有一个，那就是创造利润。严谨的制度下的宽松的氛围，既可以使员工能够在一种轻松地状态下发挥自己的聪明才智，又能够使这些聪明才智能够更好地为企业所利用。自我约束系统能否建立与切实执行，直接关系到企业的发展潜力是否能够得到充分释放，在很大程度上也决定着企业未来的走向和兴衰。

第十八章　自强 VS 乐观

曾胡官商启示录

曾国藩 ZENG GUO FAN

**曾国藩：**

刚直可用，自强不息

惟刚直可用，能担当重任。

曾国藩说，懦弱无刚四字为大耻，故男儿自立，必须有倔强之气。他的刚，首先表现在敢于坚持自己认为正确的东西，即使皇帝命令，也敢违逆不听，或者用刚柔相济的办法来达到坚持的目的。这也是他的高明之处。

太平军的水师系用民船改造，有一万多艘，占了整个江面，声势浩大，清兵只能在陆地上追赶，或者闻风而逃。这是郭嵩焘和江忠源亲眼看到的，就上奏朝廷，请求创建水师，夺取长江控制权。咸丰帝依准了他们的建议。

曾国藩就在湖南创办水师。水师首先要有炮船，湖南人却不会造。所以在造船初期，曾国藩遇到很多困难，做了各种尝试，都不得法，经受不住千斤重炮的震荡。资金也很困难。最先的想法是扎成大木排，把大炮固定在木排上。结果大炮一轰，木排就震散了，根本不能用。

直到后来岳州水师派来两个人，曾国藩才懂得炮船、战船的诸多样式。从广西购买的木材也大批运到，造船工作才正式展开。

尽管战事紧急，但在造船上他却不肯草率行事，务求造出高质量的炮船来，木料精挑细选，力求坚固耐用，对大炮的要求更严。当时中国自己铸造的大炮存在质量缺陷，不仅笨重如牛，而且射程短，杀伤力弱，还容易自炸。一尊两三千斤重的大炮，远不如几百斤重的洋炮好使。曾国藩力求多用洋炮，因此不惜重金，都从广东购买。

安装大炮也煞费工夫。他进行了一连串研试，才把洋炮安装在战船上。他的苦心没有白费，他的战船装备了当时威力最强大的火炮，不论是战船的坚固耐用程度，还是军队的战斗力，都大大超过太平军的混编水师。

招募水兵也遇到困难。湖南人习惯了岸上的生活，觉得吃住都在船上，日子一定难熬。水师军官更难招募。那些文人、士绅来应聘,听说是水师,掉头就走,惟恐走得慢了。连水师名将杨载福、彭玉麟,都是由陆师改编的。最初他们俩怎么也不肯去,曾国藩好说歹说,二人才答应试试看。水师营官之中,只有岳州来的两个人懂得水战,其他都是旱鸭子。曾国藩最得意的,就是在如此困难的情况下,搞起了一支当时最先进的内河水师。曾国藩没有料到,他的兵还没练成,咸丰帝就命令他出征。原来,他跟江忠源说了,他计划编练万人,都交给江忠源指挥。大概通信不便,情况还没有搞清楚,江忠源就跟咸丰帝打了报告。湖南这边船炮未齐,朝廷那边命令就下来了,三个月连下三道谕旨,要曾国藩出兵增援。

曾国藩就为难了,写信跟咸丰帝说:"惟炮船一件,实有不宜草率从事者。"试制阶段,工匠不懂技术,船又太小,压不住风浪,更受不起大炮的震荡。新船造好了,什么都没有,油漆也没干,还不能下水。巩固炮位的石灰三合土还没干透,开炮就会震松,至少还需一个月才能下河。

"统计船、炮、水勇三者,皆非一月所能办就。向北望,皇上忧劳,向东望,安徽危急,我心片刻难安。势事紧迫,又不能草草出兵,明年春天乃可成行。我伏在地上,恳请皇上鉴察我的真心。"

曾国藩拒不执行咸丰帝的命令,实在有他的考虑。

太平军号称百万(实际兵力当在二十万之下),横行长江,清兵根本不是对手。他们是一支强大的正规军,跟湖南当地的起义武装完全不同。曾国藩既然想"扫荡群丑,澄清天下",就不能不先在军队上下功夫,惟有一支战斗力强悍、绝对服从命令、装备精良的部队,才能与太平军接仗。

除了编练军队,粮食、衣服、军饷都得考虑周详。出省作战之前,当他知道湖北、江西、安徽等地,拿着钱也买不到粮食,就收集了两三万石大米,随军而行,免得挨饿。

他的战斗决心是,"与此巨贼一决死战,断不敢招集乌合,仓卒成行"。这就是常被提起的"毛羽不丰不可以高飞"的详情。

咸丰帝看到曾国藩的信,不怎么高兴,回批道:"现在安徽省待援甚急,你却偏执己见,过于迟缓。朕知道你还能激发天良,才命令你紧急赴援。看你的奏章,你是想数省军务一肩挑,试问你有那个才能么?现在命令你赶紧赴援,能早到一步,就收一步之益。你敢于自担重任,总比畏缩怕事强。既然你说出这样的话,就要办给朕看。"

曾国藩一看，咸丰帝还是要他赶紧出兵，只得再上一折。前一信的主要理由是炮船未备不能下水，这一封信的主要理由是饷乏兵单、没有胜算："然攻剿之事，实无胜算。臣系帮办团练之人，各处兵勇都不受调遣，外省饷银也不愿供应，湖南藩库仅存五千两，实在无法起行。"

还讲了一大堆话，总之就是一些为了忠君报国，他整夜痛哭、竭尽血诚之类的言辞。

咸丰帝似乎被感动了，答应了他的请求，允许他暂不出征。

这就是一种刚。为了坚持这刚，他和咸丰帝都付出了代价，吴文镕死了，江忠源也死了，庐州被占领，武昌也被占领。

要坚持这刚，需要策略，不能莽撞。曾国藩坚持刚的一大前提是他的忠诚"可质天日"，他的对天下形势的判断也基本正确。他的那点人马，如果草率出征，于大事无补，徒增损失而已。而且，他还必须有办法说服皇帝，如果心不诚，理由不充分，问题说不透彻，惹得龙颜大怒，那就不好办了。

俗话说无欲则刚。既然带兵，就不怕死，曾国藩已经豁出去了，所以他能竭尽血诚，说服咸丰帝。如果他害怕龙颜大怒，有了欲，大概就得执行命令，带兵出征。结果会如何，肯定比初战败绩更加糟糕。

坚持自己认为正确的东西，这是刚，而要坚持刚，就得无欲。舍却了得失心，才能把"刚"做到、做好、做利索、做彻底。死都不怕，还有什么可担心？

前面讲过，咸丰帝即位之后，曾国藩上了一个奏章，触怒龙颜，差点获罪。那封信直接批评咸丰帝，他也知道要冒风险，而舍弃了利益和得失："尽大臣报国之忠。""官至二品，不为不尊。若于此时再不尽忠直言，更待何时乃可建言。"

他敢于直言，是因为他坚持无欲则刚："有所畏而不敢言者，人臣贪位之私心也。"那个时候，他还是很有脾气的，看不惯官场的腐败风气，看不惯官场的宁求无过、不求无功的不作为哲学。

在长沙练兵的时候，也是为了坚持这种刚，立志自拔于流俗，所以遭到地方官员讥笑、排挤、刁难、打击，最后不得不愤走衡阳。所以曾国藩自己说："凡有血气，必有争心。人之好胜，谁不如我，施诸己而不愿，亦勿施于人。"

与直接批评咸丰帝那次相比较，这三次拒绝咸丰帝有一个明显的进步，一是没有丝毫批评指责；二是尽力说明自己的想法，而且把吴文镕、骆秉章、江忠源都带进来，尤其是江忠源，咸丰帝很信任他。这是曾国藩在策略上的一大进步，仍然坚持刚，态度却变化了。

不仅咸丰帝反对他，别人也指责他，说他见死不救，狂妄自大。曾国藩不敢批评咸丰帝，但在私人通信中，却对那些反对者加以嘲笑，说他们只晓得在旁边说，一点不知道带兵的艰辛，甚至对他们表示愤恨。那个时候的曾国藩，是一个有大志而脾气暴躁的人，不会像好好先生那样温和地对待那些误国误民的清议者。

这个变化在咸丰八年（1858）复出以后表现得更加纯熟，既能坚持刚，也能适时变通。到他彻底摆脱乡村匹夫习气，成为一名地位尊崇、经验圆熟的清朝高官时，加上年纪也大了，他的刚就渐渐消退，变得处处谨慎，不执意坚持自己的正确主张了。这是他心态、意志、地位、环境变化的结果，时位移人对人移，可谓老境将至，败叶满山。

对比晚年处理天津教案一事，可以看到他的"刚"的变化。接到去天津的命令，曾国藩就有不好的预感，不知道如何处理，跟儿子写信说，他已做好了死的准备。他知道朝廷的意思，尽量不要跟洋人开衅。他自己的立场，也尽量不跟洋人闹僵，这也是他对洋人坚持一贯的方针。

他也清楚，天津教案是洋人引起的，理该洋人承担责任。曾国藩与慈禧太后等一干人害怕与洋人开战，只好妥协，选择了民族投降的道路。曾国藩知道理亏在洋人，却不敢秉公办理，除了对中国贫弱有一层隐忧之外，大概还有一个原因，就是年纪大了，早年的刚性渐渐没有了，也不愿意惹恼慈禧太后。

这是曾国藩的位高权重、名声响亮之后的一个变化，也是他的一个顾虑。忍辱负重使他全老终身，没遭遇功高震主的下场，也使他越来越谨慎，把早年的刚性完全磨没了。

难怪梁启超说，假使曾国藩还是壮年的话，中国必会因他得到拯救。

晚年曾国藩，如败叶满山，全是颓暮，惰性取代了刚性。天津教案既是那个时代的悲剧，也是他个人的悲剧。他并不想当卖国贼，却还是那么做了，而且是在有所预感的情况下去的。他强调入局，天津教案就是他最后一次入局。所以除了说他卖国之外，也该体谅他的苦衷。在他的立场上，在他那个时代，换了谁都难有作为。在全国一片讨伐声中，清政府打倒曾国藩，让李鸿章接着办，跟剿捻同一手法，李鸿章也不过是延续了曾国藩的处理结果，只是把处死二十改为十六人。

也许曾国藩可以不计个人利益，也不管民族纷争，坚决反对洋人的无理要求，然后自己就自杀了事。至于身后，是洋人跟中国开战，还是清朝加倍赔款，他都不管了。那又不是曾国藩的做事风格，所以他没法那么做。

当然还有一个选择，说服慈禧太后与整个皇族，不惜一切代价，举全国之力，与列强抗争到底。慈禧太后说过这样的话——这江山咱不要了，留给汉人。既然可以留给汉人，当然也可以奋力抗争。话是那么说，她从来没有退出过。整个历史也不见有谁主动退出。

选择抗争，就要不怕掉脑袋，不怕饿肚子、钻山沟、吃沙土。由俭入奢易，由奢易俭难，他们肯定过不了那种生活。所以他们宁可被彻底推翻，也难以从中新生。维持住眼前的稳定就够了，拯救中国的任务，留给后人去完成吧。他们没有那种牺牲一切的勇气。

有刚直精神，才敢于任事，敢于坚持那些正确的东西。一个组织里，如果没有刚直的人，没有敢于任事的人，它就没有活力，最终会失败。刚极易折，过于刚直，也容易给自己带来麻烦，带来杀身之祸。

古人说善谋国者，不善于谋身。古往今来，那些为历史、为朝廷、为皇帝做出重大贡献的人，很多结局悲惨，就跟过于刚直、不肯变通有关系。伍子胥死于忠直，文种死于侥幸，商鞅死于车裂，白起被秦王下令自杀，李牧被小人陷害，韩信死在女人手上，晁错又死得冤枉，……袁崇焕更死得悲惨。

刚直的人，讲气节的人，一个最大的缺点就是流于骄傲，自己却不知道。所以曾国藩说："师其刚而去其傲，那就很好了。"

 胡雪岩：

临危不乱，永葆乐观

我们有两种态度来看待世界上的事物，一个是乐观的态度，另一个是悲观的态度。悲观者总看到世界灰暗的一面，而乐观者却总是看到世界光明的一面。

有一次，一名新闻记者问大文豪萧伯纳：萧伯纳先生，请问乐观主义者和悲观主义者有何区别？萧伯纳抚摸着他引以为豪的胡须想了想，便回答：这很简单，假如桌上有一瓶只剩一半的酒，看见这瓶酒的人如果大叫起来：太好了！还有一半。这就是乐观主义者；如果对着这瓶酒感叹：糟糕！只剩一半了，那就是悲观主义者。

同样是半瓶酒，在悲观者眼中，它是半空的，而在乐观者眼中却是半满的。我们有权选择做一个悲观者或是乐观者。但如果要想使生活充满阳光，要想驾驭好自己的人生，我们别无选择，我们只能选择乐观。

人的成熟是慢慢地去经历、去磨炼，才会一步步的越走越好。有了烦恼对自己来说是一件好事，有些事情要往好的方面去想。如果一个乐观的人和一个悲观的人一起工作、生活，那么他们的差距是非常大的，乐观的人每天都会笑对生活，而悲观的人总是会埋怨上天对他的不公，而自己不会去争取，渐渐就会变得消沉，所以说人的态度决定自己的一生。

做生意更是如此，时时存在着危机。因为做生意，成功的把握总是相对的，失败的可能才是绝对的。没有人愿意自己正在进行的生意出现危机，但从来没有一个不出现危机的生意人。那么，当问题来的时候，应该如何应对呢？胡雪岩认为，要乐观去面对，越怕越误事，索性大胆去闯，反倒没事。

杭州被太平军团团包围，此时已经做到浙江巡抚的王有龄，率领杭州军民据城坚守。杭州城被围了一个多月，城中弹尽粮绝。王有龄派胡雪岩冒死出城筹办粮食，自己守在城中，决不弃城图存。之所以如此，一是因为全城军民的眼睛都注视在他的身上，容不得他逃；二是即使有机会能够逃出，不仅已经吃过的苦头都算白吃了，而且还会像在常州做了逃将的何桂清，为朝廷议罪严办，落个菜市口斩首示众。除上面两点外，还有一点，那就是被围城中，与外界不通消息，在王有龄心中，还存有一丝侥幸，认为朝廷不会坐视杭州危局不理，一定会派援军解杭州之围。援军一到，自然可以得救。

其实，杭州的情形，从外面看，已经没救了。当时太平军主力由忠王李秀成带领，进攻浙江，以巩固江浙根据地，同时解南京被围的压力，因而是志在必得。而杭州被围之后，官军虽有李元度率衢州新军驰援，但实际上在太平军的全力堵截之下进兵艰难。同时，即使他们能够打到杭州，也并不一定能够击退太平军。

从杭州历尽艰辛到上海办粮的胡雪岩，综合各种情况，心里已经明白杭州破城只是迟早的事，也知道王有龄与杭州玉碎"殉节"已成定局。但他不顾古应春、七姑奶奶夫妇的劝阻，仍然要将在上海采办的一万石大米，冒死运回杭州。

　　古应春夫妇劝阻胡雪岩的原因，自然是此行凶多吉少。此时江苏、浙江大部分地区已为太平军占领，自上海至杭州，一路上太平军关卡重重，而胡雪岩在江浙一带本就负有盛名，几乎无人不知，甚至在太平军兵将中，都有许多人知道他。而认识他的人也不在少数，因而几乎没有办法隐匿自己的身份。如果被太平军认出，而且被他们知道是为杭州城里的军民送粮，则将必死无疑。另外，杭州被围，与外界联系已经完全断绝，即使粮食运到杭州城下，也没有办法送进城去。

　　但胡雪岩认为：一来是信用所在；二来要尽到心力。无论如何，此行断无取消之理，因而必有一"闯"。至于危险，胡雪岩说了一段既是安慰古应春夫妇，同时也是很有道理的话。他说："我当然不会闯到死路上去。我说的闯，是遇到难关，壮起胆子来闯……这一路来，我遇到太平军，实在有点怕，现在我不怕了。越怕越误事，索性大胆去闯，反倒没事。"

　　胡雪岩的这番话，当然不是指商事运作过程中发生不利的情况甚至危机时应该怎样做。但他从自己的亲身经历中得到的经验，所谓"遇到难关，壮起胆子来闯"，所谓"越怕越误事，索性大胆去闯，反倒没事"，用于商事运作中危机到来之时，就是要保持乐观，壮起胆子，敢想敢拼。

　　乐观的人，拥有豪迈的人生欢歌；乐观的人，能感到世界的无限美好；乐观的人，善于把如烟往事忘却；乐观的人，具备"大肚能容天下难容之事"的宽阔胸怀。

　　假如你是个悲观的人，选择了悲观的态度，那么你将时时忍受忧郁、痛苦的折磨。你的工作、你的健康、你的心田常常是阴暗多雨的。一味抱怨的悲观者，看到的总是社会灰暗的一面，即便身在春天的花园里，他看到的也只是折断的残枝，墙角的垃圾；而乐观者看到的却是姹紫嫣红的鲜花，飞舞的蝴蝶。所以在乐观者看来，到处都是春天。

　　乐观的人前面似乎总是风和日丽，甚至还能化腐朽为神奇，在不幸中创造奇迹。而悲观的人前面又似乎总是阴雨绵绵，在无奈中前进，前进中又遇无奈。

　　积极向上的情绪状态，使人心情开朗，轻松稳定，精力充沛，对生活充满热情与信心。因此生活中应避免不良情绪的发展，遇到不好的事，要换个方法变个方式思考，你将大有收获。

当危机出现时，索性闯它一闯，也许会有一线生机。勇往直前永远是强者的武器。

"曾胡"官商启示录：

　　乐观不是与生俱来的，它是心智成熟、胸襟开阔的表现，它也是坚强、不屈、自信的象征。一个豁达的人，一个深深知道自己要的是什么的人，不会因为挫折和打击而丧失信心。一个充满自信的人，一个坚强不屈的人，会把困难和逆境当作成功的跳板。遭遇困境，悲观是解决不了问题的，只会将问题变得更糟。而时刻保持着一种乐观的态度，努力拼搏的人，就会有触底反弹的一天。态度决定一切。

　　人的乐观心态，将使你心理年龄永远年轻。当你朝着奋斗的目标迈进时，乐观的心态会增加你的愉悦与自信。当遇到困难时，它可以将困难的阻碍转化为动力；当获得成功时，它可以将成功的喜悦转化为更大的动力。

　　你的乐观不仅会给你带来愉悦，也可以感染周围的人，为他人带来幸福。而当我们把幸福带给他人的时候，幸福也会悄然降临我们的身边。

第十九章 学养 VS 领悟

曾胡官商

曾国藩 ZENG GUO FAN

启示录

 **曾国藩：**

学养，为人不可不读书

学养是人生必不可少的，好书可以健心，是调节心理的良方。

读书读到入神处，如入阆苑胜景，愁思云散，烦缕烟消。读书读到理解时，如迷途指津，心胸豁然开朗，千结解，万怨除。读伟人名人名言，如入哲海，悠悠自闲，看透身外物，乐善好施……不论读史、诗、散文、科学、伦理等，但凡好书，都可以稳定人的情绪，净化人的心灵，促进身心健康。

我国古代医学家早就认识到书籍与疾病之间的关系，在《黄帝内经》中，就有"聚精会神是养生大法"之说。中国古代大教育家孔子曰："发愤忘食，乐而忘忧，不知老之将至。"西汉刘向说："书犹药也，善读也可以医愚。"南宋陆游说："病经书卷作良医。"毛主席说过："读书是向一切学习。"罗曼·罗兰曾言："与书生活在一起，永远也不会叹惜。"历览古今中外，名人良言，为人在世，书不可不读。可见，好书是"精神药品"，是调节七情六欲的"良方"。

读书可以让人拥有一颗平常心，不轻易为物喜、为己悲，学会坦然、宁静、淡泊。心静则气正，气正则血畅，血畅则百病消失。"心静自然凉。"学会心静是人际交往至高境界。世上多的是不如人意的事，通过读书，学会静心，善意对待，世事就不乏其美丽和魅力。

读书可懂哲理，读书可行明德，读书可会行善，读书可以美容，读书可以悦心，读书是人间无上乐趣。与好书同行，就是与健康同行，与幸福生活同行。

曾国藩的学养更是天下公认的。如果曾国藩躲在书斋中研究程朱理学，他定会成为一个理学大师。曾国藩为官处世的成功，可以说是读书的成功。他通过读书，走上了仕宦之途，广交了益友，领会了行军打仗之术，树立并实践了报效国家、明道经世的远大志向。

曾国藩在京师供职的时候，正是中国内乱外患交迫之时。在外有"英夷"入侵，在内有太平天国起义，还有灾情黄河决口。所以，曾国藩读书更侧重经世致用之学，特别是舆地之学。

在闲暇的时候，曾国藩通过大量的并有所选择地阅读古代史籍，对于军政大计，以及各种庶务，尽量把现实的问题考究详尽。一旦有事，便能把平时读书得来的学问与知识，拿出来应用。

后来太平天国声势越来越大，曾国藩以一介书生，出而致用，领导湘军，终于镇灭洪、杨，很多人都觉得很诧异。文人带兵自古以来就不多，更何况取得这样的成功。不过只要我们知道了他这十多年的京官生活，十多年与京师名流之间的交往互教，十多年京师期间坚持不懈地刻苦攻读经世致用之书，知道了他是如何地准备着应付事变，如何地关切时务，如何地虚心研究，便可知道曾国藩的成功，决不是侥幸得来的。

曾国藩由内阁学士升为礼部右侍郎署兵部左侍郎时，遍阅清代道光以上历朝文献，目睹时局危急而政风颓靡，遂因皇帝之下诏求言而先后参照史籍上了几道条陈时务的奏疏，体现了他明道经世的抱负。当时掌理全国庶政的六部，除了户部之外，曾国藩担任过礼、吏、兵、刑、工五部的侍郎。在为官期间，对照自己所任各部的工作特点，他专心潜读《通典》和《资治通鉴》，由此而洞悉了清代的政情利弊、官场风习、山川形势、民生疾苦和武备良窳。

在战火纷飞、百务缠身的岁月里，曾国藩还特别喜爱研究王船山著作。在他认真研读、全力刊刻船山著作的影响下，湘军许多重要人物都积极参与认真研读船山著作，形成了自上而下倡导船山之学、研读船山之书的浓郁风气。后来王夫之的大名越传越广，影响越来越大，与曾国藩的倡导"王学"有极大关系。

在曾国藩读书榜样的示范下，湘军将帅们则是把孔、孟、周、张、程、朱，直到船山的"圣贤学脉"、"儒家道统"作为自己的思想信仰，并把《船山遗书》（特别是其中的史论）当作"千秋金镜，帷幄珠囊"来读。曾国藩在《船山遗书》刊刻之先就大量反复地阅读了能够寻找到的船山著作，尤其对于《读通鉴论》、《宋论》等史论性著作已烂熟于心，多有心得体会，日记中均有记载。在他的推荐与倡导下，一些湘军将领也早在曾氏兄弟刊刻《船山遗书》之前就已开始研读船山著作，而在《船山遗书》刻成之后更加形成高潮。当然，这批将领也不是仅仅研读船山著作，而且也像曾国藩一样，从中国传统文化宝库中广搜博取，以求治国用兵之道，为其军政实践服务。正如郭嵩焘所说："军兴以来，湘人起文学任将帅，肩项相望。一时武健强力，多知折节读书。军行所至，闻弦歌之声。"大批湘军将领多是从"一介书生"、"布衣寒士"而投笔从戎，从文书、幕僚或中下级军官，一跃而成为统兵作战、独当一面的高级将帅，不少人成为巡抚总督一类的封疆大吏，有的甚至成为清朝中央政府的尚书、军机大臣、大学士。他们异口同声地赞颂船山、弘扬船山，显然从《船山遗书》中获益匪浅。光绪年间湖北学政孔祥麟说："船山所著史论，具上、下古今之识，指陈历代之兴衰治乱，是以咸、同之际，中兴将帅，半湘省儒生，其得力夫之遗书者皆多。盖夫之知明社之覆，前由武备之废弛，后由兵谋之未娴，故于历代兵事谋之甚详。湘人服膺其书，多明将略戎机，遂能削平大难。"这就充分说明了以曾国藩为代表的湘军将帅们为什么在戎马倥偬的战火中，如此认真地研读、刊刻、提倡、弘扬《船山遗书》的历史秘密。

通过研读船山著述，使曾国藩的"经世致用"的学术观点臻于完善，也使他的军功业绩如日中天。以曾国藩为代表的湘军，对中国近、现代的影响是极其深远的。活动于中国近、现代历史舞台上的各种人物，无论是正面的或是反面的，无不在不同程度上受过曾国藩的影响，无不像曾国藩那样去认真地阅读和研究船山学术。他们中的许多人在热血奔放的青年时代，都曾热烈地仰慕过曾国藩。

曾国藩于读书学习，尤为可贵的是，把它作为一生之事，相伴终生。

1871年，曾国藩的身体每况愈下，可以说一天不如一天。作为理学修养甚深的他，在1月17日写了几句箴言，警示和鞭策自己读书不要放松。这几句话语是："禽里还人，静由敬出；死中求活，淡极乐生。"他认为"暮年疾病、事变，人人不免"，而读书则贵在坚持，并在读书中体味出乐趣。因此，在2月17日，他自己感到病甚不支，多睡则略愈，夜间偶探得右肾浮肿，大如鸡卵，这确是一个危险的信号，他却置之一旁，晚上照旧读书不废。疾病缠身，这已是难以摆脱的困扰，"前以目疾，用心则愈蒙；近以疝气，用心则愈疼，遂全不敢用心，竟成一废人矣"。但药疗不如读书，他离开了书的话就是一个废人了。

这年秋冬季，曾国藩病情更加严重，"脚肿愈甚，常服之袜已不能入，肥而复硬，且似已肿过膝上者。大约作文及看生书，俱嫌用心太过，有损于血，而气不能运化，故至于此，以后当不做文，不看生书"。在这则日记中，我们既可看到他身体的状况，也可看到他在写作和读书时的投入。在此他虽规定自己以后当不做文，不看生书，但无法按规定办事。因为不久，扬州阮家送《许周生集》，这是一部他从未看过的新书，拿到手后便难以放下，读就必须从头到尾读完，读的过程又全神贯注。后来湖南王阎运送近年所著《周易燕说》、《尚书大传补注》、《禹贡笺》、《谷梁申义》、《庄子七篇注》、《湘绮楼文集》，他收到后虽不能一一细看，但每书都较为认真地翻看了几遍。此后他又违背原来规定的不阅读生书的初衷，继续坚持阅读了《居易金箴》，王其澄所送其父著《王霞九文集》，朱彬所纂《礼记训纂》，李芋仙寄来的《道蕴编》，日本人所著《新论》，上海新译之书《中外古今年表》，唐义渠所寄之《湖南阳秋》，王霞轩所寄《王少鹤诗》，陶篁村所挹《浙江诗话》，柳兴恩《谷梁大义述》等一批生书。

1872年3月2日，曾国藩的老病之躯已如风中残烛了。这一天，他"病肝风，右足麻木，良久乃愈"。3月5日，前河道总督苏廷魁过金陵，曾国藩出城迎候，出发之前阅《二程全书》，迎接途中，"舆中背诵《四书》，忽手指戈什哈，欲有所言，口噤不能出声"。身体差到如此地步，他还是坚持每日阅读《二程全书》。但他接连在日记中发出感叹："近年或做诗文，亦觉心中恍惚，不能自主。故眩晕、目疾、肝风等症皆心肝血虚之所致也。不能溘先朝露，速归于尽；又不能振作精神，稍治应尽之职。苟活人间，惭悚何极！""余精神散漫已久，凡遇应了结之件久不能完，应收拾之件久不能检，如败叶满山，全无归宿。"他自知油尽灯枯，将不久于人世，便抓住生命即将息歇时光做自己最喜爱的事——读书。他每天读的书就是《二程全书》，希望在理学的探究和修养上，划上一个完满的句号。

 胡雪岩：

领悟，实践出真知

胡雪岩没有上过几天的学，为什么懂得这许多道理？可见，很多道理不是学校所能教的，不是书上都会有的，完全靠自己的一种领悟。"悟"字拆开来，一个"吾"，一个"心"。也就是说，一个人要自己常常想，要从自己的内心得到一些启发，懂得一些道理，这样才会真正有所得，才会在生活中真正去践行。

胡雪岩的师傅于老板已经上了年纪，也带过好几个徒弟，他对年轻人十分爱护，也是严加管教。他仔细观察胡雪岩的言行，透过各种方式考验胡雪岩，认为他是个值得栽培的人才，更加有心培养他。

按照钱庄的规定，学徒五年满师，才可以委派工作，正式成为办事人员。但是，于老板看到雪岩十分特别，所以刚到第五年，离满师的期限还有整整一年，便迫不及待地升他为"跑街"，可以送送账单文书，也就是现当于现在的业务助理。

胡雪岩到了外面，真是如鱼得水，因为他的长处就是与人往来。我们会发现，凡是拒人于千里之外的，大概都是那些不太了解人世间状况，对别人的心理变化也很难揣摩清楚的人。人一旦擅长了解别人的心思，就很容易跟别人打交道。胡雪岩不但对人有兴趣，而且善于用心了解他人的想法，所以什么事情到了他的手上，都会处理得很好。

由于胡雪岩在还没有担任跑街之前，自己就已经把跑街的各种任务和相关技巧掌握得差不多了，所以一旦出任，很快就进入状态，表现得非常出色。只做了半年，便升为正式的"出店"，也就是现在的业务主管，有了一定经营上的权利。出店不但可以接洽业务，而且要经手银钱。店里的伙计看到胡雪岩还未满师就担任出店，心里都很羡慕。

胡雪岩担任出店后，最特别的表现就是他对收死账比谁都有办法。死账用现代的话讲叫做呆账。钱庄放钱出去，就有一定风险。遇到一些客户情况突变，钱会收不回来，这些便叫死账。死账原因很多，有的官员离任调走，有的生意亏本破产，也有的故意赖账不还。钱庄最怕遇到死账，因为死账一多，钱庄周转不灵，就有倒闭的危险。胡雪岩担任出店后把原有的死账一一弄清，采取不同的方式"讨债"，别人收不到的钱他却收得到。为什么呢？因为他很灵活，很会说话。

出店再往上便是"掌盘"了，就是"掌握全盘"的意思，相当于现在的总经理，地位仅次于老板。胡雪岩一步步升职，在从业务助理到业务主管的过程中，他不断根据岗位的不同，调整自己的表现，样样都做得很出色。而钱庄的管理者——掌盘，无疑应该是他在钱庄工作的最高奋斗目标。于老板想到现在的掌盘年纪已大，自己身体又不太好，便有意提拔胡雪岩接任阜康钱庄的掌盘。于是就把他找来商量，说由你来做阜康钱庄的掌盘如何？胡雪岩却谢绝了。

于老板觉得很诧异，这么好的机会，别人求之不得，你为什么不要？胡雪岩回答说，钱庄的生意全靠出店交际招揽，掌盘看家固然重要，但不如让我当出店，外面人头熟了，这样对店中生意的发展更为有利，等老掌盘出缺时再说也不迟。换句话说，胡雪岩的意思是不能因为自己的升迁连累了钱庄的发展，为了钱庄的发展他宁可不升。

面对如此诱惑，胡雪岩断然谢绝，这是非常了不起的一种定力。如果你是老板，你会怎么样？当然是觉得这个小孩子真不得了，年纪轻轻想得这么长远，当然就更信任他了。所以，于老板最后干脆把整个钱庄都送给了他。

一个人会做什么样的事情，一定有他的前因后果。这句话很重要，因果关系是永远存在的，只不过它不是直线的，不是物理的，不是像常人所想的一个因一个果。人世间的因果是有变化的，通常一个因可以产生好几个不同的果，所以人与人之间的关系也会有很多变化，这才是我们大家要小心的。

于老板后来突然得病，而且一天天严重起来，他自知将不久于人世，便把老掌盘和胡雪岩叫到床前，详细问起钱庄里的大小事情。由于几年来阜康钱庄业务规模有所扩大，在金华、宁波、湖州、温州等大商埠均有商铺和客户往来，尤其是各种投资汇兑，客户借贷很多，但说起这些胡雪岩脑中犹如有本账册一般，甚至有些连老板和老掌盘都忘掉了的重要事情，他都是了如指掌，如数家珍。

经过再三考验，于老板终于下定决心，要将阜康钱庄的全部财产赠与胡雪岩。在于老板临终的最后一刻，他将亲友和店员唤到床前，将遗嘱公开，正式宣布把阜康钱庄交予胡雪岩经营。最后，老板给胡雪岩留下一句话："你命中有好也有坏，愿你今后多做好事，多积阴德。希望你能学我，勤奋积财，不要像石崇，因财贾祸。"这一年胡雪岩二十七岁。

在实践的过程中成长才是最快的，也是记得最牢的。自己亲身经历了一次，比别人教导一百次还要管用。中国有句古话："处处留心皆学问"。意思是说，只要做有心人，时时处处都可以学到有益的东西。生活就是教育，社会就是学校，"随手抓来都是活书，都是学问，都是本领。"只要留心观察，用心领悟，时时处处都可以学到有用的知识和本领。

"曾胡"官商启示录：

　　信息化的社会，瞬息万变。在学校学习的知识，没有几年，就变得过时了；现在引以为豪的技能，随着时代的发展慢慢也会落后。十多年前，会使用电脑打字制表的人很令人羡慕，就可以混得一碗饭吃；到现在，电脑硬件和软件已经更新换代好几次，在工作中会用电脑的人比不会用电脑的人还多，但那些会编程、善制图的人还是能找到一份工资较高的工作。这就说明了一个问题：学无止境，只有不断地学习，深入地学习，才可以成为时代的佼佼者，才不会为社会进步的洪流所吞噬。

　　我们生活在这个社会，参与社会的一切活动，自然也要参与社会的竞争，要想脱颖而出就要有优势，而获取优势的捷径就是学习。学习也是立身之本，职称和头衔并不是实实在在的保障，在这个人才辈出的年代，明天也许就会有人轻而易举的取代我们，一切回到原点。但是通过学习获得的知识、能力却是不过时的"保护伞"，使我们免受人员更替的侵袭。当然，这把"保护伞"也要经常修补，经常用新的知识来养护它，否则，它很可能不会保护你终生。"活到老，学到老"，学习是一辈子的事，知识什么时候都有用，人生路上持之以恒的学习，收获的喜悦就会一路相伴，就会过的踏实，活的精彩。

第二十章　宽容 VS 人情

曾胡官商启示录

曾国藩 ZENG GUO FAN

242

曾国藩：

心胸广大，方能容得天下

心胸广大是一个人有修养的表现。心胸广大，能使人身心健康；心胸广大，有利于人的学习与生活。因此，每个人都应该有宽阔的胸怀。豁达大度，宽以待人，不为小事愁眉不展，耿耿于怀，遇事冷静，让人三分，正所谓"忍一时风平浪静，让三分海阔天空"，拥有广阔博大的胸怀，方显英雄本色。

做人要心胸开阔，不计较小事，不为小事生气。糊涂一些，才是真正的聪明人。记得有人说过这样一句话：生气是拿别人的错误惩罚自己。

曾国藩据自己的经验得出："克服心理障碍应以"广大"二字为"常用药"。而这广大，除了心胸宽广外，还要把自己看得渺小。

他说：静中细思古今亿万年，无有穷期，人生其间，数十寒暑，仅须臾耳。大地数万里，不可纪极，人于其中，寝处游息，昼仅一室耳，夜仅一榻耳。古人书籍，近人著述，浩如烟海，人生目光之所能及者，不过九牛之一毛耳；事变万端，美名百途，人生才力之所能办者，不过太仓之一粟耳。

知天之长，而吾所历者短，则遇忧患横逆之来。当少忍以待其定；知地之大，而吾所居者小，则遇荣利争夺之境，当退让以守其雌；知书籍之多，而吾所见者寡，则不敢以一得自喜，而当思择善而守约之；知事变之多，而吾所办者少，则不敢以功名自矜，而当思举贤而共图之。夫如是则自私自满之见可渐渐蠲除矣。"

曾国藩正是经常把自己摆在一个渺小的位置上来保持自己的心态平衡的。他总是感到"我不及人者多"，就是"不能与诸贤并论"的樊哙，他也认为有"不可及者二"。越是能看到自己不足而又有信心的人，就是越能有所长进，就会越能更多地拥有别人的长处，就会有更大的成功之可能。

曾国藩的治心不是单纯的对心理欲求的限制，既包括心理活动，也包括行为规范，从范围上说，是治心、治身、治口浑然一体，既有表面的现象，也有发自内心的本源，他用阴阳来比喻。忿，就是愤激、愤怒、情绪化。曾国藩称它为"阳恶"，也即表现在语言行为上出口不逊，情绪难以控制。曾国藩非常赞同清人石成金在《谨身要法》中对愤激危害性的概括。石成金说："七情所偏，惟怒尤甚。怒如救焚，制之在忍。非徒害人忤物，抑且愤事伤生。凡居官者，逞怒于刑，则酷而冤；发怒于事，则舛而乱；迁怒于人，而怨而叛。须要涵养其气质，广大其心胸。非理之触，心思明哲所容；无故之加，必虑祸机所伏。先事常思，情恕理遣。如此风恬浪静，非惟无患，且可养生。"

曾国藩初入仕途，对宦海波折体会不深，而又自视过高，因而对这对那都看不惯，常有牢骚忿激之情绪。他的早期日记称为《过隙影》，这方面自我检讨的文字很多："我会客时有一句话说得很欠检点！由于忿恨在心里扎根太深，所以有时一触即发了！饭后谈到了过去的小事情，我大发脾气，气愤的话脱口而出，有忘记了身份和亲情的情状。虽然经过了朋友的说服规劝，我还是肆意谩骂，那时绝没有什么禁忌害怕。树堂昨天说："心里的劣根没有除净，时间长了必定会爆发一次，而且一爆发就会不可收拾了。"我自己积下了这次火气，仅仅自我反省了几次，其他的就只知道埋怨别人。本年立志重新做人，可是才过两天，就与我立下的志向决裂到这种程度！即使痛哭流涕，追悔不已，难道还有什么用吗？我真是像人们所说的与禽兽有什么两样呢！"

率军打仗之初，这种愤激之情仍不时溢于言表。他强调愤激行为是一个人涵养不够、气量不足的原因，同时也与担当大事、督己责人有很大关系。在给他弟弟曾国荃的信中说："大概担当天下大事靠的是精神状态，积蓄郁结的多，也就倔强之至，也就不能不表现出一些愤激行动。以后我兄弟有动气的时候，彼此要互相劝说告诫，保存倔强，去除掉愤怒激动，这就行了。"

曾国藩还用林则徐"制怒"的典故来自我教育。林则徐性格急切，遇有不平事常迁怒于人，为此常常适得其反。任江苏巡抚后，林则徐痛切意识到这一弱点，也深刻体悟到担当封疆大吏，如果不能自我克制，则贻误更大。因此，进驻巡抚衙门的第一天，就亲书"制怒"二字悬挂在听事堂，一是自我监督，二是让僚属监督他。"久之，人亦服有雅量"，终成一代名臣。

愤激的进一步发展就是暴躁，愤激表面上是言语伤人，情绪窒人，但暴躁就不仅伤人，还伤害自己的身体。曾国藩说，暴躁最易伤脾、伤肝，对身体最有妨碍。所以他把"暴"称为治身的"阳刚之恶"。一次，隋观察来见，因该人办事能力弱，曾国藩勃然大怒，"词色大厉"。训斥完后，当天夜晚曾国藩在日记中自责，"退而悔之"。说自己"近来事有不如意，方寸郁塞殊甚"，常发脾气，足见"自己器量不容，治心之不深也"。

曾国藩进而认为，一个人常以和气悦己，是吉祥福分的征兆，而如果常有乖戾之气，就会招致祸端。他曾多次为自己在家守丧期间的愤怒脾气而检讨，说因此才有曾国华之死。曾国藩平生自负甚高，正当国家多事之秋，他想大干一番时，清廷令他在家为父守丧。这使曾国藩心里很不是滋味。本来，父亲刚逝去，曾国藩应守孝道安心服丧，但在家守制的日子里，曾国藩脾气很坏，常常因为小事迁怒诸弟，一年之中和曾国荃、曾国华、曾国葆都有过口角。在三河镇战役中，曾国华遭遇不幸，这使曾国藩陷入深深的自责。

在其后的家信中，屡次检讨自己在家期间的所作所为。如，在咸丰八年十一月十二日（1858年12月16日）的家信中写道："去年在家，因小事而生嫌衅，实吾度量不宏，辞气不平，有以致之，实有愧于为长兄之道。千愧万悔，夫复何言！……去年我兄弟意见不合，今遭温弟之大变。和气致祥，乖气致戾，果有明证。"咸丰八年（1858）十二月初三日，又提到："吾去年在家，以小事急竟，所言皆锱铢细故。泊今思之，不值一笑。负我温弟，既愧对我祖我父，悔恨何极！当竭力作文数首，以赎余愆，求沅弟写石刻碑。……亦足少抒我心中抑郁悔恨之怀。"

守制期间，曾国藩忧心忡忡，遂导致失眠。朋友欧阳兆熊深知其病根所在，一方面为他荐医生诊治失眠，另一方面为他开了一个治心病的药方："岐、黄可医身病，黄、老可医心病。"欧阳兆熊借用黄、老来讽劝曾国藩，暗喻他过去的做法，未免有失偏颇。

作为一个人，要想能够健康快乐地生活，就要有宽阔的胸怀，更要学会宽容。人人都有痛苦，都有伤疤，动辄就去揭别人的伤疤，就会增添新的创伤。忘记昨日的是是非非，忘记别人先前对自己的指责和谩骂，也不要吝惜对别人甚至是仇家的帮助或者鼓励，"送人玫瑰，手有余香"，这是双赢的事情。

心胸广大，容纳非议，乃事业成功、家庭幸福美满之道。事事斤斤计较、患得患失，自己活得也累。宽容别人，其实就是宽容我们自己。多一点对别人的宽容，我们的生命中就多了一点空间。多个朋友多条路，何必把所有人都变成敌人呢！有朋友的人生路上，才会有关爱和扶持；有朋友的生活，才不会有寂寞和孤独。

 胡雪岩：

放贷人情，一本万利

古人曾说"以财交者，财尽而交绝"。用"利"来收买，如果人才仅仅是奔着"利"而来，等到"利"尽的时候，结局只能是"树倒猢狲散"，各人顾各人。

招揽人才，还需用"心"结交，以情感人。人非草木，孰能无情？以心换来的关系是非物质性的，因而是更为牢固的、长久的。

中国传统美德素来崇尚重情重义。受人滴水之恩，尚思涌泉相报，老板待人以诚，付出了"情"，自然也会得到属下加倍的真诚回报。常言道："最难还的就是人情债！"宁可欠钱欠物也不要欠人情，欠下了人情，总是要还的！

有些企业，老板对职员的关心无微不至，职员生病了，亲自到医院探望；生活遇到困难了，亲自登门嘘寒问暖。老板的"情"温暖了职员的心，为了报答老板的关心，在公司中废寝忘食地工作，任劳任怨，尽心尽职，给公司带来了丰厚的效益。

感情投资并不局限于员工，有的时候对顾客、对上级、对合作伙伴都需要一种感情投资。它是一种不同于金钱投资的资产，它是无形的，却具有非常重要的作用。

胡雪岩资助王有龄正是一种"感情投资"。照胡雪岩的话说就是："我看你好比虎落平阳，英雄末路，心里有说不出的难过，一定要拉你一把，才睡得着觉。"另一处的记述讲得更明白。胡雪岩对王有龄说："吾尝读相人书，君骨法当贵，吾为东君收某五百金在此，请收。"也就是说，胡雪岩看到王有龄有发展前途，所以才在他困窘之时给与资助，那样等王有龄有朝一日飞黄腾达之时，必定会报答胡雪岩的。

应该说，胡雪岩对王有龄的"感情投资"是有风险的，因为他挪用的是东家的钱。所以王有龄担心自己一旦拿了这笔钱，会连累胡雪岩。但是，胡雪岩回答说："子毋然，吾自有说。吾无家只一命，即索去无益于彼，而坐失五百金无着，彼必不为。请放心持去，得意速还，毋相忘也。"意思就是说，要钱没有，要命一条。既然能做出这种打算，就看出胡雪岩主意已定，这个忙是非帮不可了。王有龄这个"人情债"算是欠下了，也正是胡雪岩的这一次"雪里送炭"，奠定了他成功的基础。

在中国传统生活中，这种"放贷人情"的手段颇为流行。旧社会上海滩的黄金荣，便识蒋介石于患难之时，他不但代蒋了结了数千元债务，还资助蒋一笔旅费，使蒋得以投奔广州。后来蒋介石政界发迹，黄金荣的地位也就无人敢动摇了。

类似这种"放贷人情"的事，胡雪岩做了很多件。

阜康钱庄刚开业，胡雪岩就遇到了这样一件事：浙江藩司麟桂捎了个信来，想找阜康钱庄暂借两万两银子，胡雪岩对麟桂也只是听说而已，平时没有什么交往，更何况胡雪岩听官府里的知情人士说，麟桂马上就要调离浙江，这次借钱很可能是用于填补他在财政上的空缺。而此时的阜康刚刚开业，包括同业庆贺送来的礼金也不过只有四万两现银。

这一下可让胡雪岩左右为难，如果借了，人家一跑，岂不是拿钱往水里扔？即使人家不赖账，像胡雪岩这样的人，也不可能天天跑到人家官府去逼债。两万两银子，对阜康来说可不是一个小的数目啊！

俗话说，"人在人情在，人去人情坏"，一般钱庄的普通老板大约会打马虎眼，阳奉阴违一番，四两拨千斤，几句空话应付过去。不是"小号本小利薄，无力担此大任"，就是"创业未久，根基浮动，委实调度不动"。或者，就算肯出钱救麟桂之急，也是利上加利，活生生把那麟桂剥掉几层皮。

但胡雪岩的想法却是：假如在人家困难的时候，帮着解了围，人家自然不会忘记，到时利用手中的权势，行个方便，何愁五万两银子拿不回来？据知情人讲，麟桂这个人也不是那种欠债不还、要死皮赖的人，现在他要调任，他不想把财政"空缺"的把柄授之于人，影响了他仕途的发展，所以急需一笔钱来解决问题。

想明白后，胡雪岩决定借给他这笔"人情债"。而且他还以超低利率，悉数把钱贷给麟桂，这样做，钱庄档手刘庆生有些不解，胡雪岩则说："调度，调度，做生意讲究的就是调度。所谓'调'，就是调得动，所谓'度'，就是预算。生意要做得活络，有进有出，什么时候有银子进来，什么银子该用出去，要有计划。银子调来调去，只要不穿帮崩盘就可以。"

胡雪岩这一宝，算是押对了。在麟桂临走前，送了阜康钱庄三样礼物。

第一，找到名目，请朝廷户部明令褒扬阜康，这等于是给阜康发了个正字标记，不但在浙江提高阜康名声，将来京里户部和浙江省之间的公款往来，也委托阜康办理汇兑。

第二，浙江省额外增收，支援江苏省戡剿太平天国的"协饷"，也委由阜康办理汇兑。

第三，将来江苏省与浙江省公款往来，也归阜康经手。

这样一来，使得胡雪岩的阜康钱庄不仅不愁没有生意做，还将生意做到了上海和江苏去。

当然，"人情债"也不是逢人便"借"的，而是放出眼光，择其有资望者，或将来必有起用之日者，殷勤接纳，时相探望，慰其寂寥，解其困难，使彼心中感动。有朝一日，先前的投资，便可大获厚利了。

患难见真情，胡雪岩屡出义举，也许并非源于本性，更重要的是他深知"人情债"的作用，明白先给别人面子，然后再从别人那里要面子的道理。

"曾胡"官商启示录：

宽容是指对不同观点和不同意见的自制和忍让，也是冲突双方的理解、沟通与合作，是我们每一个人最重要的品质修养。宽容的本意是指宽宏大度，有气量，不计较。它是人们的一种情怀。一旦它升华到思想层面，就是一种风度，一种博大，一种境界。

常言道，得饶人处且饶人。与人宽容，很大程度上也就是对自己的一种解脱。因为过去的事情计较，既没有实际意义，因为既然过去了就无法挽回，也没有现实效应，即使你还为这事而斤斤计较，但你的想法也不会起到什么作用。反而，对他人宽容，既能消除彼此的隔膜，还能在他人心中留下你大度宽容地美好形象。为人处世讲点宽容，就能顺应人心，滋润生活，泽被社会，创造出一种融洽无间、和谐协调的人际关系。人际关系和谐了，做事情也会容易许多。家庭生活中讲点宽容，就能少些烦恼，少些矛盾，多些温馨，形成一种和谐的幸福。

宽容，正是以宽广的胸怀，宽宏的气度，创造宽松的人际环境。大度豁达，使别人敬重和倾慕你的人品，并具有很大的人格魅力，特别是在竞争激烈的今天，宽容会使人们都喜欢与你交往，从而为成功积攒宝贵的人脉资源。

宽容，既宽慰了别人，又成就了自己，何乐而不为呢？

第二十一章　择友 VS 施恩

曾胡官商

曾国藩 ZENG GUO FAN

启示录

250

 曾国藩：

选择朋友就是选择命运

"多个朋友多条路。"交友虽然多多益善，但也不能没有选择。要交诤友、交益友，不能交狐朋狗友。同时，不能让朋友下不来台，丢朋友的面子，这也是交友之重要原则。

交友就要做到交诤友，颂雅量。这是曾国藩的看法。"恩怨尽时方论定，封疆危日见才难。"这句是有人赞颂张居正的话，也可以用这首诗来论曾国藩。

曾国藩死后，他的同僚们送了很多歌功颂德的挽联。其中，左宗棠寄其子孝威书云："念曾侯之丧，吾甚悲之，不但时局可虑，且交游情谊，亦难恝然也。挽联云：'知人之明，谋国之忠，自愧不如元辅；同心若金，攻错若石，相期无负平生！'盖亦道实语。君臣友朋之间，居心宜直，用情宜厚，后前彼此争论，每拜疏后，即录稿咨送，可谓往去陵谷，绝无城府。至兹感伤不暇之时，乃复负气耶。'知人之明，谋国之忠'两语亦久见章奏，非始毁今誉。儿当知吾心也。吾与侯有争者国事兵略，非争权竞势也。同时纤儒，妄生揣疑之词，何值一哂耶。"曾国藩对左宗棠始终有赞扬，无贬词，甚至说："横览七十二州，更无才出其右者。"左宗棠之进用，亦由曾国藩所荐，但二人性情不同，"有争者国事兵略"，不是私人的权力之争，故皆能持大体。

孔子说："切切，怡怡如也，可谓士矣。"朋友之间相互批评，和睦共处，就可以叫作士了。

1843年2月的一天，曾国藩的好朋友邵蕙西当着曾国藩的面数落了他几件事：一是怠慢，说他结交朋友不能长久，不能恭敬；二是自以为是，说他看诗文多固执己见；三是虚伪，说他对人能做出几副面孔。

邵蕙西的话虽少，但件件是实，句句属真，直截了当，锋芒所向，直指曾国藩的病处。曾国藩在日记中写道：直率啊，我的朋友！我每天沉溺在大恶之中而不能自知！

这事给曾国藩很大的刺激，他在另一篇日记中写道：我对客人有怠慢的样子。而对这样的良友，不能产生严惮的心情，拿什么吸收别人的长处！这是拒友人于千里之外啊！接待宾客尚且如此，不必再问闲后的时候了。偃息烟火，静修容颜又怎么说呢？小人啊！

朋友有了过错，蕙西不指出来，那是蕙西的过错；朋友指出了过错，曾国藩不改正，那是曾国藩的过错。现在是一个直言不讳，一个表示痛改前非，正如朱熹《四书集注》中所说的："责善朋友之道也。"

在曾国藩的师友中，李鸿章也可以算是他的一个诤友。这在曾国藩弹劾李元度事件中就可看出。

1860年，曾国藩为杜绝王有龄分裂湘系的企图，在进至祁门以后，马上奏请咸丰皇帝将李元度由温处道调往皖南道，并派他率军三千，进驻兵家必争之徽州。至徽州不满十日，李世贤即攻克徽州，李元度不逃往祁门大营，却败退至浙江开化，这是李元度明显倾向王有龄的迹象。及至祁门大营，丝毫没有闭门思过的迹象，竟然擅自向粮台索饷，并擅自回到了湖南。这使得曾国藩悔恨交加，决心弹劾其失徽州之罪，以申军纪。曾国藩此举，本无可厚非，但文武参佐却群起反对，指责曾国藩忘恩负义。李鸿章"乃率一幕人往争"，声称"果必奏劾，门生不敢拟稿"。曾国藩说："我自属稿。"

李鸿章表示："若此则门生亦将告辞，不能留侍矣。"曾国藩气愤地说："听君之便。"

后来，李鸿章负气离开祁门，辗转波折，欲复归至曾的门下，曾国藩则大度相容，并写信恳请李鸿章回营相助。

一次，李鸿章在与曾国藩畅谈时，直率地指出他的弱点是懦缓，即胆子小与效率差，这两个字入木三分地刻画出曾国藩的致命缺点。

曾国藩既有邵蕙西、李鸿章这样的诤友，也有吴竹如那样的挚友，这也是曾国藩德业能够不断长进的一个重要原因。

还是1843年2月的一天，吴竹如与曾国藩交膝谈心，谈到他平生的交道，把曾国藩以知己相许，他说："凡是阁下您所有的以期望许诺下的古语，信了它就足以滋长您自以为是的私念，不信它又恐怕辜负了您相知相许的真情，我只好自始至终怀着恐惧的心理"，几句话不愠不火，不恼不怒，字字力若千斤。曾国藩当即记下了他的感受：

"听了吴竹如的几句话,我悚然汗下,竹如对我的敬重,简直是将神明收敛在内心。我有什么道德能担当得起呢?连日来安逸放肆,怎么能成为竹如的知己?实在是玷污竹如啊!"因曾国藩处世交友贵雅量,所以他从不苛求于人,而是待人以诚。

一个人的成功与失败,关键在于他能否把与自己交往密切的人力资源转化为自己的资源,把他人的能力,转化为自己的能力。曾国藩就是一个善于把别人能力化为己用的人。

曾国藩早在办团练伊始,就发布《招某绅耆书》,招人入局:"我奉命协助帮理团练,稽查捉拿贼匪,接受任务以来,日夜忧心忡忡,惟恐有误,担心自己见识不广,考虑不周,因此孜孜以求,希望家乡的贤人不要嫌弃我,肯慷慨前来相助,借此来广泛地采纳众议,周密地听取意见,以求补救我的疏漏。所以我经常或是寄信请人出山,或是热情欢迎来宾,广招英雄豪杰,咨询高见妙法,这一片耿耿之心,想来能得到大家的体谅。……大厦非一木所能支撑,大业凭众人的智慧而完成。如果能使众多的贤士都汇集而来,肝胆相照,那么,即使是坚固的金石也能穿透,又有什么艰难不能克服呢?"

曾国藩对他的弟弟说:"求别人辅佐自己。时时刻刻不能忘记这些道理。获得人才是最困难的,过去有些人做我的幕僚,我也只是平等对待,对他们不是很钦敬,但今天看来,这些人是多么的不可多得。你应该常常把求才作为重要的任务,至于那些无能的人,即使是至亲密友,也不应久留,这主要是担心有才的人不愿与他们共事。"

后来,曾国藩领兵出征,官至督抚、钦差,更加注意时时网罗人才。不仅自己如此,对他弟弟也发出如此忠告。他在《致沅弟》信中说,成大事的人,以多选助手为第一要义。满意的人选择不到,姑且选差一点,慢慢教育他就可以了。就是说要时时注意笼人,不能因为没有十分可意的就不去用人。

而对于那些才华出众之人,曾国藩不论何时,一旦得知便千方百计笼络过来,为己所用,如对郭意诚就是这样。

郭意诚,字昆焘,湘中名儒。因颇具文才,咸丰、同治年间,中兴诸老无不与他交往友好,各自都想将他罗致自己幕下。但郭意诚极爱其妇,日不远离,故总是力辞不就。

曾国藩也最赏识郭意诚其才。为了把他引出来帮助自己,曾寄书戏谑郭。书中云:"知公麋鹿之性,不堪束缚,请屈尊暂临,奉商一切。并偕仙眷同行,当饬人扫榻以俟。"郭意诚出自对曾国藩的信服,接书后立即赶至湘军营幕见曾国藩,但并未偕仙眷同行。故曾国藩又命他速归,并作书曰:"燕雁有待飞之候,鸳鸯无独宿之时,此亦事之可行者也。"郭意诚得书,一笑置之。但接受了曾国藩的邀请,决心出来供职。

据说,郭意诚在曾国藩幕下干得很好,成为曾的得力助手,不少奏折函件都出自郭之手。曾亦对他关怀备至,或准他的假,让其多回家,或命他将夫人接来,不影响他们的夫妻生活。

1858年,郭意诚有一段时间告假居家,因故未及时归营,曾国藩连续发过几次信催其速归。曾国藩于1858年6月4日,在《致澄弟信》中说:"公牍私函意诚均可料理",足见曾国藩对郭意诚的信任。

曾国藩就是这样,时时不忘求人自辅。只有时时不忘,才能抓住时机,笼人有术,把别人招纳不来的人才吸引过来,以佐事业之辉煌。

 胡雪岩:

援助别人就是拉自己一把

对经商者来说,在任何时间、任何地点,心中都应存有投资的概念,都应有一个成本受益的基本分析。金钱是一种投资,而人情也是一种投资。这就是说,商场上援助他人是与智慧联系在一起的,这不同于为面子而不假思索的两肋插刀,而是在做人情生意,需要有对风险和利益的判断。

对于无损财力的小忙,没什么风险可言,经商之人自然应该大度地给人以援手,说不定在将来的某个时候,他人就将给予回报,就算没有回报,从彰显商誉的角度看,也就是完全值得做的事。

但如果是大笔的资助,那就算得上是商业风险了,得综合各种情况,分析一下对方的品性、为人、实力与背景等,通过风险与受益的比较,来决定是否帮对方这个忙，即是否向对方投资。

俗话说："天助自助者。"是否帮人大忙，也要从这个角度来考虑。

"阴消之辈不堪扶"，若一个人品行不端，不思上进，处世消极，那么给予任何形式的帮助，也无济于事，有时甚至会令援助者受损，此时收效无望，当然没有必要进行大投入——经商者不做百分之百大亏的投资。

"暴溺之流还可援"，若一个人积极上进，能力出众，只是偶遇横祸，或遭受一时的挫折，从而陷入困境，那就应该毫不犹豫地相助，即文中所宣扬的"暴溺之流还可援"。这样的人相对于自暴自弃者而言，虽然同处困境，但其心态依然积极。一个在逆境中能保持进取心的人，就非常有可能东山再起，此时该拉他一把；若对方还有能力出众或社会关系等有利条件，更应该竭尽全力来相助，这等于为自己留下了一笔宝贵的人情财富。

援助别人是为自己积恩，也是为自己的事业作投资，而是否出手援助，则要分清对象，区别对待，这需要投资者的眼光和多方面的考虑。

作为一个商人，胡雪岩对于"帮忙"有着很深刻的认识。无论是在他发迹前还是在发迹后，他都会竭力帮助那些心怀大志却暂时怀才不遇的人，他在帮助那些人的同时也使自己获益匪浅。

周少棠和胡雪岩是贫贱之交，二人从儿时起就经常一起玩耍。此人精明干练不在胡雪岩之下，但因时运不济，一直没有显露头角，只是靠作小生意来养家糊口。

一次，周少棠不慎中了别人的"套"，生意亏了本，不但生意做不成，就连一家大小的生计都成了问题，这时他身边的人都劝他去找自己的儿时密友、现已飞黄腾达的胡雪岩。可周少棠却不肯这样做，一是因为他自己是个很有骨气的人，不希望低头去求别人，即使是自己的密友也不可以；二是他和胡雪岩已经有好长时间没有见面，所谓"此一时，彼一时"，现今的胡雪岩已非当年贫困时的那个人了，万一去碰个钉子那有多失体面啊。

然而，胡雪岩从其他朋友那里得知周少棠的处境，由于两人从小一起长大，胡雪岩对他非常了解，知道他是一个很有抱负的人，而且也很精明强干。其实胡雪岩很早就想扶他一把，但都怕伤了他的自尊心，因而一直没有为他做什么。这次得知周少棠近况不佳后，胡雪岩立刻将他请来一起喝酒。二人边喝边聊，说起了儿时的趣事，同时，胡雪岩从旁敲击地向周少棠说出了自己的心迹，让他知道自己并未因发达而忘却前事，而周少棠也觉着胡雪岩还是以前那个重情重义的好朋友。

三天后，周少棠接到一张任书，让他出任"粮书"一职。这"粮书"其实是藩司衙门中包办上下钱粮的书办，公文上往往称此辈为"蠹吏"。所谓"钱粮"指的就是田赋，为政府的主要税收，在当时那种内忧外患的情况下，钱粮开征制度更是弊端百出，即使最清廉能干的大臣，亦无法彻底整顿，所以称之为"粮糊涂"。但是这些"粮糊涂"却另有一本记得极清楚的底账，这本底账便是一股极大的财源。粮书的职务是世袭的，父死子承，但也可以顶名转让，周少棠接到的委任状就是胡雪岩花了6万多两银子买下来的。

自此，周少棠坐上了"粮书"的位置，专管钱粮，他只有在上下忙着开征钱粮的时候，才到藩司衙门帮忙，平时则在杭州城里专事交结，为胡雪岩处理一些社交场合上的事。

人的一生中有时会有一些奇妙的怪圈相随，"善有善报，恶有恶报"是这些怪圈的体现之一。胡雪岩帮助了暂时处于困境之中的周少棠，很多年后周少棠则帮他缓解了一场重大危机。

胡雪岩事业的后期，上海钱庄在李鸿章派系的人的非难下倒闭了，并且很快波及到杭州，这时胡雪岩尚在回去的路上，而杭州的阜康钱庄门前却发生了挤兑风波，大大小小的存户们听到钱庄停业三天的消息后，纷纷涌到钱庄门前要求提款，情势十分危急。这个钱庄是胡雪岩事业中最大、最牢固的堡垒，如果它也崩溃了，那么胡雪岩的生意也就到了终结的时候了。

这时，周少棠挺身而出，他舌战带头闹事的王二麻子，一番言语，不但让王二麻子无功而返，而且打消了众人心中的疑虑，使阜康钱庄渡过了最大的一次危机。

这真是助人如自助。

从帮助周少棠的事例中，看得出胡雪岩对援助他人的基本态度和做法，那就是若此人虽处逆境，却还是个积极上进的人，那么他就是值得援助的人。

"曾胡"官商启示录：

俗话说的好，"朋友多了好办事"，拥有很多的朋友对自己的工作的发展和生活的改善都有很大的影响。而怎么样才能交到很多朋友呢？两个方法：一个是

"施恩"，一个是"沟通"。

当你非常饿的时候，一个干巴巴的烧饼就会变成珍馐美味。同样，当别人需要帮助时，你伸出了你的援手，可能这对你来说就是举手之劳，但对于被你帮助的人，仿佛就是冬日里的炉火，温暖了他的心扉。也许你帮了别人一个很小的忙，你对别人多出了一份体贴，尽管体贴和关怀总是"润物细无声"，但别人会因此而记住你，对你产生好感和感激，在你困难的时候，他们就会"涌泉相报"。

经常联系，经常沟通是强化感情的一种重要方式。在生活中，我们不管是在求人办事之前或之后，都应注意加强同所求之人的联系，这样对融洽关系，建立情感以备需求具有重大作用。

其实，以上两种方法，只能称之为"方法"。想要交到真正的朋友，最最重要的就是"真心"。如果施恩与人的目的只是为了求得回报，用人现交，对自己没有帮助的就远离，对自己有帮助的就凑近，这样交朋友的方式未免太功利了。可能这样做朋友会有很多，但可以谈心，当你最困难时对你不离不弃的真正的好朋友却找不到一个。所以，如果你认为你现有的朋友中真的有值得好好交往的，就付出你的真心吧。人生有一两个真心的朋友，人生才不会有缺憾。

第二十二章　借梯 VS 攀高

曾胡官商启示录

曾国藩 ZENG GUO FAN

曾国藩：

学会借梯登高

借梯登高，就是借助他人的力量来达到自己的目的。

这里的"梯"指的是他人之力了，如亲戚、朋友、同学、名人等的地位、名望、财富或权力等；而"高"则是人们将要获得的某种较为理想的结果或地位。他人有时是你接近成功或走向成功的桥梁与阶梯，尤其是那些德高望重的名人，他们的力量更能帮你寻找到走向成功的捷径。古往今来，借助名人之力成功的事例枚不胜举。汉高祖刘邦立太子的故事就是一个很好的事例。

汉高祖刘邦共有八个儿子，其生母不一，他的这些儿子为了争夺太子之位，展开了子与子、母与母之间的明争暗斗。刘邦有意立戚夫人之子如意为太子，可吕后想立自己的儿子刘盈为太子，当时刘盈还是个孩子，对此不会有什么感觉。但吕后却不是一般的人物，为了以后的权势，她开始行动了。这时，有人建议他找足智多谋的张良讨个主意。张良建议他找刘邦极为尊敬的"四皓"，张良献计说："皇上一直想要招聘四个在野的贤人出山，但他们始终不肯，若太后能将他们迎为宾客，让太子常请他们四人赴宴，必会被皇上看见，而问其原因，那么到时皇上自会立盈为太子。"

吕后依计行事，果然不出张良所料，高祖看见盈能请来自己请不来的四位贤人，认为盈为人恭敬仁孝，能让天下名人慕名而来，终于立盈为太子。盈的成功完全是仰仗于四大贤人的盛名，借助他们的名望得到了皇帝宝座，当然也包括他的母亲吕后和张良妙计的实施。

中国人历来盛行于"靠关系"。这种"关系"其实就是一种看不见的裙带关系网，类似于我们所说的"梯"。利用这种"关系"去干一些违法乱纪的事情，当然是不足为取的，但如果你想充分发挥你的才智，做一些利人又利己的事情，在事业上想有所成就，在某些时候借助这样的"梯子"还是有必要的。

获取成功要巧借势力、智力、财力取得意想不到的效果。这就是曾国藩常采用的方法：借可借之人，借可借之力。

　　常言道，他山之石，可以攻玉。曾国藩处事，确实讲借人之威，成己之实。

　　清朝皇帝对汉人始终怀有戒心，胡林翼作为湘军主要领导者出任湖北巡抚后，清廷就命满人官文为湖广总督对其实行监视。官文、胡林翼两个家世、经历、才略、人品大有不同；又在非常时期，分为督抚，同在一城，同办一事，且所办之事，多非平时之例行公事，或无章可循，或有章不能循。这样，双方势必发生矛盾冲突，甚至决裂。这在平时，大多是官僚们个人之间的恩怨，但在当时，却意味着湘军集团是否接受监督，清廷控制使用湘军的方针能否贯彻的问题。如果两人不和，湖北将全部落人官文手中，湖南也将受到官文的控制。这样不仅两湖难以成为湘军集团地盘和战略后方，湘军的进一步发展壮大，也将成为一句空话；而且湘军现有力量也会受到损害，进而危及两湖的安全。

　　在十分关键的情况下，曾国藩致信胡林翼，让他给官文"面子"，如不是事关紧要，一定顺从，借其威重之名，方能行己之志。

　　在上压下劝的情况下，胡林翼终于懂得官文的地位不能动摇，惟一的办法是与官文搞好关系，于是就改变作风，针对官文特点，大施权术，力求既尊重官文钦差大臣和总督的双重权势，又不束缚自己的手脚，其做法有以下三点：

　　首先，竭力与官文建立个人之间的亲密关系。这方面清人记载甚多。胡令其母认官文宠妾为义女，使两家内眷亲密往来，自己也不时拜谒官母，与官文平时私函，略去官场礼仪，直呼之为"老兄"、"中堂老兄"。有的记载还说胡与官结拜为兄弟；其次，在公事上，则"专从里子切实讲求，而不占人面子"。即抓实权，坚持按己意埋头处理军政事务，而每遇可得美名、邀封赏，如"收城克敌"等事，则推首功于官文。在奏折信札中极力称誉官文"宽仁博大"，"仁厚公忠"，"能开诚心，布公道者，惟中堂一人"；再次，对官文贪污不仅视而不问，还每月以盐厘三千金，划作督署公费。此钱实则进入官之私囊。

　　从1857年春至1861年，胡林翼病死，其间二人虽有矛盾，但胡林翼对官文使用外圆内方的方针还是坚持了下来。官文对此自然心中有数，但仍然做了积极的响应。据说胡林翼母亲来武昌，官文亲自带领文武官员去河岸迎接。其实，在胡转变以前，官对胡和左宗棠某些冒犯行动，则以含忍态度处之。如五年官文派人至湖南劝捐，结果被拒绝，且咨文很不客气。官文置之不较，自称"彼时若斗笔墨，或竟奏请圣训，徒失和衷共济之雅"，甚至表示不为此而怪罪骆秉璋、左宗棠，"不惟不咎秉笔者，即主政者亦并不怪"，俨然是一副"廓然大公，所见者大"的样子。对胡林翼更是慎之又慎，反复权衡。正如官文对幕僚所说"我辈之才皆不及彼"，"我无彼不能御敌"。这说明他深知胡林翼地位一动摇，就无人指挥湘军克敌制胜，他的种种地位和荣誉也就会落空，甚至身家性命也成问题。因之，他一直拒绝奏参胡林翼。现在胡林翼对他顿改旧态，他又有功可居，有誉可邀，有银可使，就一心依靠胡。正如薛福成所记，官文乐得"画诺仰成而已，未尝有异议"。这样胡林翼就大体上如曾国藩所说"乃独得少行其志"，"事无大小，推贤让能，多由抚署主政"。这种情况就像左宗棠在湖南那样，为当时"遐迩共知"的秘密。

但是，官文并不是胡林翼的傀儡，正如曾国藩所说，官文"城府甚深，当胡文忠在时，面子上极推让，然占其地步处必力争，彼此不过敷衍而已，非诚交也"。

在处事做人过程中，借助于现有的条件和现成的机会而一举成功，是很不费力气的事情。

运用这一妙计的诀窍在于以下两点：

一是机不可失，即首先要抓住机会。机会是难得的，故此才有切勿坐失良机的劝世良言。像赤壁之战中的曹军，就是由于没抓住机会，再没有胜利的希望了。所以，要想不失去机会，就应当在机会失去之前，仔细观察分析，随时做好准备。

二是巧借东风，即知晓机会，随时巧妙地加以把握。一直想当元帅的拿破仑，发现借助约瑟芬的力量可以争得远征埃及的机会，他便紧紧地把握住了这一时机，此举为他日后建功立业乃至为法兰西帝国奠定了坚实的基础。

一个人的力量总是有限的，要想取得事业的成功，就应该善于借助各种有利条件，为我所用，从而增强自己的实力，为最后的成功奠定基础。

"万事俱备，只欠东风"，这句话的意思是指天时、地利，是指机会。在处事做人过程中，看准机会，抓住时机，借助于现有条件或现成的机会以达到目的的做法，就是"巧借东风"的妙用。

"巧借东风"与"借梯登高"有相同之处，都是借助于外部条件获得成功，但二者又不尽相同。"借梯登高"强调的是借助他人之力而达到目的，重要的是自己创造机会；而"巧借东风"强调的是借助于外物，如自然条件、金钱等物质条件，便于利用现成的机会以达到目的。

 胡雪岩：

商人要善于攀高枝

在复杂多变的社会关系中，在各种社会关系所构成的屏障面前，相互利用是人性的弱点，尤其是利用那些有权势的人，为我们扫清面前的障碍，也是人类共同需要的一种心理倾向，而这也正是"攀高枝"的实质之所在。如果一个不懂得或不善于利用他人力量的人，光靠自己去闯天下，在现代社会里是很难成就大事的。

因此，要善于借助那些"权贵"或者"名人"，去造就自己，成就事业，改变你的人生，用人际关系来借梯登高，成为你通向成功的一座畅通无阻的桥梁。

社会学家费孝通先生曾说过，中国人基本上就是活在一个人情网络里。事实上，在现实社会中人际关系本身就是一种资源。如果你拥有丰富的资源却不善于利用，不懂得攀高枝，实在是大为可惜。

发现跳板，才能跳得更远。如果说，三级跳远运动员的水平在踏板准确，飞身如箭，那么古代经商也需要有发现跳板的功夫，特别对胡雪岩来说，他在最关键的时刻总能抓住转折点，攀上高枝。

胡雪岩依靠王有龄的势力生意越做越大，一片坦途。然而天有不测风云，同治元年（1862年），太平军围攻杭州，王有龄守土有责，被围两月弹尽粮绝。胡雪岩受托冲出城外买粮，然而却无法运进城内。王有龄眼见回天乏术，上吊自杀。胡雪岩闻讯，悲不自禁，胡氏之生意，得力于王有龄，尤其是这种乱世，没有一个可以信任的靠山，凭什么成事呢？如今王氏一去，大树倒矣，又岂能不悲伤。

此时的胡雪岩开始将目光投向了杭州藩司蒋益澧。但他逐渐在交往中发现，蒋益澧谨慎有余，远见不足，他不得不寻找更有价值的人物。这时，他将目光投向了闽浙总督左宗棠。

此时左宗棠正忧心忡忡。杭州连年战争，饿死百姓无数，无人耕作，许多地方真是"白骨露于野，千里无鸡鸣"。自己带数万人马同太平军征战，自己的几万人马吃饭成了个大问题。

正在考虑之时，手下人报，浙江大贾胡雪岩求见。左宗棠是一个传统的官僚，脑子里仍然存有"无商不奸"的思想，而且他又风闻胡氏在王有龄危困之时，居然假冒去上海买粮之名,侵吞巨款而逃。心想此等无耻的奸商,本不欲见他,无奈碍于蒋益澧的面子,只得待了半天,才懒洋洋地宣胡雪岩进见。

胡雪岩一进去,就察觉到了气氛的不对,随即告诫自己小心谨慎。胡雪岩振作精神,撩起衣襟,跪地向左宗棠说道:"浙江候补道胡雪岩参见大人!"左宗棠视而不见,仍怒目圆睁。一会儿,左宗棠那双眼睛开始转动,射出凉飕飕的光芒,将胡雪岩从头到脚仔细打量一遍。胡雪岩头戴四品文官翎子,中等身材,双目炯炯有神,脸颊丰满滋润,一副大绅士派头。端详之后,左宗棠面无表情地说道:"我闻名已久了。"这句话谁听都觉得刺耳,谁都懂得它的讽刺意味。

胡雪岩以商人特有的耐性,压住心中的不满,他觉得自己面前只不过是一个挑剔的顾客,挑剔的顾客才是真正的买主。胡雪岩没有直接回答左宗棠,而是再次以礼拜见左宗棠。他知道左宗棠素来是个吃捧的人,抓住这一弱点,恭贺左宗棠收复杭州,功劳盖世。又向左宗棠道谢,使杭州黎民百姓过上安定日子。

胡雪岩一边恭维一边注视着左宗棠,他见左宗棠脸上露出一丝不易让人觉察的微笑。捕捉到这一信息,胡雪岩又急忙施礼。这一次左宗棠虽然仍旧矜持地坐在椅子上,但先前阴沉的双脸绽开了笑容,也许面子过不去,他装着恍然似地说:"哎呀,胡大人,请坐!"胡雪岩在左宗棠右侧的椅子上坐了下来,摆脱了尴尬的窘境。

胡雪岩坐定之后,左宗棠直截了当问起当年杭州购粮之事,脸上现出肃杀之气。胡雪岩这才如梦初醒,赶紧把事情从头到尾讲了个清清楚楚,说到王有龄以身殉国,自己又无力相救之处,不禁失声痛哭起来。

左宗棠这才明白自己误听了谣言,险些误会了忠义之士,不禁羞愧不已,反倒软语相劝胡雪岩。

胡雪岩见左宗棠态度已有松动,急忙摸出二万两藩库银票,说明这银票是当年购粮的余款,现在把它归还国家。他解释说,这巨款本应属于国家,现在他想请求左帅为王有龄报仇雪恨,并申奏朝廷惩罚见死不救又弃城逃跑的薛焕。这符合常情的恳求,左宗棠欣然答应,并叫管财政的军官收了这笔巨款。

二万银票对于每月军费开支十余万的左军来说虽属杯水车薪,但毕竟可解燃眉之急。胡雪岩清楚地知道左宗棠想要的是什么,所以不失时机地掏出银子,为自己争得了左宗棠的好感。

收下胡雪岩的银票后,胡雪岩对王有龄的忠心使左宗棠非常佩服,立即叫人上茶,和胡雪岩闲聊。胡雪岩大赞左帅治军有方,孤军作战,劳苦功高。胡雪岩说话有分有寸,当夸则夸,要言不烦,让人听起来既不觉得言过其实,又没有谄媚讨好的嫌疑。左宗棠听得眉飞色舞，满脸堆笑。胡雪岩见左宗棠已被自己的话吸引，他想，只要实事求是的奉承恭维，左帅还是能够接受的。如果拉他做靠山，往后的生意更会如日中天。主意拿定后，他抛砖引玉，话锋一转，指责曾国藩只顾自己打算，抢夺地盘，卑鄙无义；气愤地谴责李鸿章不去乘胜追击占领唾手可得的常州，而把立功的肥缺让给曾国藩的弟弟曾国荃做人情。胡雪岩有根有据的指斥引起了左宗棠的共鸣，左宗棠在心中对胡雪岩更有好感了。

过后，左宗棠亲自将胡雪岩送出去，他认为胡雪岩不仅会做生意，而且还对官场非常熟悉，是一个大有作为的能人。难怪杭州留守王有龄对他如此器重。然而粮食仍像幽灵一样萦绕脑际，缠得左宗棠心急如焚，愁眉不展。一连几天都没有想出个好办法。

其实胡雪岩上次别后，就筹划着如何帮助左宗棠解决粮食以解眼下之急。他迅速到上海筹集了上万石大米运回杭州，一部分救济城里的灾民，另一部分送到了军营。

这万石大米真是雪中送炭，不仅救了杭州，而且对左宗棠肃清境内的太平军也助了一臂之力。左宗棠捋着花白的胡须，连日紧皱的双眉舒展了，他高兴不已，内心总觉得过意不去。他说："胡先生此举，功德无量，有什么要求，无妨直说。我一定在皇上面前保奏。"胡雪岩大不以为然，他说："我此举绝不是为了朝廷褒奖。我本是一生意人，只会做事，不会做官。"

"只会做事，不会做官"这一句话可当真说到左宗棠的心坎上了。左宗棠出自世家，以战功谋略闻名，在与太平军的浴血奋战中，更是功绩彪炳。所以平素不喜与那些凭巧言簧舌、见风使舵之人为伍，对这些人向来鄙夷不屑。此时一句"只会做事，不会做官"当真是使左宗棠感觉遇到了知己。对胡雪岩顿时更觉亲近，赞赏之意，溢于言表。

粮食的问题得到解决，但军饷还没有着落。军饷像重担似的压在左宗棠的心上。由于连年战争，国库早已空虚。两次鸦片战争的巨额赔偿犹如雪上加霜，使征战的清军军费自筹更为困难。左宗棠见胡雪岩如此机灵，于是请胡雪岩为他想法筹集军费。胡雪岩一听每月筹集二十万的军费，感到非常棘手，但他认为如果能够顺利筹集，左帅对自己会加倍信任。胡雪岩经过一番深思熟虑后便把自己的想法全盘告诉了左宗棠。

原来，太平天国起义十年来，不少太平军将士都积累很多钱财，如今太平军败局已定，他们聚敛的钱财不能带走，应该想法收缴。但由于这些太平军不敢公开活动，唯恐遭到逮捕杀头，常常躲藏起来。胡雪岩认为左帅可以闽浙总督的身份张贴告示，令原太平军将士只要投诚，愿打愿罚各由其便，以后不予追究。

左宗棠心有灵犀一点通。这确实是个好办法，既收集钱财，又能笼络人心，一箭双雕。可如此做法还没有先例。如果处理不周，后果不堪设想。左宗棠将心中的顾虑和盘托出，胡雪岩忙出妙策。他的理由是：太平军失败后，很多人都要治罪。但人数太多株连过众，又会激起民愤，扰得社会不安宁。这与战后休养生息的方针背道而驰。最好的处置就是网开一面，给予出路。实行罚款，略施薄刑，这些躲藏的太平军受罚后就能够光明正大做人，当然愿罚，何乐不为。

左宗棠对胡雪岩的远见卓识钦佩不已，当即命胡雪岩着手办理。回去后，胡雪岩立即着手，张贴布告，晓之以义。不多久，逃匿的太平军便纷纷归抚，一时四海闻动，朝廷惊喜。借助这一机会，阜康钱庄也得利不少，胡雪岩更是四品红顶高戴，成了真正的"红顶商人"。

通过这次事，左宗棠既了解了胡氏的为人，也了解到胡氏办事的能力，知道这确实是一个难得的人才，于是倾心结纳，倚之为股肱，两人很快成为知己。

回头看胡雪岩结交左宗棠的过程，主要有三个因素：

第一，对左宗棠的充分了解。胡雪岩在决意拉拢左宗棠这座大靠山之时，已经通过各种渠道对左氏有了透彻的了解。他知道左宗棠是"湖南骡子"脾气，倔强固执，难以接近。他也知道左氏因功勋卓著，颇为自得，甚喜听人褒扬之辞。他也对左宗棠与曾国藩及其门生李鸿章之间的重重矛盾了解得很透彻，建立在这些信息之上，他才能打一场有准备之仗，使得言辞正中左氏下怀。

第二，善急人之所急。光说不做是不行的，胡雪岩打动左宗棠还体现在他的行动上。他解了左氏的燃眉之急，为他做好了两件事：筹粮与筹饷。这两件事对左宗棠来说都是迫在眉睫的，现在胡雪岩主动为他去掉了两块心头之病，当然也就换取了他的感谢和信任。

第三，最重要的还是胡雪岩本人的真才实学。胡氏结交官场自有一套或以财取人，或以色取人，或以情取人的手法，然而这些对左宗棠而言都是不起作用的。左宗棠贵为封疆大吏，区区小惠根本不放在眼中，若是胡雪岩只是一个有意拉拢的庸人，左氏早就三言两语把他打发掉了。而左宗棠之所以器重他并引为知己是因为胡雪岩有过人的才学，能助他一臂之力，是一个不可多得的人才。所以，他才愿意在胡雪岩的生意中加以援手，因为他知道，两人是互惠互助的关系。

由于有了左宗棠，胡雪岩衰败的生意很快有了转机，而且比以前发展更快。十数年间，运输、购置弹药，筹借洋款，拨饷运粮，无一不经其手，以这种大势，求十一之利，胡雪岩的事业如日中天，财富也从数十万银转而至数百万进而至数千万。

当年杭州收复全赖左宗棠之功，而胡雪岩献出大米、捐助军饷，极有成效地主理杭州战后善后事宜，这一系列事情收到的一个直接的功效，就是得到了左宗棠的赏识和信任。凭着左宗棠的支持，胡雪岩的生意不仅在战乱之后得以迅速全面地恢复，而且也越做越顺，越做越大。到左宗棠西征新疆前后，他以"红顶商人"的身份，为左宗棠创办轮船制造局，筹办粮饷，代表朝廷借"洋债"，开始了与洋人的金融交易。到这时，胡雪岩才真正如履坦途，事业也终至如日中天，盛极一时。左宗棠饮水思源，光绪四年春，他会同陕西巡抚谭仲麟、联衔出奏，请"破格奖叙道员胡雪岩"，历举他的功劳，计九款之多。

胡雪岩的母亲七十大寿，不仅李鸿章、左宗棠这些红极一时的封疆大吏送礼致贺，就连慈禧老佛爷也特为颁旨加封。从此，胡雪岩走上事业的巅峰。

其实，每个人的身边都有一座金矿，看你是不是发现它，能不能挖掘它。这个金矿就是人际关系，是待开发的资源。一个人的力量是有限的，孤军奋战、单打独斗，很难成为行业的常青树。所以，要眼睛向外，面向社会，借力助推，众人扶持，充分挖掘利用身边的人际关系，谁能做到这一点，谁就能胜人一筹，成为最终的胜利者。

"曾胡"官商启示录：

荀子在《劝学》中说："登高而招，臂非加长也，而见者远；顺风而呼，声非加疾也，而闻者彰。假舆马者，非利足也，而至千里；假舟楫者，非能水也，而绝江河。君子生非异也，善假于物也。"现在在企业营销中颇为重要的"借势"营销就是这里所说的"善假于物"的一种很好的体现。

所谓借势营销，就是随时关注和把握身边的大事或各种趋势，并联系企业的产品和品牌，及时发掘和发现提升产品和品牌的每一次机遇，及时抓住对企业有用的机遇，借"势"而上，达到推广企业产品或品牌的目的。我们今天选择行业，创造事业，做市场营销，不得不考虑"势"。抓住了"势"，企业就能顺势而起，快速成功。花费不多但收益很大，借势获利，大有中国武术中"四两拨千斤"的寓意。

"势"就这样，只要你能够正确合理地认知它，并且善于利用、驾驭它，你就可以事半功倍地创造你的财富，可以挥挥手就能成就自己的目标。很多人和很多企业为什么总是做不上去，就是他们根本就没去想过"势"的含义，没想过"势"的重要性，更没想到过要"借势"来为自己服务。因此，单靠自己的"力"来经营，力量单薄，结果只能是苦劳不少，功劳不多罢了。

第二十三章　资源 VS 人脉

曾胡官商启示录

曾国藩 ZENG GUO FAN

曾国藩：

广泛储备人才资源

人才分为两类：一类是出谋划策的英才；一类是冲锋陷阵的雄才。一类是独当一面的大将之才；一类是尽心辅佐的助手之才。一类适合做部下，属上下级关系；一类可以称为智囊，关系平等，适合做朋友和同僚。重要的是如何发现他们、培养他们、任用他们。

还在当京官的时候，曾国藩给咸丰帝上过一个奏章，大谈人才之道，想为天下储备人才，因为缺乏具体目标，没有针对性，被咸丰帝当做空谈，弃之不用。出任团练大臣之后，目标非常明确，就是镇压太平天国，对人才的需求日益急迫起来。军事、文案、后勤人才都十分匮乏，又因为刚刚起步，事业规模小，主要靠朋友、师生推荐，很多人却不肯来。曾国藩招揽人才的基本思路有二：

一是通过熟人推荐人才

曾国藩最初训练的湘军只有三营一千零八十人，营官分别为罗泽南、王鑫、邹寿章。

罗泽南跟曾国藩是老乡，做过曾国华、曾国荃的老师，咸丰元年（1851）跟曾国藩的父亲一起办过团练。曾国藩的大儿子娶贺长龄的女儿为妻，也是罗泽南牵线搭桥。曾国藩对罗泽南很敬重，有时候称他为先生。曾国藩给咸丰帝上奏章，批评咸丰帝，差点引来大祸，其重要的支持者，就是罗泽南。罗泽南是曾国藩集团的早期重要成员之一，牺牲最多，也最早。咸丰三年，曾国藩训练的湘军第一次出战，在南昌城下，死骨千七人，其中四个为罗泽南的子弟学生，谢邦翰、易良干、罗信东、罗镇南。他本人于咸丰六年三月中炮，死在武昌。

王鑫，湖南湘乡人，罗泽南的学生。尽管跟曾国藩不合，归于骆秉章门下，却仍然不出曾国藩的朋友、师生范围之内。后来转战江西，常以少击众，身经百战。咸丰七年病死军中。

邹寿章，湖南新化人，是江忠源的表弟，不善带兵。曾国藩第一次作战失败了，即岳州惨败，邹寿章管带的一营全部被歼。又改领水师，在湖口遭到袭击，全营溃散。最后归于骆秉章。同治二年（1863）死于绍兴厘金局。

曾国藩在衡阳练成万人，准备出省作战，路过长沙，给左宗棠写信，要求他来参加，遭到拒绝。还发出了几封邀请函，好友冯卓怀、郭嵩焘没有来，刘蓉被硬拉来了，没待多久又走了。留下来的有胡林翼、李元度、陈士杰等。大概来与不来，各占一半。

最初跟随他的几个人才，大都死在军中。江忠源死在庐州，罗泽南死在武昌，王鑫死在江西，塔齐布死在九江。李续宾咸丰八年死在江西，李续宜同治二年死在安徽，兄弟俩都是罗泽南的得意弟子。即使胡林翼，也在咸丰十一年病死武昌。李鸿章咸丰八年才入曾国藩幕府。从个人祸福来讲，去得早了，似乎不是一件好事，去得晚了，又分不到羹，确实需要选择时机。如果判断不准，那就听天由命好了。

通过熟人推荐人才，尽管范围有限，却容易得到德才兼备、独当一面、值得信任的大将之才。人以群分，物以类聚嘛。曾国藩集团的四大首脑人物，江忠源、胡林翼、左宗棠、李鸿章，都是在熟人圈子里出现的。而他手下的一等大将，一半从熟人圈子来，一半招募而来。僚属、营官等二三级人才，大概也各占其半。这既是成就大事的可靠保证，也是由他寻求人才的方法所决定。他跟朋友、师友、家人通信，常常会要求他们帮忙推荐人才。他们推荐过来，即使能力不够，却可靠，不会出大的偏差，更不会倒戈叛变。

这对今天还有借鉴价值。有所不同的是，曾国藩积极提倡忠义血性，这对他的人才集团和事业规模都起了很大作用，没有遭遇像天京事变那种恶性内讧。但在今天，忠义血性几乎已经不多，更趋重于利益，将待遇高低作为第一取向。如果只强调忠义血性，所得人才可能不多。

据说网络上有一个调查，有一家外企，工资很高，福利也好，你通过层层考试，终于成为其中一员，却发现它在损害中国的利益，而且你必须照做，才能保住饭碗。问你是选择留下，还是离开？结果90%的求职者选择留下来。这个测试，部分地反映了人们的价值观正在发生变化，忠义血性正在被利益所取代。

但忠义血性并没有完全消失，仍然存在人们心中，不过需要变化方式，比如强调员工对企业的忠诚度，这对杜绝集体跳槽、盗卖商业机密之类的恶性事件，还是有帮助的。尽管钢筋混凝土代替了雕梁画栋,电脑淘汰了算盘,迷你裙取代了旗袍,汉堡包深受小孩子喜欢,而儒家文化仍然顽强地延续着,有识之士也在为之奔走呼号。不过,能不能一直保持生命力,成为中华民族的文化核心,似乎还需要全社会的努力。

二是到处延揽人才

对成就大事者来说,仅靠熟人圈子显然不够。

开始人才不够用,曾国藩自己也能顶替一阵子。随着军事上的逐渐胜利,对人才的质量和数量都提出了新的要求。尤其在升任两江总督之后,对人才的需求更加急迫。那些遭到战争破坏的地方,要赶紧恢复经济建设,又增加了吏治人才。

当初,在准备出省作战时,他写了一篇《讨粤匪檄》,号召那些"血性男子"、"抱道君子"、"仗义仁人"都来他军帐任事。血性男子来了,他聘为心腹,冲锋陷阵。抱道君子来了,他延为宾师,出谋划策。仗义仁人来了,帮着捐银助饷,给予奖励。对敌方阵营,他要求那些"久陷贼中"的人,或者杀其头目,或者以城来降,都授予官爵;对那些被裹胁的人,要他们抛下武器,空手投诚,一概免死,不予追究。韦俊、程学启、陈国瑞等人,即是从太平天国叛变过去的。

这篇文章表达了他广揽人才的基本思路,想把正反两方的人才都争取过来。来的人越多,可供挑选的人就越多,人才储备就越多,判断人的经验也丰富起来。他每到一个地方,几乎都要发布告示,深入查访,寻找远近人才,或者让各地政府逐级推荐。

胡雪岩:

人脉网广,财路不断

生意上的很多事情并不是一人两人可以做到的,需要很多方面联手合作。人脉网广,才能保证多方联手,而多方联手才是成功的保证。胡雪岩性格的最大特点之一是：善于多方联手，因而能把生意做得顺畅。

胡雪岩经商眼光深远，不求眼前的点滴之利，而是着力把各种关系理顺，多方寻找投资渠道，所以生意兴旺，财源不断。

从现代经商的角度来说，应广结人缘，营建广泛的社会关系网络，以充分搜集对经商有用的各类信息，进行各种良好的合作。

在这个过程中，结识优秀之人、有用之人，创造良好的人际关系网络，这是非常重要的，但更关键的是，要懂得用好这个关系网，例如：选择合作伙伴、进行各种公关活动，都应事先进行调查研究、分析和预测，从而找到最关键的人物，以掌握市场行情，了解对手，认识消费者需求等，保证在经营中有的放矢，达到最好的目标。

经商之中，找对了人，问题就迎刃而解；找错了人，不但于事无补，还可能导致难上加难，甚至一败涂地。在创业、营销、发展、推广、困境等各种情况中，谁是关键人物？用何种方法征服这一关键人物？最终如何通过关系网的力量推动生意的发展？这是一门很深的学问，希望古人的言论及以下的例子能对您有所启发。

胡雪岩的一生可以说是辉煌绮丽。他生逢乱世，出身卑微，却能运用自己的才智，周旋于权贵政要之间，创造了亿万家财，这一切和他的性格、智慧是密不可分的，与他的人脉网络也有很大关系。

在胡雪岩生活的时代，做生意必然要面对一股特殊的势力，就是江湖帮派。晚清乱世，政府处于内忧外患之中，对社会的监管力大不如前，江湖帮派也就随着社会的混乱而形成，并逐渐成为社会生活中的一股重要力量。在当时，要经商，就必须与江湖势力打交道。胡雪岩更是深谙其道，他结交漕帮魏五就是一例。

漕帮控制水路运输，江浙一带是清朝产粮重地，粮食运往北方的一个重要途径就是水路。王有龄上任"海运局"坐办，统管浙江一省的粮食北运，这时上面要求从上海迅速海运至京。

时间紧迫。漕米一时到不了上海，胡雪岩想出了一条妙计，就是先在上海买商米代替，等漕米运到上海归垫，即由粮商先卖出、再买进。

胡雪岩随王有龄一路坐船北上上海，到了松江，听说松江漕帮已有十万石米想脱价求现，于是他们商议弃舟登岸，由胡雪岩出面谈定这桩生意。

胡雪岩经过多方打听，大概了解了漕帮的情况，松江漕帮中现在主事的姓魏，行五，人称"魏老五"。胡雪岩很清楚这宗生意不容易做，可一旦做成，浙江粮米上运的任务也就完成了，所以他决定亲自上门拜见魏老五。

胡雪岩在两位朋友张老板和李老板的引领下，来到了魏家。碰巧"魏老五"不在家，家中只有他的老母亲在，胡雪岩仔细观察一下，发觉魏老夫人面露英气，在魏家可能有很大影响力。胡雪岩以后辈之礼拜见，老太太有些倚老卖老似的口中连称"不敢当"，身子却只略微倾了倾，紧接着用一双锐利的眼睛上下打量了胡雪岩一番，胡雪岩决定从魏母入手来突破魏老五。

"不知三位此来，有何见教？"魏老夫人首先发问。

胡雪岩恭恭敬敬地回答道："晚辈的东家一直很仰慕魏老爷子，此次路过宝地，特地要晚辈来拜见他，并想请魏老爷子去小酌几杯，以表晚辈们的敬意。"

一阵寒暄过后，魏老夫人直率地问胡雪岩此行的真正目的，胡雪岩也就不便再拐弯抹角了，他向魏老夫人详细地说了此行的目的。听完他的话后，魏老夫人缓缓地闭上了眼睛，胡雪岩心里很平静，因为漕帮的反应早在他的意料之中。良久，魏老夫人睁开眼睛，炯炯逼人地看着他，脸上的表情也没有了刚见面时的慈祥："胡老板，你知不知道漕运改走了海道，这等于是砸我们漕帮的饭碗。至于丰裕卖米一事，我不太清楚，不过在商言商，胡老板有钱买米，丰裕却不肯卖，这于情于理都不太合适，我们漕帮一定会出来说两句公道话的。倘若只是垫一垫，做生意的人，将本求利，自然要敲一敲算盘，此刻我也说不出个所以然来。"

听了魏老夫人的一番话，胡雪岩并没有灰心，相反却更加胸有成竹地大声说道："老前辈，恕我直言。如今战事紧急，朝廷急等着浙米进京，为此已经撤了好几个官了，此次如若再误期，朝廷追究下来，我们难脱罪责，我想漕帮也难辞其咎吧！为漕帮弟兄想想，若误在河运，追究下来，全帮兄弟休戚相关，很有可能被打上通匪的罪名，前辈安忍如此？"

江湖中办事，很重情、义二字。胡雪岩巧妙地以"义"相激，正好击中要害，使得魏老夫人不得不仔细思量。

胡雪岩又详尽地给魏老夫人分析了利害之处，魏老夫人终于心中默许，遂叫人将魏老五找了回来。

只见魏老五其人，约莫四十来岁，生得矮小而沉静，但浑身肌肉饱满黝黑，两只眼睛暗含神光，明眼人一看就知道是个厉害的角色。魏老夫人将他引见给胡雪岩和张、李两位老板。魏老五对他们也是非常客气，称胡雪岩为"胡先生"。

魏老夫人说："胡先生可以说是'祖师爷'那里来的人，一副侠义心肠，以后你就称他为'爷叔'吧。"魏老五立即改口叫道"爷叔"。

"爷叔"是漕帮中人对帮外至交的敬称，漕帮上下都非常尊敬，这还真叫胡雪岩有点受宠若惊，虽然他极力推辞，但魏老夫人向来说一不二，魏老五更是一口一个"爷叔"叫着，其余的人也就齐跟着这样称呼他了。

当晚，胡雪岩将魏老五请到自己的住处，商谈买米一事，见魏老五面露犹豫之色，只是迫于母亲的面子不好讲，所以口头上答应了，心里面却是十二分的不愿意。见此情景，胡雪岩并没有强人所难，买了米就走。他诚恳地问对方是不是有什么难处，并请魏老五直说，否则他就不买这批米了。魏老五见他如此直爽，就消除了顾虑，把自己心中的隐忧全盘说出。原来自从官粮海运之后，漕帮处境一直很艰难，目前正是缺银少钱的时候，他们急需将这十几万石粮食变现，如今垫付给了海运局，虽有些差额可赚，但将来收回的仍旧是米，所以魏老五很为难。

胡雪岩了解了这一情况后，马上找到钱庄老板张胖子商量，看钱庄能不能等漕帮把退还的米卖掉后再收回现在支付的银两，而不是一退米就急于收回。张胖子对胡雪岩非常信任，言听计从的，二话没说就答应了。

魏老五的难处解决了，自然非常高兴，同时也极为欣赏胡雪岩的义气，觉得他不像其他商人那样势利。于是买米的事很快就办妥了。

胡雪岩这一次不仅买到了米，还买到了与魏老五的"情"。自此以后，魏老五对胡雪岩是"惟命是从"，只要是胡雪岩的货，漕帮绝对是优先运输。所以胡雪岩的货运向来是畅通无阻、往来迅速。不仅如此，魏老五还把他在漕帮了解到的商业信息，及时向胡雪岩报告，使得胡雪岩在第一时间知道了很多商业情报，在商业活动中抢占了先机。

胡雪岩和魏老五成为朋友，一开始固然有利用的成分在内，但当他觉得魏老五是可交的人之后，立即改变了原来的想法，设身处地来替魏老五着想，终于赢得了魏老五的尊敬，二人也由此成为至交。商人在交友时都着眼于一个利字，即谁对我有用就和谁交往，而胡雪岩则不然，他一旦发现意气相投就会以心相交，所以总是能够交到知心朋友，而这些朋友反过来又对他一生的成功起了重大作用。

"曾胡"官商启示录：

想要拓展自己的人脉并非一件易事，但如果在平常工作生活中注意以下三点，拥有丰富的人脉资源也并非难事。那就是：培养自信、锻炼沟通能力和学习适时赞美他人的能力。

其实，每个人都有一套积累人脉的方式，但是，如何才能有效率地提升人脉竞争力？前提是必须具备"自信与沟通能力"。以自信心来说，一个没有自信的人，总是怕被拒绝，因此不愿主动走出去与人交往，更不用说要拓展人脉了。

在社交聚会或婚宴场合，西方人出发前都会先吃点东西，并提早到现场。因为他们想借机会认识更多的陌生人。但是，华人社会里，大家对这种场合都有些害羞，不但会迟到，还尽力找认识的人交谈，甚至好朋友约好坐一桌，生怕与陌生人做过多的接触。许多拓展人脉的机会就这样从你身边流失了。

其次是沟通能力，这其实就是了解别人的能力，包括了解别人的需要、渴望、能力与动机，并给予适当的反应。如何了解？倾听是了解别人最妙的方式。善于倾听的人，不用说很多，就会引得对方滔滔不绝。只要你表现出对对方所说的很感兴趣，对方就会不吝对你敞开心扉，在心底把你当成自己的朋友。

适时赞美别人也是沟通妙法。卡耐基曾付出一百万美元的超高年薪聘请一位执行长夏布。许多记者访问卡耐基时问："为什么是他？"卡耐基说："因为他最会赞美别人，这也是他最值钱的本事。"

哲学家杜威曾说过："人类本质里最深远的驱策力，就是希望具有重要性。"如果你经常赞美某人，他必将认为他在你心中占有重要的地位，自然而然，他也就会把你当做自己的朋友来看待了。

如果你能注意以上三个方面，注重发展自己的人脉资源，便可以成为一位善于社交的"脉客"。

第二十四章　选才 VS 用才

曾胡官商 启示录

ZENG GUO FAN 曾国藩

曾国藩：

选才应注意标准

曾国藩用人极为谨慎，坚持"不轻进、不轻出"，"慎之又慎"的原则。

人才来了，他会亲自接见一一观察；来不及接见的，先让他安顿下来，发给少量工资，待亲自观察之后，根据各自情况，分派到各个单位去，或者军营，或者幕府。去军营的，当然就在打仗中磨炼、升迁。留在幕府的，接触较多，在工作中来判断他的才能心性，并适当培养，有了比较深入的了解，再保举官职，委派重任。

这就类似今天的一种用人办法。人才来了之后，先给他打五十分，这里做得好，加十分，那里做得好，再加十分，逐渐奖励他的才能，提高他的才能。如果相反，来了就给一百分，这里做错了减十分，那里做错了减十分，人才慢慢变成了蠢材，就无人可用了，对人才和单位都是损失。

保举不当，要受牵连。曾国藩在用人上基本没出大的差错，因为他有一个明确的标准。如同心中一杆秤，标准越明确，思路越清晰，越容易量才适用。关于用人标准，他自己讲得很清楚：一是德才并重；二是文武有别。

德才并重，说起来容易，做起来难，结果往往是德重于才。左宗棠就批评他选的人德有余、才不足。他用人没有出大的差错，大概跟德重于才有很大关系。曾国藩引前人的话说："才德全尽，谓之圣人。才德兼亡，谓之愚人。德胜才，谓之君子。才胜德，谓之小人。"又马上说自己的看法："余谓德与才，不可偏重。德无才辅，近于愚人。才无德主，近于小人。"

要注意的是，首先他们都是人才，且为当时精英，其次才以德为主，才为辅。无才之人，曾国藩会表示尊重，却断不肯用。才干是成就大事的关键，也是成就大事的基础。有才无德,有德无才,都不足用。曾国藩那么牛,也常感叹:"每见仁厚正大者,即苦无才识气力。"胡林翼也说:"兵事以人才为根本,人才以志气为根本。兵可挫而气不可挫,气可挫而志不可挫。"

如果最终才德都不具备,那还是德胜才比较好,至少不添乱。好在一般说来,有德必定会有才,不过才大才小而已,所以可用。

拿湘军与淮军比较,可知曾国藩德重于才的特点。

曾国藩是湘军的表率,李鸿章为淮军之表率。曾国藩可谓道德笃诚,学问纯粹,器识宏深。李鸿章却是智术机警,识时善变,勇于任事,不畏艰险,血性比曾国藩强。曾国藩说他"才大心细,劲气内敛",是指他长于事功,而不著于学术,还说他在拼命做官,贪位之心过重。李鸿章虽是曾国藩最得意的学生,却没有学到曾国藩在道德学术方面的本事。梁启超都说,李鸿章是不学无术。

淮军不如湘军,从大将出身亦可看出。淮军将领程学启、刘铭传、张树声兄弟、周盛波兄弟、潘鼎新、刘秉璋等,程学启是陈玉成部将、叛徒,刘铭传是私盐贩子,张树声兄弟、周盛波兄弟都是团练头子出身,其余或出自武官,惟潘鼎新是举人,此外全无学术根基。没有江忠源、塔齐布、罗泽南、李续宾兄弟之类的人才,更没有像彭玉麟那样的人才。淮军的私人色彩也比湘军更重,如"铭""鼎""庆""树""盛""程"诸营,皆为大将名字。即使刘铭传经过曾国藩悉心栽培,立下无数功勋,人们还是记得他盐枭出身、逞强斗狠。甚至有人认为,李鸿章才是私人军队、军阀头子的先驱,曾国藩裁撤了湘军,他却把军队建设成私人势力,曾国藩都难以指挥(曾国藩剿捻无功,多少与此有关),袁世凯也是他一手提拔上来的。

曾国藩德重于才,其实是他的优点。他所识拔的人,并非德有余、才不足,恰恰相反,是本有才,德更足。至于像鲍超那样的勇将,军纪败坏,最后还发生哗变,客观地说,不全是曾国藩的责任。即如曾国荃,都说他贪功贪财,号曰饕餮,对清政府一方,其实有益无害,曾国藩死后,还接任了两江总督。即使有个别败类,也无伤曾国藩的知人用人之明。

不过后来他也强调,只要人才有一长可取,就不因小瑕疵而抛弃不用。但是,道德品质败坏的,贪污公款的,心眼太多、过于狡诈的,他坚决不用。大概在他死前一年,又撰文说:"我生平喜欢用忠实人,现在老了,才知道良药虽多,未必管用。"并引用了陈平跟刘邦说的话:"尾生是一个大孝子,对战争胜负却没有帮助,陛下还用他吗?"不患世上无才,只患不能恰当使用。

文武有别,简单说起来,就是文官不爱财,武官不怕死。

曾国藩出任团练大臣,首先就要选拔武将。他对武将的要求有四点:"不难于勇,而难于带勇之人。带勇之人,第一要才堪治民;第二要不怕死;第三要不急急名利;第四要耐受辛苦。"类似的话举不胜举。从实际情况来看,归结起来无非两点,一是要有忠义血性;二是要勇悍敢战。

忠义到家了,就能尽心,生出智慧来;血性到家了,就不怕死,生出勇气来。所以湘军的著名将领,如江忠源、罗泽南、彭玉麟、杨载福等,都是典型的忠义血性之人,不仅有治兵安民之才,也热爱荣誉,决不怕死。

罗泽南本来是个儒生,跟曾国藩编练湘军,出湖南作战。攻打武汉的时候,他带两千湘勇,自请当其难者,攻花园一路。攻下武昌之后,湘军顺长江进入江西。塔齐布带兵攻打九江,久攻不下,又气又急,激发心脏病,竟然呕血而死,当时才39岁。接着罗泽南又回救武汉,亲自到城下指挥,中了枪子,五天之后死去。曾国藩坐困江西,两员骨干大将过早死去,大概是一个原因,至少增加了他的困难。而一等悍将鲍超(塔齐布也属此类),虽不懂什么战略战术,军纪也最差,却是典型的打仗不怕死的人,对曾国藩忠心耿耿,所以备受重用,有时倚为长城。

文吏的标准大概有十二个字,有操守,无官气,有条理,少大言。

有操守,自然就把贪财的人排除了。有条理,做事就有章法、有着落、有规矩,文牍工作必须有条不紊才做得好。少大言就是不吹牛,不说空话,多办实事。

这里重点讲讲他所谓的官气。人才大致有两种:一种官气多;一种乡气多。官气多的人,喜欢讲资格,讲排场,讲样子好看,圆滑世故,吃不得苦,不敢承担责任;乡气多的人,喜欢逞能,喜欢新花样,说话没遮拦,事情还没开始,就招来非议。曾国藩用"劳苦忍辱"四字来教导他们,喜欢用乡气多的人,喜欢用新人,因为他们没有沾染官场习气。结论就是,新人官气少,士人有操守。

有了标准,就好量才适用。

 胡雪岩：

大材大用，小材小用

现代商业竞争中，人力资源被视为企业生产力的第一要素，正如西方经典管理书籍中指出的："企业即人——人才的选拔和使用，乃是企业生存之本。"

既然人力资源如此重要，如何发掘员工的潜力，激励他们的创造力，以达到人力效用的最优化，就成为众多企业家最关心的问题。

清代顾嗣协有一首《杂诗》：
骏马能历险，犁田不如牛。
坚车能载重，渡河不如舟。
舍长以就短，智者难为谋。
生才贵适用，慎勿多苛求。

这首诗形象地揭示了本章所提倡的用人原则——随才而授，量力尽能。

人各有所长，亦各有所短，用人要择才善任，根据各人不同的天资、禀赋、特长，给以合适的工作，并赋予相应的权力和责任，使他们在不同的岗位上各得其所。

量才使用，即做到大才大用，小才小用，似乎没有什么深奥之处，古今商人大多数都知道应该如此，然而这里边隐藏着很深的用人学问，并非人人都能领悟，而做到游刃有余，卓有成效的更是少之又少了。

用人固然要重视"大才"，而"小才"也是不可忽视的。很多时候，正是这些看似不成器的"小才"甚至"无用之人"起到了别人所不可替代的作用。能够发掘他们的特长并善加利用，是用人的一大智慧。

人无完人，关键在怎么利用。尺有所短，寸有所长，用人之所长是一种奇妙的艺术，这其间既有一个如何凭自己的眼光判断人才的能力、品性的问题，也有一个如何收服各种人才使其乐为所用的手段问题，更有一个尽自己的才智为这些不同的人才找到合适的位置，使其最大限度发挥能力的问题。

用人切忌大材小用以及小才大用。大材小用，会打击人才的积极性，抑制人才潜力的发挥，导致人才的浪费；小才大用，能力不够，不能胜任工作，甚至会出现问题对生意造成无可挽回的损失。管理者应尽可能把每个人安排在最适当的位置，才能避免用非所长、用非所学、用非所好的不合理的用人现象，从而避免人力资源的浪费，做到人尽其才。

生意场上，发掘人才、招揽人才极为重要，而随才而授，量才使用，给手下的人才安排合适的位置，调动他们的积极性，使其各尽所能，则更显出一个成大事者的眼光和智慧。

用人之所长，是胡雪岩用人的一条重要原则。在他看来，选取人才不是按是不是来划分，而应以特长来分。在用人时，要择人任用，使天资、性格、能力各有不同的人，在不同的岗位上各得其所，做到大才大用，小才小用，这样使他在自己能力范围内把事情做到最好。

胡雪岩在用人上，确有量体裁衣的本事，他开钱庄，办胡庆余堂，开当铺所用之人鲜有失误，这些都要归功于他能用人之所长。

太平天国运动期间，杭州城曾被太平军占领，后被清军收复，宛如沧海桑田，世事变迁。胡雪岩寒夜里不能入眠，听着远处传来"笃、笃、当，笃、笃、当……"的打更之声，顿时感慨万千。杭州城什么都变过，惟有这个更夫没有变过，夜夜打更，年复一年从未间断过。顺着这番感慨往下想，胡雪岩突然觉得这个更夫是个可用之人，因为他尽忠职守，非常认真。这样一件无趣之事他都能一本正经地坚持做下来，并且兢兢业业，从某种角度来说是个难得的了不起的人。如果雇佣他去巡守仓库，一定会做得非常好。于是胡雪岩第二天把他找来，让他做胡氏仓库的总巡视，这个更夫果然尽职尽责，从没让胡雪岩的仓库出什么差错。

说起来，胡雪岩的身边有很多优秀的人才，但如果他自己不能正确使用这些人才，处置不当，不能做到"随才量力"的话，这些人不但对他的事业无益，恐怕还会有所妨碍。可胡雪岩做到了，他根据个人能力和专长给他们安排合适的位置，这样一来使得人尽其力，最大限度地发挥了这些人的作用。

如陈世龙年轻、悟性高，胡雪岩就安排他做自己丝生意方面的帮手，还要求他学外语，以便将来和洋人打交道；老张为人本分，胡雪岩就让他当丝行老板，可以约束他那聪明却爱贪小便宜的老婆；古应春懂外语，了解洋人的一些习俗和洋行的规矩，善于和洋商打交道，胡雪岩便安排他打理和洋人有关的生意，如贩卖军火、买卖生丝等；尤五掌控漕帮，熟悉黑道规矩，胡雪岩就让他主持杭州经松江到上海一路的丝、粮水运；朱福年出身朝奉世家，对典当行业非常熟悉，胡雪岩就让他做自己典当行的主事；黄仪是丝行的"档手"，为人精明，文字功底好，胡雪岩就把他安排在自己身旁做文书。这不都是恰当的人事安排么？

　　人才的招募固然重要，但给自己的人找到一个合适的位置，则更为重要。胡雪岩正因为有这份眼光和见识，才使自己在生意上处处得人相助，终于成就了一番伟业。

"曾胡"官商启示录：

　　"为政之本，在于选贤"，而选贤则必要知人善任。知人善任，包括知人与善任两个相互联系的层面。知人就是要了解人，善任就是要用好人；知人是善任的前提，善任是知人的目的；通过知人以达到善任，又在善任中进一步知人识人。只有真正做到知人善任，才能使人才释放出内在的潜力，真正的发挥效能。

　　人无完人，在选拔人才的时候，要着重注意其闪光点，次要的地方要糊涂一些。要做到知人善任，不要吹毛求疵，务求完美。知人是善任的前提，善任是知人的目的。对于一个成功的领导者来说，不仅要有知人之明，还要有善任之能。知人而不善于用人，既是领导才能不足的体现，又是对人才的一种浪费。

　　在社会生活中，由于人们的思想、经历、爱好、性格、所处位置等方面的差异，难免会形成人际关系中的亲疏远近、好恶喜厌。但人才就是人才，他是客观存在的，是不以领导的意志感情而转移的。我好者未必有才，我厌者未必无才。"内举不避亲，外举不避仇"，想要成为知人善任的好领导，关键在于真正做到以事业为重，任人为贤，客观公正，不以个人好恶亲疏而取才。

第二十五章　扬长 VS 避短

曾胡官商启示录

曾国藩 ZENG GUO FAN

曾国藩：

用人应扬长避短

陈国瑞本在天平军中，还是个少年，不小心当了俘虏，被清兵将领收为义子。这个年少无知的叛徒，投靠清兵之后，很能打仗，官至总兵（正二品），后改属僧格林沁。同治四年（1865），僧格林沁被捻军击毙，部队几乎全军覆没，陈国瑞带伤逃脱。曾国藩北上剿捻，收拾僧格林沁残部，陈国瑞也被审查。因为他作战勇悍，且负重伤，是惟一没被处罚的人。事后曾国藩有点后悔，因为陈国瑞不力救僧格林沁，还假装受伤，却不受惩罚，知情者大为不满。

陈国瑞是个粗人，骄纵蛮横，劣迹多端，颇有一点军中恶棍的味道，一生波折也多。

南京陷落之后，他在湖北追剿太平军残部，却被人诬陷，说他又叛变了。直到他亲自面呈，才洗清冤屈。在查明真相之前，曾国藩推断说，现在我方军威大振，陈国瑞所带不过千人，断不会在这个时候叛变，如有疏失，我愿意承担责任。

同治四年五月，在追击捻军的时候，他率部闯入刘铭传营中，抢夺洋枪。刘铭传本为盐枭，也不是善主，一场争斗，把陈国瑞活捉了，还杀了他几千部众。曾国藩晓得陈国瑞品行不佳，又由他构成事端，因而只命刘铭传放人，都没惩罚。陈国瑞被关押了几天，又挨打又挨饿，受尽凌辱，却无可奈何，只好再去招兵。

不过，在天津教案中，从今天来看，陈国瑞却表现了一些勇气和骨气。他站在桥头，为中国人民助威呐喊，法国人指名道姓要处死他。曾国藩认为陈国瑞罪不至死，就把他调到扬州去了。

到了扬州，英国人又出来指控他，说他要带领群众攻击教堂，恐吓洋人，驱逐他们。一查，原来是英国人诬告陈国瑞，大概是有点畏忌他。曾国藩就不放心起来，正想着怎么让他闭门谢客，不惹事端，结果才半个月，就发生了另一起恶性武斗事件。

扬州还有一个武官，名叫李世忠，也是太平军降将，突然把陈国瑞抓起来，绑到船上，藏在江边。竟有几千人赶去追索，在江边大闹一场。李世忠逃掉了，他的家眷却被抓住，还弄死了一人。

原来李世忠跟陈国瑞都在长江边上带兵。陈国瑞抢了李世忠的粮饷、皮衣等物资，李世忠怀恨在心，一直隐忍不发，想找机会报仇。不恰二人在扬州相遇，李世忠假装跟陈国瑞和好，相从过往。陈国瑞是个大老粗，仍然拿一些小事来欺凌李世忠。李世忠就在一个清晨下手，闯入陈宅，捆绑了他。

曾国藩的意见是，二人都是提督（从一品官）了，仍然桀骜成性，不循法理，在扬州危害百姓，又被洋人猜忌，现在还搞出人命来，干脆都遣回原籍，不准在扬州逗留，免得再起风波。陈国瑞没有回去，而还在扬、淮一带徘徊，不知如何保其末路。

陈国瑞就是这样一个人，曾国藩也屡次说他"气矜太甚""狡谲暴戾""桀骜之气未化""性好私斗，劣迹多端""粗气未除，性喜多事，或大言欺人"……

尽管如此，借公文往来之便，他还是给陈国瑞写了大段批语，是所有批牍中最长的一篇。这一番苦口婆心的训导，就是希望陈国瑞能有所觉悟，成为名将。那篇文章很长，收在《曾国藩全集·批牍》中，是分册最长的一封信，电脑统计有 2606 字，真是够长的了，却能体现曾国藩好为人师的毛病——办事兼传教之人（毛泽东语）。其中心意思，就是想帮陈国瑞除去恶习，培养名将气质。曾国藩自认为，"玉成一名将"，是他的一大功德。

该文第一段先谈了公事，然后说："心中有千言万语想跟你说，又怕忠言逆耳，你不肯听，所以迟迟没回信。"陈国瑞是这么一个人，有三个人说他好，就有七个人说他坏。曾国藩数落了他的十大劣迹，什么忘恩负义、虐待官差、吸食鸦片等等，又列举了他的三大优点，什么勇敢善战、颇有孝心之类。跟着劝诫说，你本有名将之质，如不好好反省，恐怕将来身败名裂，自己都还不知道。

然后跟他约法三章：一不扰民，二不私斗，三不违令。顺便就提起他跟刘铭传的恩怨，希望他发愤图强，立大功，成大名，以洗雪耻辱，如韩信忍胯下之辱，郭子仪隐掘坟之痛（郭子仪的祖坟被太监鱼朝恩刨了，别人以为他会大发虎威，找鱼朝恩算账，搅起一场风波。郭子仪流着泪说，我在外带兵打仗，士兵也刨了别人的祖坟，现在我的祖坟被刨，那是我的报应，怪不得别人），永不与人私斗。

最后希望他服从号令，挽回恶名，逐渐养成名将气量，大丈夫光明磊落，不用遮掩什么!

但曾国藩不敢抱太大期望,在跟朋友说起陈国瑞时,表达了这样的感慨:"然美而不骄,骄而能降,从来就很少。"

原文抄备如下

《批浙江处州陈镇国瑞具禀暂驻归德并饷项军火如何筹措等情》

来禀阅悉。

该镇所部,业奉谕旨饬赴归德,军火器械自应在河南粮台支领。至八千人之饷,为数甚巨,断非每月二万所能敷用。况二万金之协饷,尚属不甚可靠。古谚有云"兵马未动,粮草先行",此万不可易之理。若以八千之众,全无确实之饷,将来因饷生变,祸端不测。本部堂所部皖南各军,近日因饷绌闹事,纷纷闭城殴官,居民逃避,焦灼之至。该镇宜就近与豫抚部院熟商,若饷项极绌,固宜及早遣撤。即饷项稍优,该镇滥收败兵游勇,亦宜遣撤大半,或酌留二三千人,庶免弗戢自焚之患。不可贪部卒众盛之名,而忘饥军殃民之虑也。此批。

再,前于闰五月初间连接该镇二禀:一件言自嘉祥解围,回至济宁,勇于与刘军门部下械斗;一件言陈振邦招勇未到,不能迅速拔营。本部堂所以未遽批答者,因心中有千言万语,欲与该镇说明,又恐该镇不好听逆耳之言,是以迟迟未发。兹该镇禀商饷银军械等事,急欲立功报国,而恐诸事掣肘,其志亦可悯可敬,特将本部堂平日所闻之言,与玉成该镇之意,层层熟筹而敬告之。

本部堂在安庆、金陵时,但闻人言该镇劣迹甚多,此次经过淮扬、清江、凤阳,处处留心察访,大约毁镇者十之七,誉该镇者十之三。

其毁者,则谓该镇忘恩负义,黄镇开榜于该镇有收养之恩,袁帅欲拿该镇正法,黄镇夫妇极力营救,得保一命,该镇不以为德,反以为仇。又谓该镇性好私斗,在临淮与袁帅部将屡开明仗,在寿州与李世忠部下开明仗,杀死朱、杜二提督。旋在正阳关捆缚李显安,抢盐数万包。在汜水时,因与米船口角小争,特至湖西调队二千,与米商开明仗,知县叩头苦求,始肯罢兵。又谓该镇骚扰百姓,凌虐州县,往往苛派州县代办军装号衣等件。在泗州殴辱知州,藩司张光第同在一处,躲避床下,旋即告病。在高邮勒索水脚,所部闹至内署抢掠,合署眷属,跳墙逃避,知州叩头请罪乃息。又谓该镇吸食鸦片,喜怒无常,左右拂意,动辄处死,并有因一麻油饼杀厨子之事。藐视各路将帅,信口讥评,每每梗令,不听调度,动称"我将造反"。郭宝昌之告变，事非无因。本年四月曹南之败，与郭宝昌同一不救主帅，同罪异罚，众论不平。凡此皆言该镇之劣者也。

其誉者，则谓该镇骁勇绝伦，清江、白莲池、蒙城之役，皆能以少胜众，临阵决谋，多中机宜。又谓该镇至性过人，闻人谈古来忠臣孝子，倾听不倦，常喜亲近名儒，讲诵《孟子》。又谓该镇素不好色，亦不甚贪财，常有出世修行、弃官为僧之志。凡此皆言该镇之长处者也。

誉该镇者，如漕督吴帅、河南苏藩司、宝应王编修凯泰、山阳丁封君晏、灵璧张编修锡嵘，皆不妄言之君子。毁该镇者，其人尤多，亦皆不妄言之君子，今不复悉举其名。誉该镇者，愿该镇知其名，不忘也。毁该镇者，愿该镇不知其名而忘之也。

本部堂细察群言，怜该镇本有为名将之质，而为习俗所坏。若不再加猛省，将来身败名裂而不自觉。今为该镇痛下针砭，告诫三事：一曰不扰民，二曰不私斗，三曰不梗令。

凡设官所以养民，用兵所以卫民。官吏不爱民，是名蠹也；兵将不爱民，是民贼也。近日州县多与带兵官不睦，州县虽未必皆贤，然带兵者既欲爱民，不得不兼爱州县。若苛派州县供应柴草夫马，则州县摊派各乡村，而百姓受害矣。百姓被兵勇欺压，诉于州县，州县转诉于军营。若带兵者轻视州县，而不为民申冤，则百姓又受害矣。本部堂带兵十年，深知爱民之道，必先顾惜州县。就一家比之，皇上譬如父母，带兵大员譬如管事之子，百姓譬如幼孩，州县譬如乳抱幼孩之仆媪。若日日鞭挞仆媪，何以保幼孩，何以慰父母乎？闻该镇亦无仇视斯民之心，但素好苛派州县，州县转而派民；又好凌虐弁兵，弁兵转而虐民，焉得不怨声载道？自今以后，当痛戒之。昔杨素百战百胜，官至宰相；朱温百战百胜，位至天子。然二人皆惨杀军人，残害百姓，千古骂之如猪如犬。关帝、岳王，争城夺地之功甚少，然二人皆忠主爱民，千古敬之如天如神。该镇以此为法，以彼为戒，念念不忘百姓，必有鬼神佑助。此不扰民之说也。

至于私相斗争，乃匹夫之小忿，岂有大将而屑为之？本部堂二年以前，即闻该镇有性好私斗之名。此名一出，人人皆怀疑而预防之。闰五月十九之事，铭字营先破长沟，已居圩内，该镇之队后入圩内，因抢夺洋枪，口角争闹，铭营杀伤该队部卒甚多，刘军门喝之而不能止。固由仓猝气忿所致，亦由该镇平日好斗之名有以召之耳。闻该镇好读《孟子》"养气"之章，须知孟子之养气，行有不慊则馁。曾子之大勇，自反不缩则惴。缩者直也，慊者足也。惴则不壮，馁则不强。盖必理直而气壮，必理足而后自强。长沟起衅之时，其初则该镇理曲，其后则铭营太甚。该镇若再图私斗以泄此忿，则祸在一身而患在大局；若图立大功，成大名，以雪此耻，则弱在一时，而强在千秋。昔韩信受胯下之辱，厥后功成身贵，召辱己者而官之，是豪杰之举动也。郭汾阳之祖坟被人发掘，引咎自责，而不追究，是名臣之度量也。该镇受软禁之辱，远不如胯下及掘坟之甚，宜效韩公、郭公之所为，坦然置之，不特不报复铭营，并且约束部下，以后永远不与他营私斗，能忍小忿，乃成大勋。此戒私斗之说也。

国家定制，以兵权付之封疆将帅，而提督概归其节制，相沿二百馀年矣。封疆将帅虽未必皆贤，然文武咸敬而尊之，所以尊朝命也。该镇好攻人短，讥评各路将帅，亦有伤于大体。当此寇乱未平，全仗统兵大员心存敬畏。上则畏君，下则畏民，中则畏尊长，畏清议，庶几世乱而纲纪不乱。今该镇虐使其下，气凌其上，一似此心，豪无畏惮者，殆非载福之道。凡贫家之子，自恃其竭力养亲，而不知敬畏，则孔子比之犬马。乱世之臣，自恃其打仗立功，而不知敬畏，则陷于大戾而不知。嗣后，该镇奉檄征调，务须恪恭听命。凡添募勇丁、支应粮饷，均须禀命而行，不可擅自专主，渐渐养成名将之气量，挽回旧日之恶名。此不梗令之说也。

以上三者，该镇如能细心领会，则俟军务稍松，前来禀见。本部堂于觌面时，更当谆切言之，务令有益于该镇，有益于时局。玉成一名将，亦本部堂之一功也。

若该镇不能细心领会，亦有数事当勒令遵从者。第一条，八千勇数，必须大为裁减，极多不许过三千人，免致杂收游勇，饥溃生变。第二条，该军与淮勇及英、康等军，一年之内不准同扎一处。第三条，该镇官衔，宜去"钦差"字样，各省协饷，均归河南粮台转发，不准别立门户，独树一帜。仰该镇逐条禀复，以凭详晰具奏。至于所述毁誉之言，孰真孰伪，亦仰该镇逐条禀复。其毁言之伪者，尽可剖辨，真者亦可承认。大丈夫光明磊落，何所容其遮掩！其誉言之真者，守之而加勉，伪者辞之而不居。保天生谋勇兼优之本质，改后来傲虐自是之恶习，于该镇有厚望焉。

又批。

在谈陈国瑞的优缺点时，曾国藩故意先提缺点，后提优点，而且缺点十项，优点三项，可知曾国藩对他的爱憎态度。

当朝廷向曾国藩咨询，陈国瑞能不能独当一面时，他用密奏的方式，坚决予以否定。曾国藩很清醒，不因为想栽培他，而不辨公私，滥用感情。

准确说来，在心灵深处，他对陈国瑞是否定的。他给刘铭传写过不少信，也给潘鼎新写过，就是没给陈国瑞写过，这似乎表明了他对陈国瑞的态度。

他对陈国瑞的培养训导似乎没起作用。陈国瑞的命运也不幸被曾国藩言中，"恐怕身败名裂"。曾国藩死后数年，因为另一个案子，陈国瑞又被牵连，发配黑龙江，在那片广袤、肥沃、荒凉的黑土地上，默默死去。

胡雪岩：

用人所长，容人所短

生意是人做的，人是生意成败的主宰。人有多种，各不相同，生意场中更是形形色色，鱼龙混杂。经商最重要的是用人，用对了人，往往事半功倍，甚至化腐朽为神奇；用错了人，则将功亏一篑，使所有的努力付诸东流。

历来驰骋商界，功成名就者，都精于用人之道。而要用人，必先知人。孔子曾说过："不患人之不己知，患不知人也。"俗语也有"知人知面不知心"的说法，即如文中所说的"心非心，真伪难知"，人性如此复杂，如何进行准确判断，全面客观地了解一个人，几乎成了一个亘古难题。

挑选人才，应从不同方面进行考察，既要看重全面素质，又要强调一些特殊的能力。大凡奇才，必有奇技，而这些不凡的本领，不是轻易就能看出来的，要多角度多侧面进行周密的考察，进而收为己用。而一些常人看似无用的"庸才"，换个角度看会发现他也有可取之处，甚至能起到别人所不可替代的作用。

这些都依赖于用人者敏锐的眼光与卓越的见识。要有伯乐的慧眼，方能辨贪廉，知真伪，不为世俗的成见所束缚，吸纳形形色色的人才为我所用，推陈出新，事业蒸蒸日上，即所谓"得人才者得天下"。

拘于成见，任人唯亲，都会错失人才；而不知人，用错人，不能成事者委以重任，对事业造成的损失更是难以估计。

任人唯贤，重人所长，避人所短，防人所诈，是经商打天下不变的用人之策。

老实可靠是胡雪岩用人的一个原则，也是前提。胡雪岩强调"看了人再用"，他的"看"是不拘一格的，是从不同角度、不同方面去看，所以能为自己的事业选择最佳人选。

胡雪岩在刚刚发迹之时，就非常注意对所用之人的全面考察。

一次偶然的机会，胡雪岩结识了靠摆渡为生的老张一家，并对他们的女儿阿珠有了好感。老张一家是当时中国社会下层最普通常见的人家，他们善良、老实、本分，却又爱占点小便宜。胡雪岩出钱让老张到湖州开丝行，很大程度上是为了接济他们家，但这毕竟是胡雪岩除了钱庄之外初次涉足的另外一个领域的生意，所以他还是非常慎重，在了解老张一家人的情况后才做出这个决定的。

胡雪岩去上海搭乘的是老张摆渡的船，通过一路上与他们的接触，细心观察，逐渐了解这一家人。老张虽然是摇船出身，不识几个字，却是一个有骨气的人。而老张之妻虽是常人之妻，却有着生意人的精明和不凡的见识，通过闲聊，胡雪岩发现她对蚕丝的生产、品质的优劣等方面的情况了如指掌，令他大开眼界。于是决定在湖州开办丝行，为自己日后在这一商业领域内发展奠定基础。

结果证明，胡雪岩起用的生意帮手是成功的，老张一家果然将丝行经营得有声有色，最后使得生丝买卖成为胡雪岩事业中重要的一部分。

胡雪岩认为"找一个可用的人很简单，但要找到一个值得信赖的人却要费一番心思"。因此他在考察别人时，很注重对人的全面考察，尤其注重的是品行。

陈世龙外号"小和尚"，原是一个整日混迹于赌场街头，吃喝玩赌无一不精的"小混混"。这样的人在别人眼里是一文不值的。但胡雪岩却独具慧眼，发现了陈世龙身上的一些长处：

首先，这个小伙子很机灵。胡雪岩结识陈世龙其实很偶然，是他在湖州先认识的恒利丝行档手让"小和尚"带他去找郁四，才使他与这个小伙子有了一面之缘。就是这一面之缘，使胡雪岩在陈世龙身上发现了许多可取之处。他与人交接不露怯，很有大家之气，对胡雪岩提出的问题，对答如流，合适得体。胡雪岩对他的第一印象就是"这后生可造就"。

第二，这小伙子不吃里爬外，这是胡雪岩从郁四那里了解到的。郁四心里有点儿讨厌"小和尚"，说他太精明，而且吃喝嫖赌样样都来，但胡雪岩看重的却是"小和尚"是不是吃里爬外，这一点郁四还是给了相当公正的评价：小和尚倒还不是那种人，但是太精了。这又恰好证明了胡雪岩认为这小伙子很机灵的第一印象没错。

第三，这小伙子有血性，说话算数。这一点是胡雪岩自己试出来的。在正式将"小和尚"带到身边之前，胡雪岩把他找来深谈了一次，临分手时给了他一张50两的银票叫他拿去随便用。此前，"小和尚"已经答应胡雪岩要戒赌，胡雪岩知道好赌的人身上有钱就会"手痒"，所以他要藉此试试这小伙子是不是心口如一。"小和尚"虽然忍不住，当晚就到赌场转了一圈，但终归还是拒绝了别人的诱惑没有下场，这一点最让胡雪岩看重。胡雪岩有一个说法，看一个人怎么样，就是看他说话算不算数。

在胡雪岩看来，一个人吃喝嫖赌不是什么特别重要的缺点，而主要的是要讲信义，要有志气，缺点毛病再多，只要有志气就可以将它改掉。只要做人处事有原则，其他任何短处都不重要。胡雪岩就是看到了陈世龙重诺言、灵活却又不失本分这些长处，将他变成了一个可造之材，成了自己跑江湖、泡官场的得力助手，甚至是左膀右臂。

胡雪岩用人时不按常规，重点看这个人身上有没有可用之处，以及这个人是不是一个可信的人，这种辨证的眼光帮他收服了另外一个特殊的人才——刘不才。

刘不才本名刘三才，是胡雪岩二房姨太太芙蓉的亲叔叔。芙蓉的祖上是开药号的，招牌叫做"刘敬德堂"，药店传到芙蓉父亲这一代，经营得相当不错，也积攒了丰厚的家底。然而有一年芙蓉的父亲到四川采购药材，由于所乘的船触礁而落水身亡。"刘敬德堂"自此落到刘三才手上，这刘三才自小就是一个花花公子，而且嗜赌如命。药店到了他手上不到一年工夫就维持不下去了，将所有的债务清算完了，药店盘给别人，房子、生材、存货折价卖掉后，只收回3000多两银子，而这笔钱也在不到一年的时间里被他花个精光。先是以典当家具为生，后来无可为当，就四处告贷，最后连告贷都没有门了，因而落了个"刘不才"的绰号。

在别人眼里，他绝对是个不可救药的败家子，就连他的亲侄女芙蓉，也把他说得一无是处。而胡雪岩却看到别人不曾留意的方面。其一，刘不才虽然好赌，却从来没有将手里的几张祖传的制药秘方拿出来做赌注，这表明他还心存振兴祖业的念头；其二，他吃喝嫖赌样样都来，而且样样在行，样样都能玩出花样，但就是不碰大烟，这说明他还没有堕落到自暴自弃的地步；其三，刘不才为了打捞哥哥的尸体，不计财力，这说明他有情有义。就凭别人不曾注意的三点，胡雪岩看出他还具有可取之处，没到不可救药的地步。胡雪岩收服了刘不才，用其所长，避其所短，而且他手上的那几张祖传秘方也可发挥用处。他摆了一桌"认亲"宴，就在这认亲宴席上便与刘不才谈妥了药店开办的地点、规模、资金等事项。日后闻名天下的老字号药店"胡庆余堂"就这样办起来了，在此后的几十年中，它不仅成为胡雪岩的一个稳定财源，也为他挣来了"胡大善人"的好名声。而刘不才改邪归正，摆脱了贫苦的生活，并且成为胡雪岩身边不可缺少的人，为胡雪岩做了几件大事：拉拢庞二联手销洋庄；在太平军占领杭州期间照顾胡家老母妻小；收服小张而为收复杭州后振兴生意打下了基础。

在别人眼里一无是处的"败家子"，到了胡雪岩手中，却成了一个具有特殊用处的不可多得的人才，这正是胡雪岩不拘一格全面考察人才，避人所短，用人所长的表现。

"曾胡"官商启示录：

所谓金无足赤，人无完人。任何人有其长处，就必有其短处，不能过分求全责备。世界上完美无缺的事物是不存在的。缺点需要去改正，去克服，可往往习惯成自然，很难去克服，有些甚至永远也改正不了。所以就要学会辩证地看待有"毛病"的人。鲁迅先生曾说过："倘要完全的人，天下配活的人也就有限。"既然找不到完美的人，那么在用人时，最重要的是用人之长，避人之短。正像俗话所说的："骏马驰千里，耕田不如牛；坚车能载重，渡河不如舟。"

作为领导，在用人时，一定要做到扬长避短。抓住下属的缺点不放，却对其长处不闻不问，不仅损失了一个潜在的人才，在某种程度上也让别人感受到你领导能力的缺失。用人之所长，避人之所短，既是对人才的尊重，从全局上来说也是对人才的资源整合，使人才都能切实地发挥其作用。

一个人的优点和缺点，长处和短处不是凝固不变的。优点扩展了，缺点也就受到抑制。可能在自己的优点得到有效的发挥之时，缺点会随着自信心的增长而渐渐变弱变少了。所以说，扬长避短既是对人才负责，又是一个好的领导发挥人才作用的有效途径。

第二十六章　果敢 VS 机遇

曾胡官商启示录

曾国藩 ZENG GUO FAN

300

曾国藩：

关键时刻敢于出手

不狠无以成事。狠而不绝，狠中存义，才是真的高明。

汉武帝临死前立了小皇帝，却把幼帝妈妈杀了，其时她才二十二三岁。新皇帝还小，他怕她干政，所以狠下心来，不管她的青春。对自己狠，对亲友狠，对敌人狠，是狠的三个方面。项羽对敌人不够狠，结果乌江自刎。唐太宗对女人不够狠，结果武媚娘反了天。商鞅对别人狠，不够变通，自己被五马分尸。

曾国藩要做成大事，也不得不狠。他的狠却另有一种高明。他对朋友对皇帝都狠下了心，却又不曾做绝，持定忠君大义，所以才能在狠心之余，得以保全自身。狠而不绝，狠中存义，因此官场人乐意向他学习，大概是这样吧。

曾国藩的"狠"，首先就体现在杀人毫不手软。

曾国藩去长沙当团练大臣。团练大臣名字好听，其实没有实权，既不是钦差大臣，也不是地方大吏，什么事情都要跟地方商量。曾国藩却不管那么多，冷静观察了湖南的形势。

太平军离开湖南，奔湖北去了，沿长江而下，攻占南京。湖南的清兵都尾随而去，却不敢交战，只远远跟着。这样一来，湖南境内武备薄弱，兵力空虚，万一太平军再打回来，就无力抵抗。太平军摇旗东下，湖南的会党民众也受到鼓舞，活动更加频繁。如果没有重兵防守，不论是太平军打回来，还是地方民众造反，湖南都会变颜色。

这就是曾国藩最担心的问题。他不是杞人忧天，湖南民众确实造反了，太平军也确实打回来了。这就是曾国藩比别人高明的地方。

曾国藩不顾湖南地方官员的白眼、嘲笑、阻挠，坚决执行自己的团练主张。他创造性地把团练拆分成团与练两个概念。经过他的创造，团成为一种民兵组织，协助维护乡里治安，报告各地民众的造反消息；练就是编练一支军队，镇压民众会党的武装反抗。这是办团练时的想法，后来这支军队出省作战，被称为湘军。

鉴于太平军不会立刻就回来，曾国藩把团练重点先放在清剿湖南"土匪"上面，稳定湖南民心："专意以团结人心、搜查土匪为事，较为易施而省费。"计划虽好，无法实施，仍然没有用。曾国藩把团结人心、搜查土匪作为团练重点，就是考虑到容易实施，又节省经费。

他说的"土匪"，包含了影响湖南"安定团结"的全部坏人。他跟咸丰帝写信说，湖南会匪众多，人所共知，串子会、红黑会、半边钱会、一股香会，名目繁多。地痞、流氓、教匪、盗匪也是"土匪"之一种。各种逃兵散勇流窜返乡，随处抢掠，也是"土匪"。还有那些进入湖南的小股起义军，统统都是他要痛剿的"土匪"、"乱匪"。实际执行的时候，还包括了不听话、敢反抗的百姓。

当时的湖南，数十年来，有些罪犯该杀而不杀，该判而不判，因此乡里无赖之民，遂以为法律不足凭，官府不足畏，反抗不断，人心难安。针对这种情况，曾国藩采用严刑峻法，对"土匪"痛加杀戮，即使是形迹可疑的人，不论是乱党，还是百姓，也不问证据，一律加倍严惩，或者立即处决。

曾国藩跟咸丰帝报告说，我要用严刑锄强暴，只求安定良民，即使有人骂我残忍严酷，也在所不辞。咸丰帝回信说："办理土匪，必须从严，务期根株净尽。"

曾国藩没有地方实权，即使审理犯人，也得先跟湖南当局商量。最初确定各路"土匪"都送到省城，统一审理。他嫌办案人员杀人不多、不快，干脆就在团练大臣公馆设立审案局，直接审案杀人，重犯立刻处决，轻者毙于杖下，次轻者鞭打千百下，大概也活不成了。

过去衙门办案都有公文移送，颇耽搁时间。曾国藩把公文省去，要各州县团练头子便宜行事。这样一来，杀人就不需要法律手续，也不要什么证据，稍加审讯，就可以结案，或杀或放，全凭团练头子、土豪劣绅一句话。

由于根本利益一致，那些称霸一方的土豪劣绅都响应曾国藩的政策，站出来充当团练头子，把那些形迹可疑、眉眼不顺、不服从他们的人，统统捆绑押送到县城就地处决，或者送交曾国藩处理。有的干脆抓到之后，也不打报告，就直接杀掉。结果，很容易的，各族长、乡长就乘此机会，滥用权力，随意捆送、捕杀那些敢于反抗他们的人。活下来的，当然就是那些老老实实、肯听话的良民。

曾国藩跟咸丰帝报告说，五个月来，他直接命令处决的有137名，差不多每天一名。这只是一例。从镇压太平天国来看，有人估计，那场战争使中国减少了两千万人。做一个主观估计的话，死于战场的职业军人应该还不足两百万。

有一本非官方著作讲道，一个朋友跟曾国藩说，不杀不足以立威，他直点头。经过一个村子，看两个人在那里争吵。过去一问，原来是买东西，买的人说他付过钱了，卖的人说没有。曾国藩审问明白，立刻把卖东西那人就地处决。消息传开，全城哗然，有人就说："钦差杀人了。"

也有一书明确写道："官家杀良民乃曰诛土匪。"作者是当时一个湖南人。另有一个人是曾国藩的部下，当时专管审案杀人事。他死之后，留下两本册子，是他的刑案记录，定死刑的人有上千名。他在很多地方写了一行小字："此人不可杀，涤帅要办，奈何！"涤帅就是曾国藩。

"曾剃头"、"曾屠户"的绰号就是这么来的。

他开了一个非常恶劣的先例，就是捉人、杀人不经司法机关，不用法律手续，也不需要什么证据，抓来杀了就是。"就地正法"从此开始，并被后来的军阀滥加利用。

团练是一种地方武装，曾国藩很清楚它的性质和作用。他跟咸丰帝报告说，这种组织虽不足以对付"粤匪"（太平军），清剿"土匪"却绰绰有余。因此他也在抓紧编练军队，当湖南某处有武装反抗，当地团练无力镇压，就派军队去，亦杀人如麻。安化蓝田一地，捕获 132 人，处决 107 人，只有 25 人活命。

屠杀的目的是使百姓心生恐惧，不敢起义反抗，从而孤立太平军。听说太平军到了江西，沿途百姓纷纷跟随响应，端茶送水送粮食，曾国藩就跟朋友说："贼若来我湖南，敢有乱民跟他们学，我就是没有能力剿贼，也必定先把这帮人洗刷干净！"

湘军出省作战之后，屠杀更为残忍，攻破一城，就洗劫一城，屠灭一城。曾国荃因为杀人太多，感到心寒，曾国藩写信跟他说，既然带兵，就以杀人为业，只求不能多杀，哪里还计较数量？

最早刊刻的《曾国藩家书》，删除了不少文字，其中一类就是关于屠杀的，这里只举一例。曾国荃围攻江西吉安，曾国藩给他写信，其中一句是："只求〔全城屠戮，〕不使一名漏网耳。"方括号中的四字被删去了。江西吉安是湘军较早克复的城市，全城屠戮，以后大都照此办理。

毛泽东在看曹操的传记时，写下四个字：杀俘不祥。曾国藩及湘军杀俘虏却有点白起长平之战的样子。

攻克安庆之后，太平军有万人投降，部下问曾国荃怎么办。

曾国荃反问道："长毛贼又多又凶悍，如何处置才好？"

部下说："杀了最妙。"

曾国荃说:"杀也要有杀法。"

部下说:"小开营门,每次十人,杀了再带下一批,半天就完了。"

曾国荃说:"我心不忍,你来办吧。"

部下就出去了。从早晨七八点开始,到下午五六点止,万余俘虏全部处决。

一个英国人著文说,守军三个旅(至少该有九千人吧),由于没有粮食,湘军又答应宽宥不杀,便缴械投降,随即全部被杀,没留一人,那些没有头颅的尸体,全部被抛进大江。

从曾国藩的立场,两军对垒,你不杀他,他就杀你,似乎有其理由。俘虏也要吃饭,还要人看守。湘军本来军饷都不够,常常发半饷,更没有钱来安顿俘虏。曾国藩又强调兵贵精不贵多,也不会收编他们。教育一番,把他们放走,那等于纵俘为敌,更不是办法。结果只有杀掉了事。

曾国藩的"狠"似乎遭到了报应。按照传统医理的说法,在五行中,眼睛属木,肝亦属木,仁慈之心也属木,贯通一气。曾国藩杀人过多,伤了五德中的仁,因而木被伤,眼也被伤,难怪到晚年,他逐渐失明,几乎什么都看不清了。61岁上就死了,也跟肝气被伤有关系。

这就是书生带兵的狠。曾国藩自己就说了,书生好杀,时势使然耳。如此狠辣,成效可谓显著。湖南一省基本稳定,没有什么会党,这给招募湘军准备了条件。无论部队被打散,还是因为作战不力被遣散,都回湖南招募新兵,成为湘军的根据地。曾国藩在评论刘邦时说,就是因为有萧何在关中经营作为根据地,刘邦才打败项羽。大肆屠杀俘虏,屠杀战斗经验丰富的战士,则明显削弱了太平军的战斗能力。

在大肆屠杀之时,为弥盖恐怖气氛,曾国藩也在团结人心。

《保守平安歌》写在办团练之前:"众人谣言岁满口,我境切莫乱逃走。……地方公事齐心办,大家吃碗安乐饭。"稍后的《爱民歌》:"三军个个仔细听,行军先要爱百姓。"连"莫走人家取门板"这样的话都说出来了,颇有点不拿群众一针一线的意思。

至少他在文字上表达了爱民之心:贼寇毁坏民房十之七八,官军毁坏十之二三,我看到很是心痛,因此在任命新的将官时,我总是反复告诫他们,把禁止扰民放在第一位。

曾国藩高明的地方还在于,他懂得分化敌人,分为首犯、甘心从逆和被胁迫而不得不从等情况,区别对待,对胁从者宽大处理,尽管事实上他没有那么严格去做,还是在一定程度上团结了人心。

在争取同一个阵营的人心方面,他求贤若渴,借一方之人才,平一方之寇乱,又高举维护儒家传统的旗帜，更迎合了当时的人心。

一面高举屠刀，一面团结人心，这种手法确实可以适当地掩盖或抵消大肆屠杀的负面效果。

男人要对自己狠一些。

对自己狠就是对身体和心志的狠。天将降大任于斯人也，必先苦其心志，劳其筋骨，饿其体肤，空乏其身……有的人是没有办法，不得不接受痛苦的生活。有的人是刻意修炼自己的心性体质，野蛮其身体，文明其头脑。

曾国藩对自己狠，第一次从北京回来，闭门苦读，一年不怎么出去，这是年轻人的一种狠，一种意志力。听说只名列三甲，不能入翰林院，就想立刻买车南归，已经考取的功名都不想要了。这也是一种狠，没有多少人能够做到。为了当理学家，静坐到失眠，乃至吐血的程度，这也是一种狠。幸好他懂得变通，看情形不妙，就放弃了。通过残酷的身体训练来提高意志力和战斗力，这就是男人经常使用的方法，对自己狠的一种方法。

曾经有一个12岁的男孩，为了锻炼自己的意志，晚上睡觉之前，用自行车轮胎把自己捆起来。父母发现他情况异常，赶紧解开轮胎，小男孩被勒得浑身青紫，差点晕过去。他后来成为世界上著名的财富大亨。

不计较利益得失，是一种狠，不怕死，不要命，更是一种狠。

有不可靠的资料说，曾国藩出省作战时，带了一口棺材，做了必死的准备。三国时期，曹操的部将庞德跟关羽作战，抬了一口棺材去，果然不屈而死。左宗棠西征时，也准备了一口棺材。曾国藩兵败之后，因为羞愤，三次要自杀，尽管都未遂，却有敢于自杀的勇气，比起那些连自杀勇气都没有的人，也算一种狠吧。第二次跳江被救起之后，他还想策马赴敌，死了算了，可见羞愤的程度。至于在信中反复述说自己舍生忘死，那就更多，数不过来。

上战场就莫怕死，怕死就莫上战场。湘军一边，塔齐布是曾国藩最早重用的旗人将领。他被保为参将之后，仍然亲赴一线，手执大旗，指挥将士奋勇向前。参将是三品官，等于今天的军长。太平军中也有这样的勇士。曾天养封了丞相，都六十岁了，在阵前看见塔齐布，立刻大吼一声，单枪匹马冲了过去，要跟他单挑，结果死于军中。

可惜晚年洪秀全失去了狠劲。早年亲身赴敌，后期宁可在宝座上幻想，幻想上天会来保佑，也不肯狠下心来，亲自去前线，亲自去督阵，亲自去冲锋，亲自去鼓舞士气。所谓生于忧患，死于安乐，没有狠劲，如何能成大事？

李鸿章也是一个传奇人物，人长得高大英俊潇洒，尽管跟洋人办外交，他说他是打痞子腔，战场上也当过逃兵，却有一些资料记载说，在上海时，他曾骑着战马，"不做生还之想"，鼓励部下战斗，并最终赢得胜利。

舍得一身剐，敢把皇帝拉下马，就是一种狠劲。不狠成不了大事。量小非君子，无毒不丈夫。慈不掌兵，不狠怎么能掌兵机？

在红军飞夺泸定桥的时候，毛泽东下了死命令，要先锋团二十四小时急行军二百四十里，务必赶到泸定桥夺取泸定桥。二百四十里全是峡江山路，有时是石头，个别战士连草鞋都没有，还要跟沿途的敌人战斗。他们以钢铁般的战斗意志和无所畏惧的战斗决心，一口气不停歇，终于抢在敌人援兵前头到达泸定桥，为红军打开生命之门。如果不是毛泽东用兵狠，如果不是先锋团战士狠，红军真不知往哪里去。

必要时，还要敢于舍弃家人和朋友的利益，甚至他们的性命。古时候，皇帝就用这样的办法来控制前线的将领，把他们的家人留在京城，他们就不会轻易倒戈。

曾国藩对家人没有狠，大概是没有机会。他对孩子比较严格，还说不上狠，对朋友却是狠过的。

他在湖南筹建水师，是当时中国装备最先进的内河水师，全用洋炮，火力强，能够及远，船也坚固。还没有练成，咸丰帝就命令他率队出征，去营救湖北和安徽。

湖广总督是他的老师吴文镕，安徽巡抚是他的好友江忠源，两个人对他都很重要。吴文镕如果不死，可以帮他在咸丰帝面前说好话，江忠源不死，可以帮他带兵打仗。他自己就说，他把一万兵练好之后，是要交给江忠源的。江忠源是湘军中第一个能打仗的人，蓑衣渡设伏就是他的杰作，迫使洪秀全改变行军路线。

曾国藩接到命令，非常为难。兵还没有练成，枪炮也没有备齐，如果草草出征，必败无疑，不仅救不了湖北江西，连自己也要赔进去。自己赔进去不要紧，辛勤训练的军队也跟着玩完，那是他所不愿意的。因此他跟咸丰帝写信，竭尽血诚地诉说暂不出征的理由。也跟吴文镕写信，请老师谅解他的苦心。

他的血诚感动了咸丰帝，同意他暂不出兵。吴文镕也终于表示理解，决心"以身殉国"。

曾国藩内心很苦闷，也犹豫。见死不救是其一，违逆皇命是其二，背负骂名也堪忧，但为了大局，他都不管了。他也知道，当他拒绝咸丰帝和老师、朋友时，也就没有退路了，要么死在战场，要么彻底战胜敌人。

没有狠劲，他难以拒绝皇帝的命令，难以面对老师的求救信，也难以面对江忠源的死魂灵。不过，他终于还是狠下心来，决定不去救援，眼睁睁看着吴文镕死，看着江忠源死。江忠源死了，曾国藩不得不自己带兵，才有了跳水自杀的一幕。

江忠源去北京赶考，专门拜见曾国藩。曾国藩看他气宇不凡，非常喜欢。告辞出来，曾国藩目送他走，说了一句话："这是个人才。可惜十余年后会悲壮惨节而死。"当时天下太平，旁人都不知道他在说什么。

一起去京城赶考的人，有一个病死了，江忠源亲自护送他的灵柩，千里迢迢送回老家。这是义士之壮举，曾国藩非常欣赏，当咸丰帝下令求贤时，首先就推荐了他。

江忠源的父亲七十大寿，曾国藩贵为二品京官，江忠源不过农村一秀才，曾国藩仍然为湖南乡下那个没有谋面的老头子做了一篇寿文，可知曾国藩是如何看重江忠源。

江忠源跟曾国藩说，湖南新宁有青莲会匪，这是动乱之兆。两年之后，曾国藩戏谑他："你不是说有青莲会匪吗？现在如何了？这么久没有动静？"却不知道，江忠源回了新宁之后，团结壮丁，修缮兵甲，提前做好武装准备。等雷再浩一起事，江忠源就把他干掉了，因功提拔为知县。曾国藩很满意，江忠源果然没有辜负他的期望，是一个勇于解救国难的人才。

洪秀全起义之后，江忠源在蓑衣渡伏击，重创太平军，缴获大量物资，还打死了太平军早期优秀领导人南王冯云山。江忠源因此成名，传于天下。

更为难得的是，曾国藩以创建水师最为得意，控制长江上游，顺水而下，最终攻克南京，这个建议正是江忠源提出来的。

江忠源守庐州，被太平军包围，缺粮食，缺弹药，诸军相去四十里，却观望不救。曾国藩也只派出区区一千人马，却无济于事，还没有到达城下，城就被攻破了。那时江忠源正好得了病，跳水而死，时年42岁。

二人是这样一层关系，曾国藩仍然坚持不救，看着他去死，尽管有大义在前，这狠劲也是练到家了的。

总的说来，对敌人狠更为容易，对自己对亲友更难。对敌人狠，至少良心和道义上都站得住脚，对自己狠需要恒心毅力，对亲友狠要面对舆论谴责。没有一幅铁石心肠、金刚肝胆，怕是狠不到家的。厚黑学之起源，大概就跟"狠"沾一点边。

曾国藩的高明之处在于，虽"狠"，却有"智"。善于通过一些办法，来弥补、削弱、消解、淡化"狠"的负面效果，给自己留一条后路。所以他平常总爱讲这些话：有福不可享尽，有势不可使尽；花未全开月未圆……

他拒绝咸丰帝时，也说出自己的忠心和血诚："臣自维才智浅薄，惟有愚诚、不敢避死而已。中夜焦思，但有痛哭而已。现在进退两难，恳请皇上可怜我的处境。自当竭尽血诚，绝不敢半分退缩。"不出兵也难，出兵也难，搞得他两头不是人。

他的话感染了咸丰帝，朱批道："知道了。成败利钝，固不可逆睹。然汝之心可质天日，非独朕知。"狠而不绝，狠中存义，就是指这一节。

能成功说服咸丰帝，自然达到他的兵不精不出征的目的，又为"见死不救"留下后路。狠要有力度，又要懂得妥协退让，为日后留条去路。这个分寸把握好了，就是非常高明的斗争艺术。

狠也要承担恶名。如果这狠对你确实有益，利甚于弊，那就死死挺住，不要放松。如果相反，就要明智放弃。只有从民族大义上出发，承担恶名才是值得的，即使狠毒过巨，也要放手做去，不可犹豫，怀妇人之仁。曾国藩晚年落得一个卖国贼的骂名，就跟此有关系。他向洋人妥协投降，不是从中国人民的根本利益出发，而是从他那个集团利益出发。所以说他虽赢得圣贤美名，却亏掉民族大义。

 胡雪岩：

要善于把握机遇

人们常说"机不可失，失不再来"，这就意味着机遇往往是一次性的，在某时某刻出现过，一旦错失，就不会重来。中国传统商人对此有深刻的认识，许多优秀的商人都是善于发现机遇、把握机遇的能手。

然而经济活动非常复杂，自然、政治、文化等因素对经济活动具有多重交叉影响，使得经济呈现出纷繁复杂、变化多端的景象，而机遇常常就隐伏在这复杂多变的经济现象之中。

任何复杂的现象背后都有其内在本质规律。寒来暑往、潮涨潮落、月盈月亏，都体现了自然界运行的强大规律性。据《史记》记载，商圣范蠡的老师计然有一个著名论断："岁在金，穰；水，毁；木，饥；火，旱。旱则资舟，水则资车，物之理也。六岁穰，六岁旱，十二岁一大饥。"意思即为金年丰收，水年歉收，木年饥馑，火年大旱,丰歉水旱不断循环轮转,具有很强的规律性。

优秀的商人正是能根据外部世界循环轮转的规律性来把握机遇,《国语·越语》记载的这句:"臣闻之贾人,夏则资皮,冬则资絺,旱则资舟,水则资车,以待乏也。"就是中国传统商人借事物在两个极端之间反复轮回而呈现的某种规律性来等候机遇。后人将其浓缩为八个字"旱斯具舟,热斯具裘"。

现代社会中,经济活动更为纷繁复杂,然而仍然具有很强的规律性。从大的方面看,整个国际经济形势有好有坏;从小的方面看,股票市场也是一段熊市一段牛市,有涨有落,不断循环,反复轮回。很多时候,反其道而行之,也就是在机遇到来之前做充分的准备,耐心等待,坚持静候,利用事物循环轮回的规律性来等候机遇,往往能收到非同一般的效果。然而这样的气魄和定力不是每个人都具有的,拿出勇气来,机遇或许就在三尺之内。

胡雪岩曾说过:做生意一定要做得活络。做生意要活络,就是指不要死守一方天地,而能根据具体情况当机立断做出灵活反应。胡雪岩借助身边的专业人才为自己开拓财源,不死守自己熟悉的行当,说到底,也就是时刻想着寻找新的投资方向,不断扩大自己的投资经营范围。一个生意人如果只看到自己正在经营的熟悉的行当,最终只会是抱残守缺,连正在经营的行当都不一定经营得好,更不用说为自己广开财源了。

炒卖地皮——隔壁闲谈

一次休憩中,胡雪岩偶尔听到隔壁闲谈上海地皮规划炒作之事,说者无心,听者有意,胡雪岩又挣了一笔。

胡雪岩炒卖地皮,纯属偶然听到隔壁客人的闲谈,但偏偏他是个有心人,还真就去做了。

一次,胡雪岩为丝生意在上海逗留,在裕记客栈小歇时,无意中却听到了隔壁房中两个人的一段关于上海房地产的谈话。这两个人对于洋场情况及上海地产开发方式都非常熟悉,他们谈到洋人的城市开发、设计、建设与中国的差异,甚至中国人是常常先做好市面、住了人之后再修路,而这种修路,多半是自发的,顺其自然的,没有谁会特别重视修路这一事情。其中一个人说道:照上海滩的情况看,大马路,二马路,这样开下去,南北方面热闹是看得到的,其实,向西一带,更有可为。眼光远的,趁这时候,不管它芦苇荡、水田,尽量买下来,等洋人的路一开到那里,坐在家里等发财。

隔壁两人的一席谈话,引得胡雪岩躺不下去了。出于商人的神经敏感,他顿时觉得这又是一个机会，但苦于自己以前没有这方面的经验。他马上雇了一辆马车，由泥城墙往西，不择路去实地勘察，而且在勘察的路上，就拟出两个方案：第一，在资金允许的情况下，乘地价便宜，先买下一片，等地价上涨之后转手赚钱。第二，通过古应春（胡雪岩的朋友，身为洋买办）的关系，先摸清洋人开发市面的计划，抢先买下洋人准备修路的地界附近的地皮，转眼就可以发财。

不用说，胡雪岩靠这一偶然的机会，眼光就盯到了上海的地产生意上，为自己发现一个绝对可以大发其财的财源。事实上，到19世纪初期，上海每亩地价已由几十两涨至2700两，其后数年间，上海外滩的地价甚至一度高达每亩30万两白银之巨。这样一档子买卖，可不就是一本万利的大财源吗？

在这里，一个偶然的原因，胡雪岩找到了一条财路。也许有人认为胡雪岩此举全赖侥幸，但换个其他人，会有这种结果吗？其实，胡雪岩很多做生意的点子都是别人提到而未介意，但惟独胡雪岩留意到了，并马上付诸行动，一步步做出来的。

"曾胡"官商启示录：

我们当中，哪个没有错过很多机遇呢？即使能力出众，很有眼光的人也不会例外。机遇就在那里，你本可以发现它，但当机遇溜走时你才发现，或者即使你看到了，机会虽明明在那儿，自己却没有力量去抓住它。回首往事，很多事你觉得结果本可以有所不同，但事实是，就在你懊悔错过那一次次的机遇时，说不上又有一个机遇又从你身边流逝了。正如乔治·艾略特写的："生命之河中灿烂辉煌的时刻在身边匆匆流过，而我们只看到沙砾；天使也曾降临并探访过我们，而他们飞走后我们才恍然大悟。"

人怎么能够在一次又一次的懊悔之中度过自己的人生呢？在一次又一次因为错过机遇而懊悔的时候，机遇又一次与你擦肩而过，你会再次因此而懊悔，这就形成了一个恶性循环的一个圈中，使你的一生都在这个圈中一遍一遍的虚度，直至你人生的最后时刻才发现，那个你绕了一生的圈，实际上就是个"零"啊。

机遇到来时不会和你打招呼，也不会因为你没有发现而提醒你，更不会为你而过多的停留。不要整天盼着一个好的机遇降临在你的头上，把做白日梦的时间用在完善自己，锻炼自己上，确保自己在机遇再次来临时能够发现得了，把握得住。也许某天，一个机遇，将改变你的人生。

第二十七章　挺住 VS 照应

曾胡官商启示录

曾国藩 ZENG GUO FAN

曾国藩：

危急时刻要挺得住

曾国藩在与属下官员闲谈时，曾语重心长地对他们说道："我年轻时喜欢与人挺着干，现在老了，不挺了，也就没有什么功绩了，看来还得挺，所以你们要记住，世上的事能不能胜，就看你挺不挺得住。"

在这里，"挺"的意思，指的是在危急时刻，要坚持住。曾国藩称之为"坚忍"。在曾国藩自己身上，主要表现在这样三个方面：

一是对生理上的痛苦的承受。曾国藩生下来就患有顽固性的皮肤病，俗称牛皮癣，发作时痛痒难忍。曾国藩几乎每天都忍受着这种折磨，为此还出现了他怕"毛"的传说，一怕鸡毛；二怕长毛（太平军）。就在疾病的煎熬中，他仍然坚持南征北战，丝毫不影响治军作战。他的惊人承受能力无不令人敬佩。对此他谈笑自若，如咸丰十一年（1861）六月，他给李续宜的信中说："敝疮亦小愈，然手不停搔，颇以为苦。郑板桥有言：'隔靴搔痒，赞亦可厌；入木三分，骂亦可感。'阁下既吝此'隔靴'之赞，鄙人当自为'入木'之爬。何如，何如？"其言诙谐幽默，而所受之苦，绝非别人可想象。由此更显示出他的"挺"字功夫。

二是对于各种政治上的挫折和官场上的失意，他都能挺住。他在仕途上也非一帆风顺，如咸丰七年（1857）被迫家居，同治六年（1867）因剿捻不力而被撤职回任，对他都是很大的打击。但他并不气馁，仍以"挺"字坚持，静待时机。

三是军事上的挫败，他对付失败的办法也是"挺"，即坚忍。四次惨败，他都靠顽强的意志挺了过来，重新振作，转败为胜。

由于经历了无数困难，使曾国藩得出了这样一个认识：无论何人，只要想做成一番事业，就得经受磨难。他在日记中写下了自己的体会："天下事未有不自艰苦得来而可久可大者"，"天下断无易处之境遇"。而能成就事业的人物，必须具备与困难作斗争的意志。

刘铭传是李鸿章手下第一大将，为人刚毅，"河防"策略就是他与曾国藩提出的。曾国藩镇压捻军不力，许多人批评"河防"是守株待兔，主张废止。曾国藩不久离任，但他仍旧劝诫刘铭传，一定要挺住。他还举江忠源提议办水师，胡林翼建议围攻安庆，自己办水师一败靖江、再败湖口等许多事例，说明只有坚持挺住，事情才能成功。刘铭传对曾国藩极为佩服，始终坚持"河防"之议，促成李鸿章接受，最后将捻军镇压了下去。

对于这样的"挺"字精神，曾国藩称之为竖起骨头，竭力撑持。后来他专作了一幅联语，作为"挺"字的注脚："养活一团春意思，撑起两根穷骨头。"

胡雪岩：

越是本事大的人，越要人照应

所谓"一个篱笆三个桩，一个好汉三个帮"，人活一世，要成就大事，一双手能做的事情很少，大家帮着做的事业才可能大。你今天帮了别人，明天别人有了机会自然会帮你。自古以来，这是不变的道理。

"越是本事大的人，越要人照应。皇帝要太监，老爷要跟班，只有叫花子不要人照应。这个比方不大恰当，不过做生意一定要有伙计。胡先生的手面你是知道的，他将来的市面要撑得其大无比，没有人照应，赤手空拳，天大的本事也无用。"

这番话是"小和尚"陈世龙对阿珠父亲老张说的。老张本来是一个很胆小的老实人，以前因为有和胡雪岩结亲戚的打算，因此接受胡雪岩的建议回湖州来开丝行，后来胡雪岩觉得娶阿珠做"小"不妥，便用计撮合了阿珠和陈世龙的一段姻缘。因为这个原因，老张觉得再受胡雪岩的照应也不妥，便想打退堂鼓，陈世龙为开导老张便说了上面这段话。

陈世龙的话，既是在启发劝解老张，也说出了一个人之所以能够获得成功的最深刻的原因，即要有人帮忙，要有人照应。当然，一个人要立身于社会，不管是在官场、商场，还是在别的什么"场"，都少不了要靠自己的才识、能力。所谓才识，无非就是搜集信息、正确决策的能力，就是能见人所未见、准确判断的能力，就是巧妙运用一切有利因素、制定出合理计划并付诸行动的能力。没有这些，再好的条件也会枉然。但这些自身条件一经具备，外界的所谓靠山、人缘，就显得尤其重要了。没有人帮助、照应，即使是天大的本事也是枉然的。

不用说，"小和尚"认为胡雪岩本事再大也要有人照应，自然也是事实。实际上，在胡雪岩走向"红顶商人"的辉煌顶点的过程中，如果没有像王有龄、左宗棠、古应春、尤五、郁四、刘庆生乃至张胖子、刘不才、"小和尚"这些人的帮忙、"照应"，他就是有"天大的本事也无剂于事"。

"越是本事大的人，越要人照应。"这其实是一个很简单浅显的道理。越是简单浅显的道理，也越是至理。因此本事越大的人，也越要牢牢记住这个道理。

王有龄靠着运气，得到胡雪岩的资助，进京买个官职；又靠着与江苏学政何桂清的关系，得到浙江巡抚黄宗汉的任用，得了浙江海运局坐办的实缺，真正做起官来。但这个浙江海运局坐办的官差，实在难以料理：要把浙江应征的十几万石粮食运出浙江，但由于运河交通不畅，官府之间互相推诿设卡，运粮一事难以近期完成。但王有龄充分使用足智多谋的胡雪岩，靠着胡雪岩的大胆策划、周密部署、多方打点奔走，由海运局出面担保，钱庄垫钱、漕帮卖粮以充漕粮的计划得以顺利实施。这个计划的设想由胡雪岩提出，各个细节由胡雪岩推敲，各个环节也主要由胡雪岩去沟通。事情做得巧妙顺利，各方皆大欢喜。王有龄的成功，没有胡雪岩的鼎力襄助，无论如何是得不到的。

胡雪岩全力帮助王有龄，自然不仅仅是为了朋友，其实也是在为实现自己的大计划做准备。他要培植起一棵来日可以托靠的官场大树，他们之间决不是简单的主仆关系。王有龄借重胡雪岩当然不仅是为报恩，他需要胡雪岩帮助自己仕途通达也是实实在在的，要不然他也不会在事情顺利办成、自己腾达起来之时，如此踌躇满志地说出"才智之乐于为己所用，此人的成就便不得了了"的话来。王有龄能够得到胡雪岩的全力相助，当然不是因为他特别会用人。只是他的这番话，确实在无意之中说出了一个事实。

王有龄所谓识人，其实就是对人才的特长、才能有充分的认识、准确的判断，能从对方的为人处事中发现其与众不同的地方。所谓手腕，无非就是采取一定方式笼络人才，使人才为我所用，真心替自己效力。王有龄对胡雪岩的使用，最大手腕是充分信任、言听计从，这是基于他对胡雪岩谋事周到、办事干练的能力认识而采取的用人方式。而胡雪岩在用人上除信任外，还注意从心理上、物质上满足对方的需求，使对方反过来对自己产生感激之情、报效之心，竭尽全力为自己办事。这则是生意人用人的手腕了。

每个人都能以自己的方式帮助别人，别以为只有富翁才可以这样做，不管你现在是谁，你都可以有这个能力。你的付出，将给你带来一个个泉水之眼，那将是无穷的回馈。

"积恩则昌，积怨则亡。"这是一个放之四海而皆准的道理。胡雪岩很清楚这一点，所以他特别注重运用人情，时常体察人情，关心他人的难处，对人讲义气，帮人排忧解难。与胡雪岩交往的人，大都佩服他的这种侠义之举，愿意和他进行商业往来。他们不仅把胡雪岩看作生意人，更多的是作为朋友，甚至知己。所以，胡雪岩四处积累的恩德，就像随手撒下的种子，为他带来了许多商机和回报。

胡雪岩的阜康钱庄开业不久，一天来了一名叫刘德生的绿营军官，要将毕生的积蓄存入钱庄。这个刘德生是个湖北人，年轻时不务正业，嗜赌如命，没过几年就将父母在世时留给他的家产输个一干二净。由于一穷二白，他在家乡受尽奚落和屈辱，无奈之下只好背井离乡，来到浙江后参加了绿营军。

参军几年，他努力上进，作战勇猛，很快就升任了军官，同时由于深知贫穷时的那种无奈，他拼命赚钱，积累了一万两银子。现在太平军四处蜂起，绿营军马上就要开赴前线，身上带着这么多银两不安全，因此他想找个钱庄存起来。

一名普通的绿营军官年俸不过几百两而已，他一下子拿出这么多钱，自然引起钱庄伙计的疑心。此外，刘德生存款四年，不要利息，只求保本，这更让人不能理解。店里总管刘庆生不敢轻易做出决定，深怕钱的来路不明，惹了官司，得不偿失。于是把事情报给了胡雪岩，要他拿主意。

胡雪岩得知后，立即赶往钱庄，叫上刘德生到后院喝酒，听听刘德生的隐情。酒过三巡之后，刘德生把事情的原委通通对胡雪岩明说了。胡雪岩听后，立即表示刘德生一旦回来取款，连本带利1万3000两白银，分文不少，这利息已远远超出了钱庄平常付出的存款利息了。凭着这几句话，刘德生对胡雪岩的为人佩服得五体投地，他连存折都没有要，就只身离开了阜康钱庄。

大家都觉得胡雪岩此举有些太"意气用事"，然而，没过多久这件事的利处就显现出来了。胡雪岩的侠义心肠经刘德生回绿营这么一说，顿时沸沸扬扬传开了，那些即将出征的士兵纷纷赶到阜康钱庄，将他们的血汗钱存了进来。短短几天内，阜康钱庄就收到了来自绿营的40多万两银子，一下子解决了钱庄刚开业缺少本金的问题。

"曾胡"官商启示录：

困难是一把双刃剑，既有利也有弊。关键在于你能不能正视困难，能不能有一颗坚强的心。常言说得好：自古英雄多磨难，从来纨绔少伟男。一切尽如人意的不叫人生，那只是美丽的童话罢了，当我们遭遇困境的时候，要能够使自己头脑清醒，意志坚定，脚踏实地。只要不绝望，只要不放弃，就会有希望。只有自强不息，才是我们人生昂扬向上的力量源泉。

东汉开国名将马援说："大丈夫为志，老当益壮，穷且益坚。"唐初王勃在《滕王阁序》中化用此语，留下了"穷且益坚，不坠青云之志"的不朽名句。"穷且益坚"中的"穷"，并不仅仅是指物质上的贫穷，更指事业陷入了困境，人生走到了低谷；"坚"，也并非自矜自傲，而是不放弃事业，不放弃志向，不放弃自己。"穷且益坚"，就是说越是在困境之中，就越要坚守志向，努力奋斗，等待事情有转机的那一天。而不能自轻自贱，自己放弃自己。否则，自己一放弃，命运也便放弃你了。

要相信自己，相信天无绝人之路。当遇到"山重水复"没有出路的情况下，坚持自己的信念，往前多走几十步、几百步，没准就能峰回路转，"柳暗花明"了。人，能够在关键时刻把握住自己，努力坚持下去，就一定能够铸造出命运的辉煌。

第二十八章　稳健 VS 沉气

曾胡官商

曾国藩 ZENG GUO FAN

启示录

曾国藩：

稳，是制胜的法宝

曾国藩用兵极其稳健，"临阵之际，务宜稳而又稳。佯败不可猛追，孤军不可深入"，切忌焦躁。他对曾国荃说："余前年所以废弛，亦以焦噪故尔。总宜平心静气，稳稳办去。"他的这种战略战术在他的日记与往来书信中多次出现，我们也可以从其作战过程中明显地看出这一点。

曾国荃在围攻江西重镇吉安时，曾国藩曾经为他写下了一副对联，上联是"打仗不慌不忙，先求稳当，次求变化"。后来这一句对联成为曾国藩和太平军作战的指导原则。不但在战略思考上，如他认为"迪安（李续宾）善战，其得诀在'不轻进不轻退'六字"，同时在具体战术（扎营修垒）上，无一不体现这一原则。

为了能首先使自己立于不败之地，达到围困太平军的目的，曾国藩对扎营修垒做了严格的规定。湘军每进攻到一座城下，统领首先根据利于作战的原则，选择地势险要的地方，要求湘军"每到一处安营，无论风雨寒暑，队伍一到，立即修挖墙濠，未成之先，不许休息，亦不许与敌搦战。

墙子须八尺高、一丈厚，内有子墙，为人站立之地。濠沟须一丈五尺深，愈深愈好，上宽下窄"。此后湘军都依照这个规定扎营。扎营修垒，筑墙挖壕。正如曾国藩所指出的那样："惟当酌择险要，固垒深沟，先立于不败之地。"曾国藩对部下李元度说："扎营宜深沟高垒，虽仅一宿，亦须为坚不可拔之计，但使能守我营垒，安如泰山，纵不能进攻，亦无损于大局。"中国近代名将蔡锷高度评价湘军的这个筑营措施"防御之紧严，立意之稳健，为近世兵家所不及道者也"。

湘军不但扎营以求自固，进攻敌人的坚垒、名城，也用扎营战术来围困敌人以收功。咸丰六年（1856），湘军围武昌，挖前濠来防武昌城内的太平军出击和突围，挖后濠以拒太平军的救兵。一般人虑不及远，笑挖后濠为"拙"，后来太平天国翼王石达开率领援军接近武昌，于是湘军的后濠变为前濠，以抗拒石达开，人又叹其"巧"。

1853年，太平天国定都金陵。针对这种状况，曾国藩为湘军制定了占领武昌、九江、安庆，最后夺取天京的以上制下、步步进逼的战略方针。他说："论天下之大局，则武昌为必争之地。能保武昌则能扼金陵之上游，能固荆襄之门户，能通两广、四川之饷道。"九江，"上而武汉，下而湖旧，皆东南所必争之地，其轻重与武汉亦略相等"。而安庆，曾国藩认为："安庆之得失，定乾坤之转与不转。安庆关系淮南之全局，为克复金陵之张本。"在曾国藩看来，控制了这三大战略要地，就可控制鄂、赣、皖三省长江两岸广大地区，从而湘军有了巩固的后方，粮饷来源就有了可靠的保证。同时，武汉、九江、安庆皆为沿江城镇，湘军控制了这三大战略要地，就等于掌握了长江的制江权，从而可断绝天京的水路运输，就可以取建瓴之势，由上而下，进逼天京。

1861年，湘军攻克安庆，曾国藩根据当时形势提出了"先剪枝叶，后拔其根"的战略方针，在这一方针指导下，定下三路进攻的军事部署：第一路左宗棠军从皖南入浙，攻取浙江；第二路由李鸿章率刚组建的淮军奔赴上海，争夺苏、常；第三路曾国荃军在湘军水师配合下，顺江而下，直指金陵。同时，由曾国藩自己指挥湘军鲍超部、张运兰部，进攻宁国、广德、芜湖、巢县等地，保障曾国荃部的后方安全，并策应进攻浙江的左宗棠部，由李续宜部作为机动增援部队，兼顾战略后方湖北。这样，就形成了对天京的布局宏大、思虑周密、环环相扣的战略包围圈。从形成战略包围到1864年的几年中，曾国藩一直没有急于进攻天京，而是致力于完成剪除枝叶的工作。到1864年，天京四周数百里的太平军领地均被湘军占领，这时曾国藩才决定拔除本根，天京很快陷落。

从上面战役中，湘军用兵战术，稳步前进，步步为营，不慌不忙，以孙子兵法"善战者致人而不致于人"，逐渐争取主动为原则。故湘军用兵很少陷于危地，常据险要之地以制敌命，出奇而致胜。曾国藩用兵，重视"主客"的说法，以守者为主，攻者为客，主逸而客劳，主胜而客败。

归结起来，其军事战略的主旨主要在于四个方面：一扎营垒以自固，二慎拔营以防敌袭，三看地势以争险要，四明主客以操胜算。

不仅曾国藩自己"稳扎稳打"，他还时常告诫带兵将领勿求速度，"步步把稳"，"稳扎稳打，机动则发"，"不必慌忙，稳扎稳守"。并经常嘱咐曾国荃在作战的时候：

"吾所嘱者二端：一曰天怀淡定，莫求速效，二曰谨防援贼城贼内外猛打，稳慎御之。""弟克复两省，勋业断难磨灭，根基极为深固。但患不能达，不患不能立；但患不稳适，不患不峥嵘。此后总从波平浪静处安身，莫从掀天揭地处着想。"在写给金国琛的书信中，他说："阁下行军，总望以'稳'字为主，先通罗溪河一军及太湖各军之气，然后向小池驿一路进扎，步步逼近，待贼来扑人，我乃起而应之，最有把握。若我去扑贼，主客异势，恐难得手。"

 胡雪岩：

遇事需要沉住气

经商总要承受压力，遇到这种情况，该怎么办？一句话：要稳，要沉住气！

《老子》中有一句话："气，乃神也；气定，则心定，心定则事圆。"一语道破"沉住气"在商战中的重要作用。在纷繁复杂、瞬息万变的商场中，始终保持冷静的头脑，慎重考虑，这就是能够"沉住气"。

做生意不能为了蝇头小利而放弃固有原则，不能因为一时得失而打乱全局，要学会综合衡量利益的大小、远近，切勿因小失大。在遇到突发事件时更需要沉住气，使自己保持冷静思考和全面分析问题的能力，有条不紊地处理问题，从而守住大局。

面对唾手可得的利益时也需要沉住气，冷静计算得到该利益需要付出的代价，确实有利可图的，要周密决策，谨慎行事，确保以最小的代价获得最大的利益。

局势混沌不清时，即使面前有巨大的利益，也不可草率做出决策，而要以非凡的耐性稳定情绪，等待形势进一步变化，认清发展趋势，待一切明朗，非常有把握时果断出手，这样才能避免因贪图一时之利而满盘皆输。

胡雪岩一生始终把"沉住气"作为生活的准则，无论身处何种境地，都能保持一颗平常心，冷静处理问题。他常说："千万要沉住气。今日之果，昨日之因，莫想过去，只看将来。今日之下如何，不要去管它，你只想着我今天做了些什么，该做些什么就是了。"

但现实生活中，人有时候很容易沉不住气，危机出现的时候容易沉不住气，事情太顺了也容易沉不住气。比如王有龄在得到胡雪岩的资助后，进京捐了个官。由于有了"总角之交"何桂清一纸荐书，他回到杭州后立即就补上了海运局坐办的空缺。随后又在胡雪岩的竭力相助下，解决了困扰抚台大人的漕米北运的难题，因此，深受抚台器重。

恰逢此时，湖州知府出缺，于是王有龄和胡雪岩四处活动，再加上王有龄成功处理了漕运问题，在杭州官场有"能员"之称，令他很轻易地得到了湖州知府的肥差。而且，抚台还让他继续兼领海运局坐办。

此刻的王有龄真可谓"春风得意马蹄疾"，好不风光！

一日，一名自称姓曹的丝商上门来，请进来宾主落座后，此人便递上了一张一万两的银票，并一再声称，这是湖州丝商孝敬知府大人的，希望王有龄能够笑纳。这种情况在当时朝廷的官场上是很平常的事情，王有龄不由心动，还没来得及说一番客套话，身旁的胡雪岩就先出言替他婉言拒绝了。

送走客人后，王有龄心中颇有几分不快，这毕竟是一笔不小的财富。胡雪岩看出他心中的不悦，便向他解释自己为何拒绝。胡雪岩认为：

第一，此人来路不明，不知其根底，也不知其所求，贸然取其送上来的银子，会令自己以后陷入两难的境地。

第二，目前王有龄在官场上太顺利了，难保会招人嫉恨，所以在此时更应谨慎行事，防止落入他人所布置的圈套中。因此一定要沉住气，以防不测。

果然，事后不久，胡雪岩就探查到此人是杭州抚台的一个表亲周道台派来陷害王有龄的。这周道台是个候补道，本来他想出任湖州知府，却被王有龄抢了先，因此怀恨在心，遣人来陷害。

得知这一切后，王有龄惊出了一身冷汗，同时又庆幸自己身边有胡雪岩这样精明谨慎的人。

在商言商，生意人当然不能不计较得失。但许多时候，特别是危机出现的时候，生意人又确实比任何人都需要将得失抛开。只有沉住气，才不为眼前的得失所拘。如果斤斤计较不能自拔，就很可能被眼前得失所惑而陷入一种迷乱之中，对于眼前该做、必做的事情都看不清了。

胡雪岩的确是一个遇到危机能沉得住气的人。在他事业的晚期，遭到李鸿章派系的攻击，阜康的上海分号遭到挤兑，不到一天就宣布关门停业，风潮波及到杭州、宁波。胡雪岩此时已乘船去了杭州。上岸伊始，就遇到了这么一个大变故，真是犹如晴天霹雳。胡雪岩明白，现在唯一于局面有益的，就是要自己镇静。这就好比一条船，遇到了大风浪，如果船长先慌了手脚，必然会引起船员更大的慌乱，甚至会导致船毁人亡，无一幸存。只有镇静下来，同心协力，才能化险为夷。

　　所以，胡雪岩叫来杭州分号的钱庄档手，要他回店告诉伙计们，钱庄仍要继续营业，有他胡雪岩的其他生意做后盾，一切困境都会克服。

　　他又专程去拜访藩司德馨，向他征求善局方略。德馨和胡雪岩关系甚好，他知道胡雪岩面对这种行将崩溃的局面，决不会像其他一些小商人那样一逃了之。他答应帮助胡雪岩疏通浙江巡抚和京城里的老爷。疏通的目的，无非是要这些人不必因事浮沉，空发议论。最好的办法是大家一起来支持胡雪岩，给胡雪岩时间，让他自己来弥补因挤兑而带来的损失。

　　在这样纷乱的情况下，胡雪岩仍如此沉得住气，有条不紊地处理问题，就在于能够将得失之心抛开，而守住大局。每次生意遇到危机时，他总是这样对自己说："这个生意不是你的，而是你为人打理，你的东家已经不能问事，委托你来全权处理。"

　　他以这种方法来抛弃得失之心，集中心思解决难题，是值得我们现代商人钦佩和借鉴的。

"曾胡"官商启示录：

　　沉稳是一种状态，由内而外释放出来的。它需要临危不乱、处变不惊，对前景与局势有着最理性的分析，需要冷静的头脑和坚强的心脏，它也是多年生活、社会经验的浓缩。真正的沉稳，装是装不出来的，一遇到事情，就会露马脚。想要让自己显得稳健大方，就要在平时工作生活中多加注意。

　　第一，可以有情绪，但不要随便显露你的情绪。我们拥有理智，理智告诉我们将你的情绪放在众人眼前绝不是一个好主意。你这样做，好听的说你很"真"，不好听的就是你很幼稚了。要注意控制，即使把握不住也不要轻易在外人面前发作。

第二，不要逢人便说你所遭遇的困难。想让人可怜你？还是让人同情你？很多人听你诉说只是为了猎奇、消遣而已。

第三，多思考，少说话。不说话不是代表不能说，不说话不是代表没有思考，当需要我们说话时，综合别人所说的精华，加上自己的所想，这会让你看来像一个智者。

第四，在好事成为定局前不要轻易宣扬，在好事真正发生后也不要轻易宣扬。

第五，走路与说话不要慌乱。稳，不代表慢，即使步伐快、语速快，也要显得有朝气、有活力，而不是慌乱使然。

第二十九章　退隐 VS 后路

曾胡官商启示录

曾国藩 ZENG GUO FAN

 曾国藩：

功成身退天之道

说起激流勇退，人们都会想起那些在仕宦之途上功成名就的人的激流勇退。他们在事业上达到顶峰的时候，能够预见到未来可能招致的祸害，及时离开政治斗争的漩涡，以保护自己，同时给新贤让位，以利国家民族之大业。否则官运做过头了，就可能会落个身败名裂的后果。

"退"字有引退、退让、退避的意思。"木秀于林，风必摧之"，居于高官显位或锋芒毕露的人，很容易招来别人的非议和嫉妒，因此急流勇退就成为那些明智之士的选择。所谓急流勇退，就是指在仕途非常顺利的时候，毅然退出官场以避免祸患，或者在复杂的斗争中及早抽身，全身而退。

对于做官的人来说，功成身退实际上是一种非常理性的选择。当了几十年的高官大将，一旦从领导的岗位上退下来，可能会有很强的失落感。不过冷静地想一想，退是自然的事，也是早晚的事，毕竟年事已高，功成身退应该是最理性的选择。就像汉代的张良，跟随刘邦打天下，运筹帷幄之中，决胜千里之外，为开创汉室江山立下了汗马功劳。而一旦天下初定，张良就立即功成身退，谁能不说他是大智慧？韩信就不同，虽然将起兵来多多益善，围项羽于垓下而灭之，功高盖主，明知道"高鸟尽，良弓藏；敌国破，谋臣亡；狡兔死，走狗烹"的道理，还是要这样要那样，待遇上要求封齐王，最后落个涉嫌谋反，晚节不保，一辈子的仗算是白打了，实在是缺乏理性。

在古代，一些将帅在战场上屡建战功，而在仕途上却不一定能够如愿以偿，甚至连性命都不保。究其原因，是因为君主害怕这些战功赫赫的将帅功高震主，会危及皇位的安全，于是就对这些将帅"夺其位，废其权"，甚至干脆将他们一杀了之。

如春秋时期，越王勾践被吴国打败，勾践和自己的夫人到吴国当奴隶。归国之后，勾践在大夫文种、谋臣范蠡等人的辅佐下，卧薪尝胆，终于灭掉吴国。在灭掉吴国之后，勾践担心大夫文种功勋显卓，不利于己，于是将大夫文种杀死；而范蠡却因为对勾践的为人有所了解，所以在功成之后，抽身疾退，离开越国，到外地经商，最后成为著名的商人"陶朱公"，后人将其尊称为"商圣"。再如战国时期的秦将白起因战功显赫，也遭到秦昭王和秦相范雎的猜忌，结果被迫自杀……对于这种并不鲜见的残酷的官场现实，饱读经书的曾国藩当然心知肚明。他深知自己作为一个汉官，清政府不可能会完全信任自己。

"功成身退"表现出一种对于历史的前瞻性，以及对于自己生存环境的清醒的、睿智的把握与预测。曾国藩在这方面堪称智者。湘军是曾国藩一手建起来的，它与清政府的其他军队完全不同。清政府的八旗兵和绿营兵都是由政府编练。遇到战事，朝廷便调遣将领，统兵出征，事毕，缴回军权。湘军则不然，其士兵皆由各哨官亲自选募，哨官则由营官亲自选募，而营官都是曾国藩的亲朋好友、同学、同乡、门生等。由此可见，这支湘军实际上是"兵为将有"，从士兵到营官所有的人都绝对服从于曾国藩一人。这样一支具有浓烈的封建个人隶属关系的军队，包括清政府在内的任何人要调遣它，都是相当困难，甚至是不可能的！

湘军成立后，首先把攻击的矛头指向太平军。在曾国藩的指挥下，湘军依仗洋枪洋炮攻占了太平天国的部分地区。曾国藩的湘军在镇压太平军的战争中为清政府立下了赫赫战功。清政府任命曾国藩统帅江苏、安徽、江西、浙江四省的军务，这四个省的巡抚（相当于省长）、提督（相当于省军区司令）以下的文武官员，皆归曾国藩节制。自从有清以来，汉族官员获得的官僚权力，最多是辖制两三个省，因此曾国藩获得了当时汉族官僚中最大的权力。

对此，曾国藩并没有洋洋自得，也不敢过于高兴。他头脑非常清醒，时时怀着戒惧之心，居安思危。

后来，太平天国起义被镇压下去之后，曾国藩因为作战有功，被封为毅勇侯。这对曾国藩来说，真可谓功成名就。但是，富有心计的曾国藩此时并未感到春风得意，飘飘然。相反，他却感到十分惶恐，更加谨慎。他在这个时候想得更多的不是如何欣赏自己的成绩和名利，而是担心功高招忌，恐遭"狡兔死、走狗烹"的厄运。他想起了在中国历史上曾有许多身居权要的重臣，因为不懂得功成身退而身败名裂。

他写信给其弟曾国荃，嘱劝其将来遇有机缘，尽快抽身引退，方可"善始善终、免蹈大戾"。湘军进了天京城后，大肆洗劫，城内金银财宝，其弟曾国荃抢得最多。

胡雪岩的确是一个遇到危机能沉得住气的人。在他事业的晚期，遭到李鸿章派系的攻击，阜康的上海分号遭到挤兑，不到一天就宣布关门停业，风潮波及到杭州、宁波。胡雪岩此时已乘船去了杭州。上岸伊始，就遇到了这么一个大变故，真是犹如晴天霹雳。胡雪岩明白，现在唯一于局面有益的，就是要自己镇静。这就好比一条船，遇到了大风浪，如果船长先慌了手脚，必然会引起船员更大的慌乱，甚至会导致船毁人亡，无一幸存。只有镇静下来，同心协力，才能化险为夷。

　　所以，胡雪岩叫来杭州分号的钱庄档手，要他回店告诉伙计们，钱庄仍要继续营业，有他胡雪岩的其他生意做后盾，一切困境都会克服。

　　他又专程去拜访藩司德馨，向他征求善局方略。德馨和胡雪岩关系甚好，他知道胡雪岩面对这种行将崩溃的局面，决不会像其他一些小商人那样一逃了之。他答应帮助胡雪岩疏通浙江巡抚和京城里的老爷。疏通的目的，无非是要这些人不必因事浮沉，空发议论。最好的办法是大家一起来支持胡雪岩，给胡雪岩时间，让他自己来弥补因挤兑而带来的损失。

　　在这样纷乱的情况下，胡雪岩仍如此沉得住气，有条不紊地处理问题，就在于能够将得失之心抛开，而守住大局。每次生意遇到危机时，他总是这样对自己说："这个生意不是你的，而是你为人打理，你的东家已经不能问事，委托你来全权处理。"

　　他以这种方法来抛弃得失之心，集中心思解决难题，是值得我们现代商人钦佩和借鉴的。

"曾胡"官商启示录：

　　沉稳是一种状态，由内而外释放出来的。它需要临危不乱、处变不惊，对前景与局势有着最理性的分析，需要冷静的头脑和坚强的心脏，它也是多年生活、社会经验的浓缩。真正的沉稳，装是装不出来的，一遇到事情，就会露马脚。想要让自己显得稳健大方，就要在平时工作生活中多加注意。

　　第一，可以有情绪，但不要随便显露你的情绪。我们拥有理智，理智告诉我们将你的情绪放在众人眼前绝不是一个好主意。你这样做，好听的说你很"真"，不好听的就是你很幼稚了。要注意控制，即使把握不住也不要轻易在外人面前发作。

第二，不要逢人便说你所遭遇的困难。想让人可怜你？还是让人同情你？很多人听你诉说只是为了猎奇、消遣而已。

第三，多思考，少说话。不说话不是代表不能说，不说话不是代表没有思考，当需要我们说话时，综合别人所说的精华，加上自己的所想，这会让你看来像一个智者。

第四，在好事成为定局前不要轻易宣扬，在好事真正发生后也不要轻易宣扬。

第五，走路与说话不要慌乱。稳，不代表慢，即使步伐快、语速快，也要显得有朝气、有活力，而不是慌乱使然。

左宗棠等人据此曾上奏弹劾曾国藩兄弟吞没财宝罪，清廷本想追查，但曾国藩很知趣，进城后，怕功高震主，树大招风，急办了三件事：一是盖贡院，当年就举行考试，提拔江南人士；二是建造南京旗兵营房，请北京的闲散旗兵南来驻防，并发给全饷；三是裁撤湘军四万人，以示自己并不是在谋取权势。这三件事一办，立即缓和了多方面矛盾，原来准备弹劾他的人都不上奏弹劾了，清廷也只好不再追究。

他又上折给清廷，说湘军成立和打仗的时间很长了，难免沾染上旧军队的恶习，且无昔日之生气，奏请将自己一手编练的湘军裁汰遣散。曾国藩想以此来向皇帝和朝廷表示：我曾某人无意拥军，不是个谋私利的野心家，是位忠于清廷的卫士。曾国藩的考虑是很周到的，他在奏折中虽然请求遣散湘军，但对他个人的去留问题却是只字不提。因为他知道，如果自己在奏折中说要求留在朝廷效力，必将有贪权恋栈之疑；如果在奏折中明确请求解职而回归故里，那么会产生多方面的猜疑，既有可能给清廷以他不愿继续为朝廷效力尽忠的印象，同时也有可能被许多湘军将领奉为领袖而招致清廷猜忌。

其实，太平天国被镇压下去之后，清廷就准备解决曾国藩的问题。因为他拥有朝廷不能调动的那么强大的一支军队，对清廷是一个潜在威胁。清廷的大臣们是不会放过这个问题的。如果完全按照清廷的办法去解决，不仅湘军保不住，曾国藩的地位肯定也保不住。

正在朝廷捉摸如何解决这个问题时，曾国藩的主动请求，正中统治者们的下怀，于是下令遣散了大部分湘军。由于这个问题是曾国藩主动提出来的，因此在对待曾国藩个人时，仍然委任他为清政府的两江总督之职。这其实也正是曾国藩自己要达到的目的。

当然"功成身退"并不一定要引身而去，比如要到深山老林里去，比如雇一条船在太湖里隐匿形迹。其实无须这样拘泥，还有一种"功成身退"，即是有了大功劳而不居功自傲，不自视清高，不自我膨胀。只要你不张扬，不嚣张、不飞扬跋扈，人们一样会尊重你，会记着你昔日的功劳。

事实上，在曾国藩组建湘军镇压太平天国的时候，为了防止曾国藩和湘军的坐大，保证军政大权集中于朝廷，清政府对曾国藩进行了多方牵制和防范。

如1854年上半年，太平军在华中一带战无不胜，清军屡战屡败。这年四月，曾国藩率领湘军与太平军争夺湖北，太平军失利退守武昌。曾国藩率湘军围攻武昌，十月武昌被攻陷。当捷报传到京城后，咸丰皇帝喜形于色，说道："想不到曾国藩一介书生，竟然立此大功！"这时一位朝臣对咸丰皇帝说："曾国藩乃一匹夫，匹夫一呼，应者四起，从之者万余人，恐怕并不是国家之福啊！"咸丰皇帝一听，脸色顿变，显然也知道了其中的利害关系。果然，后来朝廷先是升曾国藩为署理湖北巡抚，后来又改变主意，只赏给他一个兵部侍郎，负责办理军务。曾国藩立即意识到了其中的变数。此外，清廷还先后派曾国藩的政敌陶恩培和官文坐镇他的后方，对他进行监视，此中用意曾国藩不可能不知道。

当清政府于同治四年（1865）四月二十九日下谕，命曾国藩以钦差大臣身份督师北上，并对他再次加封的时候，曾国藩在日记中写道："是日接奉廷寄，一等侯之上加'毅勇'二字，李少泉伯之上加'肃毅'二字……加此二字，不以为荣，适以为忧！"

在这次上奏和日记中，曾国藩将自己急流勇退的心迹表露无遗。由于年事已高，加上经历了无数风风雨雨之后，曾国藩希望能够从此远离政治斗争的漩涡，过上几天舒适安心的日子。

对于曾国藩这种急流勇退的心理，我们可以从其日记中窥知一二。

他在同治三年（1864）三月二十五日的日记中写道："日内因户部奏折似有意与此间为难，寸心抑郁不自得。用事太久，恐人疑我兵权太重、利权太大。意欲解去兵权，引退数年，以息疑谤，故本日具折请病，以明不敢久握重柄之义。"

在同治四年十月二十四日的日记中，曾国藩又记道："接澄、沅两弟九月廿一日信，沅意欲再辞晋抚，坚卧不起。喜其知己之明，襟怀之淡，反复筹思，将成其志……思吾兄弟出处进退之道，必能避荣而后可以远辱，但宜不露痕迹耳。"

在同治六年（1867）正月初七，曾国藩又在日记中写道："是日，接奉廷寄，因十二月十八日秦兵之败，霞仙革职。业经告病开缺之员，留办军务，致有此厄，宦途风波，真难测矣！然得回籍安处，脱然无累，犹为乱世居位者不幸中之幸。"

在长期的仕宦生涯中，曾国藩亲眼目睹着官场上的尔虞我诈、相互倾轧以及残酷的派系斗争，眼见不少官员或被革职，或被充军，或被杀头，甚至被株连九族。这些悲惨的结局往往使曾国藩一想起来就不寒而栗。

因此，曾国藩时常想着有朝一日，自己兄弟应该见好就收，急流勇退。所以他在给自己家人的信中说道："盛时常作衰时想，上场当作下场时"；"有盛必有衰，不可不预为之计";"居官只不过是偶然的事,居家乃是长久之计"。

在同治二年(1863)四月二十七日曾国藩给其弟曾国荃的信中也表明了自己急流勇退的心态:"来信'乱世功名之际尤为难处'十字实获我心……吾兄弟常存此兢兢业业之心,将来遇有机缘,即便抽身引退,庶几善始善终,免蹈大戾乎?"

时代的背景决定了曾国藩只能做出这种选择。尽管曾国藩后来并没有引退归还原籍,但他的这种为官处世之道,却使他能够在险恶难测的封建官场上始终保持着清醒的头脑,并不因为加官升爵而得意忘形,而且使自己的家人也能够持守家规,得以在乱世中保守住一份安全。

急流勇退要求当事人舍得放弃名和利的诱惑,安于淡泊宁静的生活。只有舍得抛弃名利等身外之物,才不会被外来物欲所诱惑,才能够平心静气地对待一切事物,不以得之而喜,不以失之而悲。同时,急流勇退还要求当事人在退下来之前,先为自己找好安身之地,这也就是所谓的未雨绸缪。

胡雪岩:

别因跑得太快而不顾后路

世上的路有千万条,但最痛苦的是没有退路。有些人勇往向前,直到摔进悬崖,才知犯下大错,可又有什么用呢?因此不论做人做事,都要有板有眼,这样才能给自己留下一条退路。

胡雪岩有着非常灵活的手腕,并且长于变通。胡雪岩曾说:"犯法的事,我们不做。不过,朝廷王法是有板有眼的东西,他怎么说,我们怎么做,这就是守法。他没有说,我们就可以照我们自己的意思做,否则就无退路。"

钱庄做的本来就是以钱生钱的生意。不用说,胡雪岩与张胖子筹划的吸收太平军逃亡兵将的私财,向得补升迁的官员和逃难到上海的乡绅放款的"买卖",的确是一桩无本万利的好买卖。得来的存款不需付利息,而放出去的款子却一定会有进账,岂不就是无本万利？

可是张胖子不敢做这笔生意。张胖子有张胖子的道理，他认为，按胡雪岩的做法，虽不害人，但却违法，因为太平军兵将的私财，按朝廷的说法无论如何应该算是"逆产"，应该在朝廷追缴之列，接受"逆产"代为隐匿，不是违法是什么？

然而胡雪岩却不这样认为。在他看来，犯法的事情自然是不能做的，但做生意要知道灵活变通，要能在可以利用的地方待机腾挪。比如朝廷的王法本来是有板有眼的东西，朝廷律例怎么说，我就怎么做，不越雷池一步，这就是守法。

而朝廷律例没有说的，我就可以按我的意思去做，王法上没有规定我不能做，我做了也不能算我违法。他的意思很清楚，不能替"逆贼"隐匿私产，自然有律例定规，做了就是违法。但太平军逃亡兵将决不会明目张胆以真名实姓来存款，必然是化名存款的。朝廷律例并没有规定钱庄不能接受别人的化名存款，谁又能知道他的身份？既然不知道他的身份，又哪里谈得上违法不违法呢？

掌握与运用机变与权变之理，在任何时候都注意给自己留下退路，这是一个高明的商人每一次出击之前都深思熟虑的问题。

胡雪岩在他的生意由创业而至鼎盛的过程中，每桩生意的运作，就都既敢于冒险，也特别注意为自己留"后路"。

比如钱庄生意主要是通过兑进兑出来赚钱。兑进，自然是吸收存款以做资本，而兑出则是放款。兑出是赚借贷人的利息，自然是利息越高越好，兑进要付出利息，自然是越低越好，最好是不付利息。表面看来这种生意只要把握时机，随银价的起落浮动调整好兑进兑出的利率，就可以稳稳当当坐收渔利。这种将本求利，平平淡淡的运作方式当然也可以，但终归不是做钱庄生意的"大手笔"。

而要做出"大手笔"，兑进兑出都会有风险。

从兑出说，放出的款要高利收回，就要找大主顾。大主顾做大生意要大本钱，能有大利润也就不在乎借款利率的高低。向这样的主顾放款，自然收回的利也就高，但借贷者的生意获利越大，所担风险也大，款放给他们，自己也要担风险。万一对方生意失手，血本无归，自己放出去的款也就可能无法收回，一笔放款也就等于放"倒"了。比如在朝廷与太平军交战的兵荒马乱年月米商借款贩运粮食，获利就极大。获利极大，风险也极大，放款给他们就不能不考虑考虑。

从兑进说，当然最好是有储户存款不要利息。这种情况不是没有，但有些可以不担太大的风险，比如胡雪岩代理官库；有些则会担很大风险，比如太平天国失败之际，接受太平军逃亡兵将隐匿私财的存款，太平天国被镇压之后，朝廷自然要追捕"逆贼"，按惯例也必要抄没他们的家产。万一追查"逆产"到钱庄，钱庄不能够不报不缴，不说还有可能被以"助逆"治罪，如果被捕的太平军遇赦开释，来钱庄要取回自己的存款，按规矩钱庄必须照付，这样一来也就必然要鸡飞蛋打吃"倒账"了。

兑进兑出都有冒险，也就都要事先想好退路。向在兵荒马乱年月贩运粮食的米商放款，胡雪岩自然也做，但他确定了一个原则，那就是要先弄清楚，他的米要运到什么地方去。运到官军占领的地方，可以放款给他，但要是运到有太平军的地方去，就不能放款给他。这就是为自己留下退路。因为放款让对方运米到官军占领的地方，万一放倒，别人可以原谅，自己不至于名利两失，还留有重新来过的余地，而如果放款让对方将米运到有太平军的地方，万一放倒，别人会说你帮"长毛"，吃"倒账"活该，那也就一点退路都没有了。胡雪岩也做了从太平军逃亡兵将"兑进"的生意，做这生意时，他也想好了退路，那就是万一官府追查，自己也有话可以对付："他来存款时隐匿了身份，头上又没有'我是太平军'的标志，我哪里知道他是逃亡兵将？"这样至少可以开脱自己，不至于走上连坐治罪的绝路。

胡雪岩一事当前总是很注意未雨绸缪，为自己留有退路。可惜的是，到他的后期，在一些很大的事情上，他却一方面由于客观情势的限制，一方面由于他管的事情太多而疏忽，也更由于他自恃实力雄厚，反而把这一条驰骋商场必有的原则忽略了，以至于最后在挤兑风潮来到之时，终因无救而彻底崩溃。

比如胡雪岩在为左宗棠西征筹饷而向商行借债，具体运作上就没有为自己留好退路。为筹饷而向洋人借债实际是很不合算的事情，洋人课以重利，本就息耗太重，而此项借款又不是商款，可以楚弓楚得，牟利补偿。但左宗棠为自己西征得功，却志在必成。光绪四年，他要胡雪岩出面邀集商贾，同时向英国汇丰银行借款，华、洋两面共借得商款达650万两用于西征粮饷。照左宗棠的计算，七年之中，陕甘可得协饷1880万两以上，以这笔饷款清偿洋债足够了。因协饷解到时间不一，因此要求不定还款期次。这只是他的一厢情愿，这笔借债实际定半年一个还款期次，六年还清。到左宗棠奉调入京之前，为了替后任刘锦棠筹划西征善后，左宗棠在近乎独断专行的情况下又借了汇丰银行招股贷款400万两。

借洋债用于军需粮饷，本来是国家的责任，但这两笔计一千多万的债务风险，却都落在胡雪岩一个人身上。光绪四年左宗棠为借洋债上奏朝廷，一个月以后接到朝廷批复，批复上就说："借用商款，息银既重，各省关每年除划还本息外，京协各饷，更属无从筹措，本系万不得已之计。此次姑念左宗棠筹办军务，事在垂成，准照所议办理。嗣后无论何项急需，不得动辄息借商款，至贻后累。"

此批复中所说"京协各饷"即"京饷"，是京内的各项开支。因你们息借商款，以至于京内各项开支都无从筹措，自然还款也就不能帮你们了。朝廷是一推六二五，对这笔借款采取了"概不负责"的态度。这样，借款的风险无形之中都加到了出面商借的胡雪岩一人肩上。因为虽然这两笔借款都由各省解陕的协饷还付，但协饷解到时间不能一定，而且原议解汇的协饷还有可能被取消。协饷不到，无法还款，洋行自然是找胡雪岩，而胡雪岩为了自己的信用，也必须尽力筹措还款。正常情况下，以胡雪岩的财力当然问题不大，但局势如果发生变化，后果必将不堪设想。

在乱世之中要以一人之力而担国家的债务，这是没有为自己绸缪计划。而在局势已经发生变化，上海市面已经极为萧条，市面存银仅百万两的情况下，特别是此时李鸿章要整掉胡雪岩的端倪已现，他又接受为左宗棠筹集近50万粮饷任务，更是没有为自己留下一点退路。而在这种情况下，胡雪岩还决心在生丝生意上与洋人一拼到底，"打得赢要打，打不赢也要打"，不肯将囤积的丝、茧脱货求现，则是不仅不留退路，甚至是自己将自己的退路堵死而背水一战。这样，风波突起之时，除了破产查封清偿之外，别无他路。

"局势坏起来是蛮快的，现在不趁早想办法，等临时发觉不妙，就来不及补救了。"这其中的道理，胡雪岩自然是极懂得的，但具体做起来，就连胡雪岩如此精明的人，也不免失误，可见要真正善于未雨绸缪，也并不是一件简单的事情。

古语有云："福分，祸所伏也。"胡雪岩在商场驰骋多年，靠官府后台，一步步走向事业的顶峰，风光无限，但其最终的失败，却也是由官场后台的坍倒和官场的倾轧所致。胡雪岩虽为商人，但他的发迹以及鼎盛与政界要人的庇护有着密不可分的关系。胡雪岩紧紧把握住了"大树底下好乘凉"的精髓，他先借助王有龄开钱庄，又以左宗棠为靠山创办胡庆余堂，为西征筹借洋款，恢复因战事而终止的牛车，为百姓、为国家做出了一定的贡献，从而一步步走向事业的巅峰。作为一名商人，他被御赐二品顶戴，被赏黄马褂，这在中国历史上是罕见的。但就是这样一位名利双收、事业有成的人，却在几天之内垮掉了，他的事业也随之走到了尽头。表面上胡雪岩生意的失败是由于他野心过大，急于扩充，出现决策性失误，使钱庄因缺乏流动资金而被挤兑，致使其经营的生丝铺、公济典当、胡庆余堂等纷纷关闭。但导致胡生意失败更为深入的原因是政治敌人的打击。胡雪岩虽聪明一世，与官场人物交往甚密，但最却因为不谙官理、刚愎自用、不懂变通而成为左宗棠与李鸿章政治斗争的"牺牲品"，成为李鸿章"排左先排胡，倒左先倒胡"策略的牺牲者，实在令人为之扼腕叹息。

"曾胡"官商启示录：

西部片固然惨烈，但那毕竟是故事。现实生活中人们追求的是善始善终，而想要做到这一点，就必须学会放弃。放弃的意义不仅仅止于失去，它更多的意义是在于拥有。急流勇退就是一种放弃，是目光高远、趋利避害、以退为进的表现。

急流勇退，说起来容易，做起来却非常困难。需要你放弃现有的荣誉、地位、权力等等你为之奋斗了一辈子的东西。这就是为什么很多人没有选择急流勇退，而这些人中的一部分下场就变得比较凄凉。那些在仕宦之途上功成名就的人的急流勇退，他们在事业上达到顶峰的时候，能够预见到未来可能遭致的祸害，及时离开政治斗争的漩涡，以保护自己，同时给新贤让位，以利国家民族之大业。否则官运做过头了，就可能会落个身败名裂的后果。应该说，"功成身退"表现出一种对于历史的前瞻性，以及对于自己生存环境的清醒的、睿智的把握与预测。

急流勇退，不是怯弱无能，不是临阵脱逃。能够做到这一点，是一种境界、是一种心胸。进有进的道理，退有退的艺术，功成名就之时选择放弃，既是一个时代的终结，又是一个好的开端。人生从不缺乏挑战，真正坚强的人也不会畏惧挑战。敢于急流勇退，不是因为畏惧，而是因为勇敢。也只有在这一次又一次的变幻之中，人生才能变得愈发完美。

附录一　曾国藩小传

1811年12月26日,一个叫宽一的小男孩出生于湖南省湘乡县白杨坪村的一个小地主家庭,他就是曾国藩。

曾国藩出生的时候,曾氏家族的经济水平至少已经达到小康甚至中产级别。

他的父亲曾麟书则是一个愚笨的乡下教书先生,考了十六次,直到四十三岁那年,才考取了秀才,仅比儿子曾国藩早一年得到这个初级功名。在曾国藩成长的过程中,祖父曾玉屏对其影响最大。曾玉屏是一个强悍威严,有经营头脑的乡下财主,年少时曾是远近闻名的纨绔子弟,成家之后才浪子回头,转变为一个威严而有责任感的人。在曾国藩的印象里,祖父一直有着威仪的气度,言论雄伟而坚定,性格也相当倔强。相比之下,父亲则一直文质彬彬,没有祖父这样的行事魄力。

和我们现在的小孩一样,曾国藩也是6岁上学。他在7岁那一年转入父亲执教的私塾里读书。在父亲的严格教育下,扎实地完成了封建伦理基础知识的学习。附近的人都知道,曾国藩8岁能读八股文诵五经,14岁时已能读《周礼》、《史记》文选,是个勤奋好学的少年。

14岁那年,父亲好友欧阳凝祉到家塾中访友,对曾国藩的诗文大加赞赏。直觉告诉他,眼前的这位少年是个不可多得的人才,将来肯定能成大气,就将女儿许配给了曾国藩。

曾国藩的少年时代就是在这样一种生活舒适,无忧无虑的乡村环境下度过的。直到20岁那年(1830年),曾父感觉到自己的学识有限,为了让儿子有更好的发展,早点考取功名,决定让儿子外出求学。

曾国藩外出求学的第一站是衡阳的唐氏私塾,这时,他的名字叫子城。接着又去湘乡县的涟滨书院求学，学习不到一年，曾国藩的学业已有了很大长进。1833年，曾国藩参加了县试，中了秀才，并与欧阳凝祉之女成婚，完成了人生大事，这一年他23岁。

第二年，曾国藩来到湖南省的最高学府——岳麓书院学习，师从书院山长欧阳厚均。欧阳厚均进士出身，曾任郎中、御史等职，42岁时因为照顾年迈的母亲，回到湖南，主讲岳麓书院二十七年，弟子中成名的就有三千多人。在岳麓书院期间，曾国藩表现出的聪颖和苦学，深得欧阳山长的喜爱。也正是在这里，他开始比较系统地受到封建思想的教育和湖南学风的熏陶，这对他今后思想的形成和发展产生了很大影响。不久，他又考取了湖南乡试举人，功名之路似乎出人意料地顺畅。

1834年年底，曾国藩动身去北京，去参加来年的会试。经过长途跋涉，终于到达紫禁城——这个他心里幻想过一千次一万次的神圣之地，年轻的心激动不已。他心里暗暗发誓，一定要考进来，实现自己的理想和抱负。

但是，谁都不可能永远走在坦途上，曾国藩也是。第二年，他参加了两次会考，都名落孙山，这让踌躇满志的他非常沮丧，只好遗憾地踏上了回乡的路。不过没过多久，这个障碍他还是成功地攀越过去了。

三年之后，他再次参加会试，考取了第三十八名贡士，当时主持会试的正总裁是大学士穆彰阿——一个难得的满族大儒，也就在这一年，开始了他们的师生之谊。有一天，穆彰阿突然对他说，子城这个名字太过俗气，还是改名为国藩的好，就是做国之藩篱，成为国家栋梁的意思。就这样，当年的曾子城就这样改名成了曾国藩。

同一年，28岁的曾国藩考中进士，进入翰林院，成为军机大臣穆彰阿的得意门生。在这次殿试中，曾国藩只取得三甲第四十二名，虽然同进士出身，但还不是真正的进士。对这个成绩，曾国藩不甚满意，所以非常重视接下来由皇帝亲自主持的朝考。这一次他出色地展现了自己的实力，取得一等第三名的好成绩。而道光皇帝又非常喜欢曾国藩的文章，干脆将他提为一等第二名，改庶吉士，入翰林院检讨。机会总是留给有准备的人，这一次曾国藩准备得相当充分。

在京为官十多年间，曾国藩先后任翰林院庶吉士，累迁侍读，侍讲学士，文渊阁值阁事，内阁学士，稽察中书科事务，礼部侍郎及署兵部、工部、刑部、吏部侍郎等职。十年七迁，连跃十级，从七品一跃而为二品大员，上升如此迅速，这在当时是罕见的，更何况是对于他这样一个生于农村、出于寒门的人。这自然与他自身的学识修养是分不开的,但是,穆彰阿的举荐和扶植无疑也是他仕途的加速剂。

鸦片战争打得不可开交的时候,曾国藩正痴迷于研究宋明理学。书生气未脱的曾国藩和其他官员一样,对这场外国人发动的侵略战争估计不足,总觉得不那么严重。

1841年7月的一天,曾国藩在京城琉璃厂买下了一套全本的《朱子全书》。仔细阅读之后,发现理学竟如此博大精深,以前用来应付考试的知识在理学面前,显得多么的微不足道啊。程朱理学在很多方面涉及到对天地人的探寻,有着诸多哲学上的思辨,这些都让他感兴趣。从此,曾国藩真正开始了治学之道。这段时间,曾国藩非常认真地治学。为了弄清治学门径,他还特地就检身和读书向理学大师唐鉴登门求教。唐鉴也是湖南人,大赞曾国藩的好学。他说:"控制社会秩序的力量不是来自于信仰,而是来自于自我道德的约束;至于读书,应当以《朱子全集》为宗,熟读这本书并掌握其核心思想,并且要身体力行,而在这个过程当中,修身是读书的根本,其最好的办法就是记日记……"这些话,让曾国藩茅塞顿开。从此之后,曾国藩一直每天坚持写日记,一写就是一辈子。

对理学的钻研引导曾国藩进行了一系列形而上的思考。此后,曾国藩严格按照理学家的模式进行修身养性,而达到"知行合一"的境界,还是从认识倭仁开始。曾国藩在唐鉴的推荐下,认识了倭仁——另一位有名的理学大师。在日常生活中,倭仁对自己的要求比唐鉴更高。从倭仁身上,曾国藩找到了与自己共同的东西,也养成了对自己严格要求的习惯。理学对于人格的修炼,使得曾国藩无论是做学问,还是为人处世,都成熟了很多。

后来,曾国藩在桐城派姚鼐所提出的义理、考据、辞章三条传统的治学内容上,又增加了"经济"这一条。他认为,这四种学问缺一不可,而且"经济"更为重要。所谓"经济",就是经世济民的学问,就是学要有所用,对于社会,要能派得上用场。曾国藩更清晰地明白"修身齐家治国平天下"的真正内涵,他变得更有责任感。他先后将弟弟曾国潢、曾国荃、曾国华带到身边读书,在弟弟们回家应考期间,他经常写信让他们好好读书,争取功名。在曾国藩的言传身教之下,弟弟曾国荃1848年科考一等,补廪膳生。

在治学上,值得一提的是,从1846年开始曾国藩的学术思想发生了重要的转变,他由"一宗宋儒"转向了"汉宋兼采"。对于汉学,也不像先前那样排斥了,对于宋学,也有了客观的评价。那一段时间也是他系统地整理自己思想的重要阶段。他写了很多文章，内容囊括了对传统文化的梳理，对道德的逻辑分析，对现实问题的杂录，对玄学、史学和文艺理论的看法，对一些哲学问题的困惑等等。文章思路之清晰，文字之精确雅致，让很多京城大儒暗生钦佩之心。经过这一段时间的盘整，可以说，曾国藩的思想和学问又进入了一个新境界。

就这样，曾国藩平静地度过在京为官的这段日子，那时候曾国藩的最大目标，就是在学问、人格以及官位上追求完美，这也是每一个传统文人的终极目标。此时的他从没想到有朝一日会投笔从戎，也从未想到，自己的后半生会在硝烟弥漫的战场上度过，直到太平天国起义爆发……

1851年1月11日，广西爆发了举国震惊的太平天国起义，这次由洪秀全等人领导的农民起义规模空前，并提出了一些带有浓郁的西方色彩的口号，在广西一呼百应。

咸丰皇帝感受到这次农民起义的威胁力非同一般，为了挽回民心、渡过难关，特下令向各大臣征言。这一举措激发了曾国藩的报国热情，他以为时机已到，于是，连上奏章，提出多项革除弊政的建议。包括人才的发现、培养和考察等用人方面的建议，还提出了军队改革的方案，建议通过裁兵、节饷等措施，来提高官军战斗力……

可是，曾国藩的建议并没有被采用，咸丰皇帝虽然积极地向大臣征集了很多建议，但只是想起到稳定民心的作用罢了，形势没有实质性的改变。在觉得报国无门的情况下，曾国藩再次进谏，急切想要杜绝咸丰皇帝的"骄矜"之气并扭转廷臣的"唯阿之风"。在这份奏折中，他将矛头勇敢地直指年轻的咸丰皇帝，这无疑激怒了皇上，以至于奏折还没批阅完便被狠狠地扔在了地上，还立刻召来军机大臣，想要问罪这个胆大包天的老夫子。在大臣们为他苦苦求情的情况下，曾国藩才免于获罪。自此之后，余怒未消的咸丰皇帝一直对曾国藩耿耿于怀。后来，曾国藩的恩师穆彰阿被罢免，咸丰对曾国藩更是心存芥蒂。而曾国藩从此以后，不仅打消了对清朝政治从上到下进行整顿的念头，而且锋芒顿减，变得谨慎起来。

1852年7月，曾国藩奉命充任江西乡试正考官，并获准完事后回家探亲。不料，途中忽然接到母亲去世的讣闻，于是急忙从九江乘船回乡奔丧去了。

第二年，太平军广西部占领了江宁，并在南京建都，改名天京。其余部队也向河北、直隶进发，想要直捣黄龙，局势越来越紧张，引起全国骚乱。咸丰皇帝想起了团练——在古老的保甲制度的基础上组建民间武装。嘉庆时期，清朝政府就是靠团练消灭了白莲教。于是，便迫不及待地下令各省地方官和任命丁忧或请假在籍的官员都积极办理团练。丁忧指的是明清时期官员的父母死去，官员必须遵守停职守制的制度。曾国藩无疑就属于这一类官员。

　　曾国藩到家没几天就接到了咸丰皇帝的圣旨。一开始曾国藩顾虑重重，并不想接这茬事儿，他痛恨统治阶级当权者的腐败无能，也看不惯那些一般地主士绅的软弱散漫，觉得和这帮人很难合作。而且，因为母亲去世，按理他必须在家守丧三年。所以，干脆上疏辞谢，陈请终制，准备将这团练的事儿交给张亮基办。

　　正要执行这一决定，就接到张亮基的来信，说太平军已攻克武汉。时局变化如此之快，让他开始对自己的决定踌躇起来。好友郭嵩焘也受张亮基之托，连夜赶到曾家，劝服曾国藩出山。郭嵩焘说："你有着匡扶天下的宏伟大志，可是今天不抓住这个时机振臂一呼，中国文化的道统将难以传承。你又将皇上的旨意放在哪里？而且在守丧期间从军作战，也是古制。"这句话刚好说到曾国藩的心坎上了，但是已经做出的决定怎么能这么轻易改变呢？于是郭嵩焘又去动员曾父做说客，支持曾国藩办团练。这样，既有了保护天下百姓的名号，又有父命支撑，曾国藩改变原来的决定，去长沙办团练就有了天经地义的理由。

　　就这样，曾国藩开始了他金戈铁马的别样生活。这次选择，也成为了曾国藩的人生中最大的转折点。很多年以后，当曾国藩回忆起自己的人生时，会不由自主地感叹命运的不可捉摸。作为钟情于学问和操守的一介书生，就那样突如其来地陷入了戎马生活。这样的结果，明显地带有宿命的意味。

　　曾国藩虽然接受了团练大臣的任命，但是并不相信团练武装在对太平军的作战中能发挥多大作用。毕竟今日不同往日，当年适用的方法到现在不一定奏效。首先，饷源不同，嘉庆那会儿，团练费用都是从国库提取的，因而大力操练也大会增加地方和民间的负担。而现在，政府财政拮据，军饷都少了，哪里还有多余的给团练？所以，现在的团练经费一般都由地方士绅自筹自管。其次，作战对象也不同。当时的白莲教起义人员分散，而且内部又有宗教分歧，没有统一的指挥机构，都是流动作战，没有根据地，利于各地团练武装堵截追击。而太平军是个更进步更难对付的起义团体，不仅有严密的组织和统一指挥，在政治、军事和经济方面也都有自己的纲领，而且规模浩大，来势汹汹。正是因为清楚地看到了团练的弊端，所以他一开始就没有真正按照要求来团练，而是选择了募勇的方式。募勇和团练都属于临时兵团，是政府有事招募，而事后遣散的一种军队组建方式，这一点区别于世袭终身制的绿营制度。但是募勇不像团练那样，选择不脱产的当地小地主来充当团练军队的主力，而是效仿明朝戚继光的练兵方案，在农民中挑选身强体壮者参加，而且是有军饷支持的全职军人。

正因如此，在决定募勇练兵之后，曾国藩立即上疏，这次他并没有完全把心中想法说透彻，而是玩了点文字游戏，在"团练"上大做文章。本来团练就是一个固定词组，但是他聪明地把"团"和"练"一分为二，变成两种不同的组织，他说团而不练是不收钱财、不发口粮的，仅仅绑送土匪而已，和古时候的保甲是一样的；而团而兼练就必须要建立军营，发口粮，这样才可以保卫本省，救济外省，后者才是适用于新时代的官勇制度。就这样，曾国藩不仅顺利地把募勇划归到团练名下，并争取到了政府的财政拨款，这也为他组建一支新式军队奠定了经济基础。

在募勇练兵一段时间之后，他开始谋划怎样改募成军。其实，曾国藩早就想着要这么做了。一来，绿营兵惰将骄，战斗力不强；二来，团练武装难以得心应手。在太平天国的强烈攻势下，创建一支新型的、有战斗力的部队是非常必要的。曾国藩细细地研究了明朝戚家军的组成方式、纪律和作战策略，仿照戚家军的模式对湘军进行整编，改革军制。比如以营为基本战斗单位，拟定营规、饷章等等。这支部队只隶属和服从曾国藩一人，只有曾国藩，才是这支军队的绝对领袖。到咸丰四年一月，曾国藩已练成水陆兵勇各十个营五千人的规模。当然，湘军的主要骨干，还是由他的一帮兄弟和朋友支撑起来的，有曾家弟兄曾国荃、曾国华、曾国葆，还有他的好朋友郭嵩焘、江忠源、罗泽南、胡林翼、左宗棠等。从骨干到基础兵，基本上都是湖南人，这样的部队，没有比"湘军"这个名称更合适的了。

值得一提的是，曾国藩对自己的部队不仅训练作战技术，还注重儒学教育，从人格上对士兵进行修炼。所以，一开始，曾国藩就赋予了这支部队很多卫道的特质。据说，曾国藩还以他自己独创的方式，亲自为这支部队创作了很多琅琅上口的歌谣，并以此作为对这支由书生、农民以及社会闲散人员所组成的临时军队的教化。

正当曾国藩在积极训练湘军的时候，太平天国发动西征，于咸丰四年年初第三次占领汉口、汉阳，但因武昌久攻不下，于是丢弃武汉，准备分两路向四川和湖南进军。情况紧急之下，曾国藩决定不再等待广西所募水勇的到来，立即出发东征。

这是湘军真正意义上的首次出战，对于曾国藩来说意义是重大的。所谓养兵千日，用兵一时，在这一刻，全体兵将都斗志昂扬。曾国藩考虑问题颇为周详，因此在水军出发前做足了准备。为防止出发后粮食、物品供应不及时或者饷银在当地买不到东西等突发事件，还特地租用百艘民船，和七千名水手夫役，部队可谓浩浩荡荡。临出发前，还特地发表了一篇名为《讨粤匪檄》的战斗檄文，想要利用地方主义孤立太平军。

曾国藩驻军长沙不久，还没来得及出发东征，由石祥贞率领的太平天国的西征军部队就已经攻进了湖南，占领了湖南北部的岳州、湘阴和宁乡，前锋紧逼长沙。曾国藩派储玫躬去攻夺宁乡，但是途中遭到太平军的埋伏，这次小攻失败了。但是，从另一个角度讲，倒也给了石祥贞一个下马威。

石祥贞见湘军来势汹汹，以为后面的大部队会马上跟上来大战一场，所以连夜就从宁乡、湘阴、岳州等处撤兵，退到湖北去了。不过，退到中途，刚好碰到从汉阳西上的林绍璋部的援军，石祥贞一看到援军到了，马上又取道咸宁、蒲圻南下，打回湖南。而曾国藩看到太平军后退，马上把攻占湖北一事提上日程。他先派胡林翼、塔齐布等人由陆路攻打通城，并约定与湘抚骆秉章派出的王鑫部的三千湘军会合，攻打蒲圻，而自己则率领大军由水路向岳州进攻。王鑫部途中正好遭遇重组后折回湖南的太平军，大败而回，紧急进入岳州据守，但也被太平军团团围困。

曾国藩听到前军失利和王鑫被围的消息，打算迅速退兵，后在陈士杰的苦劝之下，决定采用陈的建议，派炮船到岳州城外虚张声势，连放几炮，王鑫等九百多人听到炮声后，趁机爬城墙逃出，算是保留了湘军的一批骨干。紧接着，太平军攻占岳州，全歼王鑫部湘军一千多人，并乘胜前进，再次占领靖港、湘阴、宁乡，前锋攻占湘潭，对长沙形成夹击攻势。

湘军出师不利，大部分人马都退守长沙，处境很是窘迫。当时湖南的官绅议论纷纷，甚至有人想趁机解散湘军，此时曾国藩的压力更大了。他回到长沙后，顶住压力，认真分析失败原因和太平军的优劣势，制定了集中优势兵力攻打湘潭的作战计划。在和部将商谈详细作战计划的会上，决定派塔齐布一军和全部水军前往攻打湘潭，行军序列是杨载福等五营先出发，曾国藩率领其余五营次日续进。

然而，临行前忽然有靖港民团前来报告，说那里的太平军人数很少，而且没有防备，现在恰是攻占的好时机，而且民团已经搭好浮桥，愿意为湘军助攻。于是曾国藩放弃了原先的计划，率剩余的水陆各营改攻靖港。结果惨败，逃回长沙。

当时，曾国藩看到士兵逃跑，亲自执剑督阵，稳定军心，并且让旗手在岸边树立一面写上"过旗者斩"的旗子。可是，他苦心训练的湘军同样兵败如山倒，任他想尽办法挽回，逃跑的仍旧逃跑，这种状态和他一再讥讽的绿营军有什么区别？曾国藩看到这个场景，沮丧至极，怎么也想不明白。

回到长沙后，他暗示弟弟曾国葆买回棺材，准备第二天就自杀。庆幸第二天清早便传来了湘潭取胜的好消息，这下曾国藩终于长舒了口气，完全消除了之前的自杀念头。看来湘潭一战的取胜是非常重要的，它不仅坚定了曾国藩对湘军的信心，有力地反击了那些反对操练湘军的言论，更重要的是引起了清朝政府对湘军的重视，而这种募勇成军的做法也得到了咸丰皇帝的支持。

曾国藩能在以后对抗太平天国的多场关键性的战役中取胜，和他每天坚持写日记，善于思考总结的习惯是分不开的，而这个习惯的形成都获益于早年的理学研究。从靖港逃出之后，他也认真地总结了岳州、靖港、湘潭这三次战争的经验教训，认为功过界定不清晰、赏罚不分明是战败的主要原因，这种模棱两可的局面必须要彻底改变。于是，针对各营在这几次战斗中的表现，他对湘军进行了组织整顿，又根据兵贵精而不贵多的原则，对湘军进行大力裁员，只留那些勇猛善战的部队。这次裁人，严格按照凡是溃散之营、营哨兵勇一律不用的原则执行，所以曾国藩的胞弟曾国葆也因为战败被列在裁员名单中。经过整顿之后，湘军部队的水陆两军总共只保留了五千人。

湘潭战争后，太平军重新调整了军事部署，在岳州做好了迎接湘军进攻的准备。而湘军在长沙经过一番休整之后，也重新向太平军发起攻击。在马上开始的城陵矶陆战中，湘军猛将塔齐布对太平军的著名猛将曾天养，同样蓄势待发的两支部队短兵相接，打得异常激烈。其实，这时湘军水部已先输一局，陆军取胜的压力很大，正当两支部队打得不可开交时，太平军主帅曾天养发现了塔齐布，他大喝一声，急速骑马冲进敌营，直刺塔齐布，不过，塔齐布机智地避开长矛，反刺中曾天养的坐骑，曾天养马蹶人倒，壮烈牺牲。主帅的牺牲对太平军打击很大，一时间军心涣散，无心与湘军决战，退向武昌。而城陵矶一战的取胜让湘军信心大增，乘胜追击。

在接下来的攻夺武汉的战争中，太平军见来势汹汹的湘军攻到城下，便丧失了信心，干脆弃城逃走了。这样，太平天国把对它至关重要的上游重镇，以仓惶逃跑的方式拱手让给了湘军。历史一般是这样记录，1854 年 10 月，曾国藩的湘军第一次攻下武昌，只用了短短的四天时间，伤亡只有两百多人，攻城行动可谓摧枯拉朽。相比之下，太平军损失船舰两千余艘，丧师数千。这可以说是开战初期，清朝对抗太平天国为数不多的一次迅速获胜之战。

当时，对战局几近绝望的咸丰皇帝获悉这个消息后，欣喜若狂，立即下令赏给曾国藩二品顶戴，同时让曾国藩代理湖北巡抚。刚收到皇帝的这个旨意时，曾国藩还假意推辞一下，虽然他很向往这份地方实权，但他在守孝期间立功受职，不合规矩，别人肯定会讥讽指责的。于是，就写了封辞谢奏疏给咸丰。让他郁闷的是，自己的辞谢奏疏还没到，咸丰就在某军机大臣的劝服下收回成命，改为赏给曾国藩兵部侍郎头衔，办理军务。

这样，攻占武汉的最大功臣只能远远观望荆州将军官员和前署理湖督都受到重赏，自己却只得了一个客军虚悬的地位，很是伤心。不过，这倒是让他更进一步看透了清朝政府对他的猜忌心理，更加感到悲观。不过，曾国藩也明白这种戒心是皇帝对自己权位的护卫，正像那位劝服的大臣说的："曾国藩以侍郎在籍，就是一般的平民身份。一介平民，居然能够一呼百应，恐怕不是政府的福音吧。"经过这件事，曾国藩和朝廷之间的关系越发微妙了。

对于咸丰皇帝的另一道旨意——命令他率领水陆各部乘胜东下，迅速进攻江西、安徽的太平军，曾国藩认为极为不妥。一来，经过几场战争后，湘军损伤很重，需要休整和补充增强战斗力；二来，太平军虽然遭到很大损失，但仍有相当实力；三是湖北经济还没有恢复，不能建立粮饷基地。湘军东取江西、安徽，还是只有湖南的供给。这样，远离后方，供应困难，容易导致军士溃散、前功尽弃的结果。但是咸丰皇帝急于求成，拒绝接收曾国藩的意见，仍然命令他迅速东下，善后工作交给其他官员。

咸丰皇帝的这一错误决策完全打乱了曾国藩的计划，迫使他脱离后方，锐兵轻进，数年内陷于进退维谷的困境。

依照咸丰皇帝的旨意，曾国藩根本就没有休整军队的时间，湘军只能在艰难的情况下立刻投入下一场攻坚战。而这个时侯，对手太平天国也早已做好了应对准备。其实在湘军攻下武昌之后，太平天国就立即调整了战略部署，调集燕王秦日纲和翼王石达开部，大军沿长江一线，开始了第二次猛烈的西征。

1854年10月底，曾国藩率领湘军从武汉出发。这一回，曾国藩打算集中优势兵力，全力围攻湖北与江西交界处的田家镇。曾国藩首攻黄州，再占鄂城，然后兵分三路东下，一路扫清沿途的太平军据点。到了长江边上的半壁山一带，湘军重新聚集，全力进攻太平军重兵屯集的田家镇。田家镇之战异常惨烈，曾国藩在给朝廷的奏折中这样描述：即使是战争结束后，江边上仍有浮尸不断。经过几次拉锯战，湘军在付出了惨重代价之后，终于攻克了田家镇。

然而，田家镇大捷之后，曾国藩及湘军便跌入了战争的谷底。一开始，曾国藩全力进攻九江未果，只好掉转方向，把主攻目标对准湖口，想凭借水师的优势，拿下湖口，再攻九江。让曾国藩没想到的是，这一次他遭受到了最为惨烈的鄱阳湖之败。

1855年1月，湘军水师中计陷入鄱阳湖内，湖口的太平军见势勇敢杀出，拦腰攻击湘军水师，将它们一分为二。这样，就成了"内江水师"和"外江水师"两部分。然后，太平军乘机反攻，派水师先火攻湘军之外江水师于湖口江面，大胜，湘军的外江水师被迫移至九江水面。2月，太平军水师再次乘夜火攻湘军停泊在鄱阳湖的内江水师，焚烧了湘军大、小战船一百多只。正在鄱阳湖的曾国藩，只得改乘小船仓皇逃命，连文卷册牍也全部丢失了。他逃至罗泽南的陆营后，越想越觉得羞愧难当，再次投水自杀，还好被幕僚营救上岸。说起来，这应该算曾国藩第二次自杀未遂。

在曾国藩湖口大败之后的那段时间里，太平军的进攻连连得手，湘军连战连败，形势急转直下。1855年4月，太平军秦日纲、陈玉成部攻下了武昌，湖北巡抚陶恩培情急之下，自杀身亡；紧接着，胡林翼又在汉阳附近遭遇败绩……这一系列事件中，最让曾国藩痛心的是两位爱将的离开。在攻打九江的战争中，悍将塔齐布因久攻九江不下，吐血而死；随后，另一名得力猛将罗泽南接到命令，要回援湖北。"罗走塔灭"后的曾国藩，像是失去了最有力的两支臂膀，在江西的处境日益狼狈起来。

正当曾国藩在南昌岌岌可危的时候，杨秀清将石达开调回天京，参加攻破江南大营的战斗，曾国藩死里逃生。1856年4月，更恶劣的消息不断传来：先是太平军大破朝廷绿营江北大营；接着，传来爱将罗泽南在湖北战场牺牲的消息。本来，曾国藩在江西战败之时，给罗泽南写了一信，让他火速调兵来江西救援。罗泽南收到曾国藩的信后，立即救援江西，走到一半时，因武昌被围，湖北形势急迫，他只好又掉转方向回湖北解救。武昌被太平军攻下之后，罗泽南决定不顾一切将武昌城夺回……听到罗泽南的死讯，曾国藩异常痛惜，泪流满面。在湘军中，曾国藩最欣赏的，就是罗泽南与彭玉麟了，这两个人无论是人品还是才学，都堪称"三湘翘楚"。更难得的是，从湘军组建开始，罗泽南几乎就没有打过败仗，即使是在曾国藩"屡败屡战"之际，罗泽南也是无坚不摧……现在，武昌攻下了，罗泽南却身亡前线，曾国藩不由地号啕大哭。

　　1856年6月以后，由于清军绿营的江南大营突然围攻南京，太平天国东王杨秀清急命石达开领军东援解围，太平军的主力从江西撤回了江苏。石达开的这次撤离，让岌岌可危的曾国藩看到了转机，给了他喘息的机会。在机会来临的时候，稳重的曾国藩总能牢牢抓住。当危急局面一有所缓和，曾国藩就马上开始补充力量，这个时候，湖南又一次显示了它的后方基地的作用。在湖南巡抚骆秉璋和左宗棠的指挥下，刘长佑、肖启江率五千湘军前来增援江西；不久，曾国华又从湖北率一支人马绕道湖南进入江西境内；曾国荃又从老家招募了一支湘军前来支持……这样，曾国藩结束了长时间被包围的局面。在江西，与太平军的战斗重新进入攻守相当的状态。

　　1856年9月，太平军方面发生了巨大变化，一场亲痛仇快的领导集团内讧，严重削弱了太平天国的政治影响和军事实力。太平天国在经历一番内乱后，大伤元气。更让太平天国感受到打击的，是他们对于洪秀全的个人崇拜开始动摇，人们开始怀疑洪秀全的神话了。这个新成立的"政教合一"的组织不得不收敛起锋利的进攻态势，开始坚壁清野固守城池了。战事对于太平天国来说，已转入战略防御阶段。

　　几个月后，形势逆转直下，在苏南战场，清军江南大营死灰复燃。1857年，清军张国梁部攻克镇江，威逼金陵。在江西，石达开回金陵之后，曾国藩开始全面反攻，江西太平军力量几乎全部瓦解，仅存湖口、九江等地成为孤立的据点。在湖北方面，太平军武昌城的守将韦俊是韦昌辉的亲弟弟，兄长被杀，韦俊斗志完全丧失，弃城而逃后投诚了湘军。胡林翼重新占领了武昌，武昌的失守让战局立即得到改变。1856年底，湘军水陆两路再次顺江东下，连陷黄州、蕲州、大冶、兴国等；1857年1月，又攻下黄梅。在湖北，太平天国丢失了大量地盘，基本丧失了战斗力。紧接着，李续宾统率湘、楚军一万多人，直抵九江城下。很快，九江城被攻陷，太平军一万多人阵亡。

　　这个时候，军事形式完全倒转过来了。但军事形势的好转并不能给曾国藩带来更多的安慰，因为这些湘军虽然都是由自己一手创建的，但是发军饷的却是湖南与湖北的地方官，攻取战胜都是他们的功劳，与曾国藩无关，他能报功的也就只有瑞州一城，可是也得不了全功，因为那次战役的取胜还要归功于湖北的增援。这样艰苦的戎马生活到底能给我什么好处？曾国藩越想越沮丧。对这种无休止的屠杀，曾国藩已从心底里感到了厌倦。这样一直郁闷了几个月，直到3月的一天，曾国藩在瑞州城外的湘军大营忽然接到父亲去世的讣告，居然像抓到了一根摆脱困境的稻草，马上奏报申请离开军营回家治丧，不等朝廷回复，就封存了大印，准备带曾国华离开湘军大营。有人提醒他，不待批准就离开军营，是要被治罪的，但这些都没有阻挡住曾国藩的脚步。

曾国藩以前处世总是非常严谨、理智，做决定之前总要深思熟虑，确定事出有名才去做，一要对得起朝廷，二要符合封建伦理规则，而这次冒着得罪朝廷的风险也要急急回家，完全不像他的做事风格。也许他真的对那个摇摇欲坠的朝廷失望透顶了，这个朝廷懦弱无比、忠奸不分、自私自利，居然对他这个卖力挽救清朝江山的忠臣也不信任，做得再好，又有什么用呢？这样的朝廷，又有什么值得留恋的呢？不如干净利落地回到自己的山村之中，做一个世外桃源的员外。

皇帝在听说曾国藩没有获准就回老家奔丧后，非常恼怒，本想治他的罪，由于湖南巡抚骆秉章和湖北巡抚胡林翼反复为曾国藩求情，才免于追究。朝廷给了曾国藩三个月的假期回籍治丧，但也规定假满之后必须回江西办理军务。

三个月的假期很快就要过去了，曾国藩真的不想再过客位虚悬的日子，就向朝廷打报告，奏请按照惯例，在家守三年之孝。咸丰皇帝当然不同意他的请求，命他仍遵前旨，假满后即返回江西军营，继续督办军务。接到上谕之后，曾国藩被逼无奈，干脆向咸丰皇帝摊牌，讲明自己不愿回江西督办军务的真正原因。

当天晚上，曾国藩挑灯夜战，撰写了一封奏折，题为《沥陈办事艰难仍恳终制折》，在这篇长长的奏折中，曾国藩诉说了自创建湘军以来受到的种种委曲，尤其是将近年来在江西督办军务的三点难处，详细地向朝廷作了报告：一是没有军权，因他所率领的湘军属于临时募集的官勇，不是国家经制之兵，所以虽能征善战，但有功人员却不能像绿营官兵那样补授实缺；自己虽然是兵部侍郎，却无法对自己的部下进行奖励和提拔，即使是补授小缺，也须向巡抚、总兵求情，久而久之，很难取信部下，鼓励士气；二是没有政权，自己以兵部侍郎之职带兵，在地方上处于虚悬客位，既无政权，又无财权，更无赏罚黜陟之权，所以遇事掣肘，处处碰壁，兵饷没有保障，动辄受到断饷的要挟；三是没有钦差大臣的职衔，以团练大臣募勇成军，虽奉有出省作战之谕，但没有钦差赴某省办理军务的正式命令，更没有正式印信，因而处处受到地方督抚的歧视、刁难和排挤。

最后，曾国藩强调说，如果仍然要他去办理江西军务，必须担任巡抚一职，否则派他去镇压太平天国运动，也无法最后取胜。如果是这样，还不如要将军、巡抚去办，这样事权较专，提携也比较便捷，而自己也可以"在籍终制"，以尽孝心。从奏折中，明显可以看出，这一回曾国藩明摆着是要向咸丰提条件，与其这样左右掣肘，还真的不如不干了。

虽然曾国藩的这个要求提得比较明显，但是咸丰皇帝还是拒绝了。他坚决恪守祖训，只让曾国藩带兵打仗，决不能让他兼有地方实权。而且这个时候太平天国的势力日趋衰落，觉得曾国藩已经不是那么重要了，就顺水推舟，批准曾国藩在籍终制的要求。曾国藩听完圣旨之后，心中五味俱全。就这样，曾国藩再次过起了宁静的乡村生活。

一段时间之后，曾国藩突然变得莫名忧郁起来。晚上经常彻夜失眠，而因为休息不好导致神经衰弱，曾国藩的脾气也变得焦躁粗暴，看不进书，也不想练字，有时候，还会莫名其妙地因为一些小事呵斥弟弟们，甚至还会没有风度地责怪弟媳。家里人都被曾国藩搞得神情紧张。

由于心情一直不好，曾国藩不久就大病一场。虽然饱受苦痛的磨难，但是也算因祸得福了，躺在病床上，曾国藩开始思考自己的人生，从事业到家庭，渐渐地放宽了心。后来，他利用这几年在家守制的时间，对自己前几年的经验教训进行了全面的总结。除了对于到处碰壁的原因，领兵而未兼地方兵权外，还对自身修养方面的种种弱点做了一番认真反省。经过几年的思想斗争后，曾国藩日趋世故圆熟了。对清政府也看透彻了，既然不能改变这种状况，又离不开这种场合，就只好改变自己，向官场风气屈服，或者说适应这种之前被他鄙夷的环境。

在老家休养的这一段时间，曾国藩仍然跟部属们保持密切联系。曾国藩频繁地和他们书信交流，写信告诉部下怎么做人、如何打仗，并为他们出谋划策。除了读书写信之外，闲暇之余，曾国藩还提笔信手写一些札记。每个人都要与各式各样的人打交道，学会判别各种各样的人，就显得特别重要。在这段时间，曾国藩就把自己察人的经验，作了一些整理。后来，有人把曾国藩在白杨坪以及后来所写的有关察人的笔记，加上很多附会，整理成《冰鉴》一书。

曾国藩不在军营的这段时间，湘军的情况也发生了很大改变。湘军并没有因为曾国藩的出走而元气大伤，相反，在胡林翼坐镇湖北的指挥下，取得了不错的战果，一举攻克了江西重镇——九江。胡林翼大力举荐、任用湘军大将李续宾、鲍超等,声望直线上升。不过,在湘军中,曾国藩还是最高指挥官,只有曾国藩才可以统一指挥各路湘军。因此骆秉章和胡林翼很想让曾国藩出山,不仅可以加强湘军各部分的联合,助自己一臂之力,也可以为曾国藩谋得一地方实权。胡林翼一直等待时机,准备向朝廷进谏。而曾国藩呢,虽然看起来已经慢慢适应了这样慢节奏的生活方式,但是他的内心深处还是很想再回到自己的军营中去的。

1858年6月,由于多年好友胡林翼和骆秉章先后上奏朝廷,他才又再次出山负责浙江军务。重新出山的曾国藩,已经不再是以前那般刚愎呆板了,经过了一年多的乡村生活,精神境界似乎又上升了一个层次。

曾国藩从出山以来,可以说是未遇强敌,未打硬仗,用一路顺风来形容都不为过。曾国藩想着,依这个形势,一年之内就可以把太平天国运动镇压下去了。不料三河城一战又迅速改变了湘军与太平军之间的力量对比。

1858年11月,正当曾国藩全力追击石达开部的时候,噩耗传来,刚在九江取得大捷的湘军李续宾部六千多人,被太平天国李秀成、陈玉成在庐州三河镇全部歼灭,李续宾本人和曾国藩三弟曾国华也被击毙,湘军元气大伤。

突如其来的打击让曾国藩异常伤心。李续宾是曾国藩的爱将,一直对自己忠心耿耿;三弟曾国华虽然自小起过继给叔父,但一直跟其他兄弟一起长大,兄弟五人的感情很好,而曾国藩又是老大,比其他四个弟弟分别大九岁到十七岁,俗话说"长兄如父",曾国藩无疑在兄弟中起到了榜样的作用,对几位弟弟也是关爱有加。几个弟弟也非常敬重他,不仅仅是因为他在学业和仕途上取得了成功,更是在平时不断地对这些弟弟言传身教。曾国华读书不太用功,科举不顺。而曾国藩在进京后的不少家书中,都要他从科举中走出来,去读对身心学问有益的书。

说到兄弟二人的感情,当年曾国藩在江西被围困时,正是曾国华奉父亲曾麟书之命,孤身一人到湖北胡林翼处搬了五千救兵,冒着大雨,连续攻下咸宁、蒲圻、崇阳、通城四县,之后又攻克新昌、上高等地,直达瑞州城外,帮助曾国藩缓解了危机。"三弟不是打仗的料,脾气比较暴躁",曾国藩甚至悔恨将他带出来。但是人死不能复生,悲痛之余写了挽联"归去来兮,夜月楼台花萼影;行不得也,楚天风雨鹧鸪声"。

1859年至1860年间,因为石达开打算进入四川和苏州,常州危急,咸丰皇帝命曾国藩率军入川和东援。奏派曾国藩入川本来是胡林翼的主意，他以为清政府会将川督的职位给曾国藩，借此为其谋得一块地盘。后发现清政府仍只让曾国藩督军，却不肯授予地方大权，胡林翼转念一想，与其让曾国藩入川，处于客军虚悬地位，不如将其留下，与他一块合兵进攻安徽。于是他奏请清政府同意后，曾国藩驻扎湖北，这成为曾国藩一生中的重要转折点，不仅兵饷的供应有了保证，而且处处得心应手，事事有人帮忙，不再像在江西、湖南的情形。

此时湘军与太平军进入了全面交锋阶段。曾国藩进攻安徽的中心目标是太平军重兵设防的安庆，其完全处于湘军的严密包围之中。而天京方面，1859年冬，江南大营的清军对天京的包围趋紧，进攻猛烈。不过由于清政府绿营军的腐朽，没能够与太平军抗衡。1860年5月5日，李秀成、陈玉成的十万兵马突然出现在清军江南大营前，只有数万人的江南大营溃不成军，太平军一上午就歼灭清军一万余人。江南大营统帅和春、张国梁等败逃江苏丹阳。李秀成紧追不舍，指挥太平军全力攻克丹阳，击毙江南大营帮办张国梁。两江总督何桂清逃往上海，和春继续败逃到苏州城郊之后，又惊又怕，自缢身亡。太平军再接再厉，6月2日，李秀成又会合李世贤军攻占苏州，清江苏巡抚徐有壬战死。这一次太平军大获全胜，不仅顺利地解除了天京之围，而且使东南局势发生了根本变化，清军经营了很多年的局面一下子逆转。

清廷上下一片惊慌。江南大营是所谓的国家经制之兵，在清政府眼里，总觉得比湘军可靠，因而将他们布置在天京城下，让湘军苦战，而绿营收功。江南大营崩溃后，清政府在南方的绿营武装已基本瓦解，只好依靠曾国藩的湘军来镇压太平军。清政府强令曾国藩从安庆撤围东下，救援苏州、常州。江苏、浙江是中国最富庶的地方，是财源和粮食的供应基地，其得失对清政府是至关紧要的，所以清政府将两江地方大权交给曾国藩，目的是要他保住这个钱库和粮仓。8月上旬，朝廷实授曾国藩为两江总督，并命为钦差大臣督办江南军务，所有大江南北水陆各军均归节制。接到上谕的那一刻，曾国藩终于感到扬眉吐气，因为这次得到的不仅仅只是官位，更重要的还是清政府的承认。从一开始组建湘军起，曾国藩就一直在不信任甚至打压中度过，而这次终于可以名正言顺了。不过话又说回来，如果江南大营没有被攻破，清政府又怎么会给他这个职位呢？所以曾国藩也明白，这是因为清政府已经束手无策了，只好求助于他。曾国藩当然深知这种微妙的君臣关系，所以他并没有因为这次委以重任而乱了手脚，反倒是胡林翼听到这个消息后，异常兴奋，马上写信给曾国藩，要他放手大干，除了进攻安庆外，再筹两支武装，一出扬州，一出杭州。但曾国藩认为这个计划不现实，仍然把战略重点放在安庆，采取稳扎稳打，步步为营的战术，先取安徽，后取江浙，力争上游，以上制下。这些看法比清政府的高明，从军事理论上和后来的成功镇压太平天国的事实来讲无疑是正确的。

  曾国藩将军队驻扎在徽州祁门县。祁门是安徽最南部的一个县，跟江西景德镇交界，是南京和南昌之间的必经之地，地理位置非常重要，也是湘军和太平军的重要粮道。在祁门期间，曾国藩不仅军事上屡遭困厄，人事方面也非常不顺，主要是李元度的改换门庭和李鸿章的借故溜走。1860年10月，太平军两路夹击，兵临徽州府城下。曾国藩下令徽州府的将领李元度坚守不出，但李元度违背命令，轻易出城，结果大败。徽州府失守，李元度无脸见曾国藩，南下逃走。曾国藩勃然大怒，不顾别人的阻挠，将李元度革职，李鸿章苦苦相劝也无效，随后告辞，离开曾国藩的幕府，出走南昌。

  危机之时，第二次鸦片战争的爆发更是雪上加霜，英法联军进逼北京。咸丰皇帝逃往热河承德避暑山庄，并下旨要曾国藩派湘军将领鲍超火速赶往京城。曾国藩接到诏书时哭笑不得，这个时候跟太平军的战争都处于下风，自己都还指望悍将鲍超带兵从江西赶来救援呢。现在真是泥菩萨过江自身难保，如果鲍超率部队转赴京城的话，皖南这边肯定彻底溃败；而不去的话，又是"抗旨"的罪名。这件事情过于棘手，以至于一下子他和胡林翼都慌了神。最后还是靠李鸿章的一则拖延时间的妙计：请奏万人北上援助，但是因为鲍超人生地不熟，统帅由曾国藩和胡林翼二人中选一个。这样奏请一来一回拖延了时间，并且还能静观事态的进一步发展。后来京城的事态缓和，清政府与八国联军议和了，自然也不用他北上救援了。

  这段时期可谓是危机一个接一个，通常是还没有喘过气来太平军又开始大举进攻了。1860年12月，李秀成率太平军一路所向披靡，打到离祁门湘军大营仅有六十里的地方。此时祁门大营内只有一些亲兵，其他湘军都离的很远，一时半会儿没法调集部队回援。再加上粮运中断，文报不通，曾国藩感觉这次是必死无疑了。连夜写好遗嘱，让人快马加鞭送往湖南老家。但是庆幸的是鲍超和张运兰率领主力昼夜行军，并在火烧燃眉之时赶到了祁门附近，成功地阻挡了李秀成的进攻。曾国藩这次真是福大命大，有惊无险地闯过了这一劫。

  此后战事慢慢有了好转，1861年9月15日，安庆在长期围困后被曾国藩九弟曾国荃部攻下，曾国荃率湘军"吉"字部攻入城内，驻守的太平军早已饿得奄奄一息了，更无还手之力。安庆失陷，使天京失去了长江上游一个重要的屏障，太平军从此居于守势，湘军与太平军的主战场也由安徽转移到了江苏。曾国藩接到捷报，终于松了一口气，这次战役是一个非常重要的转折点，在抢占了这块要地之后，曾国藩深信攻下天京指日可待了。

值得一提的是在这一时期，清政府和外国侵略者形成了"和好"的局面，外国侵略者多次表示愿意帮助清政府剿灭太平天国起义。曾国藩深知洋人是想借此支配中国的军事力量，所以极力反对。也是由于他的反对，清政府最终没有接受英、法、俄、美等国大规模的洋兵联合会剿。

1861年，曾国藩向清廷上奏购置外国船炮，目的是要建设中国近代海军。清廷委托海关总税务司李泰国向英国代办七艘兵船。而英国侵略者借机成立一个什么"中英舰队"，配备600名英国官兵水手，任命英国皇家海军上校阿思本为舰队司令，而且规定：阿思本对舰队有完全指挥权。这一恶毒计划遭到曾国藩强烈反对，他写信给总理衙门，强硬地说，阿思本仗势欺人，以轮船奇货可居作为要挟，其实根本是想欺凌中国人，借此支配中国的军事力量。如果让其得逞的话"则水陆将士皆将引为大耻"，而且后患无穷。最后清政府只好将舰队遣散，全部兵船遣回英国，并革除了李泰国的总税务司职位。英国企图控制中国军事的阴谋被彻底粉碎。

曾国藩虽然对洋人深恶痛绝，但是也深知中国当时社会落后，武器装备和外国侵略者完全不在一个档次。技术上的落后使他强烈地感觉到了"落后就要挨打"的真理，所以他主张向西方学习造炮制船，兴办近代工业。实际上洋务运动的发起人、倡导者、最早的实践者正是曾国藩。

在攻下安庆后，他率先筹建了中国第一家近代军事工厂——安庆内军械所。这个军工厂虽然一开始只是一个手工作坊，但是它是以手工和现有的物质条件制造近代的船炮，在那个时期已经是个突破了。刚创办时，曾国藩组织了徐寿和华蘅芳等人试着造轮船。最后他们克服了重重困难，终于造出了中国第一艘轮船——黄鹄号。虽然这艘轮船造得还不甚得法，行驶迟钝，但是想着中国的江河上第一次有了中国自造的轮船行驶，曾国藩非常高兴，一种民族自豪感和自信心油然而生，当天就在日记中写道："窃喜洋人之智巧，我中国人亦能为之，彼不能傲我有其所不知矣！"

不得不承认单靠自己手工制造近代船炮是远远不够的，不仅效率低下，而且做出来的武器还是不能和洋人的抗衡。所以在安庆试办军工的时候，他又提议派人员去国外购买机器。他选派了最早留学美国的容闳，赴美购办可以制造机器的机器，准备建立正式的近代机器工业。

后来曾国藩与李鸿章共同创办了江南机器制造局。江南机器制造局制造出了国产的第一艘兵轮和第一台车床，还炼制出第一磅近代火药和第一炉钢水。同时曾国藩也注重扩大生产规模，在江南机器制造局的带动下，一批军用民用工矿企业迅速兴起。如山东机器局、四川机器局、大冶煤铁矿、徐州煤矿、开平煤行、漠河金矿等等。1866年，江南制造局又设立翻译馆，大量翻译西方科学技术方面的书籍，"泰西声、光、化、电、营阵、军械各种实学，遂以大明，此为欧西文明输入我国之滥觞"。这些书籍不仅为培养我国近代科学技术人才作出了贡献，而且对近代思想界也有相当大的影响，康有为、谭嗣同最初接触西学，就是从这些书籍入门的。

江南制造局一创办，就附设了一所机械学校，培养生产技术力量，开我国近代职业教育的先河。1872年，曾国藩还采纳容闳的建议，派幼童到美国留学，揭开了我国向西方派遣留学生的历史。

可以说，军工厂的创办对湘军战斗力的提高也起到了很大的推进作用。此时的太平天国，因为几年前的内讧本来已经元气大伤，洪秀全又专制独裁，立法无章，大纲紊乱，他甚至改太平天国为天父天兄天王太平天国，要把太平天国成为他父子公孙一家的天下。再加上洪秀全政府腐败骄奢，以致人心离散，唯靠陈玉成和李秀成东征西讨支撑着这个摇摇欲坠的政权。

曾国藩趁热打铁，制定了详细的围攻天京的计划，准备将太平天国一网打尽。采取的仍是围城打援的老办法，曾国荃率军进扎天京城外，曾国藩令其原地驻扎，以待多隆阿军队到来。而多隆阿远走陕西，不肯与曾国荃合军打天京，这正中曾国荃下怀，这样就不会有人与他争功了。曾国荃接到李鸿章来函，获悉有淮军来天京城外助攻，于是全军总动员，不顾一切，想抢在淮军到达之前攻下天京，独吞攻陷天京的功劳和捞取天京的财物。

1864年7月，天京九门皆破，落入湘军手中，太平天国革命宣告失败。曾国荃也因此发了战争财，曾国荃纵兵对天京大肆掳掠烧杀。经过这场浩劫，古都尸横遍野，几乎变成一片空虚。曾国藩对此也只是包庇着胞弟，在给朝廷的奏折中称"伪宫贼馆，一炬成灰，并无所谓赋库者，然克复老巢而全无货物，实出微臣意计之外，亦为从来罕见之事"。清廷肯定是心知肚明的，但是又不能说什么，毕竟是靠湘军才镇压了太平天国的。清廷论功行赏，曾国藩赏加太子太保衔，赐一等侯爵，世袭罔替，赏戴双眼花翎；曾国荃赏加太子少保衔，赐一等伯爵，其余湘军将领也都赏赐有加。

攻陷天京以后，曾国藩也已经意识到自己与清政府的关系可能发生变化，湘军的强大无疑成了清政府的心头一块放不下的石头。对曾国藩来说，解决矛盾的办法有两个，一是自剪羽翼，释清廷疑忌，以自保末路；二是起兵造反，推翻清朝，自立为帝。但由于在客观上存在很多不利的因素，只能走剪翼自敛的道路，不失"功臣"之名，侯爵之位，成一代圣贤。

曾国藩开始行动，由于担心李秀成在清政府面前"搬弄是非"，因为如果曾国荃部抢夺所有金银财物的事情被他告发，这对曾国藩是很不利的。于是他杀人灭口，下令就地处死了李秀成。此时的曾国藩经历了这么多年的戎马生涯和磨难，做人处事为官方面早已圆滑。曾国藩马上向清廷奏请了三件事情，第一奏请清政府停解部分厘金；第二下令裁撤江宁城内外湘军二万五千名；第三陈请曾国荃因病开缺，回湖南调养。清政府对他的做法是背地里叫好的，马上批准了他的这些要求。

第二年，也就是1865年，残余的太平军和捻军组成新捻军，原太平军将领被推选为领导人，继续武装反抗清政府。"捻"是康熙年间以来一直存在于民间的群众反清团体，曾是太平军忠实的盟友。捻军势力慢慢扩大，5月，捻军在山东曹州歼灭僧格林沁的八旗兵，并且击毙了僧格林沁本人。清廷再次感到了惊慌，捻军也从此声威大震。危难之时，清政府又命曾国藩督办直隶、山东、河南三省军务，镇压捻军，两江总督的职位由李鸿章代理。接连三道谕旨下来，曾国藩不得已，带领各军星夜北上，驻营徐州，马上制定了剿捻的策略。划京杭大运河以西、贾鲁河以东、黄河以南、沙河与淮河以北，包括了山东、河南、安徽、江苏四省的十三府、州作为自己的作战区域，其余地区则由所在的提督巡抚负责。计划在徐州、临淮、周口和济宁四镇重点设防，并另外建立马队从后面包抄，使捻军无论走到哪儿，都有兵围剿，以此歼灭捻军。

不过此次剿捻并没有成功，方案屡次改变屡次失败。由于用兵较杂，有湘军、淮军等，队伍不再像以前那样好带了，这时曾国藩非常后悔过早裁撤了湘军。再加上曾国藩和各省份地方大吏的关系没有搞好，都不愿与他共事，也没有人为他说话，使得他不得不中途离去，"声誉名望"也逐渐走向下坡。第二年冬天清政府改派李鸿章接替其剿捻重任。

1868年，也就是同治7年，曾国藩奉命调任直隶总督。他先去京城参见了同治皇帝和慈禧太后。同时还拜访了恩师穆彰阿的故宅，看到如今恩师家境败落，心中禁不住感叹今非昔比。曾国藩任直隶总督期间，检阅直隶六镇练军，才知道清政府绿营军为什么这么不堪一击。于是他上奏请求以湘军的军制来改造直隶练军，清廷自然批准了。

这个时候曾国藩已年近六旬，身体也不再像以前那么硬朗。由于肝病逐渐加重，一度导致了他的左眼视线模糊，而右眼完全失明了，只好请了几个月假来修养。

1870年6月21日，天津数千名群众因怀疑天主教堂以育婴堂为幌子拐骗人口、虐杀婴儿，群集在法国天主教堂前面。法国领事开枪射击本地官员。民众激愤之下先杀死了法国驻天津领事及其秘书，之后又杀死了修女、神父、法国领事馆人员等，并焚毁了法国领事馆和一些教堂。事件发生后，英、美、法等国联合提出抗议，并出动军舰示威。

曾国藩被慈禧太后派往天津处理此次事件。到天津后，曾国藩深知这件事情不好处理。如何又讨好清廷，又兼顾民众，更重要的是还需要缓解外国侵略者的出兵威胁。以当时的局势，经过两次鸦片战争和太平军、捻军起义之后，不仅封建制度、封建统治全面衰败，而且人民穷困，国力贫弱，刚开始的洋务运动还不能提供足够的物质力量来对付一次新的战争。曾国藩比任何人都清楚这些客观条件。在清政府"力保和局"的宗旨和法国的要求下，曾国藩委曲求全，处决、遣戍官民数十人，还由清廷派三口通商大臣崇厚专门赴法国赔礼道歉。这个结果当然是百姓不愿意看到的，而清廷是满意这样的结果的，只是清政府习惯要找一只替罪羊，这次曾国藩可谓是哑巴吃黄莲，有苦说不出。搞得自己里外不是人，社会舆论压力铺天盖地，连他的湖南同乡，也把他在湖广会馆夸耀其功名的匾额砸烂焚毁。为了减少所受压力，他只好上疏请另外派大臣协同办理此案，清廷接受了他的请求，仍旧让他还任两江总督。

回到江宁之后，曾国藩心情抑郁，衰颓日甚，遂成不治之疾，1872年3月12日，死于江宁两江总督官署，时年61岁。

清政府闻讯发布上谕，除对他一生的活动大加赞扬外，还追赠太傅、谥文正，并准入京师昭忠祠、贤良祠，于原籍和江宁建专祠，在国史馆立传，这在当时对汉大臣来说是最高一级的嘉奖了。

附录二　胡雪岩小传

胡雪岩本名胡光墉，安徽绩溪人，雪岩是他的字。

绩溪地方虽小，却人杰地灵，胡姓是当地大姓，更是名人辈出。国学大师胡适和当今的国家主席胡锦涛，都是绩溪人。

胡雪岩小时候家里穷，没钱上学，跟着父亲读读三字经，学了几个字。他十二岁时，父亲就去世了。家里没什么积蓄，他的母亲一个寡妇拉扯着一群孩子，生活很艰苦。胡雪岩是长子，得挑大梁帮着养活几个弟弟，只能外出打工。经亲戚介绍，他去了杭州，在一家小钱庄里当学徒。

那个时候当学徒跟现在不一样，不用交学费，只是除了要学业务，还得照料老板的私人生活，说穿了，就是当免费保姆，打水、扫地、倒尿壶之类的杂活都得干。

胡雪岩态度诚恳，手脚勤快，很会做人，跟同事处得融洽，钱庄的业务也学得很好，很快升为钱庄伙计，也就是银行的营业员，负责站柜台。

钱庄规定学徒要学满五年才能出师，出师之后才能开始跑业务。胡雪岩办事麻利，头脑活络，老板觉得他是块好料子，在他做满四年的时候，就破格把他提升为"跑街"，送送账单文书一类。跑街做了半年，又升为"出店"，出店就是正式的业务员，负责联系客户、放贷款、收存款，经手各类银行业务。

胡雪岩跑业务之余，也常去茶馆里坐坐。茶馆里什么人都有，正道小道消息都很灵通，对跑业务大有帮助。一来二去，他就注意到一个人。那人跟他差不多大，相貌堂堂很有气质，却衣衫褴褛，看上去很落魄。

胡雪岩觉得这个人不简单，就主动上前跟他攀谈。

这个人叫王有龄，福建人，小时候跟父亲来到杭州。王家是官宦世家、书香门第，可惜到王有龄父亲那一辈家道中落。家里倾尽所有，给王有龄捐了个官，叫盐大使。捐了官却没钱进京，父子俩滞留在浙江，没多久，王有龄的父亲就病死在了杭州。王有龄举目无亲，连父亲下葬的钱都筹不齐。只好穿上孝服，到杭州的福建同乡会去磕头跪求，总算凑了些钱将父亲下葬。

胡雪岩听了王有龄的话，很同情他的遭遇。而且听他谈吐不凡，引经据典的，很有文化。胡雪岩自己没读过什么书，对读书人却相当敬仰，不由就想帮帮他。

胡雪岩问："你既然是盐大使，浙江这么多盐场，怎么不给你补缺？"

王有龄答："捐来的官都是虚职，就是个当官的执照。想要补实，得去礼部报到，然后才能分到省里面来补缺。我现在不名一文，哪里来的路费上京？"

其实路费还在其次，到了北京还要再托门路走关系，花费肯定不少。王有龄没说，胡雪岩却明白这个道理，就问他要多少钱。王有龄说怎么也得500两银子。

500两银子不是小数，胡雪岩自己没这么多钱。不过他给钱庄收账，倒是能挪出这笔钱来。

没靠山很难做好生意，而做生意如果有个当官的做朋友，那自然是做什么都方便。但要结交一个官员，投其所好、上下打点，花费绝对不止500两，而且最后也只会是纯粹的利益关系，很难成为朋友。

胡雪岩觉得王有龄气度、谈吐都不错，他缺的只是机会，若当了官前途一定一片光明。自己帮了他，到时他自然会照顾钱庄的生意。这500两银子的投资是稳赚不赔的。

第二天，胡雪岩约王有龄去吃馆子，边聊边喝。几杯下去聊到兴起，胡雪岩拿出一张500两的银票递给王有龄，让他进京"投供"。

那500两银子原本是死账，老板也不认为能收回来。挪动这笔银子，没意外应该不会被发现。

王有龄却没有接，说："你是钱庄的伙计，为我挪了这么大一笔钱，万一被老板发现了，你怎么办？我不能连累你。"

胡雪岩笑道："老板不会为难我。咱们朋友一场，放着你有难处不管，我怎么安心？你是个有本事的人，到时自然有钱还我，也没什么好担心的。"

王有龄很感动。两个人"同在异乡为异客"，又性情投缘，胡雪岩敬重王有龄有修养学识，王有龄佩服胡雪岩重义轻财，两人相见恨晚，就结为异姓兄弟。

王有龄带着银子离开杭州，动身去了北京。

胡雪岩虽私下动用了钱庄的银子，却明白这钱王有龄肯定能还回来，到时钱庄得到的好处，远超过收回一笔借款。他问心无愧，瞒下了这件事，更加努力工作。

胡雪岩虽然年轻，为人处事却相当妥帖周全。他眼光准，心思细腻，嘴巴也甜，话能说到别人心里，为钱庄招揽了不少生意，也结交了不少朋友。别人搞不定的客户、谈不成的生意、收不回来的帐，到了他那里都能处理得很好。钱庄的生意因此蒸蒸日上。老板越发赏识他，想提拔他做"掌盘"。

掌盘就相当于现在的总经理，是店里每个伙计梦寐以求的职位，胡雪岩却拒绝了。老板很奇怪，问他为什么，胡雪岩很诚恳地回答："掌盘在庄里主持局面，当然很重要。不过我觉得，钱庄生意主要靠'出店'招揽，我业务跑得熟，认识人多，当'出店'对钱庄更有好处。"

其实还有一点他没说。钱庄里最高职位就是掌盘了，但是掌盘身份再高，也是给老板打工的。而胡雪岩想要拥有一家自己的钱庄。当了掌盘跟客户直接接触的机会少了，关系容易疏远。他要趁着自己年轻，经营好人脉，为以后创办自己的钱庄打好基础。

老板没有儿子，年纪大了，身体也衰弱，早考虑着从徒弟里找一个人，继承他的事业。胡雪岩在他那里干了七八年，有资质又很勤奋，有理想也很有胆略，老板一直都看好他。听他这么说，心下明白他的想法，越发觉得他很有见识，值得栽培。

没多久，老板忽然病倒，自己明白怕是不久于人世了，就把老掌盘和胡雪岩找来，仔细地询问胡雪岩钱庄里的大小事情，胡雪岩脑子里自有账本，各种投资汇兑、客户接待都了若指掌，答得清清楚楚，老板觉得没什么可挑剔的了，就立下遗嘱，将阜康钱庄的全部财产都送给胡雪岩，对他说："阜康虽然小，但好好经营，一定能发扬光大，助你做出一番事业。"

当时阜康钱庄一共不过5000两银子，但胡雪岩经营有方，凭借广泛的人脉关系，一步步在杭州扎稳了脚跟。

王有龄去北京"投供"，很幸运地遇到了小时候的陪读何桂清。何桂清当时已经是朝中二品大员，江苏学政，但他小时候有机会读书全靠王有龄父亲的帮助，他不忘旧恩，见到王有龄相当惊喜，竭力帮助王有龄补缺。他给王有龄写了推荐信，告诉他："浙江抚台黄宗汉是我的朋友，你拿着我的信去见他，他一定会给你安排个实缺。"又送给他5000两银子。

王有龄顺利回到杭州，马上前往抚台衙门呈递信札，再用银子打点一番。黄宗汉果然很给何桂清面子,很快委任王有龄为海运局"坐办"。海运局坐办负责筹集江浙粮米,经海运运到北京,供给京城口粮,官虽不大,却是个肥缺。

王有龄没有忘记胡雪岩。王有龄归还了银子,两人寒暄过后,不觉相视一笑。分别前两人一个是钱庄"出店",一个是潦倒书生,再见面,出店成了钱庄老板,书生终于出仕为官。两人都算是时来运转了。

不过王有龄也没有盲目乐观,这几年江南一直在打仗,局势很不稳定,市面上粮米紧张,很难筹集,他前任就有人因为粮米筹措不及时获罪。而王有龄上任后接到的第一个任务,就是将漕米火速运到上海,经海运送往北京。

可是当下浙江漕米未筹齐,而且就算马上启程,也来不及在期限前到达上海。

王有龄把情况告诉胡雪岩。胡雪岩略一思考,已经明白了其中关键。他对王有龄说:"干脆直接在上海买齐了米交上去,等浙江这边漕米运到了,再兑给米商。"这办法一下子解决了两大难题,可见逆向思维往往出奇制胜。

胡雪岩又说:"我看这事要从漕帮入手。"然后他给王有龄分析了当下的形势。

过去,京城所需要的粮米都从苏杭筹集,经过京杭大运河运到北京,运河沿岸负责搬运粮米的那班人马,就是漕帮。漕帮是个江湖帮派,非政府组织,浙江的地下势力。

这些年江南局势不稳,运河沿岸不少地方闹事,河道不畅通,运粮经常误期,朝廷就把漕运改成了海运。不过漕帮依然人多势众,控制着浙江粮路,手里又有大量屯粮。不管是要筹措粮草,还是要顺利把粮食从杭州运到上海,都要他们的配合和支持。

王有龄听了觉得很有道理。跟江湖人打交道,胡雪岩要在行多了,因此主动说可以帮王有龄做这件事。

胡雪岩一直认为"官场上的朋友要交,商场上的朋友要交,江湖上的朋友也要交",各方面人际关系都搞好了,做生意才能左右逢源、四通八达。因此他这次去漕帮,既是为了帮王有龄办事,也是去交朋友的。

胡雪岩到了上海,得知松江漕帮的通裕粮行正在卖米,赶紧去拜见漕帮前主事魏老太爷。魏老太爷年近八十,已经把帮里的事物移交给徒弟尤五,不过大事上还是他做主。

一番寒暄之后,胡雪岩把来意一说,魏老爷子已经拉长了脸,说:"胡老板,漕运改了海运,分明就是要砸我们的饭碗。当然,一事归一事。如果胡老板拿钱买米,通裕不卖给你,那就是不讲道理,我当然得说句公道话。可如果只是垫一垫,做生意的，将本求利，我们自然得考虑考虑。"

漕帮不满海运，胡雪岩早就想到了，这事毕竟关系到别人吃饭的问题，人家有情绪也是难免的。江湖人物做事最看重情义，他早想好要从这两点入手，因此赶紧说："朝廷搞海运，现在只是试行，以后是海运、漕运、还是并行，谁也不知道。我们王大人就是支持漕运的。"

看魏老爷子脸色有所缓和，胡雪岩又说："漕米海运误期，朝廷已经处分了好几个当官的。再办不成，估计就要彻查了。您看如果到时候查出来，误期是因为从运河到出海口这条线上出的问题，怕是会连累浙江漕帮的人。"

松江漕帮跟浙江漕帮是一家子，牵扯到帮中义气问题，魏老爷子终于被打动，把胡雪岩引荐给自己徒弟——漕帮的主事人尤老五，让他叫胡雪岩"爷叔"，这个称呼是漕帮的人对帮外至交好友的敬称，魏老爷子已经把胡雪岩当做了自己人。

听魏老爷子一说，尤老五对胡雪岩相当尊敬，一口一个"爷叔"，但谈到交粮，话却说的有些含糊。

做生意要双赢才能长久，胡雪岩设身处地一想，有些明白，就说："大家都是一家人，没什么话不能说。五哥你有什么难处，干脆地告诉我。有饭大家一起吃，没有我得好处，却要你为难的道理。你不说，这米我也不能要了。"

尤老五见他诚恳，就把自己的难处说了出来。原来这些年漕帮处境不好，缺钱用，所以才急着把米脱手变成现金，不然就等两三个月，米价涨了再卖了不是更好？可是现在垫给海运局，等收回来还是米，没钱的话，根本解决不了他们当前的困难。

胡雪岩说："这件事好办。阜康钱庄可以给你贷款，等你把米卖出去了，再还钱就是。"

尤老五听了相当感激，觉得胡雪岩有情有义，真心待他，这个朋友他交定了，当即张罗着把米送到港口装船。

这件事之后，尤老五一直很照应胡雪岩的生意，胡雪岩要在漕帮的地界上运货，漕帮也都优先照应他。平日里江湖上有什么消息，也都主动提供给他。胡雪岩的货运一路畅通，也得到了许多商业情报，尤老五帮了他很大的忙。

胡雪岩帮王有龄办成了这件麻烦事，让王有龄在漕米畅通上立下了功劳，黄宗汉认为王有龄很能干，很快就给他升职，让他当湖州知府。当湖州知府就得交出海运局的职位，可是调动漕米造成的亏空还没有补上，就这么走了被下任坐办查出来，怕是有麻烦。胡雪岩就给王有龄出主意，让他两边兼任。

这件事需要黄宗汉的批准。黄宗汉是个贪官，王有龄去找他时，他不说准不准兼任，只说要阜康钱庄替他捐一笔一万两银子的军饷。王有龄不明白这是在索贿，胡雪岩却知道这个人的底细。贿赂送上去，这件事也办成了。

王有龄升任湖州知府之后，一直很照应胡雪岩，让阜康钱庄代理"府库"，把收来的税银都存入阜康钱庄。有了这笔资金，胡雪岩的银行业务进一步扩大，分号也开到了湖州。

鸦片战争之后，清政府开了五个通商口岸，不少外国人来到浙江做生意，他们对中国的丝绸特别感兴趣，做蚕丝生意很有前途。而且江浙一带是有名的蚕丝产地，货源充足，湖州更是有"七里丝"这种国家名牌产品。胡雪岩既然到了湖州，恰好钱庄又有充足的流动资金，就想涉足蚕丝生意。

湖州的生丝主要卖给外国商人，丝行虽多，彼此之间却不团结，常常被洋商钻了空子，打压丝价。胡雪岩觉得，要打破洋商的买方市场，最好的办法就是垄断生丝，让洋商除了自己这儿别处买不到丝，这样自己定的价他们都得答应。不过胡雪岩还没有那么大的财力，只能慢慢经营，一步步来。

当时太平军要打浙江，局势一乱，上海那边的生丝就断了来源。胡雪岩用官银在湖州收购生丝，运到上海去卖，赚了不少钱。

王有龄升任湖州知府之后，有胡雪岩出谋划策，做成了不少事，一路官运亨通。咸丰十年（1860）的时候，升任为浙江巡抚。但他这个浙江巡抚做得并不安稳，他的前任就死在太平军刀下，杭州随时可能再跟太平军打一仗。果真第二年，太平军就围困了杭州。

杭州虽是鱼米之乡，杭州人却没有储粮的习惯。一被围困，粮食很快吃完了，就开始吃药材，药材吃完了就吃米糠草根树皮，后来发展到割尸体身上的肉充饥的地步。

王有龄打定了主意，"城在人在，城失人亡"，要死守杭州城。但是外面没有援兵，城里没有粮食，局势相当危机。王有龄找到胡雪岩，对他说："你带上这两万两银子，到上海买米回来，否则杭州一定撑不下去。我这是把杭州城百姓、官兵的命全部托付给你了，这件事你一定要办成。"然后又写了两封信交给他，让他找人求援。

胡雪岩知道再没有别的办法，就带着钱和信，雇了条小船，冒险逃出了杭州。路上被太平军拦住，虽然逃出去，却还是挨了一刀。他忍着痛来到上海，在朋友的帮助下终于买到了一万石粮食，用船装着经海路进入钱塘江。到了钱塘江上，与杭州遥遥相对，却见漫山遍野都是太平军，除非城里杀出一条粮道来，否则根本运不进去。

胡雪岩在钱塘江上观望了三天，度日如年。他手下一个伙计叫萧家骥，偷偷混进城去，给王有龄报信。可惜杭州军已经弹尽粮绝，无力再战。萧家骥带回来的是王有龄的遗言。王有龄已经决定自杀殉节，他让胡雪岩别再把船停在江面上，免得危险。

咸丰十一年十二月，杭州城被太平军攻破，王有龄自杀殉节。

这个消息对胡雪岩来说，就是一道晴天霹雳。王有龄殉节，遗愿就是"光复杭州"，胡雪岩记在心里。

粮船开到宁波时，宁波刚好被清政府收复，城中到处都是难民，粮食奇缺，这批米刚好能救急，胡雪岩就把米垫给了宁波的粮行，没有收钱，只要求如果杭州被朝廷收复，三天之内米行必须把等量大米归还给他。

胡雪岩回到上海，一面继续经营那里的阜康分号和丝行，一面打听着杭州的消息。这时候他得到消息，经过曾国藩举荐，左宗棠继任了浙江巡抚，他带着自己的"楚军"从安徽到了浙江，攻下了杭州，朝廷的军队已经驻扎了。

于是胡雪岩带着一万石粮食，十万两银票，前往杭州拜见左宗棠。

左宗棠其实早就听说了胡雪岩的大名，他一到杭州，就收到不少告胡雪岩的帖子，说他生活奢侈荒淫，甚至有人说王有龄给胡雪岩两万两银子买粮食军火，结果钱被他私吞了，直接导致杭州弹尽粮绝被攻破。左宗棠对他印象很不好，已经打算要查办他，如果属实就参他一本。

胡雪岩朋友遍天下，自然知道左宗棠听了不少关于他的坏话，很不待见他。但是王有龄以死相托，他决不能因为这点事就退缩。

因为王有龄的关系，他跟浙江的官场人物关系一直不错，几经请托，他找到了左宗棠的部下，浙江藩司蒋益澧。蒋益澧很赞赏他施粥救济灾民的善举，就把他引荐给左宗棠。

之前，王有龄曾给胡雪岩捐了一个官，叫候补道。按照官场上的规矩，官见官应该有个座位，可是左宗棠对胡雪岩印象不好，想给他难堪，胡雪岩去拜见他，他连座都没给他让，没说几句话，已经嘲讽他"摆阔"，生活奢侈，责问他，既然说要跟王有龄"誓共生死"，为什么王有龄已经殉节了，他还活得好好的。

胡雪岩回答："人死有重于泰山，有轻于鸿毛。殉国、殉节而死，就是重于泰山，殉友而死，那就是轻于鸿毛了。王大人要打仗，外面没有援兵；要坚守，城里又没有粮食。当时他跟我商量，要我去上海买粮食。给我讲'赵氏孤儿'的故事，说去上海买米，就譬如程婴保全了赵孤。他说自己'守土有责'，不能离开杭州，去上海买米的事，只能我办。可惜米买到了，运到了钱塘江上，却打不通粮道，进不了杭州城，依旧无济于事。"

胡雪岩把这些事跟左宗棠说完，将两万两银票交了上去。

左宗棠让管粮食的官员收下银票，算是了结了这件公事。经过胡雪岩的解释，他对这个人已经没什么坏印象了。也知道胡雪岩这次来肯定不是上交官银这么简单。

他听说过胡雪岩很能干，现在粮草和钱紧缺，他的楚军在婺源时就已经欠了五个多月的饷银，再拖下去，饥饿疲惫、军心不稳，这仗就没法打了。如果这个人真的很能干，他倒是很想把他收归己用。正在想，就听胡雪岩又说："王大人交给我的任务是买米，米没有买到，这件事不算做完。不过现在我可以给王大人一个交代了……我有两万石米停在江上，请大人派人验收。"

左宗棠听了相当惊喜，两万石米对他太重要了，便问米价。胡雪岩说这是他个人的捐献，一来为报答王有龄，二来为了杭州百姓，三来也为左宗棠。

左宗棠很承这份人情，说："我马上上奏，让朝廷褒奖你。"

胡雪岩说："大人，我不是为了朝廷褒奖。我是个生意人，只会做事，不会做官。"

"只会做事，不会做官"这是左宗棠评价自己的话，胡雪岩这句话正说到他心里，已经觉得胡雪岩算半个知己了。当即摆上酒席，把胡雪岩请到屋里边喝边聊。

左宗棠跟胡雪岩谈的第一件事是赈济灾民。左宗棠告诉胡雪岩，他想设立一个善后局，让胡雪岩做总办，胡雪岩当即表示义不容辞。其实这件事按说应该朝廷来办，但是朝廷拿不出钱来。胡雪岩说："市面上不安定，做生意的也没法开张。何况我也想为杭州做些事，救济灾民也是我的责任，您不说，我也打算做。有'善后局'这个名号，一定能把杭州富人都动员起来，也可以为百姓多做点事。"

左宗棠想，这个人倒是深明大义，所以考虑重用他。想了想决定先出个难题，一来给自己解决目前的军粮问题，二来也考一下这个人的本事，看他够不够资格。

左宗棠告诉胡雪岩他现在最缺的还是粮食，一万石粮食得用在杭州城的善后上，但是要收复浙江全境，至少还得有十万石军粮。一缺粮，士兵就会哗变，时间不等人。他问胡雪岩，十天之内能不能为他筹齐十万石粮食。

没想到胡雪岩回答："十天？饿肚子不是小事，这么长时间怎么行？"

现在浙江还在打仗，这种情况下能在十天里筹集十万石粮食，已经是个大难题，但听胡雪岩的语气，似乎还能更快，左宗棠有些吃惊，就问："你觉得几天比较好？"

胡雪岩回答："三天。杭州就是因为缺粮陷落的，所以这件事我也考虑很久了，跟很多米商都打过招呼。只要钱够三天时间应该就能筹够。"

这个保证听上去就是天方夜谭，但胡雪岩其实是有准备的。杭州陷落，义兄王有龄的死，让他明白这个世道没有粮食是万万不行的。那之后他打听到衢州等地粮食比较便宜，便陆续买了十几万石粮食，就地存放。有了这些准备，他顺利地在三天内为左宗棠筹齐了粮米。

左宗棠从这件事看出了胡雪岩的本事，喜出望外，就把他那边的采购事宜全部交给胡雪岩，并且决定要重用他。

其实左宗棠手里最难办的事是军饷。他在浙江镇压太平军，手下几十万兵马，一个月光饷银就要二十五万两银子。清政府财政吃紧，根本发不出军饷，就采用"协饷"的办法，让各省拨银子当军费，实际上就是让军队自己筹集。这么一大笔银子，没有能干的商人协助，会很难办。

左宗棠向胡雪岩提起这件事，胡雪岩当即给他出了几个主意，说可以号召有钱人捐款，现在恰好有一类人，他们有钱，而且肯定愿意捐。他分析道：太平军在江南搜刮了这么多年，手上肯定有不少钱。现在太平军打败了，很多人都要治罪。他们犯得虽然是十恶不赦的大罪，不过一下子办这么多人，对局势稳定不好，何况战后恢复也需要人力。不妨给他们一条生路，愿意挨打还是愿意罚钱，让他们自己选。人之常情，自然都愿意破财消灾。用罚来的钱充当军费，一举两得。

左宗棠对农民起义的看法并不偏激，毕竟农民起义，往往都是被朝廷或者贪官逼得活不下去了，也不能全怪他们。于是马上采纳了胡雪岩的建议，又笑道："罚来的钱就存在阜康钱庄，你来保管吧。"

把钱放进阜康钱庄，其实是左宗棠给胡雪岩的好处。毕竟胡雪岩是给他办事的。跟王有龄一样，左宗棠也让胡雪岩代理"府库"，把全浙江的公款都存到阜康钱庄。左宗棠手下官兵的钱，也全部存到阜康。

胡雪岩有左宗棠做靠山，老百姓自然都信得过阜康这个牌子。而且有了这些资金，胡雪岩生意越做越大，商号越来越多，遍布大江南北，白银滚滚而来，不出几年时间，胡雪岩已经成为全国顶级的富商。

左宗棠攻下杭州，很快设立了赈抚局，让胡雪岩负责。赈抚局虽然是政府组织，但钱基本都是胡雪岩自己出的，需要做些什么事，也都由他来决定。

胡雪岩看到杭州街上到处都是尸体，商铺都关门停业，街上行人个个骨瘦如柴、奄奄一息，再没了人间天堂的胜景，不禁一阵心酸。

这一战，杭州足足死了十万人，胡雪岩买下大量棺材，将街上的尸体掩埋，阵亡的军人葬在岳王庙附近，老百姓葬在净慈寺附近。他出钱举行了一场祭祀，祭奠那些为杭州战死的军人，还有死在战争里的老百姓，表达对忠魂和亡灵的敬意。

他又联合了地方上的富商缙绅，在城中设了几个点，建了难民局，收容那些无家可归的人，每天定点施粥给灾民。战后最缺的就是粮食，不少灾民全靠领粥存活，胡大善人的美名越传越远。胡雪岩又在城里城外设立米厂，施米给灾民，可惜放米出了乱子，好事变坏事。

原来杭州灾民太多，一拥而上去领米，身高体壮的人挤在前面，比较容易抢到，贪心些的，一天要领好几次。而那些长得矮体格弱的挤不进去，有的时候几天都领不到一次。

放米的人发现了这个现象，就告诉胡雪岩，又说："我看到有些人领的米都吃不完，拿去卖。那些真饿着肚子的还饿着，这样下去不行。"

其实放米前胡雪岩就料到可能会发生这种事，因此定下了规章，把放米的厂子分成两局，其中一局专门负责发票，领到票的人要登记姓名、年龄、相貌、住处、人口，然后凭票据去领米。可惜上有政策下有对策，那时候又没照片，相貌上你写"有胡子"，他把胡子剃了就可以变个人再去领一次。

胡雪岩听手下一说，也无可奈何，笑道："这些人，非得在脸上盖个戳么。"

负责放米的人一想——"盖个戳"倒是个好办法：凡是领过米的，都把眉毛剃掉，做个记号，下次肯定能认出来。

剃掉眉毛其实是一种很侮辱人的做法。虽然没人说什么，但领粥的人心里已经都有情绪了。

有个穷秀才领了米，被剃掉了眉毛。读书人自尊心强，有个说法叫"不受嗟来之食"。本来考不中已经很惭愧，又为了领米剃掉眉毛，心里想不开，回家就自杀了。

灾民的情绪一下子就爆发了，聚到胡雪岩家门前抗议，说："有这么侮辱人的么，你们施施米，就要把人眉毛剃掉？这做的什么好事？米我们不要了，还给你，你今天也得把我们眉毛还回来！"

胡雪岩知道这事做的确实不地道，赶紧出去道歉认错，剃掉眉毛的每人赔偿10两银子。他胡大善人的美名在那里，认错也诚恳，大家没有再为难他，拿了钱离开。这才算是平息了这场风波。

战后赈灾，最需要的是粮食、衣物还有药品。杭州死了这么多人，肯定存在瘟疫的隐忧。瘟疫要及早预防，等爆发起来就难收拾了，因此胡雪岩马上从全省请来名医，让他们研制辟除瘟疫的药品，并拿出很多钱搜集民间秘方，制作丹药。

灾民缺衣少食，气候一变，就病倒了很多人，药铺里人手不够，胡雪岩就开设了医局，免费给灾民看病拿药。

他想到在浙江追击太平军的那些军队，像曾国藩、左宗棠他们手下的兵马，打了这么久仗，一路奔波，伤员病员肯定不少，就把研制出的成品给他寄去一些。后来听说山西甘肃那边在闹瘟疫，也寄了一些药品过去。

没多久左宗棠回信说："军中确实病了不少人，你寄来的药帮了大忙。希望你能再寄来一份，之前的不够了。飞龙夺命丹尤其管用，多寄点过来。"

因为他生产的药药效相当好，各地也纷纷写信过来求药。胡雪岩一一满足。

但是左宗棠旗下有几十万兵马，东征西战时需要相当多药品，小作坊里零零散散生产出来的根本不够。胡雪岩考虑着要不要开个药厂，专门做药。

胡雪岩是商人，也从中看到了商机。只是他做钱庄买卖出身，对药品行业全然陌生，药品又跟丝绸、茶叶不一样，关系到人的性命，不能随便。虽然药号肯定要开，但是得筹备考察一段时间。

后来有一次，胡雪岩的一个小妾病了，从药号抓了药回来，发现其中有两味药以次充好，胡雪岩就让家人去换。药号里生意忙，伙计不耐烦，不肯换药，还说："我们店里就这种货色，你想要好的，让你家胡大先生自己开药铺去！"

胡雪岩听了仆人的转述，一怒之下，说："好！我就开一家让他看看！"

给药店取名字时，胡雪岩说："我听人说，有句话叫'积善之家，必有余庆'，开药店治病救人不就是积善么？就叫余庆堂吧。"

胡老太太回答："不行，秦桧的房子就叫'余庆堂'，咱们开药店是要做善事，怎么能跟大汉奸用一样的名字？"

于是把"余"、"庆"二字顺序一换，命名为胡庆余堂。

为了开好药店，胡雪岩邀请了许多名医和药店老板，向他们请教该怎么经营。

多数人跟他讲的都是开药店怎么做才能盈利，只有江苏松江余天成药店的余修初对他说："开药店是仁术，不能计较眼前利益，如果只是为了赚钱，不如去开当铺、钱庄。要做药店生意，得先做好亏损三年的准备。医药行业关系到人的性命，产品质量最重要，产、供、销每个环节都必须把握好，不能出差错。做出好药，才能打响牌子；有了声誉，才能长久经营下去。"

胡雪岩开药店有一个很重要的原因——胡老太太信佛，心肠慈悲，常劝胡雪岩："做生意赚了钱，要多做善事，广结善缘。"开药店救人就是一件善事，赚钱倒在其次。何况别人说的如何三年内赚回本金之类，都不是长久经营之道，他兴趣不大。而余修初说开药店是仁术，点到了关键，正说到他心里去。

胡雪岩一直都想给药店找个经理。余天成药店在余修初的经营下声誉日隆，他自己也是有口皆碑，胡雪岩觉得他正是合适的人选，诚恳地邀请他协助自己筹备药店，聘请他做药店第一任经理。余修初考虑了一下就答应了。

两个人一起讨论药店的筹备工作，商量药店的规章制度，确立了经营理念。

胡雪岩做钱庄生意，走的是"官商勾结"的路。前有王有龄、后有左宗棠做靠山，阜康钱庄代理"藩库"，全省的税银都存在那里，有公款供他挪用赚钱。因为这层关系，政府官员也愿意把钱存到阜康，胡雪岩的钱庄生意，经营的其实是官场人脉。而他真正的生意，在胡庆余堂。胡庆余堂才是他能传给后代的实业。因此他在胡庆余堂的建设、经营上，都花费了很多心思。

胡雪岩为了建胡庆余堂，特地到北京聘请建筑师。他找到自己的朋友尹芝，把自己建药店的想法告诉他，想请他帮忙设计。尹芝答应下来，反问他既然要建药店，有没有找到合适的木材。

他说："朝廷进口了不少楠木，说是要重建圆明园，可惜拿不出那么多钱来。好好的木头，只能闲在那儿。依我看，你不妨托托关系，把这些木头买下来。建成药店，保你百年不倒。"

胡雪岩笑道："药店倒不倒，看的是信誉，又不是店面。"不过能用这批木头建药店，胡雪岩很心动。之后通过恭亲王给慈禧献上一份大礼，请求买下这批木材。

慈禧收到称心的礼物，得知胡雪岩买木头是为了建药店，就拍板决定，把这批木头转让给胡雪岩，胡雪岩把木头运到杭州，用来建胡庆余堂。因此胡庆余堂有"慈禧让木"的说法。

胡雪岩把地址选在杭州的大井巷。杭州人信佛，而要到吴山上香礼佛，大井巷是必经之地，因此客源丰富。尹芝把图纸设计出来，胡雪岩拿出18万两银子来建药店，他觉得，要打响牌子，气派的门面也很重要，这上面花钱不能省。

一流建筑大师的手笔，又有慈禧出让的优质木材，胡庆余堂建成之后，门面确实富丽堂皇、别致高雅，具有很高的观赏价值。作为杭州著名的景点，胡庆余堂至今还吸引着不少游客。不过胡庆余堂最著名的还是它的企业文化，而其中的精髓内容书写在店里匾额和门板上，分别是："是乃仁术"、"戒欺"和"真不二价"

胡雪岩建胡庆余堂，始终把治病救人放在第一位。"是乃仁术"四个大字就刻在药店大门上，是开店宗旨。

胡庆余堂药店刚开始营业，一批湖州的香客到杭州烧香，说起家乡爆发了瘟疫，百姓都活不下去了。胡雪岩得知后，免费送给他们辟瘟丹和痧药，托他们带回湖州送给病人。香客离开后，胡雪岩又雇人到水陆码头等交通要道，向往来客人免费赠送辟瘟丹和痧药，并介绍药效用法。一送就是三年，光药钱就花去了十万两银子。

店内伙计对胡雪岩做法都很不理解，只有余修初明白，笑道："是乃仁术！"

胡雪岩认为，医术本身就是仁术，从事医药行业的，做的是治病救人的生意，必须要有仁心行仁事，否则是要损"阴德"的。

也许是善有善报。胡雪岩免费送药，取得了意想不到的广告效果，外地人一到杭州，就知道有个胡庆余堂，进了杭州城，就会听到居民交口称赞胡大善人和他的胡庆余堂。胡庆余堂免费送药损失的钱，很快就在成倍的利润中收回来了。

中药行业讲究秘方、秘制，保密性强、透明度差，药材做成了药品，外行人根本看不出真假优劣，所以一直有"药糊涂"的说法。

在药品上作假，这不仅牵扯到诚信的问题，还可能危及人命。胡雪岩和余修初尤其重视这一点，定下"采办务真，修制务精"的八字方针。胡雪岩亲自立下"戒欺"匾额，告诫店内员工："只要是做生意，就不能沾上一个'欺'字，药品关系到人命，更是千万不能作假。我开药店是为了救人，坚决不会用次品赚钱。希望你们能跟我一样，怀着救人的心来做事。'采办务真，修制务精'，别想着骗人。这样做，也是给自己积德。诸位自重。"

胡庆余堂店中其他匾额都朝外挂，是给顾客看的，唯有戒欺匾朝里挂，正对着大堂经理的位置，提醒他人命关天，不要作假。

胡雪岩自己在这八个字上，也确实下足了功夫。

为了保证采购来的药材都是地地道道的真货、好货，胡雪岩从不到药行采办药材，而是派专人到全国各地的药材产区直接收购。比如：去东北三省收购人参、鹿茸、虎骨，到四川、贵州去收购麝香、贝母、川莲；去陕西甘肃收购当归、党参、黄芪；去山东濮县收购驴皮等等。

胡庆余堂制作的"大补全鹿丸"，必须选用雄性梅花鹿。为了保证原料的质量，胡雪岩特地在杭州涌金门外的胶厂里建了鹿园，专门饲养了五十多只东北梅花鹿，每次制作全鹿丸，都会在大庭广众面前宰杀，以示取材之真。

他们制作"人参鳖甲煎丸"，会提前一天就买来几百斤甲鱼放到缸里，第二天早上动手宰杀。每次都有甲鱼在缸底被压死，负责人特别指出，要把死甲鱼都挑出来，绝不能投料，这是胡雪岩定下的规矩。可见他们对药材质量的重视程度。

在制作药品的时候，每一个流程都会操作得很精细。胡庆余堂炮制药品，杏仁除尖，麦冬去心，麻黄除节，莲子去芯，肉桂去皮，五倍子去毛，各种细节他们都能注意到，并且精益求精。

有一次，胡庆余堂来了个病人，这人跟《儒林外史》的范进一样，好不容易中了举，结果高兴过头疯掉了。看了很多大夫，都没办法。有个名医说，他的病，龙虎丸大概能救。龙虎丸里有一味药材砒霜，是剧毒药物，研磨不均匀，可能会吃死人，别的药号都不敢做。这家人没办法，找到了胡庆余堂。

胡雪岩要接，手下有人反对，说："他吃了如果有什么三长两短，咱们恐怕要吃官司。还是别接这个任务吧。"

胡雪岩却接了下来，说："不能因为怕吃官司，就不救人了。"

胡雪岩把最熟练的药工都请来，让他们集思广益。但是药工都不敢冒险。等了10天，胡雪岩说药王桐君老人给他托梦，教了他制作龙虎丸的秘诀。他叫人把一间工厂打扫干净，关闭所有门窗，不准任何人打扰，只留下药工，向他们当面传授。

三天之后，龙虎丸果然制成，病人吃了之后，很快病就好了。

余修初对药王桐君老人的秘方很感兴趣，就向胡雪岩套话。

胡雪岩笑道："哪里有什么秘方。那药最难的一关不是研磨么？我就让他们把药粉倒在竹片上，用木棒翻来覆去的在上面写'龙虎'，一直写够999遍。等写完了，什么药粉磨不匀？"

后来胡庆余堂制作龙虎丹，在研磨时专门保留了这道工序，认真执行，不厌其烦。

胡庆余堂在试制"紫雪丹"时，疗效一直不理想。胡雪岩请教了许多名医、药师，寻找解决方法，最后听一位老药工讲，制作紫雪丹最后一道工序，不应该用铜铁锅煎熬，用金铲银锅才能保持药效。胡雪岩不惜工本，请来杭城最有名的金银匠，铸造了金铲银锅，专门用来制作紫雪丹。果真，紫雪丹的药效确实提高了不少。

胡雪岩的善名和送药的善举广告效应巨大，胡庆余堂一开业就生意兴隆。他打出的真实无欺这个招牌深得人心，他们选用最地道的药材，采取最踏实细致的流程，每一步都精益求精、面面俱到，做出的药自然品质优良，用着放心。胡庆余堂声誉越来越高，生意越来越好。为了跟他竞争，以叶种德堂为首，杭州很多药店都采取了降价促销的策略。

冬天本来该是药品销售的旺季，但这年冬天胡庆余堂的营业额反而下降了，余修初告诉胡雪岩，其他药店压价竞争，吸引了不少顾客，就问胡雪岩："我们要不要也降价？"

胡雪岩笑道："不要急，你有没有听过韩康的故事？"

相传我国古代有个叫韩康的人，他靠采药卖药为生。当时市面上有人卖的药，以次充好、以假乱真，报价也比实际上要高，因此顾客可以还价。而韩康的药是上等真货，报的也是实际价格，所以没有还价的余地，他自称"真不二价"，一开始大家更愿意买前一种人的药，但是很快发现，韩康的药，立竿见影，效果显著，于是越来越多顾客选择买韩康的药。

余修初马上明白了胡雪岩的意思，说："你是说，我们应该打出'真不二价'的牌子，跟他们竞争？"

胡雪岩说："嗯。关键在'真'，没有次品、不开虚价，只要让顾客觉得物有所值，我们自然就能立稳脚跟。"

胡庆余堂的货都是分量十足的。他们购进人参，都会先在生石灰里放一下，把里面的水分吸干。这样虽然会损失部分利润，但这种人参分量足、成色好，顾客买得放心高兴，店里的口碑自然也好。药材真、价格真，购买的时候也不会缺斤短两，买到的都是分量足够的上品药材，老百姓自然会选这个牌子。

叶种德堂的降价策略没能夺回顾客，反倒折了本，自然很快恢复原价。他们也学胡庆余堂，打出"真不二价"的名号，可是含金量远比不上胡庆余堂。胡庆余堂生意依旧红红火火，吸引八方来客，财源广进。

胡庆余堂的牌子百年屹立不倒，与同仁堂并称百年名店，深入人心，就算后来易主，新股东也想方设法保留"胡庆余堂"的名号，足见胡雪岩"以仁为先，以信为本"的经营策略很成功，足以垂范百年。

左宗棠担任浙江巡抚不久，就升职为闽浙总督。这时候西北局势很不稳定，陕甘宁地区回民暴动，新疆也发生了排满反汉、杀异教徒的变乱，叛军建立了很多割据政权，英国和俄国趁机捞好处，挑拨新疆闹独立。

为了收拾西北的乱局，清政府调任左宗棠为陕甘总督，命他率军出征，镇压回族叛乱，收复新疆。

左宗棠西征，面临的第一个问题就是缺钱。这次西征，镇压叛乱收复新疆，征途漫长，仗不知要打多久，政府却只拨了200万两银子，其他的都得自己筹集，数额巨大。

提到军饷左宗棠就犯愁，无可奈何，实在是年头不好，发工资比开公司还难，筹集军饷比筹办军队还难。

左宗棠的军队打仗，出军饷的一直是闽浙湖广一带，这些地方刚好是太平军和清军作战的主战场，破坏严重，百姓穷得厉害。虽然不至于完全拿不出钱来，但要及时到位也很难。

本来左宗棠自己当浙江巡抚，胡雪岩帮着出些敛财的主意，关键时候还能筹到一些钱。但朝廷把左宗棠调到了陕西甘肃一带，新任命的浙江巡抚又不是左宗棠的人，浙江的协饷也没了指望。而山西甘肃那边本来就穷。

胡雪岩主持上海转运局，负责给左宗棠筹集军饷，购买粮食军火，自然知道筹集军饷的难度。他自己是开钱庄的，当然就想：其实还有个办法，就是去借。但是一个月军饷要二十五万两银子，再加上买军火、买粮食的钱，没几百几千万两银子，这一仗打不下来。而这么一大笔资金，国内的钱庄谁都拿不出来，恐怕只能向外国银行借贷。

他把自己的想法告诉左宗棠，说："各省的军饷要筹齐，不知得等到什么时候。借外债的话，钱就可以马上到手。"

打仗讲究"兵马未动，粮草先行"，在开战前就要筹备好粮草，有了后勤保障，军队才能安心对敌。因此先把钱拿到手里，买好需要的物资，然后让各省慢慢去还，这是最稳妥的办法。

可是借外债打仗，这是破天荒第一遭，没有前例，左宗棠自己做不了主，就请示朝廷。两宫太后、满朝文武商量来商量去，觉得还是江山更重要。国库里没钱，靠祖制和脸面杀不退叛军，要尽快稳定西北局势，只能向外国人贷款。

朝廷批下来，左宗棠就把借款的事全权交给胡雪岩，对他说："转运局让你主持，该向省里催款还是该从银行贷款，你自己看情况处理，无论如何西征军队都不能断饷。这次借钱，利息多高，你自己斟酌。"

胡雪岩回到上海，通过自己的朋友，向汇丰银行借了第一笔外债，120万两银子。胡雪岩商人谋利的本性在此暴露，他跟银行商定的是八厘的利息，报上去的却是一分三厘，中间有高达五厘的差额，进了胡雪岩的腰包。

左宗棠西征，触动了很多势力的利益。在国内，有李鸿章反对——他主张把所有国防资金都放在海岸线那边，西北就让他们自生自灭吧；在国外，有英国人俄国人从中作梗——他们垂涎新疆西藏好多年，正唯恐中国西北不出乱子。加上外国银行正处在流动资金短缺的时期，要借这么一大笔钱并不容易。这种情况下，胡雪岩个人的信誉，竟然比左大帅的地位还要管用，洋商非要胡雪岩作保，才肯拿钱出来。

胡雪岩在上海主持转运局，得知叛军从英国和俄国那里得到先进武器，赶紧购买了新式武器，给左宗棠送去。他选的是德国制作的一种最新式后膛螺丝开花大炮，俗称"义耳炮"。这种炮口径大，测距准，命中率高，破坏力大，比叛军装备还要精良。左宗棠的大军在向叛军攻击时，只要用大炮轰击，就会把叛军吓得四处逃窜。

这些武器胡雪岩都会亲自检查质量，价格降低时就大量收购，源源不断地给左宗棠送去。胡雪岩经商，常年跟外国人打交道，对外国货见多识广，他购买武器从不盲目，挑选的都很实用，左宗棠也很佩服他的眼光。

左宗棠在西北打了14年仗，这期间胡雪岩陆续帮他借了1770万两银子，一边还一边借，在官场和洋商之间来回奔走，先去各省催协饷，催不到就去银行借外债。汇丰、怡和、丽如等外国银行他基本都打过交道，当然这些银行也都跟阜康钱庄有业务往来。外债借不到的时候，他也会自己垫付。就像他保证过的那样，左宗棠的军队没有一次因为粮饷出问题。

左宗棠西征，前面有装备精良来势汹汹的叛军，后面是推三阻四时不时给他捣乱的同僚，可以说千辛万苦。然而他得到了胡雪的全力支持，不但粮草军饷都能及时送到，而且很多事他还没吩咐，胡雪岩就已经帮他办好了，这份心力，左宗棠很感激也很欣赏。他对别人说："没有胡雪岩，西征军什么仗也打不赢。胡雪岩的功劳，跟阵前杀敌一样大。"

左宗棠是个讲义气的人，胡雪岩帮他办事，他就尽力给他好处。西征的事，胡雪岩立下这么大功劳，向朝廷回报时，左宗棠就问他想要什么奖励，胡雪岩说："没别的，就想弄件黄马褂穿穿。"

这个奖励还真不好弄。首先赏什么那得皇帝自己决定，没有臣下自己指定的道理。其次，在清朝，黄马褂只有皇帝的随身侍卫和功勋卓著的文武大臣才能穿，而胡雪岩只是个商人，"士农工商"，那时候商是"四民之末"。

但左宗棠说到做到，他特地上了一道《道员胡光墉请破格奖叙片》。详细列举了胡雪岩的军功、善举，在奏折后请求朝廷破格赏赐胡雪岩黄马褂。左宗棠刚平定了新疆，清政府很倚重他，就给了他这个面子，赏胡雪岩带红顶穿黄马褂，册封胡雪岩的母亲为一品诰命夫人，慈禧亲笔书写金匾以示嘉奖。

一时胡雪岩财势到达巅峰，风头无双。然而福兮祸所伏，胡雪岩的败象也已经隐隐地浮现出来。

胡雪岩刚起家时，有一次跟王有龄谈到人生理想。胡雪岩的理想不在做官，而在做生意，他的理想就是做生意赚大钱。他说："世上最痛快的事，第一件，看别人走投无路，要被一文钱逼死英雄了，刚好遇到我身上有钱，我就跟他说'尽管拿去用'；第二件，用自己挣来的钱，盖一座大花园，娶上十七八房姨太太。"

第一件事其实就是仗义疏财，要的是大家的口碑。胡雪岩一生乐善好施，做了数不清的慈善事业，哪里有难他都支援，人们称他为"胡大善人"、"活财神"，这个理想自然实现了。

第二个理想，胡雪岩年轻时一直以事业为重，不贪图享受，但是到了晚年，他觉得功成名就了，便不再压抑。

他在杭州元宝街建了一座豪宅，命名为"芝园"。芝园建造得极尽精巧华美，集合了全国最好的东西。木材用的是云南贵州产的红木、楠木；假山石是从太湖选来的佳品；牡丹是从菏泽移来的魏紫姚黄……他从全国各地聘请了设计师、建筑师和风水师，务求完美，建起来不满意就拆了重建。反反复复几次，花了十几万两银子才建成。建成之后，芝园既有苏州园林的秀美，又有皇家园林的壮丽，还融合西洋建筑的典雅。

芝园内有五开间的正厅五个，另有楠木厅、四面厅、十二楼阁。十二楼阁里住着胡雪岩的老婆和小老婆，号"东楼十二钗"。芝园里有各种新奇的西洋玩意儿，为了方便和姨太太们传情，胡雪岩还在自己卧室和十二楼之间装了德律风（电话）。胡雪岩的芝园堪比曹雪芹笔下的大观园。

提到胡雪岩的妻妾，就要先说"螺蛳太太"。"螺蛳太太"本来的称呼是"罗四太太"，胡雪岩当跑街时就认识她了。她是个小家碧玉，精明能干，认识她的人都叫她"罗四姐"。胡雪岩困难的时候她接济过他，两人彼此也都有好感，可惜那时胡雪岩已经有了老婆，而且他只是个小跑街，没房没车没前途，没资本讨小老婆。罗四姐后来嫁给一个刻字匠，跟着丈夫搬到了上海。

几年后两人在上海街头偶遇，那时候罗四姐已经是个寡妇，而胡雪岩也今非昔比，是阜康钱庄老板，浙江有名的富商。两个人余情未断旧情复燃，胡雪岩就把她娶回家。

罗四姐精明能干，很有旺夫相，胡雪岩生意场上的事也时常跟她商量，家庭内政自然全部交给她。罗四姐在胡家的地位，跟王熙凤在大观园里差不多。当然罗四姐跟王熙凤的差别也很明显，她嫁给胡雪岩不过一年，就开始帮他往回娶姨太太。胡雪岩自己也很好色，在路上看到漂亮女孩子，就想办法把人弄回家。胡雪岩收集美人的传奇曲折，也丰富了不少野史和小说。

胡雪岩老婆多，亲家自然更多，他这个人重情，不亏待自己人，就在自己店铺里给这些亲戚安排好工作。这些人就算工作上出了问题，只要枕边风一吹，胡雪岩也不好太处罚他们。胡雪岩精力都放在女人身上，店里的经营因此出现不少漏洞。不少店铺掌柜开始侵吞公款，有些干脆自己出去开店，亏损了就挪公款填补。

生于忧患死于安乐。胡雪岩享受着奢侈的生活，事业上逐渐开始衰落。

鸦片战争之后，不少外国人来中国经商，胡雪岩与洋商打交道多了，渐渐意识到一个问题。他跟朋友抱怨："在外国，商人是一等公民，出来做生意，后面有整个国家撑腰。大清呢？士农工商，商人排最后，见谁都低人一等。这种情况下，你怎么可能跟他们公平竞争？"

但他偏偏就想争一争。

洋商在中国，最感兴趣的就是丝绸。他们有不平等条约做护身符，控制了生丝市场，打压生丝的价格。养蚕人赚不到钱，生活很艰难。胡雪岩觉得要打破这个局面，只有一个办法，就是垄断生丝市场，让洋人只能从他手上买丝，别处买不到，这样他开什么价洋人都得听。

在湖州的时候他财力不足，没有办法。但现在他的商号遍布全国，个人财产达到三千多万两银子，被人称作"财神"。有足够的能力去做这件事。

胡雪岩劝说丝行老板支持自己人，不要白白让外国人捡了便宜。生丝价格提上去了，对蚕农和丝行老板都有好处，大家都愿意听他的。加上他出的价格确实比洋商高，因此很顺利的就将生丝买断。

外国人买不到丝，只好去找胡雪岩，胡雪岩趁机加价，几次都不松口。洋商迫于无奈，只能接受。但是他们并不甘心，一面在中国之外寻找丝源，一面联合抵制胡雪岩。

经过这一次，胡雪岩确定自己的办法行得通，第二年打算故技重施。他拿出两千万两银子，买断当年的生丝。洋商果真又去找他，这一回接连几次没谈妥价格，一拖几个月。

眼看第二年新丝又要上市了，胡雪岩手下有些着急，劝他说："我听洋人出的价格，已经够高了，卖掉吧。蚕丝放久了会变黄，到时候就难卖了。风险太高，我们熬不起。"

胡雪岩说："蚕丝变黄，洗一洗就好。他们那边买不到丝就没法开工，比我们着急。等新丝上市，我再买断，你看他让不让步。"

可是那一年意大利生丝丰收，洋商其实没胡雪岩想的那么急。而胡雪岩跟人集资，想要再买断当年的新丝，却没人响应了。生丝在他手上存的时间太长，大家都看到了风险，不想再把钱投进去。

洋商买到新丝，胡雪岩手上的旧丝卖不出去，开始资金周转不灵。

这时他帮左宗棠借的 400 万外债也要到期了，这笔钱要经过总理衙门来借，但当时西征军饷催的很急，左宗棠怕政府有人阻挠，就下保证说，这笔钱可以让上海转运局来归还，并写到合同里。

　　上海转运局一直是胡雪岩在主持，主要工作就是给左宗棠采购粮食、军火，把粮饷和军火送到西征军手里，各省应该拨给左宗棠的军饷，也就是所谓的"协饷"都会交到这里来。左宗棠觉得这几年各省的协饷很多，应该能还得起。可是这笔贷款的风险已经压在了胡雪岩身上，而协饷不是直接送到胡雪岩手上，中间还要经过上海府转交。

　　利息加上本金，胡雪岩要一次还80万。因为有协饷做保障，胡雪岩一开始没在意这件事。但眼看要到期了，上海道台邵友濂却说，各省的钱还没送到。胡雪岩找了他几次，他都不肯给钱，汇丰银行那边也开始催款。

　　胡雪岩没办法，只好从阜康钱庄自己拿出80万还贷款。

　　胡雪岩收来的丝卖不出去，阜康钱庄本来就没多少现金，这一来就更周转不开了。

　　胡雪岩的生意经，有一条是："八个坛子七个盖，盖来盖去不穿帮，这才是做生意"，他一直凭着灵活的手腕，巧妙的调度，投机赚大钱。可是这一次偏偏没盖的那个坛子被人掀了。

　　阜康钱庄的一些大客户在这个时候来兑现金。这个取八千、那个取一万，一个两个是巧合，接二连三地来，胡雪岩终于意识到，大概有人在给他使绊子。可惜这时候已经晚了。

　　不知谁放出风声去，说胡雪岩卖蚕丝亏了一大笔，钱都拿去还外债，阜康钱庄要倒闭了。胡雪岩的客户人心惶惶，都怕再不提款，存的钱就拿不回来了。阜康银行出现了挤兑风潮。

　　挤兑最严重的地方在上海。杭州那边因为朋友的帮助，勉强能撑住，胡雪岩就连夜赶去上海，可惜已经控制不住局面，谁都怕自己钱拿不回来，来提款的人把钱庄门框都给挤歪了。

　　胡雪岩为了应急，把地契和房产都压出去，又找洋商，急着廉价卖掉生丝，洋商都不肯买，结果几百万担生丝烂在仓库里，现金依旧周转不开。

　　胡雪岩赶紧给左宗棠发电报，请他帮忙，却没收到回信，胡雪岩急的不行，就去找邵友濂催协饷，邵友濂却躲着不见他。

　　胡雪岩这才知道，确实是有人在算计他。

算计胡雪岩的人叫盛宣怀，他是李鸿章的亲信。要讲他为什么倒胡，就要说到李左之争。

李鸿章和左宗棠这两个人表面和谐，实际关系并不好。在镇压太平军的时候，两个人就是竞争对手，卯足了劲要压对方一头。后来又一起主持洋务运动，同时筹办水师，一权两分，都不能随心所欲。商场上有句话，说"同行是冤家"，放在官场上也行得通。

而且两人政见完全相反。左宗棠奋力抗击侵略，李鸿章到处割地赔款求和。中法战争后，左宗棠气的破口大骂："十个法国将军，比不上你一个李鸿章坏事。你对不起国家、对不起人民，迟早落个千古骂名。"李鸿章听后自然相当恼怒。

但一开始李鸿章比左宗棠官大，两个人勉强还能和平共存。

直到陕甘回民造反，李鸿章主张要重视海防，说西北叛乱只是"肘腋之患"，小事情，不用理会。而左宗棠却说塞防海防两手都要抓，你那个"肘腋之患"不赶紧治好，引来了俄罗斯这只北极熊，可就要变残废了。结果被他说中，新疆出事了。而左宗棠出击西北镇压叛乱收复新疆，立下大功劳，官爵很快高过李鸿章。

李鸿章再容不下左宗棠，决心马上整垮他。于是盛宣怀就给他出主意，说左宗棠西征，贷款、筹粮、买军火都是胡雪岩帮他办，他在办福建水师，从筹办、聘请技术人员、购买设备到开工，没有胡雪岩，也很难成事。因此，想要击垮左宗棠，首先要除掉胡雪岩。刚好，胡雪岩囤了两千万两银子的蚕丝，手上现金一定不多，要搞垮他就趁现在了。

那之后，盛宣怀收买各地丝商和银行，让他们不买胡雪岩的生丝。又大量收购生丝抛售给洋商。他一面示意邵友濂，让他把交协饷的时间推后二十天，因为邵友濂是李鸿章的人，当然照办。一面又照面外国银行，让他们去找胡雪岩催还贷款。等阜康钱庄资金紧张了，就托人去提款兑现，然后放出风去，一手策划了阜康钱庄的挤兑潮。

阜康钱庄亏损越来越严重，偏偏胡雪岩自己又后院起火。协饷送到了阜康钱庄，却被店里的经理私下挪走，补了他自己的亏空。眼看再没有办法扭转局面了，胡雪岩匆忙赶去南京找左宗棠，告诉他："阜康现在的情况，把公款还完了，私人存款还可以按折扣来还。再拖下去，公款也补不上了。恐怕只能尽早宣告破产了。"

左宗棠说："那就先这么办，我再帮你想办法。"

当天，阜康钱庄在各省的分号同时关闭。

阜康钱庄里巨额存款的客户，大都是朝中当官的，胡雪岩宣布倒闭，私款只能还一部分，他们怎么甘心？因此纷纷上书，要求查抄胡雪岩。左宗棠曾经下令阜康重新开张，并且拨了30万两银子给胡雪岩做本金，结果北京、上海的大官僚争着去提款，阜康钱庄终于没能再开起来。

胡庆余堂破产之后，胡雪岩已经意识到大事不好，就跟自己三个弟弟分了家，让他们带着财物自立门户。然后他召集自己的姬妾，告诉她们："我已经破产了，以后还可能会有官司，我不想连累你们。你们早作打算吧，想走的就回去收拾一下，可以带走自己房里的东西。"结果十几个人，只有罗四太太肯留下来。

罗四太太一直帮着胡雪岩做生意，知道胡家现在还没倒是因为有左宗棠，一旦左宗棠去世，肯定会被抄家，就准备了一条后路。她用一个锡盒子收拾了一些珠宝，缝到枕头里，然后把枕头寄存在朋友那里，想等风头过了再取回来。

后来她觉察不对，向朋友讨回枕头，却发现里面的财宝已经不见了。悲愤之下，罗四太太自杀。这事对胡雪岩打击很大，他很快也一病不起。

不久之后左宗棠去世，胡雪岩终于失去靠山，要求查抄胡雪岩的声音越来越多，而他借外债时虚报利息，大吃回扣的事也重新被挖出来，因为他挪用公款经商确实属实，又被按上了"侵吞"的罪名，政府终于下旨，查抄胡雪岩的家产，把他逮捕入狱。

圣旨在那一年12月30日到达杭州，而胡雪岩却已经在12月6日病死了。

浙江巡抚接到逮捕胡雪岩的圣旨，就写信让杭州知府吴世荣去胡家看看。吴世荣到了胡家，却只看到"桐棺七尺，灵帷垂地，烛光如豆"。家里只剩下桌椅板凳一类粗制家具，没有其他贵重物品。胡家人告诉他："所有家产都已经变卖抵债，现在人死财尽，没什么可查封的了。"

胡庆余堂也换了主人。一个叫文煜的官员用20万两银子，买下了胡庆余堂全部产业。但是为了保留"胡庆余堂雪记"的名号，他从胡庆余堂120股里分出18股给胡家人，胡家后人就靠这些股份维持生活。

胡雪岩一生历尽繁华，富贵一时，最终赤条条来，赤条条去，万贯家财散尽，只有胡庆余堂依然屹立不倒，而胡雪岩也因为胡庆余堂的仁术和真实无欺的经营之道，被后人记住。